〈동아시아연구총서 제3권〉

전후 70주년, 한일수교 50주년

동의대학교 동아시아연구소 편

박문사

동아시아연구총서 제3권을 발간하면서

　2015년은 한국인에게 있어서 「광복 70주년」인 동시에 일본에 있어서는 「전후 70년」이고, 중국에 있어서는 「항일전쟁승리 70주년」이 되는 해이다. 이들 각기 다른 명칭에는 근대 이후 일본의 발자취가 남긴 가해와 피해의 역사가 고스란히 각인되어 있다. 그리고 해방 후 혹은 패전 후 한국과 일본의 관계를 생각하면, 2015년은 「한일수교 50주년」이 되는 해이기도 하다. 그러나 우리는 일본 식민지로부터 해방되었지만, 일본군 위안부의 문제, 조선인 강제징용 문제 등 전쟁으로 인한 상처는 아직 해결되지 못한 채로 남아있다. 한일수교 50주년을 맞은 지금도 한일관계는 경색 국면에서 전혀 진일보한 모습을 보여주지 못하고 있다.

　일본이 조선인 강제징용 문제, 일본군 위안부 문제, 난징대학살 사건 등 침략전쟁 중에 자행했던 일련의 가해 사건들을 인정하고 있지 않는 한, 동아시아의 각국 간의 갈등해소와 평화추구를 견지하는 것은 요원하기만 한 작금의 현실일 수밖에 없다. 무엇보다 선행되어야 할 점은 현재 일본이 침략전쟁을 어떠한 관점에서 인식하고 있는지, 그리고 동아시아의 평화와 갈등을 해소하기 위해 어떠한 노력을 하고 있는지에 대한 일본의 입장 표명이다. 그리고 19세기 이후의 침략과 전쟁으로 얼룩졌던 역사를 깊이 반성하고 평화와 인권, 민주주의가 보장되는 동아시아의 미래를 위해 노력하는 일본의 모습을 동아시아 각국은 기대하고 있다.

이 책의 출간은 근대 이후 동아시아의 전쟁과 상흔을 다시 돌이켜보고, 이에 대한 동아시아 각국의 상호인식과 우리들에게 남겨진 과제는 무엇인지를 되돌아보고자 하는 시도에서 비롯되었다. 전쟁은 인류 역사의 시작과 더불어 비롯되었고 사람이 사는 곳이면 언제 어디서든 있어 왔다. 따라서 전쟁을 어떻게 기억하고 기념하느냐 하는 것은 어떤 특정한 사회의 문제가 아니라 인류 공통의 문제이기도 하다.

그러므로 우리는 동아시아 각국의 전쟁기억과 상호인식을 통해서 가해자와 피해자에 대한 새로운 패러다임을 제시하고, 이에 대한 새로운 담론 지형을 구축하여 민족 감정과 상흔을 넘어서 합리적인 담론 공동체를 만들어나갈 수 있어야 한다. 물론, 역사적으로 매우 복잡한 경위를 거쳐 온 동아시아 관계를 생각할 때 매우 어려운 일임은 분명하다. 그러나 한국과 일본, 중국을 비롯한 동아시아 각국의 전쟁기억과 상호인식에 대해 현재적 시점에서 재확인하고, 다시 동아시아라는 거시적 안목으로 동아시아의 미래에 대한 담론 공동체의 장을 마련하려는 노력 또한 현재를 사는 우리에게 남겨진 엄중한 과제이다. 동아시아 각국의 전쟁기억과 상호이해를 위한 담론 지형을 구축해 나가는데 있어서, 이번 동아시아연구총서 제3권의 발간은 매우 의미 있는 일이라 생각한다.

이 책은 동아시아연구소가 최근 개최한 동아시아 관련 국제학술심포지엄 주제와 관련한 글을 모아『전후 70주년, 한일수교 50주년』이라는 주제로 엮은 것이다. 이번 동아시아연구총서를 발간함에 있어 흔쾌히 출판에 동의해주시고 원고를 집필해주신 연구자 여러분에게 깊이 감사드린다. 또한 총서 기획에서 원고 편집에 이르기까지 적극적으로 도와주신 총서간행위원회 위원들의 노고에도 감사드린다. 마지막으로 이번 총서 출판에 아낌없는 후원을 해주신 도서출판 박문사에 진심으로 감사드린다.

2016년 5월
동의대학교 동아시아연구소

소장 이경규

목차

제3부 : 상호인식 편

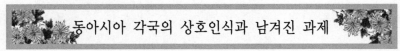

동아시아 각국의 상호인식과 남겨진 과제

제1부 : 전쟁기억 편

동아시아의 전쟁기억과 식민지 상흔

동아시아연구총서 제3권

전후 70주년, 한일수교 50주년

두 사람의 「다쿠미(巧)」와 한국
－아사카와 다쿠미와 후지모토 다쿠미－

고길희(高吉嬉)

일본 도쿄대학 대학원에서 교육학박사 학위를 받았으며 현재 야마가타대학 지역교육문화학부 교수로 재직 중이다. 역사교육과 사회과교육을 중심으로 한일 양국의 상호이해와 우호관계 구축을 위한 연구와 교육에 힘을 기울이고 있다. 나아가 국제이해교육의 관점에서 국가사, 정치사, 경제사, 제도사와는 다른 동아시아의 사람, 물건, 문화 등의 교류에 초점을 맞춘 교재개발에도 힘쓰고 있다. 저서로는 『하타다 다카시[旗田巍]－마산에서 태어난 일본인 조선사학자－』 등이 있고, 논문으로는 「일본인의 '긍지(誇り)' 회복은 어떻게 가능한가? = 日本人の「誇り」の回復はいかにして可能なのか?」를 비롯한 다수가 있다.

1 들어가며

1) 문제의식

2012년 한국에서 「다쿠미(巧)」라는 이름을 가진 일본인 두 사람이 잔잔한 주목을 받았다. 한 사람은 2012년 7월 한일합작영화로 만들어진 「백자의 사람 : 조선의 흙이 되다(일본 : 道〜白磁の人〜)」가 공개되면서 주목을 받은 아사카와 다쿠미(浅川巧)이고, 또 한 사람은 2012년 8월 22일부터 10월 1일까지 경복궁 안에 있는 국립민속박물관에서 「한국을 사랑한 다쿠미 기증 사진전－7080 지나간 우리의 일상－」이란 사진전을 연 후지모토 다쿠미(藤本巧)이다. 아사카와 다쿠미는 일제강점기의 사람이고, 후지모토 다쿠미는 해방 후 사람이다. 그러나 놀랍게도 이 두 사람이 「다쿠미(巧)」라는 똑 같은 이름을 가지고 있고, 두 사람의 이름이 다쿠미라는 것은 단순한 우연이 아니었다. 이 글은 바로 이 「두 사람의 다쿠미」를 고찰하는 것이다.

필자는 2005년에 저서 『하타다 다카시(旗田巍)－마산에서 태어난 일본인 조선사학자－』(지식산업사)[1]를 통해 한일관계사가 〈재조일본인 2세〉인 하타다의 인생에 어떠한 영향을 주었고, 반대로 하타다의 개인사는 한일관계사에 어떠한 영향을 주었는가를 살펴보았다. 한국과 일본 사이를 살았던 「경계인」 하타다를 통해 종래의 지배와 피지배, 억압

과 피억압, 차별과 피차별이라는 이분법적 사고에 근거한 한일관계사를 새롭게 조명해보았던 것이다.

그와 같은 맥락으로 필자는 1994년부터 일제강점기에 한국으로 건너가 한국과 한국인을 사랑하고, 또한 한국인에게 사랑을 받았던 〈재조일본인〉 아사카와 다쿠미에 관심을 가지고 있었다. 1994년에 유학생이던 필자에게 한 일본 선생님이 에미야 다카유키(江宮隆之)의 『백자의 사람(白磁の人)』[2]을 선물해주었기 때문이다. 필자는 그것을 읽고 일제강점기에 조선에 건너가 조선 문화와 조선 사람을 사랑한 일본인이 있었다는 사실에 놀라고 감동했다. 『백자의 사람』은 한국에서 70년대 초등학교를 다니며 유신교육체제 하에서 철저한 반일교육을 받았던 필자의 일본관을 크게 뒤흔들어놓은 책이었다. 이후 필자는 한일관계를 역사, 정치, 경제와 같은 거시적 관점에서뿐만이 아니라 사람, 물건, 문화의 「교류」에 초점을 맞추어 함께 바라보려 해왔다.

한편, 후지모토 다쿠미에 관해서는 필자가 듣고 본 것이 적어 최근까지 전혀 알지 못했다. 그러다가 2012년 9월 우연히 아사카와 다쿠미와 후지모토 다쿠미가 「다쿠미」라는 이름으로 서로 이어져 있다는 사실을 알았을 때[3], 필자는 다시 한 번 무척 놀라고 감동했다.

두 사람의 다쿠미는 어떻게 「다쿠미」라는 이름으로 이어지게 된 것일까? 두 사람은 각각 한국이라는 타자를 어떻게 마주보았기에 2012년 한국에서 동시에 소개된 것일까? 한국사회가 중요하게 생각하고 따뜻

---

2) 江宮隆之(1994) 『白磁の人』 河出書房新社, 참조
3) 2012년 9월 말, 필자는 일본 학생들과 함께 서울에 「한국을 사랑한 다쿠미 기증 사진전 − 7080 지나간 우리의 일상 −」을 보게되었다. 전시실 입구에 접어들었을 때, 한 남학생이 "와, 이 사람도 아사카와 다쿠미와 같은 다쿠미네"라고 소리쳤다. 그는 필자의 수업에서 아사카와 다쿠미에 관해 배웠던 학생이었다. 그를 계기로 후지모토와 아사카와가 「다쿠미」라는 이름으로 이어져 있다는 사실을 알게 되었다.

하게 소개한 두 사람의 다쿠미로부터 한일상호이해의 열쇠를 찾아낼수 있지 않을까? 일본인으로서 막연한 죄책감을 가지고 한국과 마주하기를 꺼려하는 일본인들에게 두 사람의 다쿠미는 「자랑할 만한 일본인」은 아닌지? 그렇다면 한일 양국 청소년들이 과거와 마주하며 미래를함께 구축해 가는데 두 사람의 다쿠미는 좋은 교재가 되지 않을까? 이글은 이러한 문제의식을 바탕으로, 앞으로 아사카와 다쿠미와 후지모토 다쿠미를 통해 한일상호이해의 길을 모색하기 위한 서론적 고찰이라고 할 수 있다.

2) 선행연구의 동향과 과제

지금까지 아사카와 다쿠미(1891~1931)에 관해서는 1982년 다카사키 소지가 쓴『조선의 흙이 된 일본인-아사카와 다쿠미의 생애-』(草風館)를 계기로 다방면에 걸친 연구가 진행되어 왔다.4) 그 중에서 한일양국 청소년의 상호이해와 우호관계 구축이란 교육적 측면에서 특히주목되는 것이 아사카와 다쿠미를 이문화 이해의 모델로 소개한 이상진의 연구다.5) 이들 연구 중에 한국에 번역된 것도 다수 있고, 최근에는

---

4) 아사카와 다쿠미에 관한 저서로는 高崎宗司(2002)『朝鮮の土となった日本人-浅川巧の生涯-』草風社, 江宮隆之『白磁の人』(앞의 책), 椚村彩小(2004)『日韓交流のさきがけ-浅川巧-』揺籃社, 浅川巧 지음, 高崎宗司 편집(2003)『朝鮮民芸論集』岩波文庫, 小澤龍一(2012)『道・白磁の人浅川巧の生涯-民族の壁を超え時代の壁を超えて生きた人-』合同出版 등이 간행되어 있다.

5) 李尚珍의 연구로「浅川巧の「朝鮮観」-植民地時代におけるその業績を中心に-」(お茶の水女子大学大学院人間文化研究科『人間文化論叢』第4号, 2001),「キリスト者浅川巧の苦悩-その宗教観を中心に-」(같은 論叢, 第6号, 2003),「日韓文化交流のモデルとなる日本人・浅川巧」(『富士ゼロックス株式会社・小林節太郎記念基金2004年度研究助成論文』, 2006),「柳宗悦の朝鮮伝統芸術研究-浅川伯教・巧兄弟との繋がりを中心に-」(『山梨英和大学紀要』, 2009),「浅川巧の異文化理解

한국인이 쓴 책도 출간되었다.[6]

또한 한일 교류의 선구자 혹은 가교자인 아사카와 다쿠미는 그동안 한일상호이해와 한일우호를 위한 교육실천과 교류활동에서도 주목을 받아왔다.[7] 2001년에는 아사카와 다쿠미의 고향인 야마나시현 호쿠토시 다카네쵸에 「아사카와 노리다카와 다쿠미 형제 자료관(浅川伯教·巧兄弟資料館)」이 건설되었고, 2012년에는 영화 「백자의 사람 : 조선의 흙이 되다(일본 : 道~白磁の人~)」가 한일 양국에서 공개되었다. 그리고 이러한 한일 청소년 교류와 영화 제작 등에 많은 노력을 기울여온 인물로 재일교포 2세 하정웅을 들 수 있다.[8]

한편, 후지모토 다쿠미(1949~현재)에 관한 선행연구는 거의 찾아볼 수 없다. 시마네현 출신인 후지모토는 1970년경부터 한국의 풍토와 사람들을 계속 사진으로 담아왔고, 다수의 사진집 간행과 포토 에세이 등의 활동을 해왔다.[9] 특기할 것은, 후지모토가 2011년에 한국 문화체

モデルに関する一試論」(앞의 紀要, 2010) 등을 들 수 있다.

6) 예를 들면, 다카사키 소지 지음, 김순희 옮김(2005)『아사카와 다쿠미 평전-조선의 흙이 되다-』효형출판, 아사카와 다쿠미 지음, 다카사키 소지 편저, 김순희, 이상진 번역(2005)『(아사카와 다쿠미)일기와 서간』山梨県北杜市, 백조종 편저(2011)『한국을 사랑한 일본인-아사카와 다쿠미의 삶과 사랑-』부코 등이 있다.

7) 예를 들면, 1997년 8월 오카야마시 메세갓쿠인(明誠学院)고등학교 사회부 학생들이 아사카와 다쿠미 묘를 방문한 활동(「友好の架け橋-国境を越えた人々を訪れる旅-」(『アリラン通信』, 1998.3), 와세다대학 아시아연구기구가 「일한미래구축포럼(日韓未来構築フォーラム) 세신(誠信)학생교류사업」으로 개최한 야마나시현 호쿠토시 여름학교 활동(『「日韓の新たな地平-浅川巧に学ぶ-」活動報告書』, 2009. 8.20~22), 주8)의 「청리은하숙세계시민학교」 활동 등을 들 수 있다.

8) 河正雄(2002)『韓国と日本, 二つの祖国を生きる』明石書店, 「'백자의 사람' & 재일동포 '하정웅' 선생」(『한국NGO신문』, 2014.5.17), (「[화보] 한국을 사랑한 '아사카와 다쿠미'를 기리는 청리은하숙세계시민학교 성료」(『경기인터넷뉴스』, 2015.10. 26), 참조

9) 사진집으로는 『韓びと-お寺と喪服と古老たち-』(草土者, 1974), 『韓くにの風と人』(フィルムアート社, 2006), 『韓くに風の旅』(筑摩書房, 1987), 『風韻 日本人として』(鶴見俊輔 글, 藤本巧 사진, フィルムアート社, 2005) 등이 있고, 그 밖의

육관광부 장관상을 수상했다는 점이다. 후지모토 다쿠미에 관한 총체적인 연구는 그가 현재 활동 중이라는 점에서 뒤로 미룰 수밖에 없다.

본고에서는 후지모토와 아사카와가 「다쿠미」라는 이름으로 이어져 있다는 점, 그리고 후지모토에게 한국은 아사카와 다쿠미와 마찬가지로 그의 인생이며 삶의 방식이었다는 점을 이야기하고자 한다. 후지모토는 2006년에 출간한 『한국의 바람과 사람(韓くにの風と人)』에서 이렇게 말하고 있다.

> 나는 한국과 깊은 관련을 가지게 된 점을 생각하노라면. 다시 한 번 나의 「다쿠미(巧)교」라는 이름에 깊은 인연을 생각하지 않을 수 없다. 그 이름의 유래는 일본점령시대에 한반도 식림을 위해 힘을 기울이고, 조선문화를 각별히 사랑했던 아사카와 다쿠미의 이름을 받아 붙여진 이름이기 때문이다.10)

그렇다면 아사카와 다쿠미와 후지모토 다쿠미를 「다쿠미(巧)」라는 이름으로 이어준 이는 누구이며, 무슨 연유에서 그렇게 한 것일까? 필자가 지금까지 살펴본 바로는, 아사카와 다쿠미와 끊을래야 끊을 수 없는 관계에 있는 후지모토 다쿠미의 인연, 그리고 두 사람과 한국의 관계를 제대로 논한 연구는 찾아볼 수 없다. 그런 점에서 본고에서는 지금까지 수집한 문헌과 자료를 중심으로, 아사카와 다쿠미와 후지모토 다쿠미가 어떠한 연유로 「다쿠미(巧)」라는 이름으로 이어지게 되었는지, 두

활동으로 『NHKテレビ 안녕하십니까? ハングル講座』(NHK出版)의 표지와 포토 에세이, 재일코리언 잡지 『季刊 三千里』의 사진 연재 등을 들 수 있다.
10) 藤本巧(2006) 『韓くにの風と人』 フィルムアート社, p.263(번역 필자. 이하 아사카와 다쿠미의 인용을 포함해서 특별히 밝히지 않는 한 모두 필자가 번역한 것임을 밝혀둔다.)

사람의 「다쿠미」는 한국과 어떤 관계에 있었고 한국을 어떻게 바라보 았는지를 고찰하고, 그 속에서 두 사람의 「다쿠미」가 걸어온 발자취 가 한일상호이해에 던져주는 시사점은 무엇인지에 관해 생각해보고 자 한다.

2 아사카와 다쿠미와 조선

1) 아사카와 다쿠미의 일생

아사카와 다쿠미는 1891년 1월 15일에 야마나시현 기타코마군 가부 토무라(현재의 호쿠토시 다카네쵸)에서 이남 일녀의 둘째 아들로 태어 났다. 부친은 다쿠미가 태어나기 반년 전에 병으로 세상을 떠났기 때문 에 모친이 가업인 농업을 겸한 염색 가게를 이어서 했고, 할아버지가 부친을 대신해 3명의 아이들을 돌봤다. 할아버지는 하이쿠의 거장으로 다도와 도예에도 조예가 깊은 지식인이었다. 고결하고 온화한 인품으 로 귀천을 가리지 않고 온정으로 사람들을 대했기 때문에 마을 사람들 에게 깊은 신뢰와 존경을 받았다. 다쿠미의 외할아버지도 천성이 온화 하고 신앙심이 깊었으며, 지역민을 지도하는데 힘을 기울인 사람이었 다. 모친은 의지가 강하고 매우 성실하면서도 엄격했고, 특히 독실한 기독교 신자로서 남을 돌봐주는 것을 좋아했다, 다쿠미는 이렇게 성실 하면서도 봉사정신이 강한 친가와 외가의 가풍을 그대로 이어받으며 성실하면서도 낙천적인 인도주의자로 자랐다.

1897년 4월 다쿠미는 무라야마니시 심상소학교에 입학하였고, 1901 년에는 아키타 심상고등소학교에 입학하였다. 식물과 자연을 좋아했던 다쿠미는 고등소학교를 졸업한 뒤 1년간의 보수과를 거쳐 1907년 4월 야마나시현립 농림학교에 진학했다. 그 해 6월 고후(甲府) 감리교회에 서 세례를 받고 독실한 기독교 신자가 되었다. 1909년 3월 농림학교를 졸업한 다쿠미는 아키타현 오다테영림서(大館営林署)에 근무하게 되 었다.

1913년 조선 도자기의 아름다움에 심취해 있던 형 노리타카(伯教)가 어머니를 동반하고 조선으로 건너갔다. 그러자 형 노리타카를 잘 따르 며 그에게 큰 영향을 받고 자란 다쿠미도 조선으로 갈 결심을 하였다. 1914년 근무하던 아키타현 오다테영림서를 그만두었다. 그리고 조선으 로 건너와 조선총독부 농상공부(農商工部) 산림과 직원으로 근무하기 시작하였다. 1916년 결혼을 해서 1917년 장녀 소노에(園絵)를 낳았다. 그러나 1921년 9월 그의 아내가 병에 걸려 세상을 떠났고, 1925년 10월 에 재혼을 하게 되었다. 그러나 1931년 4월 2일 급성폐렴으로 그는 일 본나이 40살의 젊은 나이로 세상을 떠났다.

아사카와 다쿠미가 죽었을 때 야나기 무네요시(柳宗悦)와 아베 요시 시게(安部能成)는 그의 죽음을 너무나 안타까워하며 추도문을 썼다. 그 내용을 보면, 아사카와 다쿠미가 조선에서 어떻게 생활을 했는가를 알 수 있다. 우선, 야나기 무네요시는 다음과 같이 쓰고 있다.

아사카와가 죽었다. 돌이킬 수 없는 손실이다. 그렇게도 속속들이 조선 의 일을 알고 있었던 사람을 나는 달리 알지 못한다. 그는 진심으로 조선 을 사랑하고 조선인을 사랑했다. 그렇게 해서 정말로 조선인들에게도 사랑을 받았던 것이다. 그가 죽었다는 소식을 들었을 때, 조선인들이 그에게 보인 열정은 어디에도 비길 수 없었다. 자진해서 나선 조선인들이 상여를 메고 조선의 공동묘지에 그를 묻어주었다. (중략) 그만큼 사심이 없는 사람은 드물다. 그만큼 자신을 버릴 수 있는 사람은 세상에 그리 많지 않다. 그의 도움으로 공부한 조선인들이 적지 않다. 나는 그가 하는 일에서 얼마나 많은 것을 배웠던가. 나는 내 친구의 한 사람으로 그가 있었다는 것을 명예롭게 생각한다.[11]

한편, 아베 요시시게는 다음과 같이 쓰고 있다.

다쿠미처럼 올바르고, 의무를 존중하고, 사람을 두려워하기보다는 신만을 두려워하고, 독립적이며 자유로운, 그러면서도 두뇌가 뛰어나고 감상력이 풍부한 사람은 실로 있기 어려운 사람이다. 다쿠미씨는 관직의 등급에도, 학력에도, 권세에도, 부귀에도 개의치 않고, 그의 인간적 능력만으로 끝까지 당당하게 살다가 갔다. 그러한 사람은 좋은 사람이라고만 할 수 있는 게 아니라 위대한 사람이다. 그러한 존재는 인간의 생활을 든든하게 한다. 특히 조선과 같이 인간 생활이 희박한 곳에서는 더욱 더 그렇다. 그러한 사람의 손실은 조선의 커다란 손실인 것은 물론이지만, 나는 더 나아가 그것이 인류의 손실이라고 말하는데 주저하지 않는다. 인류에게 있어 인간의 길을 올바르고 용감하게 걸은 사람의 손실만큼 진정한 손실은 없기 때문이다.[12]

이상과 같이 야나기 무네요시와 아베 요시시게는 아사카와 다쿠미의 죽음을 진심으로 안타까워하며, 그의 삶의 방식을 기리고 특히 조선과 조선인에 대한 깊은 애정에 감명을 표했다. 현재 아사카와 다쿠미는 망

---

11) 柳宗悦(1981)「編輯餘録『工藝』第五號」『柳宗悦全集著作篇第六卷』筑摩書房, pp.627-628
12) 安倍能成(1932)「浅川巧さんを惜む」『青丘雑記』岩波書店, pp.280-281

우공원묘지에 잠들어 있는데, 그의 비문에는 한글로 다음과 같이 새겨져 있다.

> 한국의 산과 민예를 사랑하고／한국인의 마음속에 살다간 일본인／여기 한국의 흙이 되다

아사카와 다쿠미의 비석은 한국인들이 직접 세운 것이다. 해방 후 한국에서 일본인들의 무덤이 거의 모두 파괴되었음에도 다쿠미의 무덤만큼은 한국인들이 계속 지켜왔다는 점은 정말 특별한 일이다.

2) 아사카와 다쿠미의 한일상호이해의 길

그렇다면, 아사카와 다쿠미는 왜 그렇게까지 한국인들에게 사랑을 받게 되었던 것일까? 이 점에 관해서는 이미 많은 서적과 논문에서 논하고 있다. 여기서는 한일상호이해라는 관점에 입각해서, 아사카와 다쿠미가 일제강점기에 조선으로 건너와 조선과 조선인을 어떻게 바라보았고, 또 어떻게 교류했는지를 중심으로 이야기하고자 한다.

(1) 조선의 문화와 자연에 대한 사랑

첫째로, 아사카와 다쿠미는 이문화인 조선 문화를 존중하며 그것을 지키려고 노력했다. 당시 많은 일본인이 조선 문화는 중국 문화의 모방에 지나지 않는다는 인식을 가지고 있었지만, 다쿠미는 조선 문화의 독자성과 창조성을 높이 평가했다. 그렇기에 많지 않은 월급을 쪼개서 조선의 민간 공예품들을 수집하며 그 가치를 발굴하려고 애썼다. 또한

형 노리다카와 야나기 무네요시와 함께「조선민족미술관」(현재, 한국 국립민속박물관) 건설에 힘을 기울여 1924년 4월 9일 경복궁 안에 미술관을 개관하였다. 일제강점기에 미술관의 이름에「민족」이라는 두 글자를 넣은 것은 일본의 동화정책에 저항하려는 그들의 생각이 담겨 있다고 볼 수 있다.

그밖에 다쿠미는 조선인들조차 잊고 살아가고 있던 조선 공예품의 명칭을 정리하는 한편, 전국의 도자기 가마터를 찾아다니며 그 문화를 후세에 남기려고 노력했다. 그 결과, 우선 1929년에『조선의 소반』을 간행하였다. 다쿠미가 제목에 소반이라는 용어를 사용한 이유는 다음과 같았다.

> 올바른 공예품은 친절한 사용자의 손에서 그 특질이 지닌 아름다움을 발휘하는 것으로, 사용자는 어떤 의미에서는 완성자라고 할 수 있다. 기물(器物)들은 사용됨으로써 차츰 품격을 더해가게 된다. 그런데도 그러한 공예품이 세상에서 점점 사라져가고 있다. (중략) 조선의 소반은 검소하고 꾸밈이 없는 아름다움에 단아한 모습을 가지면서도 우리들 일상생활에서 친숙하게 쓰이며 세월과 함께 그 우아함을 더해가니 진정한 공예의 대표라고 칭해야만 할 물건이다. 이 책에서 특별히 소반을 그 대상으로 고른 것도 그러한 점 때문이다.[13]

이어서 다쿠미는 10년에 걸쳐서 배운 조선시대 도자기의 명칭을 모아서 기록한『조선도자명고』[14]를 썼다. 이 책은 다쿠미가 죽고, 5개월 후인 1931년 9월에 도쿄에 있는 조선공예간행회에서 발행되었다. 그

---

13) 浅川巧 지음, 高崎宗司 편집『朝鮮民芸論集』, 앞의 책, pp.17-19
14) 浅川巧 지음(2004)『朝鮮陶磁名考(復刊版)』草風館, 참조

밖에 다쿠미가 조선 문화를 소중히 하며 남긴 공적은 말로 다 할 수 없을 정도로 많다. 야나기 무네요시가 다쿠미의 추도문에서 했던 말이 그것을 잘 대변해준다.

> 그가 없었더라면 조선에 대한 나의 일은 그 절반도 이루지 못했을 것이다. 조선민족미술관은 그의 노력에 힘입은 바가 크다. 그곳에 소장된 수많은 물건들은 그가 수집한 것들이다.[15]

둘째로, 아사카와 다쿠미는 조선총독부 임업시험장의 기사로 일하며 나무를 마구 베어내거나 몰래 베어내어서 황폐해지고 있던 조선의 산들을 녹화시키고자 애썼다. 일제강점기에 조선으로 건너온 재조일본인들 대부분은 조선 산하를 다니며 즐기는 「모노미유산(物見遊山)」에 빠져있었다. 그들은 조선 산하를 바라보며 그 아름다움을 칭송하기는 했어도 조선의 산과 사람들이 얼마나 고통 속에 있는지를 보지는 못했다. 그에 비해 다쿠미는 조선의 민둥산을 푸르게 하는 것이 자신의 소명이라 생각하며 식재(植栽)와 병해충, 비료 등에 관한 다방면에 걸친 시험과 조사를 실시하는 한편, 양묘(養苗)에 사용하는 종자를 채취하기 위해 조선인 직원과 함께 조선 각지를 돌아다니며 맞는 수종을 고르고 식목을 거듭했다. 임업과 관련해 다쿠미가 했던 일 중에 가장 큰 공적은 당시 인공적으로는 어렵다고 생각되었던 조선오엽송 등의 종자를 자연상태 흙의 힘을 이용해 발아시키는 「노천매장발아촉진법(露天埋蔵発芽促進法)」을 개발한 것이다.[16]

---

15) 柳宗悦「編輯餘録」, 앞의 책, p.627
16) 영화「백자의 사람 : 조선의 흙이 되다(일본 : 道~白磁の人~)」(2012), 참조

(2) 조선말, 조선 의식주, 조선 사람 속에 살다

셋째로, 아사카와 다쿠미는 조선인을 똑같은 사람으로 평등하게 대하며 자진해서 조선사회 안으로 들어가려고 했다. 다쿠미는 조선말을 배워서 유창하게 조선말로 대화를 했다. 평상시에는 조선 옷을 입고, 조선 가옥에 살며 조선 음식과 술을 즐겼다. 그 때문에 자주 조선인으로 오해를 받는 일도 많았다. 어떤 때는 같은 일본인에게 굴욕을 당하기도 했지만, 그에 저항하기보다는 그 경험을 통해 조선 사람들의 아픔과 고통을 이해하려고 했다.

다쿠미의 일기를 보면, 그가 평소에 조선 음식을 즐겨 먹었던 것을 엿볼 수 있다. 예를 들면, 1922년 9월 1일 일기에 다쿠미는 이렇게 적고 있다.

> (개)고기를 보고 먹고 싶다는 생각은 안 들었지만, 경험을 위해 먹어보았다. 맛있었다. 스프를 한 그릇 사서 정군에게 선물했다.[17]

이 내용에서 다쿠미가 개고기까지 먹어가면서 조선 음식에 적극적으로 도전하는 자세와 함께 조선인 정군에게 개고기를 선물해주는 따뜻한 성품을 엿볼 수 있다. 또한 다쿠미는 일상생활 속에서 조선말과 조선 문화를 적극적으로 배우려고 했다. 그래서 일기에도 조선 물건과 음식 이름을 한글로 적은 뒤 그 의미를 일본말로 적어놓곤 했다. 예를 들면, 지개는 「チゲ(荷担ぎ)」, 망태기는 「マンテキ(網袋)」, 왕골은 「ワングル(カヤツリグサ)」, 설렁탕은 「ソルランタン(牛肉、脛骨などを煮込んだスープ)」 혹은 「솔(ソル)넌(ロン)탕(タン)」, 수수떡은 「ス丶トク(きび

---

17) 高崎宗司(2003)『浅川巧　日記と書簡』草風館, p.163

もち)」, 막걸리는「マッカリ」혹은「マッカアリ」, 비빔밥은「ビビンバ
プ」라고 적고 있다.[18] 설렁탕과 같이 발음이 어려운 조선말은「솔(ソ
ル)넌(ロン)탕(タン)」이라고 한 자 한 자에 일본식 발음을 적어놓고 있
다. 다쿠미가 얼마나 열심히 조선말을 공부했는가를 엿볼 수 있는 부분
이다.

한편, 다쿠미는 조선에서 생활하면서 조선인 문학자, 기독교인, 신문
기자 등 폭넓은 교우관계를 가졌다. 하지만 그 이상으로 다쿠미는 평범
한 조선인들과의 교제를 더욱 소중히 했다. 양묘에 사용하는 종자를 채
집하기 위해 조선 각지를 돌아다닐 때도 각지에서 만나는 조선인들의
생활을 보고 들으며 조선인들과 접촉하고자 노력했다. 또 일기에서도
엿볼 수 있듯이, 평소 자신을 돌봐주는「점소(点釗)」와「삼복(三福)」과
같은 조선인들을 인간적으로 대하며 함께 먹고 노는 일이 많았다. 다쿠
미는 1922년 8월 14일 일기에「삼복」에 대해 이렇게 적고 있다.

> 삼복은 이른 아침부터 파를 심거나 물을 푸거나 하면서 일하고 있다.
> 이 남자의 눈이 떠 있을 때 멍하니 있는 것을 본 적이 없다. 그가 온지
> 벌써 40일 정도 되지만 조금도 게으르지 않고 자발적으로 부지런히 일하
> 는 데는 감탄하게 된다. 조선인은 게으름뱅이라 평하는 사람들이 있다면
> 그 사람은 이 삼복을 보면 당장 그 평을 정정해야 할 것이다. 나는 이
> 삼복 말고도 근면한 조선인을 많이 알고 있다. 나는 조선인의 앞날을 희망
> 을 가지고 보고 있다.[19]

이렇게 조선인을 마음의 문을 열고 바라본 다쿠미는 특히 조선의 아

---

18) 高崎宗司(2003)『浅川巧　日記と書簡』, 앞의 책, 참조
19) 高崎宗司(2003), 위의 책, p.131

이들과 청년들을 좋아했다. 1922년 1월 28일 조선의 구정 날, 다쿠미는 조선 아이들에게 폭 빠져 일기에 이렇게 적고 있다.

거리에 나가보니 아름답게 차려 입은 아이들이 기쁜 듯 왕래하고 있다. 조선인 아이들의 아름다움은 또한 각별하다. 무언가 신비한 아름다움이 있다. 오늘은 왠지 조선 천하인 것 같은 생각이 든다. 이 아름다운 조선의 천사와 같은 사람들의 행복을 일본인들의 행위가 언제 어디서든 방해하고 있거든 주여 부디 용서하소서. 내 마음에는 조선민족이 명료하게 그려졌다. 그들은 축복받은 민족이라는 것을 느낄 수 있다.[20]

이와 관련하여 조선의 공예를 연구한 하마구치 요시미츠도 다음과 같은 증언을 하고 있다.

경성에 나가면 과자를 사가지고 와서 근처에 사는 조선 아이들에게 주었다. 또한 조선 청년을 사랑하여 잘 이끌었다. 다쿠미씨에게 학비 보조를 받아 공부한 학생이 45명에 그치지 않는다.[21]

이렇게 다쿠미는 조선의 아이들과 청년들을 각별히 사랑했고, 이미 언급했듯이 조선인 신문기자, 문학자는 물론 기생집 주인, 여승방의 비구니, 거리의 가게 주인과 같은 사람들과도 폭넓은 교우관계를 가졌다. 다쿠미는 스스로 조선생활 속으로 들어가 조선인들의 마음을 깊이 이해하려고 했던 것이다. 그렇기에 조선인들도 다쿠미를 받아들였고, 그가 조선의 공예품과 도자기 등을 모아 「조선민족미술관」을 건설하려

20) 高崎宗司 『浅川巧　日記と書簡』, 앞의 책, p.17
21) 高崎宗司 『朝鮮の土となった日本人－浅川巧の生涯－(増補3版)』, 앞의 책, p.192, 재인용

할 때도 많이 도와주었다. 이 점은 다쿠미가 『조선의 소반』에 적은 다음 문장에도 잘 나타나 있다.

> 일상생활에서 나와 친하게 지내면서 견문의 기회를 주고, 나의 질문에 친절하게 답해준 조선 친구들, 그리고 다 셀 수 없을 정도로 많은 분들 모두에게 여기서 감사의 마음을 표하고, 또한 더욱 친해지기를 소망해마 지 않는다.[22]

이렇게 다쿠미는 조선말을 적극적으로 배우고, 조선의 음식과 사람을 사랑하며, 다양한 조선인들 속으로 들어가 조선인과 함께 살아가려 했다. 그러한 다쿠미를 아베 요시시게는 이렇게 적고 있다.

> 골동품을 애호하는 사람은 많다. 그러나 진실로 예술을 사랑하는 사람은 적다. 그렇지만 예술을 사랑하는 것보다도 더욱 어려운 일은 진실로 인간을 사랑하는 일이다. (중략) 예술의 애호가이며, 독립 불패의 성격자 이며, 자신 유일인(唯一人) 경애(境涯)를 즐기는 방법을 그렇게까지도 잘 터득하고 있었던 우리 다쿠미씨는 진실로 보기 드물게 감정이 따뜻하고 동정심이 풍부한 사람이었다. 그리고 그것은 실로 조선인에 대해 특별히 깊게 나타났다.[23]

(3) 식민지지배 비판과 속죄의식의 청산

네 번째로, 아사카와 다쿠미는 일본제국주의에 의한 조선식민지지배 를 비판적으로 바라보고 자신만의 방식으로 그에 대항하려 하였다. 1914년 처음으로 조선으로 건너와 생활하게 된 다쿠미는 그 뒤로 조선

---

22) 淺川巧 지음, 高崎宗司 편집 『朝鮮民芸論集』, 앞의 책, p.16
23) 安倍能成 「淺川巧さんを惜む」, 앞의 책, pp.292-293

인의 비참한 현실을 알게 되면서 「일본인」으로서 속죄의식을 가지고 고뇌하였다. 조선총독부의 일원으로 일제의 식민지지배를 적극적으로 비판하며 행동하기 힘들었던 다쿠미는 일기에 그 마음을 많이 적었다. 우선, 1922년 5월 6일의 일기를 보자.

나는 진정으로 하나님의 목소리를 듣지 않으면 안 돼. 기도하지 않으면 안 돼. 하나님이 나를 어딘가에 쓰려고 하신다는 걸 믿고 있어. 조선의 현실을 생각하고, 일본의 앞날을 생각하면 눈물이 난다. 인류는 방황하고 있다. 얼마나 무서운 방황의 길인가. 교회의 길 잃은 모습을 보면 무섭다.[24]

이렇게 다쿠미는 신앙인으로서 조선의 현실과 일본의 앞날을 우려하며, 신앙인으로서 자신의 소명을 물어가며 고뇌하였다. 그리고 이 일기로부터 1년 4개월 정도 뒤인 1923년 9월, 다쿠미는 관동대지진 소식을 접하게 된다. 1923년 9월 10일 밤, 다쿠미는 조선인 정군에게 조선인 대학살 소식을 듣고 매우 긴 일기를 적었다. 그 내용의 일부를 소개해보면 다음과 같다.

아무리 조선인이 일본에 반감을 가지고 있다고 하더라도 그런 불의의 재난 시에 방화한다는 것은 너무 인정머리 없는 일이다. (중략) 결국 일본인과 조선인이 융화하지 못하고 있어서 이렇게 되는 것이다. (중략) 나는 믿는다. 조선인만큼은 이번의 천재지변을 기회로 방화하려는 어떠한 계획을 했던 것은 아니라고. 오히려 일본인 사회주의자들이 주모하여 아무것도 모르는 조선인 노동자들을 앞잡이로 내세웠던 것이라고 생각한다. 애당초 일본인은 조선인을 인간취급 안하는 나쁜 버릇이 있다. 조선인에

---

24) 高崎宗司, 『浅川巧　日記と書簡』, 앞의 책, p.68

대한 이해가 너무 부족하다. 조선인이라고 하면 누구든지 모두 같다고 생각한다. 흰 옷을 입고 있으면 모두 같은 조선인이라고 지레짐작한다. 학식이 있는 조선인들이라도 한복을 입고 일본인 거리에 다니면 무서운 모욕을 당하는 경우가 있다고 한다.[25]

이렇게 다쿠미는 조선인이 했을 리가 없다고 생각하며 일본인의 조선인 차별에 대한 분노를 노골적으로 적고 있다. 그리고 같은 날 일기에 계속해서 이렇게 적고 있다.

> 나는 아무래도 믿을 수가 없다. 도쿄에 있는 조선인 대다수가 곤경에 처한 일본인과 그 집이 소실되기를 바랐다고는. 그렇게 조선인이 나쁜 사람들이라고 확신한 일본인들도 상당히 근성이 나쁘다. 정말 저주받을 인간들이다. 나는 그들 앞에서 조선인을 변호하기 위해 가고 싶은 마음이 간절하다. 이번 제도(帝都, 도쿄)의 재난의 대부분을 조선인의 방화에 의한 것이라고 역사에 남긴다니 참을 수 없이 괴로운 일이다. 일본인에게도 조선인에게도 너무 무서운 일이다. 사실이 존재한다면 어쩔 수 없지만, 적어도 내가 아는 범위에서 조선인은 그런 바보가 아니라는 점만은 분명히 말 할 수 있다. 그것은 때가 증명할 것이다.[26]

이렇게 다쿠미는 조선인을 굳게 믿으며, 조선인을 무조건 차별하는 일본인을 신랄하게 비판하고 있다. 그만큼 당시 관동대지진의 조선인 학살 소식은 다쿠미에게 커다란 충격과 아픔과 고통을 안겨주었고, 특히 일본인의 조선인 차별에 대한 분노를 불러일으켰다. 다쿠미는 앞의 일기를 쓴 다음날인 9월 11일에도 「어젯밤부터 내리기 시작한 비는 종

25) 高崎宗司『浅川巧 日記と書簡』, 앞의 책, p.248
26) 高崎宗司, 위의 책, p.250

일 주룩주룩 계속 내렸다」라는 말로 시작해서 다시 이렇게 적고 있다.

　　일본인은 도대체 배타적인 점에서는 조선인 이상인지도 모른다. 조선
인에 대한 이해가 너무 없다. 일본의 시골에서 아이가 울면 「언제까지
울고 있으면 죠센진(조선인)이 올 거야!」라고 하는 아이들을 겁주는 문구
마저 생겨나고 있다. 그 때문에 조선인은 하등하고 기분 나쁘고 잔인성이
강한 악인이라는 식으로 받아들여지는 경향이 있다. (중략) 조선인에 대
해 「도대체 요즘 정부가 너무 봐준다. 이번에야말로 원래대로 통제하며
권력을 행사해야만 한다. 조선인은 이번에야말로 세계로부터의 동정도
사라졌다. 머리를 쳐들지 못하도록 눌러버려도 불평은 못한다. 조금 소
금에 저려두어야 한다.」라는 의견이 많은 모양이지만 그에는 동의할 수
없다.27)

　이처럼 다쿠미는 조선에 살고 있던 대다수의 일본인들이 관동대지진
의 유언비어를 그대로 믿고 조선인을 더 강하게 통제하고 눌러야 한다
고 주장할 때도 그러한 의견에 결코 동의하지 않았다. 또한 그 전부터
다쿠미는 조선의 아름다운 자연과 문화를 파괴하는 일본의 식민지지배
정책에 비판적이었다. 예를 들면, 1922년 6월 4일의 일기에서 조선신사
(朝鮮神社) 건설 공사에 대해 다음과 같이 비판하고 있다.

　　아름다운 성벽을 파괴하고, 장려한 문은 헐어서 제거하고, 어울리지도
않는 숭배를 강요하는 식의 신사 따위를 거액의 돈을 들여서 세우는 관리
들의 속을 모르겠다. 산 위에서 바라보면 경복궁 내의 신축청사 같은 건
너무 우스꽝스러워 분노가 치민다. 백악과 근정전과 경희루와 광화문 사
이에 무리하게 억지로 끼어들어 앉아있는 모습은 정말로 뻔뻔하다. 게다

---

27) 高崎宗司『浅川巧　日記と書簡』, 앞의 책, pp.251-252

가 그 건물들의 조화를 깨트리고 있어 더없이 고약해 보인다. 백악의 산이 있는 한 일본인은 영원히 수치를 당하게 될 것이다. 조선신사도 영원히 일선(日鮮. 일본과 조선) 양 민족의 융화를 도모하는 근본의 힘을 가지고 있지 않을 뿐더러 앞으로 다시 문제의 표적이 될 것이다.[28]

이렇게 다쿠미는 일본이 조선의 문화나 산을 파괴하고, 조선인을 차별하는 것에 매우 비판적이었다. 실은 조선으로 건너온 다쿠미는 처음부터 야나기 무네요시에게 보낸 편지에서 「조선에서 사는 것에 기가 죽어서 조선인에게 미안한 마음이 들어서 몇 번인가 모국으로 돌아갈 것을 계획했었습니다.」라고 적고 있다.[29] 이렇게 다쿠미는 처음부터 일본인으로서 속죄의식을 가지고 있었고, 이후 계속 일본의 조선 식민지 지배를 비판적으로 바라보았다. 하지만 조선총독부의 일원이었던 그는 일기에 그러한 마음을 적기는 했어도 공공연한 비판과 행동을 하기는 어려웠다. 또한 다쿠미 자신이 조선인과 대등하고 평등하게 지내고자 해도 피지배민족인 조선인들에게 그는 지배민족의 「일본인」일 수밖에 없었다.

누군가는 다쿠미의 식민지지배에 대한 비판은 적극적인 행동으로 이어지지 못한 한계가 있다고 비판할 수도 있다. 하지만 다쿠미는 지배민족인 「일본인」의 한 사람으로서 자기 방식으로 조선에 속죄하려 했던 것은 아닐까? 다쿠미의 방식은 예를 들면, 적은 월급을 쪼개서 임업시험장의 조선인 직원의 자녀들에게 개인적으로 장학금을 몰래 주거나, 조선말을 하고, 조선 옷을 입고, 조선 가옥에 살며, 조선 음식을 먹고, 조선인 지식인에서부터 일반인까지 다양한 조선인들과 교류하며, 조선의

---

28) 高崎宗司 『淺川巧　日記と書簡』, 앞의 책, p.84
29) 柳宗悅(1991) 「彼の朝鮮行」『柳宗悅全集著作篇第六巻』 筑摩書房, p.55

공예품과 도자기를 모으고 정리해서 후세에 남기고, 조선의 민둥산을 푸르게 하는 일 등을 들 수 있다. 1922년 9월 11일, 다쿠미는 일기에 이렇게 적고 있다.

> 일선(日鮮) 사람들 사이에서도 많은 점에서 강자인 일본인이 조금 양보한다면 해결은 제일 빠르다. 또한 그것이 우자(優者. 부드럽고 아름다운 사람. 우아하고 품위가 있는 사람.) 이 취할 태도이다.[30]

이 말에서 다쿠미는 자신이 지배하는 편의「강자」라는 점을 인식하고 있었고, 강자인 일본인이 약자인 조선인에게 양보하는 것이 일본인과 조선인 사이의 많은 일을 해결하는 지름길이라고 생각했음을 알 수 있다. 이러한 생각은 다쿠미가 독실한 기독교인이었다는 점과 무관하지 않을 것이다. 다쿠미의 일기를 통해서도 알 수 있듯이, 그는 늘 올바른 신앙인의 삶의 방식에 대해 깊이 고민했고, 조선에서 모두가 평등하게 살아가는 공동체 사회를 실현하는 방법을 끊임없이 모색하며 고뇌했다. 그렇기에 더욱 조선 식민지 지배의 현실에 눈을 감고 있는 일본 교회의 현실을 개탄하며 비판했다. 무엇보다도 자신이「조선에 있는 것이 언젠가 어딘가에 하나님의 쓰임을 받을 수 있기를」[31] 간절히 기도했다. 이렇게 다쿠미는 기독교인으로서 일상적인 삶속에서 조선인들과 융합하며「인류애」를 실천하며, 그를 통해 강자인 일본인으로서 갖게 되는 속죄 의식을 청산하고자 했던 것은 아닐까.

---

30) 高崎宗司『浅川巧　日記と書簡』, 앞의 책, p.252
31) 柳宗悦「彼の朝鮮行」, 앞의 책, p.55

(4) 조선인에게 사랑받은 일본인

다섯 번째로, 아사카와 다쿠미는 누구보다도 조선인에게 사랑받은 일본인이었다. 다쿠미의 죽음을 슬퍼한 야나기 무네요시의 글에서도 그 점을 분명히 알 수 있다.

> 아사카와의 음덕(陰德)은 반도인들 사이에서는 널리 알려져 있다. 얼마 안 되는 수입의 대부분은 궁핍한 반도 사람들을 위해서 쓰였다. 몇 년이나 이 일을 계속하고 있었지만, 일본인들 사이에서는 아는 사람이 적었다. 그는 많은 학생을 도와서 졸업시켰다. 그는 자신의 가난을 모르는 것 같았다. 그의 죽음이 근처 마을 사람들에게 알려졌을 때, 반도 사람들은 떼를 지어 작별을 고하러 왔다. 누워있는 그의 유해를 보고 통곡하던 반도인이 얼마나 많았던가. 일선(日鮮)의 반목이 어둡게 흐르고 있던 조선의 현실에서는 볼 수 없는 장면이었다. 관은 차례차례로 자진해서 나선 반도인들에게 메어져 청량리에서부터 이문동 언덕까지 옮겨졌다. 자진해서 나선 사람이 너무 많아 다 응하지 힘들 정도였다. 그 날은 억수같이 비가 내렸다. 도중에 마을 사람들이 관을 멈추고 제사를 올리게 해달라고 애원한 것도 그때였다. 아사카와는 그가 사랑했던 한복을 입은 채로 반도인들의 공동묘지에 묻혔다. 쇼와 6년(1931) 4월 2일, 아사카와는 액년(운수가 사나운 해)에 42살로 죽었다.[32]

야나기의 글에서 다쿠미가 조선인들에게 얼마나 사랑받았고, 그의 죽음 앞에서 조선인들이 얼마나 슬퍼하며 통곡했는지를 알 수 있다. 그렇기에 해방 후 한국에서 일본인들의 무덤이 거의 파괴되어가는 속에서도 다쿠미의 무덤만은 한국인들의 손에 의해 지켜졌다. 다쿠미의 일기[33]를 가지고 있던 김성진도 다쿠미를 존경했던 한 사람이다. 그가

---

32) 柳宗悅(1942) 「浅川巧のこと」『私の念願』 不二書房, pp.279-280
33) 아사카와 다쿠미의 일기(1922년 1월분과 1923년 7월과 9월분, 400자 원고용지로

했던 말에 주목해보자.

　쇼와 25년(1950) 6·25 사건(한국동란)으로 가재도구를 모두 버리고 겨우 목숨만 건져 피난할 때에도 이 일기를 다쿠미 선생님의 영령이라고 생각하며 귀중품과 함께 등에 짊어지고 부산으로 피난했다. 다쿠미 선생님을 뵌 적도 없고, 직접 은고(恩顧)를 입은 일도 없다. 그러나 한국을 사랑해 한국의 흙이 된 존경하는 다쿠미 선생님의 일기를 계속 지킨 것은 아사카와 다쿠미 선생님에 대한 최소한의 공양으로, 당연한 일을 한국인의 한 사람으로서 한 것에 지나지 않는다고 생각한다./가혹한 일본 제국주의의 식민지 정책 아래서 시달리던 피억압 민족에게 온정을 보이는 것조차도 일본 관헌에게 미움을 받았던 시대에, 한국인을 진심으로 사랑해주신 다쿠미 선생님은 진흙 연못에 핀 한 송이 백련이라고 해야 할 것이다. 그 숭고한 인류애의 정신은 선생님을 아는 한국인의 가슴 속에 영원히 계속 살아남을 것을 믿어 의심치 않는다. (중략) 그 유덕(遺徳. 후세에 남긴 덕)으로 한국과 일본 양국 국민이 서로 이해하고, 서로 존중하여 정말로 사이가 좋은 이웃나라로서 평화롭게 행복하게 살아가기를 간절히 바라는 바이다.[34]

　여기에는 김성진이 아사카와 다쿠미를 존경해 그의 일기를 소중히 해온 사실과 함께 「진흙 연못에 핀 한 송이 백련」과 같은 아사카와 다쿠미의 유덕을 계승해 한일 상호이해와 존중의 길을 걸어가기를 염원하는 마음이 적혀있다. 김성진의 바람은 지금까지 한일 양국에서 아사카와 다쿠미를 연구해오고 관심을 가져온 많은 사람들의 공통된 바람

　462매)는 해방 후 한국에서 형 노리타카로부터 김성진에게 맡겨졌고, 1996년 김성진이 아사카와 형제의 고향인 다카네쵸에 기증함으로써 현재는 「다카네향토자료관 아사카와 노리타카와 다쿠미 형제 자료관(高根郷土資料館　浅川伯教·巧兄弟資料館)」에 보관되어 있다.

34) 高崎宗司『浅川巧　日記と書簡』, 앞의 책, pp.288-289

일 것이다. 2011년 아사카와 다쿠미 80주기에 이어령은 「좋든 싫든 간에 이젠 글로벌한 세상에서 살 수 밖에 없다. 그런 이유에서 100년 전에 보여준 다쿠미의 정신은 단순히 「오래된 과거」가 아니라 현재 우리가 배워야 할 「오래된 미래」」라고 역설했듯이[35], 아사카와 다쿠미의 정신을 살려 경직되어 있는 한일 관계의 회복을 도모하는 일이 지금이야말로 필요하다.

 ## 3 아사카와 다쿠미와 후지모토 다쿠미의 이름의 인연

이제부터 다시 「두 사람의 다쿠미」의 이야기를 해보자. 한국국립민속박물관 관장인 천진기는 2012년 8월 22일부터 10월 1일까지 개최된 후지모토 다쿠미 사진전을 담은 『한국을 사랑한 다쿠미 기증 사진집－7080 지나간 우리의 일상－』의 「발간사」에서 이렇게 적고 있다.

> 다쿠미(巧)라는 이름은 일제강점기 조선에서 산림원(山林員)이자 민예가(民芸家)로 활동한 아사카와 다쿠미(浅川巧, 1891~1931)의 이름에서 유래하였습니다. 그는 조선의 문화와 사람들을 진정으로 사랑한 사람이었습니다. 그가 보여준 자세는 박애(博愛)의 본보기로, 지금도 한국과 일본 양국 모두에서 그를 추모하는 행렬이 이어지고 있습니다. /사람은 「이름대로 산다」는 말이 있습니다. 후지모토 다쿠미 선생도 아사카와 다쿠미처럼 한국을 사랑하는 마음으로 50여 차례 한국을 방문하여 40여 년간

---

35) 「민둥산을 푸르게, 아사카와 다쿠미를 재조명하다 : 국립수목원－대진대－지역사회, 미래 한일관계 모색」『조경뉴스』(2014.10.7.)
http://www.lafentgarden.com/inews/news_view.html?news_id=112811, 참조

묵묵히 카메라로 한국의 모습들을 담아 왔습니다. 그가 촬영한 사진 속에는 시골과 도시, 농촌과 항구, 시장 등 지나간 우리 일상의 현장과 그 속에 살았던 사람들의 삶이 고스란히 담겨 있습니다.[36)]

천진기의 말대로 후지모토의 다쿠미라는 이름이 아사카와의 다쿠미로부터 유래했다면, 도대체 두 사람을 「다쿠미(巧)」라는 이름으로 이어준 이는 누구였을까? 그것은 다름 아닌 오사카에서 미술용품을 취급하는 가게를 운영해 온 후지모토 다쿠미의 부친 후지모토 히토시(藤本均)였다. 후지모토 히토시는 『산사이코게 공예 20년의 발자취(三彩工芸20年の歩み)』[37)]와 같은 책을 간행할 정도로 공예에 조예가 깊은 사람이었다. 어느 날 히토시는 야나기 무네요시의 『나의 염원』(1942)에서 조선민예연구가인 아사카와 다쿠미에 관한 글을 읽고 그의 소박한 삶의 방식에 깊은 감명을 받았다. 이후 히토시는 아사카와 다쿠미를 무척 존경하게 되었다. 특히 생가가 유서 깊은 이즈모다이샤(出雲大社)의 미야다이쿠(宮大工, 절이나 궁전 같은 건축을 전문으로 하는 목수)를 했던 히토시는 『조선의 소반』을 저술한 아사카와 다쿠미의 목공에 대한 조예에 크게 공감했던 모양이다.

이렇게 아사카와 다쿠미를 존경하게 된 히토시는 결국 그 존경심을 담아 아들에게 「다쿠미(巧)」라는 이름을 붙였다. 그리고 1986년 봄, 히토시는 야나기 무네요시의 『나의 염원』의 뒤표지에 자필로 다음과 같이 적어 아들 다쿠미에게 건넸다.

---

36) 『한국을 사랑한 다쿠미 기증 사진집─7080 지나간 우리의 일상─』(국립민속박물관, 2012), p.2
37) 藤本均(1988) 『三彩工芸20年の歩み』 三彩工芸 참조

다쿠미에게／이 책에 실린／아사카와 다쿠미에 관한 이야기를 읽고／
네 이름을 지었다.／1986년 봄 아버지[38]

이상과 같이 「아사카와 다쿠미-야나기 무네요시-후지모토 히토시
-후지모토 다쿠미」라는 인연의 연쇄 속에서 후지모토 다쿠미는 아사
카와 다쿠미의 「다쿠미(巧)」라는 이름을 갖게 되었다. 때로는 사람의
「이름」이라는 것이 그 사람의 인생과 아이덴티티를 알게 모르게 규정
해간다. 후지모토 다쿠미에게 「다쿠미」라는 이름은 유전자와 같이 그
의 운명을 이끄는 것이었는지도 모른다. 그렇다면 아사카와 다쿠미의
이름을 갖게 된 후지모토 다쿠미는 사진가로서 언제 어떻게 한국과 만
났고, 또 어떻게 한국과 교류했는지가 궁금하다.

우선, 앞에서 언급한 『한국을 사랑한 다쿠미 기증 사진집-7080 지나
간 우리의 일상-』(국립민속박물관, 2012)에 담긴 글을 소개하고 가자.

조선의 산과 민예를 사랑한 일본인이 있었다.／그의 이름은 아사카와
다쿠미(淺川巧, 1891~1931)로,／산과 나무로부터 시작하여 소반과 백자
／그리고 조선인들에게까지 그 사랑을 이어갔다.／조선에 관한 그의 사
랑은 많은 일본인들에게 영향을 주었다.／특히 일본 민예의 거장 야나기
무네요시(柳宗悦, 1889~1961)는／조선을 사랑하는／아사카와 다쿠미의
순수한 마음과 열정에 감명을 받고,／자신의 집무실 책상 위에 늘 그의
사진을 올려놓았다고 한다.／이뿐만이 아니다.／아사카와 다쿠미의 이야
기에 감명을 받고,／자신의 아들 이름을 다쿠미(巧)라고 지은 일본인도
있었다.／그의 아들 이름은 후지모토 다쿠미(藤本巧)였다.／이제 60대 중
반을 바라보고 있는／후지모토 다쿠미의 일생은 아사카와 다쿠미와 유사
하였다.／그 역시 조선의 민예로부터 시작하여／한국인들에게까지 자신

---

38) 『한국을 사랑한 다쿠미 기증 사진집-7080 지나간 우리의 일상-』, 앞의 책, p.9

의 사랑을 이어가고 있다.[39]

이 글 속에서 후지모토 다쿠미가 아사카와 다쿠미의 이름을 이어받았고, 그의 일생이 아사카와 다쿠미와 닮아 있다고 한 점이 주목된다. 그렇다면 실제로 후지모토 다쿠미는 아사카와 다쿠미의 이름을 이어받은 것을 어떻게 생각해 온 것일까? 후지모토는 자신은 「내가 19살에 한국으로 건너가 한국 사람들과 사진을 찍기 시작한 것은 아마도 아사카와씨 영혼의 덕분이 아닐까 생각한다.」[40]라고 말했다. 그러나 다른 한편으로 「조선에 관한 아사카와 다쿠미의 자세는 나의 본보기이긴 하지만, 그것이 앞으로 어떻게 나에게 영향을 줄지는 긴 시간이 흐르지 않고서는 알 수 없다.」[41]라고도 했다. 이렇게 후지모토는 아사카와 다쿠미와의 깊은 인연에 감사하며 조선에 대한 그의 자세를 본보기라고 하면서도, 아사카와 다쿠미가 자신에게 준 영향에 대해서는 아직 단언하려 하지 않는다. 이는 후지모토와 한국의 관계가 아직 현재진행형이기 때문이다.

그렇다면 아사카와 다쿠미의 이름을 이어받은 후지모토 다쿠미는 사진가로서 한국과 어떻게 교류해온 것일까? 이 점을 지금까지 간행된 후지모토의 저작 등을 중심으로 살펴보기로 하자.

---

39)『한국을 사랑한 다쿠미 기증 사진집─7080 지나간 우리의 일상─』, 앞의 책, p.7
40) 藤本巧(2010.4.12.)「韓国の自然・人が私の写真の先生(1)」『中央日報』일본어판
41)『한국을 사랑한 다쿠미 기증 사진집─7080 지나간 우리의 일상─』, 앞의 책, p.8

4 후지모토 다쿠미와 한국

아버지에게 「다쿠미」라는 이름을 받은 후지모토 다쿠미는 1949년 시마네현에서 태어났다. 다쿠미의 아버지 히토시는 아들이 사진을 업으로 하는 것을 반대하였다. 그 대신 자신이 운영하던 미술용품 가게를 이어 받기를 원하였다. 그러던 어느 날 아버지 히토시가 평소에 존경하고 있던 인물이 아들 다쿠미의 사진을 보고 극찬했다. 이를 계기로 아버지는 더 이상 아들이 사진을 하는 것을 반대하지 않게 되었다.[42]

1970년 8월 하순, 다쿠미는 아버지와 함께 처음으로 한국을 방문하게 되는데 그 때 나이 19살이었다. 후지모토 부자의 여행 목적은 아사카와 다쿠미의 묘를 참배하고, 여기저기 민예의 현장을 돌아보며 장인들을 만나는 것이었다. 이 여행을 계기로 다쿠미는 1970년부터 2012년까지 42년간에 걸쳐 60회나 한국을 방문해서 전국을 걸어 다니며 한국의 풍경과 사람들을 사진에 담아왔다. 지금까지 다쿠미는 삼베의 마을 「안동」, 무명의 마을 「영천」, 김천 마을, 김해평야, 전국의 오래된 사찰과 강화도의 교회, 경상남도의 장례 행렬, 겨울의 강원도 등을 취재해왔다. 이렇게 다쿠미가 한국의 도시와 시골, 농촌, 항구 등을 돌면서 찍은 사진이 2011년에 4만 6,377점에 달했다.

그리고 2010년 말에서 2011년 9월에 걸쳐 다쿠미는 자신의 사진 46,377점을 한국국립민속박물관에 기증하였다.[43] 이를 계기로 한국에

---

42) 『한국을 사랑한 다쿠미 기증 사진집-7080 지나간 우리의 일상-』, 앞의 책, p.275
43) 매체별로 분류해보면, 필름 27,198점, 디지털사진 18,870점, 사진인화물 162점, 사진과 에세이를 소개한 NHK 책자 147점이다(『한국을 사랑한 다쿠미 기증 사진집-7080 지나간 우리의 일상-』, 앞의 책, pp.282-283)

서 앞에서 언급한 2012년 8월부터의 「한국을 사랑한 다쿠미 기증 사진
전-7080 지나간 우리의 일상-」이 아사카와 다쿠미가 건립에 힘쓴 「조
선민족미술관」의 후신인 「한국국립민속박물관」에서 개최되었던 것이
다. 이 전시회에서는 후지모토가 기증한 사진 가운데 그가 가장 애착을
가졌던 70~80년대의 사진 약 100점이 전시되었다. 1970년대부터 1980
년대에 후지모토가 한국에서 본 풍경은 이미 공업화와 도시화가 진행
된 일본에서는 거의 사라진 것들이었다. 경남 합천 가야천 인근의 동천
마을의 초가집(1970), 부산 자갈치시장의 말다툼하는 자갈치 아지메
(1975), 강원도 강릉 단오놀이에서 서커스 구경온 아이가 곡예사의 공
중그네 쇼를 보고 놀라는 모습(1986) 등 후지모토의 사진에는 한국 전
국의 그리운 풍경과 한국인의 일상적인 삶이 그대로 담겨 있다.[44]

　　그러나 후지모토는 왜 이렇게까지 뭔가에 홀린 듯이 오랫동안 한국
전국을 돌아다니며 한국의 풍경과 사람들의 삶을 사진에 담아온 것일
까? 『한국을 사랑한 다쿠미 기증 사진집-7080 지나간 우리의 일상-』
에 담긴 다음 말에 주목해보자.

　　　　다쿠미에게 왜 한국 사진을 촬영 하냐고 물어보면/늘 같은 대답을 한
　　　다./자신이 일본 사람인데/왜 그렇게 한국에 집착하는지 자신도 모르
　　　겠다고./그냥 막연하게 「다쿠미라는 이름 때문 아닌가」라는/생각을 한
　　　다는……[45]

　　이 글에서 후지모토는 막연히 아사카와 다쿠미의 「다쿠미(巧)」라는

44) 『한국을 사랑한 다쿠미 기증 사진집-7080 지나간 우리의 일상-」, 앞의 책, pp.92-93,
　　p.211, pp.258-259
45) 위의 책, p.275

이름을 이어받은 것이 한국을 계속 찍어온 이유일지 모른다고 답하고 있다. 그러나 실제로 사진가 후지모토는 한국의 무엇에 매료되어 온 것일까? 후지모토의 사진과 글을 통해 볼 때 그것은 한국과 한국인의 「정」과 「에너지」였다고 볼 수 있다.

40년 넘게 후지모토는 아사카와 다쿠미가 그랬듯이 한국 전국을 발로 걸어 다니며 노인, 학생, 아이들, 아줌마, 길을 오가는 사람들, 스님, 점쟁이 등 한국인의 다양한 삶과 행위와 표정을 담아왔다. 그러한 후지모토를 한국 사람들은 정감 있는 표정으로 반겨주었다. 특히 후지모토는 땀 냄새가 밴 일터에서 생동감 넘치고 역동적인 사람들을 만났고, 심신의 안식처인 교회와 사찰과 점집 등에서는 도를 닦고 복을 구하는 사람들을 만났다. 뿐만 아니라 후지모토는 영동제와 같은 축제 마당에서 즉흥적으로 벌어지는 신명의 짜릿함도 맛보았다. 이러한 경험을 통해서 후지모토는 한국인의 넘치는 「정」과 「에너지」를 체험할 수 있었고, 그것이 한국 발전의 원동력이라고 생각하게 되었다.[46]

이상과 같이 후지모토 다쿠미는 한국의 풍토와 사람들의 생활을 깊은 애정을 가지고 사진에 담아왔다. 이 점은 지금까지 간행된 후지모토 다쿠미의 사진집에 기고된 다른 사람들의 말에서도 확인된다. 우선, 재일코리언 역사가인 김달수는『후지모토 다쿠미 사진집 한국(韓くに)·오래된 절(古き寺)』의 「서문」에서 이렇게 적고 있다.

후지모토씨의 눈과 마음은 호화 현란한 것, 휘황 찬란한 것, 그러한 것에는 거의 별 관심이 없다. 그것보다 민중의 격렬함 속에 있는 친절함과 아름다움이야말로 후지모토씨가 진심으로 추구하는 바인 듯하다.[47]

---

46)『한국을 사랑한 다쿠미 기증 사진집―7080 지나간 우리의 일상―』, 앞의 책, p.175

또한 일본의 논픽션 작가, 수필가, 소설가, 사진가로 알려져 있는 사와키 고타로(沢木耕太郎)는 「후지모토 다쿠미 사진집 한국 기산하(藤本巧写真集 韓くに幾山河)」의 「서문」에서 다음과 같이 말하고 있다.

> 후지모토 다쿠미의 사진집 『한국기산하(韓くに幾山河)』의 책장을 넘기면, 주저앉거나 잠시 멈추어 서서 허리에 손을 대고 웃고 있는 노인들의 모습이 보인다. 혹은 들꽃을 들거나 여동생을 엎고서 이쪽을 응시하며 역시 웃고 있는 아이들의 모습이 보인다.[48]

위 두 사람의 말에서 후지모토가 한국의 소박한 풍경과 정과 에너지가 넘치는 일반 한국인의 모습을 사진에 담으려 해왔음을 엿볼 수 있다. 후지모토는 고도 성장으로 일본사회가 이미 잃어버린 것들을 한국에서 만나며 그에 매료되어 사진을 계속 찍어왔던 것이다. 후지모토의 말에 의하면, 한국을 방문할 때까지 사진가를 동경은 했지만 뭘 찍어야할지 몰라 방황하고 있었다. 그러던 중 1970년 여름, 한국을 방문하고 사진가로서 큰 기쁨을 느끼게 되었다. 후지모토는 그 때의 일을 이렇게 적고 있다.

> 포플러 가로수가 끝없이 계속 되는 포장되지 않은 시골길을, 자동차는 모래 먼지를 일으키며 맹렬한 스피드로 절을 향해 달렸다. 절에 참배하러 들어가기 전에 울창한 초가집 지붕의 민가가 서로 기대어 호흡하고 있는 듯 내 눈에 비쳐졌다. / 참으로 아름다운 촌락이었다. / 차에서 내리자 흙

---

47) 金達寿 「序文」, 藤本巧(1982) 『藤本巧写真集 韓くに·古き寺』 フイルムアート社, 참조

48) 沢木耕太郎 「序文」, 藤本巧(1984) 『藤本巧写真集 韓くに幾山河』 フイルムアート社, 참조

과 짚의 그리운 냄새가 났다. 갑작스런 방문자에게 마을 닭들이 놀라 요란 스럽게 울어댔다./나는 구도를 생각하기도 전에 피사체를 향해 돌진하고 있었다. 열중해서 정신없이 셔터를 누르고 있는 자신이 그곳에 있었다. 하늘, 나무, 초가집 지붕, 흙담, 그리고 돌담이 아름답게 구성되어 자연과 일체화되어 자리 잡고 있었다./「살아있는 아름다움」이 밀려들어왔다.[49]

이렇게 일본에서 뭘 찍어야할지 몰라 방황하던 후지모토는 자신도 모르는 사이에 정신없이 셔터를 누를 만큼 충격적인 한국과의 첫 만남을 가졌다. 1974년에 처음으로 발행한 사진집『한국사람들(韓びと)』에서부터 2009년『이조공예(李朝工芸)』에 이르기까지 후지모토는 한국의 소박한 공예품과 풍경, 그리고 웃는 노인과 아이들, 일하는 여인네와 노동자 등 평범한 사람들의 치열하면서도 따뜻한 표정과 삶을 렌즈에 담아왔다. 그 속에는 김달수가 말한 한국「민중의 격렬함 속에 있는 친절함과 아름다움」은 물론, 스스로가 말한 한국의「살아있는 아름다움」이 담겨있다. 그렇기에 어느 날 서울 남쪽 수원에 있는 한국민속촌을 방문한 후지모토는 이렇게 개탄했다.

셔터를 누르는 손이 무디어지는 것을 계속 느끼고 있었다. 인공적으로 만들어진 관광지에는 생활감이 전혀 감돌지 않았다.[50]

후지모토의 사진을 보고 있노라면, 일제강점기에 아사카와 다쿠미가 조선 아이들과 청년들을 각별히 사랑하며, 조선 민중들이 사용하는 공예품과 도자기를 사랑했던 것을 떠올리지 않을 수 없다. 두 사람의 다쿠

---

49) 藤本巧(2006)『藤本巧写真集 韓くに, 風と人の記録』フィルムアート社, p.54
50) 藤本巧(1997)『藤本巧写真集 風の旅』フィルムアート社, p.92

미는 다른 시대를 살았지만, 그들이 사랑한 한국은 어딘가 닮아있다. 또한 후지모토가 40년 넘게 찍어온 사진을 한국에 기증한 것도 아사카와 다쿠미가 조선의 공예품과 도자기를 모아 한국에 남겨주었던 일을 상기시킨다. 후지모토 다쿠미의 일차적인 목표는 50년 동안 한국을 촬영하는 것이라고 한다. 한국의 「살아있는 아름다움」을 표현하기 위한 그의 여행은 아직 진행형이다. 그리고 그는 말한다.

터무니없는 바람이지만 건강과 수명이 허락한다면／100년을 채우고 싶다.[51]

이 꿈은 「다쿠미」라는 이름을 준 아사카와 다쿠미가 다 하지 못하고 간 한국과 한국인에 대한 사랑을 사진가로서 실천하는 것이 될지도 모른다. 이 꿈이 꼭 이루어지기를 바란다.

5 마치며

여기까지 아사카와 다쿠미와 후지모토 다쿠미라는 「두 사람의 다쿠미(巧)」가 한국 혹은 한국인과 어떻게 교제했는가를 살펴보았다. 두 사람의 다쿠미는 한 사람은 일제강점기의 사람이고, 또 한 사람은 해방 후 사람이었다. 그러나 두 사람은 시대의 벽을 뛰어넘어 「다쿠미」라는 이름으로 이어졌고, 그 때문일까 두 사람 모두 이(異)문화인 한국 문화

---

51)『한국을 사랑한 다쿠미 기증 사진집-7080 지나간 우리의 일상-』, 앞의 책, p.275

를 편견 없이 바라보고 그 주체성과 고유성을 인정하며, 한국인조차 버리는 도자기와 공예품과 삶과 풍경을 소중히 기록하고 보관하여 한국사회에 큰 선물을 남겨주었다. 또한 한국 산천을 구석구석 발로 걸어서 찾아다니며 힘든 속에서도 치열하게 그러면서도 정감 있게 살아가는 한국인과 만나고 교류했다.

아사카와 다쿠미가 보여준 조선의 문화, 풍토, 자연의 아름다움에 대한 사랑, 조선에 사는 보통 사람들에 대한 사랑, 조선인의 생활과 삶에 대한 사랑, 아이들과 청년들에 대한 각별했던 사랑이 「다쿠미」라는 이름과 함께 그대로 후지모토 다쿠미에게 유전자처럼 계승되었던 것은 아닐까. 그리고 이 두 사람의 사랑은 지금 잔잔하지만 확고하게 한국과 일본에서 국가와 민족과 세대를 넘어 다시 계승되고 있다. 무엇보다도 두 사람의 다쿠미는 앞으로 우리가 한일 상호이해와 우호관계를 만들어 가는데 중요한 열쇠를 던져주고 있다.

그 좋은 예가 스기무라 아야(椙村彩)의 이야기다. 스기무라는 2002년 중학교 2학년 여름방학에 받은 과제 자유연구에서 아사카와 다쿠미에 관해 조사했다. 그 결과를 2004년에 『한일교류의 선구자 아사카와 다쿠미(日韓交流のさきがけ 浅川巧)』로 출판했다. 그녀가 했던 다음 말은 아무리 강조해도 지나치지 않을 것이다.

일본이 식민지로서 조선을 지배하고 있었던 시대, 그리고 많은 일본인이 조선인에게 일본어와 일본 문화를 강요하고, 조선의 말과 문화와 예술을 알려고도 하지 않았던 시대에 아사카와 다쿠미는 독학으로 조선말을 배우고 조선인과 친하게 교류하며 조선의 자연과 문화를 진심으로 사랑했습니다. /국가와 민족과 종교로 인간을 차별하지 않고, 조선 민족과 그 문화를 이해하려는 의지를 관철한 일생이었습니다. 「함께 살아간다」는 것은 이러한 삶의 방법을 말하는 것은 아닐런지요. 국제화가 진행되는 속에서 살아갈 저희들은 한 사람 한 사람이 다른 민족을 어떻게 이해하고, 어떻게 이해받을지 라는 물음을 언제나 자신의 마음속에 갖는 것이 중요하다고 생각하게 되었습니다./지금 주장되고 있는 「국제이해」「공생사회」「환경보전」 등 어느 것을 들어도 모두 다쿠미가 1세기 가까이 전에 조선에서 실천하고 있었다는 것을 알고 놀랐습니다. (중략)/한 사람 한 사람의 교류가 결국 국가와 국가의 교류로 이어진다고 전 믿고 있습니다./「아사카와 다쿠미」가 지금 많은 사람들에게 높이 평가받는 것은 「다쿠미처럼 살고 싶다」는 마음의 절규의 반영이라고 전 생각합니다.[52]

이렇게 아사카와 다쿠미의 삶의 방식은 스기무라와 같은 일본 청소년들에게 감명을 주고 있다. 일본 정치학자 다케나카 치하루(竹中千春)는 소학교 학생들과의 평화수업에서 다음과 같은 중요한 메시지를 말했다.

역사를 조금 공부하면 인류는 싸움에 세월을 다 보낸 것처럼 보입니다. 많은 왕국들이 탄생하여 번영하기도 멸망하기도 하면서 국가와 국가의 전쟁도 많이 있었습니다. 그러나 싸움만 했더라면 인류는 벌써 멸망해 버렸겠지요. 하지만 인류는 살아남았을 뿐만이 아니라 번영해 왔습니다. 왜냐면, 어떤 싸움 뒤에도 반드시 새롭게 평화를 만드는 사람들이 있었기 때문입니다. 부상당한 사람을 치료해주고, 부서진 집을 고쳐주고, 아이들을 지켜주고 키워준 그런 무수히 많은 이름 없는 사람들입니다.[53]

치하루의 말을 한일관계에 비추어 생각해보면, 두 나라 사이에는 전

---

52) 椙村彩(2004)『日韓交流のさきがけ－浅川巧－』揺籃社, p.147, p.149
53) 竹中千春(2012)『千春先生の平和授業2011-2012－未来は子どもたちがつくる－』朝日学生新聞社, p.3

쟁과 식민지지배의 역사로 대립과 반목이 있어왔다. 그러나 그 뒤에는 반드시 「두 사람의 다쿠미」처럼 한일상호이해와 우호관계 구축을 위해 노력한 사람들이 있었다. 바로 이 점을 우리는 앞으로 한일양국 청소년 들에게 가르쳐나갈 필요가 있다. 그런 점에서 마지막으로 반드시 소개 해야 할 사람이 있다. 그는 지금까지 아사카와 다쿠미를 중심으로 한 한일 양국의 청소년교류를 적극 지원해 왔고, 40여 년간 수집해 온 1만 여 점의 미술품을 한국에 기증한 재일교포2세 하정웅이다. 아사카와 다 쿠미와 재일코리언인 하정웅에 관한 고찰은 후속 과제로 남기며. 마지 막으로 하정웅이 1997년 아사카와 다쿠미 추모제에서 했던 말을 소개 하며 이 글을 마친다.

저에게 자이니치(在日, 재일교포)로 살아가기 위한 철학이라는 걸 가르 쳐준 것은 아사카와 다쿠미의 삶의 방식이었습니다. 지금부터 40여 년 전의 일, 아키타의 고등학교 시절에 아사카와 다쿠미를 알았기 때문입니 다. 그것은 「인간의 가치(人間の価値)」라는 한 문장이었습니다. 아사카와 다쿠미의 업적은 많이 있습니다만, 제가 감명을 받는 것은 그의 살아가는 모습과 가치관이고, 일상의 품행과 행위입니다. 아사카와 다쿠미는 한국 의 산하와 역사와 문화를 넓고 깊은 곳에서 직시하고 있었다고 생각합니 다. 국가와 민족을 뛰어넘어서 『공생』을 생각했던 사람입니다.[54]

이 글은 「二人の「巧」と韓国 : 浅川巧と藤本巧を通した日韓相互理解のた めの序説」『国際理解の視点に立った東アジア交流史の社会科教材開発』 일본과학연구보조금(기반연구(C)) 연구성과보고서, 2012.4~2015.3)를 바 탕으로 그 내용을 수정 가필한 것임을 밝혀둔다.

---

54) 河正雄(2002)『韓国と日本, 二つの祖国を生きる』明石書店, pp.103-104

비운의 도시 난징(南京)과 학살의 기억

김형열

부산대학교 사학과에서 학부와 석사를 마치고, 중국 난징(南京)대학 사학과(歷史學系)에서 박사학위를 받았다. 현재 동의대학교 사학과 교수로 재직하고 있으며, 관심 연구 분야는 중국 근대 산동(山東)지역 도시발전사 및 동아시아 도시무역 네트워크 형성 관련 분야이다. 주요 논문으로『산동 지난(濟南)의 상부(商埠) 건립과─도시근대화』,『일본의 칭다오 경략과 칭다오 도시경제의 발전』,『난징대학살과 기억의 정책─학살에 대한 기억의 전승과 관리를 중심으로─』등과 공저로『동아시아사의 인물과 라이벌』,『도시화와 사회갈등의 역사』등이 있다.

1 머리말

난징(南京)은 중국 도시 중 시안(西安), 뤄양(洛陽), 베이징(北京)에 필적하는 문화도시로 유구한 역사를 간직하고 있다. 또한 육조(六朝) 고도(古都)인 난징은 명초(明初)와 더불어 국민정부시기 수도를 담당하기도 한 정치도시라 할 수 있다. 이처럼 난징은 역사문화도시로서 많은 유적과 문물을 보유하고 있지만 한편으로는 가장 가슴 아픈 역사와 그 현장을 간직하고 있기도 하다. 중일전쟁 초기 일본군에 의해 함락된 후 6주간에 걸쳐 철저히 유린되고 파괴되었던 것이다. 아이리스 장이 그녀의 책 제목『난징의 강간(The Rape of Nanking)』에서 보여주었듯이 도시 전체가 일본군에 의해 강간당한 난징대학살은 인류역사상 씻을 수 없는 전쟁범죄로서 오늘날에 이르기까지 전 세계인의 공분을 사고 있으며 이에 대한 조사와 연구가 진행되고 있다.

일본에서는 저명한 역사학자인 후지와라 아키라(藤原彰), 요시다 유타카(吉田裕), 가사하라 도쿠시(笠原十九司) 등의 교수가 정의실현을 위해 대량의 역사사실에 근거한 가치 있는 저서들을 발간하였다. 또한 학살 당시 난징에서 복무하거나 직접 학살에 참가했던 일부 일본군들이 자신의 일기와 당시 참혹했던 역사를 발표하였는데 저명한『아즈마시로(東史郎) 일기』,『난징전쟁(南京戰爭)』등이 그것이다. 한편 많은 서양 선교사, 신문기자, 학자들도 난징에서 직접 목도한 일본군의 만행을 일기나 신문보도 등을 통해 기록하였다. 그 중 대표적인 것으로『라베(Rabe) 일기』,『보트린(Vautrin) 일기』등을 들 수 있다.

중국내에서의 연구는 1960년대 초에 시작되었다. 1960년 난징대학

역사계(南京大學 歷史系)의 몇몇 교수와 학생들이 난징대학살에 대해 조사를 진행하였는데, 국가 보관 자료를 열람하고 관련 사진을 수집하였으며 난징대학살 생존자와 목격자를 인터뷰하여 약 7만자 분량의 소책자인 『일본인의 난징대학살(日寇在南京的大屠殺)』을 편찬하였다. 1962년에는 난징대학살 25주년을 맞이하여 이 책의 초고에 대해 교정과 증보를 가하였고, 1963년 11월 장수인민출판사가 내부발행의 방식으로 책을 출판하였다. 비록 공개적으로 출판되지는 않았지만 이는 중화인민공화국 건국 이래로 난징대학살과 관련된 첫 번째 연구저작이었다. 이후 일본 역사교과서 왜곡문제가 불거지고 일본 우익세력이 계속하여 역사적 사실을 부인하면서 난징대학살에 관한 연구가 중시되었다. 1980년대 장수성 고적출판사에서 『침화일군난징대학살사료(侵華日軍南京大屠殺史料)』,『침화일군난징대학살문건(侵華日軍南京大屠殺文件)』,『침화일군난징대학살사고(侵華日軍南京大屠殺史考)』를 출간하였고, 1990년대 이후 난징과 베이징 등지에서 난징대학살에 관한 학술세미나와 국제학술회의가 지속적으로 개최되었으며, 수준 높은 연구저서와 논문들이 발표되었다. 또한 다수의 학자들이 참가한 「난징대학살연구회(南京大屠殺史研究會)」가 설립되었고, 난징사범대학에는 「난징대학살연구센터」, 상하이사범대학에는 「위안부연구센터」가 설립되었다.

2000년대에 들어서자 중국 학계의 난징대학살 연구에 팔목할 만한 성과가 드러나기 시작하였다. 2005년에 이르러 중국 국내외 수십여 명의 학자들이 4년여의 공동 노력 끝에 『난징대학살자료집(南京大屠殺史料集)』(張憲文 主編, 江蘇人民出版社)을 출판하였는데 총 30권에 글자 수가 1500만자에 달하는 방대한 분량의 문헌자료라고 할 수 있었다. 이 사료집은 2011년 7월 7일, 다시 6년의 추가연구 끝에 총 78권으로 완간되었는데 글자 수만 4000만자에 달했다. 10년에 걸친 사료집 간행 작업에 참가한 전문가와 교수가 100인이 넘었고, 연합한 기관은 난징대학(南京大學), 난징사범대학(南京師範大學), 중국제2역사당안관(中國第二歷史檔案館), 난징시당안관(南京市檔案館), 강소성사회과학원(江蘇省社會科學院) 등 5개 기관에 달했다. 이 작업에 참여한 편찬자들은 미국 국가문서보관소, 미국 국회도서관, 스탠포드대학 후버연구소, 영국 외교문서보관소, 독일 외교문서보관소, 독일 지멘스 문서보관소, 일본외교사료관, 일본방위성 전사연구실 자료실, 러시아 문서보관소, 이탈리아 문서보관소, 대만 국사관, 대만 중앙연구원 근대사연구소 등의 기구를 찾아다니며 자료를 수집하였다.[1]

이와 같이 난징대학살에 대한 연구는 시간이 지나면서 결실을 맺게 되어 방대한 분량의 사료집이 출간되기도 하였고 또 연구서, 연구논문, 회상록, 문사자료 등 다양한 연구 성과들이 나오면서 그 사건의 진상에 조금씩 접근해 가고 있다. 그렇다면 객관적 연구 성과 이면에 이러한 연구를 가능하게 한 배경과 동기, 더 나아가서 이러한 사건에 대한 일원화된 기억을 제공하려고 하는 목적에 대해서는 사람들이 얼마만큼 인식하고 있을까? 즉 난징대학살이라고 하는 역사사건이 사람들에게 전해진 경로와 그 사건에 대한 집단적 기억의 용도는 무엇일까? 바로 이러한 물음은 역사 사건의 물리적 총합이 아니라 그 화학적 융합을 시도하고 그것을 통해 역사 개념을 도출하고자 하는 역사학자들이 한 번씩 가져 봐야 할 의문이 아닐까 생각된다.

위와 같은 물음에 대한 해답을 찾기 위해 먼저 난징에서 일본군에

---

1) http://news.sina.com.cn/c/2011-07-07/071722771266.shtml 新浪網 2011年 7月 7日 07:17 揚子晚報.

의해 자행된 난징대학살에 대한 개별적 기억들을 검토하고 그 기억들이 어떻게 전파 또는 계승되어 갔는가를 살펴보고자 한다. 그리고 개별적이고 개인적인 기억들이 융합되면서 집단적 기억으로 자리매김 되고, 다시 국가적 민족적 노력에 의해 기억이 관리되고 조성되어 가는 과정에 대해 알아보고자 한다. 즉 개별적이고 주관적인 기억들이 객관적 조사와 연구라고 하는 절차를 통해 모여지고 융합되면서 결국은 국가에 의해 가치 선택적이고 정치적인 집단 기억으로 변모해 가는 모습을 추적해 보고자 하는 것이다. 이것을 통해 객관적 역사 사실이 집단의 기억 속에서 어떻게 관리되고 이용되는 지에 대해 검토하고자 한다.

2 국민정부시기 학살의 기억과 그 계승

일본은 7.7 사변을 일으켰을 때 3개월이면 전쟁을 끝낼 수 있다는 속전속결의 전략을 채택하고 있었다. 그런데 전쟁이 일어나자 화베이(華北) 각 지역으로 전쟁지역이 확산되면서 일본군의 병력이 분산되어 공격력이 크게 감소되었다. 또한 국민정부가 상하이(上海)에 파견한 부대는 독일 군사고문에게 훈련을 받은 중국 최정예의 부대였기 때문에 일본의 예상과는 달리 상하이 전투에서 약 3개월을 버틸 수 있었다. 1937년 11월 5일 일본군은 항저우만(杭州灣)으로 상륙하여 우송강(吳淞江)과 상하이 지역 중국군의 주력을 약화시키려고 하였다. 그러나 중국군은 장기 지구전을 결정하였기 때문에 주력을 전선에서 이동시켰다. 그리고 19일에 중국 국방최고회의는 정부를 충칭(重慶)으로 옮기기로 결정하였고, 20일에 정식으로 충칭에서 집무하며 군사위원회는 난징(南京)과 우한(武漢)에 남는다고 선포하였다. 당시 난징은 지형적으로 방어하기가 용이하지 않았으므로 철수를 주장하는 일부 지휘관이 있었는가 하면, 난징은 수도이기 때문에 반드시 방어하여야 한다는 탕성즈(唐生智)의 주장도 있었다. 결국 11월 26일 국민정부는 탕성즈를 난징 위수사령관으로 임명하여 난징방어계획을 수립하였다.[2]

어렵게 상하이를 공략한 일본군은 중국의 수도인 난징을 향해 빠르게 진격해 왔고, 1937년 12월 13일에 난징은 함락되었다. 일본군은 난징을 점령한 뒤 즉시 대규모 학살을 감행하였다. 학살의 주요내용은 다음과 같았다.

첫째, 포로로 잡힌 중국 군인과 난징 시민을 대량 학살하였다. 일본군은 난징 시내 및 근교에서 집단 혹은 분산 방식으로 28차례 이상 학살을 자행했다. 전후 난징 군사법정의 기초조사에 따르면 사망자수가 19만 명 이상에 이르렀다. 상당수가 도처에서 닥치는 대로 자행된 학살에 희생되었고, 이에 대해 많은 구호단체들이 시체매장 기록을 남겼다. 노인과 어린이, 학생과 농민 모두 학살의 대상이 되었고, 그 방식도 다양해서 총으로 죽이고. 창이나 칼로 찔러 죽이고, 불태워 죽이고, 산 채로 매장하고, 심지어는 살인 시합까지 벌이는 등 그 잔혹성은 동서고금에서 찾아볼 수 없는 것이었다.

둘째, 갖은 수단을 동원해 중국여성을 강간하였다. 강간당한 여성의 수가 많았을 뿐 아니라 70세 노인과 미성년자, 임산부에 이르기까지 예외가 없었다. 일본군은 난징에 여러 곳의 위안소를 설치하고 중국여성을 강제로 끌고 가 유린하였다.

---

2) 신승하(1992) 『中國現代史』 대명출판사, pp.368-370

셋째, 난징시를 파괴하고 재산을 약탈하였다. 난징을 점령한 후 일본 군은 도처에서 방화와 약탈을 일삼았다. 난징 시민들의 주택과 가구, 식량, 가축 등을 빼앗고 도시 곳곳을 불바다로 만들어 폐허화된 도시는 그야말로 참상이었다.[3]

1937년 난징이 함락되고 나서 난징에서 자행된 일본군의 만행에 대해 아이리스 장의 책『난징의 강간 : 제2차 세계대전의 잊혀진 대학살 (The Rape of Nanking : The Forgotten Holocaust of World War Ⅱ)』에서는 다음과 같이 상세히 설명하고 있다.

> 1937년 12월 13일 이 도시가 함락되자 일본군은 역사상 유례를 찾아볼 수 없는 잔학행위를 벌이기 시작했다. 수천, 수만 명의 젊은 남성들이 짐 승처럼 도시 외곽으로 끌려 나가 기관총 세례를 받았고, 총검 훈련의 대상 이 되었으며, 휘발유 세례를 받은 후 산 채로 불태워졌다. 몇 달 동안 거리 에는 시체가 산을 이루었고 시체 썩는 냄새가 진동했다. 몇 년 후 극동군 사법정(IMTFE)의 전문가들은 1937년 말부터 1938년 초까지 난징에서 일 본군에 의해 살해된 민간인의 수는 26만 명 이상일 것으로 추정했고 또 다른 전문가들은 35만 명 이상의 난징 시민이 살해된 것으로 추정했다.
> 난징의 강간(난징대학살)은 사망자 뿐 아니라 이들이 죽음을 맞이한 참혹한 방식 때문에라도 기억되어야 한다. 중국인 남성들은 총검술의 연 습 대상으로 그리고 일본군의 목 베기 시합의 대상으로 희생되었다. 또한 2만~8만 명에 이르는 중국 여성들이 강간을 당했다. 일본 군인들은 이 여성들을 강간했을 뿐 아니라 배를 가르고 내장을 들어내거나 가슴을 도 려내고, 산 채로 벽에 못을 박기도 했다. 식구들이 보는 앞에서 아버지는 딸을, 아들은 어머니를 강간하도록 강요받았다. 산 채로 매장하기, 거세하 기, 신체 장기를 도려내기, 산 채로 불태우기 등이 다반사로 행해졌을 뿐

---

3) 張憲文(2005)「중국 난징대학살 연구현황과 평화운동-일본군 난징대학살 연 구-」『4·3과 역사』5, 제주4·3연구소, pp.144-146.

아니라 혀에 쇠갈고리를 걸어 사람을 매달아 놓거나 허리까지 사람을 파묻은 후 독일산 셰퍼드들의 먹이로 삼는 일 등의 악마적인 행위가 벌어졌다. 그 광경이 너무나 역겨워 난징에 머물던 나치당원들도 공포에 떨 정도였다.[4)]

난징대학살에 대한 기억은 당시 목격자에 의해 일기로 기록되기도 하였다. 난징대학살을 생생히 증언하는 개인 일기 자료로는 『청루이팡(程瑞芳)日記』를 들 수 있다. 청루이팡(程瑞芳)은 1875년 중국 후베이성 우창(武昌)에서 태어났다. 그녀는 1894년 우창간호학교를 졸업한 후 미국으로 건너가 간호사와 학교 사감, 초등학교 교장 등을 지냈으며, 1924년에 난징에 소재한 진링여자대학(金陵女子大學)의 사감으로 초대되었다. 1937년 11월 20일 진링여자문과대학은 미국인 보트린(Minnie Vautrin) 교수와 청루이팡 등 5명으로 구성된 긴급위원회를 설립하여 학교를 보호하는 일을 맡게 하였다. 난징이 일본군의 잔혹한 만행에 빠져있던 대재난 속에서 청루이팡은 책임자인 보트린 교수를 도와 학교를 지키는 한편 「진링여대 난민소」에서 난민구제활동에 참가하였다. 청루이팡은 1937년 12월 8일부터 1938년 3월 1일까지 직접 목격했던 난징 및 진링여대 난민소에서 자행된 일본군의 만행과 난징대학살 기간 동안 자신이 겪었던 심적인 고뇌를 날마다 기록하였고, 이로써 그녀의 일기는 일본군의 죄상을 폭로하는 새로운 역사적 증거가 되었다.[5)] 다음은 청루이팡이 난징 함락 당시 적은 일기의 일부분이다.

---

4) 아이리스 장 저, 윤지환 역(2006) 『역사는 힘 있는 자가 쓰는가-난징의 강간, 그 진실의 기록-(The Rape of Nanking : The Forgotten Holocaust of World War Ⅱ)』 미디어스북스, p.22, p.24
5) 朱寶琴(2005) 「중국 난징대학살과 중국인들의 인식」『4·3과 역사』5, 제주4·3연구소, pp.17-18

1937년 12월 18일

정말 지독하다. 일본군들은 단단히 미쳤다. 무슨 일이든 저지른다. 죽이고 싶으면 죽이고, 강간하고 싶으면 나이에 관계없이 강간한다. 어떤 모녀는 모두 과부인데 60세가 넘은 어머니는 군인 3명에 의해 연달아 강간당했고, 40대의 딸은 2명의 군인이 강간했다. 정말 인간도 아니다. 우리는 기진맥진했다. 목이 다 쉬었다.

12월 19일

어제 저녁에는 앞에서 헌병이 자고 있었는데도 군인이 500호실에 들어와 사람들이 보는 앞에서 여성을 강간했다. 오늘 낮에도 2명의 군인이 500호실에 들어와 한명은 방문을 지키고 또 한명은 안에서 젊은 여성 한명만 남게 하고 사람들을 다 내쫓은 후 강간했다.

12월 20일

오늘 또 많은 난민들이 와서 200호 3층도 꽉 찼다. 헌병이 이곳을 보호해 준다고 생각했는데 헌병 역시 젊은 여성을 정원으로 끌고가 강간했다. 장소를 가리지 않는다. 사람이 아니라 짐승이다. 오늘 점심때는 군인이 와서 2명의 여성을 끌고 갔고 물건도 가져갔다.[6]

난징대학살이 발생한 이후 난징에서 자행된 일본군의 만행은 곧 중국 국내외로 퍼져 나갔다. 발생 초기에는 난징에 머물고 있던 뉴욕 타임즈, 시카고 데일리, AP 연합, 로이터 통신 등의 서양 기자들이 직접 목도한 일본군의 만행을 난징에서 빠져 나온 후 신속히 보도하기 시작했다. 그 후에는 난징에 있던 서양인들의 일기와 편지가 각종 통로를 통하여 상하이(上海)와 우한(武漢) 등지로 전달되어 매체의 보도에 사용되었다. 중국 기자는 대학살 현장에 접근이 불가능하였기 때문에 초기의

---

6) 「程瑞芳日記」(一), 『民國檔案』(2004年 第3期)

관련 보도는 모두 외신을 인용할 수밖에 없었으나 1938년 2월 이후 생존자들이 난징을 빠져 나오자 그들이 직접 겪은 상황을 신문 지상에 실을 수 있었다.

1930, 40년대에 비록 신문이 중요한 뉴스 매체이기는 하였지만 글을 잘 모르는 보통 민중은 항간에 떠도는 소식을 구전을 통하여 전달받았다. 중일전쟁 시기에 발생한 피난민들이 다른 지역으로 이동하게 됨에 따라 난징 「금릉수(金陵叟)」는 바로 1939년 청두(成都)에 도달한 난징 노인의 절절한 경험담에 기초하여 쓴 것이었다. 「금릉수(金陵叟)」의 내용은 다음과 같았다.

> 한 노인이 금릉에서 와,
> 금릉의 일을 이야기 하네.
> 말을 못하고 먼저 슬피 우는데,
> 긴 한숨 후 다시 눈물만 흐르네.[7]

이 밖에도 후난(湖南)에는 다음과 같은 민요가 떠돌았다.

> 일본놈들 정말 가증스럽네
> 동북을 점령하고도 군대를 멈추지 않고
> 다시 난징을 점령하고자 했네
> 난징은 정말 처참하네
> 사람을 죽인 것만 수십만
> 시체와 뼈가 쌓여 산이 되었네[8]

---

7) 「叟從金陵來, 爲述金陵事, 未言先唏噓, 太息更流涕」(張連紅(2005)『생존자의 일기와 기억(幸存者的日記與回憶)』江蘇人民出版社, pp.609-611)
8) 「日寇眞可恨, 占了東北不停兵, 還要占南京, 南京可眞慘, 殺人殺了幾十萬, 尸骨堆成山」天濤(2004)『백년기억 : 민요속의 중국(百年記憶 : 民謠里的中國)』山西人民

난징대학살은 전쟁기간 중 중국이 받은 고난의 압축판이었고 중국 민중이 전쟁을 통해 받은 피해의 상징이 되었다. 『대공보(大公報)』의 사설 「위필부필부보(爲匹夫匹婦報)」에서는, 「난징의 일은 교민을 통하여 세계가 알게 되었다. 이 사건 하나만으로도 일본 제국주의의 씻을 수 없는 죄상을 드러낸다. 난징이 이러한 데 강남 각지는 실제 어떠하였겠는가? 무릇 적군이 도달한 곳에는 흉악한 강간과 참혹한 살인이 난징과 똑같이 이루어졌다.」[9]라고 하였다. 또한 『뉴욕 타임즈』의 평론에서는 전시에 처한 중국에서 난징대학살이 어떤 의미를 지니는 것인지 다음과 같은 평론에서 보여주었다. 「(지금) 중국인의 구호는 아마 50가지는 될 것이다. 하지만 그들이 실제로 필요로 하는 구호는 한 가지면 족하다. 그것은 바로 「난징을 기억하자」이다.[10]

중일전쟁이 끝나자 뉴스 매체는 난징대학살에 대한 민중의 기억을 상기시키는 데 큰 작용을 하였다. 「대학살(大屠殺)」, 「폭일도성(暴日屠城)」, 「난징도성(南京屠城)」 등의 기사제목이 자주 신문의 한 면을 장식하였다. 난징이 함락된 날짜인 12월 13일은 특히 사람들의 관심을 끌었다. 1945년 12월 13일 『중앙일보(中央日報)』는 난징대학살을 기념하는 특집호를 내었다. 이 특집호에 발표된 사설에서는 다음과 같이 지적하였다.

> 8년 전의 오늘, 우리의 수도 난징은 일본군에게 함락되었다. 그날 새벽부터 일본군은 난징에서 참혹한 대학살을 자행하였다. 이 학살에서 죽은 인민이 도대체 얼마인지 현재 비록 아직 정확한 통계 숫자가 조사된 바

出版社, p.219)
9) 張生(2005) 『外國媒體報道和德國使館報告』 江蘇人民出版社, p.469
10) 楊夏鳴・張生(2007) 『國際檢察局文書－美國報刊報道』 江蘇人民出版社, pp.566-567

없지만 적어도 사망자 총수가 25만 명 이상은 된다.…… 8년 전의 참혹하고 침통한 그 날을 잊어서는 안 된다. 피비린내가 하늘까지 닿은 8년 전의 오늘을 우리는 영원히 가슴에 새기고 뼈에 새겨 우리 스스로의 경계로 삼아야 할 것이다.[11]

또한 이 특집호의 「난징함락 8주년 기념, 원수 일본의 대학살 죄상을 철저히 밝힌다」라는 제목의 기사는 난징대학살의 참상과 규모에 대해 상세히 소개하였다. 이 기사에서는 「「난징대학살(南京大屠殺)」의 죄상에 대해서 중국 인민은 영원히 잊지 않을 것이다.」[12]라고 쓰면서 「난징대학살(南京大屠殺)」이라는 용어를 사용하고 있다는 점이 눈에 띈다. 이는 다른 매체의 기사나 회고록 등에 비해 난징에서 발생한 대학살 사건을 지칭하는 용어로서는 상당히 이른 시기에 쓰여 진 것으로서 이후에는 점차 이 「난징대학살(南京大屠殺)」이라는 용어로 통일되어 간다.

전후에도 민중들은 일본군의 잔학행위를 마치 눈앞에서 목도한 것처럼 역력히 기억하였다. 중국 주일군사대표단 단장이었던 주스밍(朱世明)은 1948년 발표한 글에서 다음과 같이 말하였다. 「과거 50년간에 걸쳐, 일본은 부단히 중국을 침략하였다. 항전 기간 중에 일본 군벌은 갖가지 잔학하고 흉포한 행위를 자행하였는데 이에 대한 원한이 쌓이고 쌓여 중국 인민의 적개심을 더욱 강렬하게 만들었다. 이제 중일전쟁에서 승리한 지 2년이 지났지만 일본을 떠올리기만 하면 우리는 여전히 호랑이 얘기만 듣고도 겁에 질리는(談虎色變)듯 한 감정을 지울 수가 없다.」[13] 이는 난징 시민을 포함한 중국인들이 일본군의 만행에 대한

---

11) 「永不宜忘的一日－舊的血饋, 新的警惕」『中央日報』(1945.12.13.)
12) 田桓(1996) 『前後中日關係文獻集(1945-1970)』 中國社會科學出版社, pp.24-27
13) 朱世明(1948.2.8.) 「如何對待日本」『中央日報』

깊은 분노를 가슴에 담고 있는 한편 전쟁 기간 중 겪은 고통과 슬픔으로 인해 정신적 충격과 함께 강한 공포심을 지니게 되었음을 보여주는 글이라 할 수 있었다. 그 예로서, 전후 국민당 정부가 난징대학살에 대해 조사하고 전범에 대한 재판을 진행하는 과정에서, 일부 생존자와 피해자들은 학살 기간 중 겪은 고통과 슬픔으로 인한 정신적 트라우마 때문에 사건에 대한 언급을 회피하고 또 명예실추를 꺼려 조사에 응하지 않는 경우가 많았다. 특히 일본군에 의해 강간당한 부녀자들은 더욱 그러하여 어떤 이들은 사실을 부인하기까지 하였다.[14] 하지만 정부의 선전과 인도 하에 점점 더 많은 생존자와 피해자의 가족들이 조사와 재판에 참여하였다. 전범인 다니 히사오(谷壽夫)에 대한 재판을 예로 들면, 1947년 1월 26일 다니 히사오의 주둔지였던 중화문 밖 제11구 공소에서 개설된 중국군사법정에 120여명에 달하는 피해자 가족이 모여 들어 전범을 고소하고 신원(伸寃)을 요구하기도 하였다.[15]

생존자들은 정부에 일본군의 죄상을 고하는 것 이외에도 신문과 잡지에 대한 기고를 통해 자신의 비통한 체험담을 소개하기도 하였다. 저명한 문학가이자 희극사가인 루톈(盧田)은 1946년 난징통지관 관장을 맡던 시기에 난징대학살 관련 자료를 수집하기 시작하였다. 그는 루용황(陸咏黃), 장공구(蔣公穀)가 쓴 회상록인 『정축겁후리문문견록(丁丑劫後里門聞見錄)』, 『함경삼일기(陷京三日記)』를 수집의 주요대상으로 삼았다. 또 그의 동료인 타오슈푸(陶秀夫) 또한 루톈의 요청을 받고 『일구화경시말기(日寇禍京始末記)』를 찬술하였다.[16] 이들 회상록은 모두

---

14) 郭必强·姜良芹(2006) 『日軍罪行調查統計』下冊, 江蘇人民出版社, p.1722, p.1719
15) 「谷壽夫大屠殺案昨開庭調查罪證, 被害人家屬痛述敵暴行」 『中央日報』(1947.1.27.)
16) 張連紅, 앞 책, p.532

루톈이 주편한『난징문헌(南京文獻)』에 실렸다. 루톈은 자료를 지속적으로 수집하여 난징대학살 자료 총간을 출간하고자 하였다.

　난징대학살의 침통하고 엄중한 교훈을 되새겨 국민 교육의 일환으로 삼는 것에 대해 몇몇의 사회지도자급 인사들이 건설적인 제안을 하기도 하였다. 그 예로서 수도지방법원 수석검찰관 청광위(陳光虞)는「수도지방법원검찰처조사적인죄행보고서(首都地方法院檢察處調查敵人罪行報告書)」에서 선열을 기리고 구호단체를 표창하며 역사를 보존하여, 민심을 바르게 하고 국혼을 배양하자고 건의하였다. 그 방법으로서 순국한 군민을 기념하는 시설을 건립할 것, 피해자와 그 가족을 경제적으로 부양할 것, 난징 안전구(安全區) 국제위원회와 같은 구호단체에 표창장을 수여할 것, 위령관을 설치하여 애도의 뜻을 표할 것과 같은 구체적 제안을 제시하였다.[17] 이러한 건의는 모두 사회적 분위기와 민의를 반영한 것이라 할 수 있었는데 그 중 일부분은 실제로 받아들여져 시행되기도 하였다. 1948년 1월 1일, Miner Searle Bates, Lewis Smythe 등이 난징함락 시기 난징에 거류하며 난민안전구역을 건립하고 난민을 구호한 공적으로 국민정부에 의해 금완경성훈장(襟緩景星勳章)을 수여받았다. 이 밖에 난징대학살 시기 일본군에 저항한 시민들도 국민정부에 의해 표창을 받았다.[18] 또한 민심에 순응하기 위해, 난징시 임시참의회(臨時參議會) 난징대학살 조사위원회는 성립된 지 얼마 지나지 않아 난징대학살 순국동포에 대한 사회 각계의 공동위령제 개최에 대해 결의하고, 위원회 비서처로 하여금「난징대학살 순국동포 추도대회」준비를 진행시켰다.[19]

---

17) 郭必强, 姜良芹, 앞 책, p.1725
18) 王運來(2004)『誠眞勤人光裕金陵大學校長陳裕光』山東敎育出版社, p.343
19)「南京市臨時參議會參議員參加南京大屠殺案調查小組工作」『中央日報』(1946.7.5.)

1947년 12월 13일 오전, 난징시 임시참의회는 난징 각 기관, 단체, 학교의 대표를 모아서 비로사(毗盧寺)에서 「수도함락 순국 충렬 동포 기념대회 및 위령제」를 거행하였다. 의식에 참가한 사람은 난징시참의회(南京市參議會), 시정부(市政府) 각 처국(處局), 시당부(市黨部), 중학(中學), 국민소학(國民小學) 및 기타단체 등 40여개 기관의 대표들이었다. 난징시장 沈怡는 기념사에서 중국 인민이 모두 난징대학살을 기억하기를 희망하였다.

> 12월 13일 수도가 함락된 후 현재까지 벌써 10년이 흘렀습니다만 우리들은 이제야 비로소 우리들의 순국 동포들을 기념하는 기회를 가지게 되었습니다. 이것은 비록 마음 아픈 일이지만 우리들은 우리 순국 동포들의 10년 원한을 씻을 수 있게 되었습니다. … 우리 난징시민들뿐만 아니라 전 중국 인민이 모두 이 역사상 가장 참담하고 비통한 날짜를 잊어서는 안 됩니다. 나는 이후 범위를 확대하여 난징이라는 한 지역에서만 기념식을 거행할 것이 아니라 전 중국 인민이 모두 이를 기념할 수 있기를 희망합니다.[20]

난징시 임시참의회는 일찍이 난징시 정부에 순국선열 기념탑을 건립하여 대학살 순국동포 기념의식을 거행하는 지점으로 삼자고 건의한 바 있었다. 비록 이 건의는 난징시 정부에 의해 받아들여지지는 않았으나 민간에서는 기념 시설이 건립되었다. 1946년 9월, 양쯔 전기회사의 사장 판밍신(潘銘新)은 대학살 기간 중 일본군에게 집단적으로 학살된 45명의 공장 노동자들을 위해 기념깃대와 기념비를 세우기로 결정하였

---

20) 「毗盧寺前樂聲哀, 市民洒淚祭忠烈」『中央日報』(1947.12.14.) 1947년 12월 13일 오후 난징시민단체와 시민들은 분분히 毗盧寺를 찾아 분향하였다.

다. 비명은 「순난공우기념비(殉難工友記念碑)」로 하였고, 기념비에는 45위 순국 노동자들의 성명과 수도전기공장 공장장 루파쩡(陸法曾)이 쓴 비문을 새기기로 하였다. 1947년 4월 17일, 기념비가 낙성되자 난징시장 선이(沈怡)가 현장에 와 제막식에 참가하였다. 이는 난징시의 첫 번째 대학살 순국동포 기념 시설이었다.[21]

중일전쟁 종전 이후 중국 국내의 정국은 급속히 변화하여 난징대학살에 대한 조사와 재판 및 피해자들에 대한 기념의식 등은 크게 제약을 받았다. 국공 양당 간의 전면내전이 발발하자 공산당에 대한 토벌이 국민당 정권의 제일 임무가 되었고 이로 인해 난징대학살에 대한 조사와 재판 업무는 제대로 진행될 수 없었다. 조속히 조사와 재판을 종결지어야 한다는 문구가 조사와 재판의 공문 중에 빈번히 보이기 시작했다. 난징시 임시참의회 난징대학살안 조사위원회를 예로 들면 1946년 7월 업무를 시작하여 9월 말에 임무 종결을 선언하였으니 짧은 2개월의 시간 동안 깊이 있고 상세한 조사하기란 불가능한 것이었다. 자료와 증거를 수집하는 부문에서도 각 조사위원들이 조사 초기에는 각종의 방법을 동원하여 관련 자료를 수집하였으나, 조사와 재판 업무가 종결되자 각 위원회도 해산되어 자료 수집 업무가 중단되었다. 이에 따라 난징대학살 기간 중 난징 시민의 피해 상황과 그 구제를 위해 활동했던 사람들에 대한 자료가 상당 부분 누락되고 말았다. 예를 들어 난징 안전구 국제위원회 회장이었던 John H. D. Rabe에 대한 자료가 소홀히 취급되었다. 1947년 2월 6일, 『중앙일보』에는 「난징대학살 시기 난민 구제에 공로가 있는 Rabe에게 선이시장이 난징에 와 노년을 보내기를 청하다」라는 기사가 실렸다. 만년에 생활이 처량하였던 Rabe에게 난징 시민들

---

21) 孫宅巍(2008) 「南京電廠死難工人記念碑的變遷」『檔案與建設』

이 원조를 제공하고자 했던 것이다. 신문은 다시 「Rabe가 독일로 돌아
간 후 난징에서 비밀리에 찍은 사진과 개인 일기를 공개하였다」는 사실
을 보도하였다.[22] 그러나 이 소식은 사람들의 주목을 끌지 못하였을
뿐 아니라 공개된 일기를 자료로 이용하고자 하는 노력도 없었다. 따라
서 1996년에 이르러서야 『Rabe 일기』를 다시금 발견하여 난징대학살
관련 주요 자료로 삼게 되었다.

민중의 측면에서도 전후에 민생이 피폐하고 물가가 상승함에 따라
생활이 어려워져 난징대학살의 조사와 재판에 참여하는 열정이 식어만
갔다. 난징시 임시참의회에서 결의하여 난징대학살 피해자 유족들에게
생활구제를 하기로 하였으나 구제를 받는 사람은 얼마 되지 못하였다.
따라서 대학살 생존자들은 생활의 중압감으로 인해 조사에 대한 참여
보다는 자신의 주린 배를 채우는 데 열중하여 자연히 조사에 관심을
두지 않게 되었고 조사인원의 왕래를 좋아하지 않았다.[23]

1947년 12월 13일에 거행되었던 제1회 대학살 순국동포 기념의식에
있어서도, 난징시 임시참의회에서는 원래 하루 동안 유흥활동을 멈추
게 할 계획이었다. 하지만 경제상황이 매우 악화되어 있는 상황을 고려
하여 부득불 계획을 변경할 수밖에 없었다. 따라서 유흥행위를 멈추는
대신 묵념하도록 권고하면서 각 극장, 영화관 및 기타 공공 유흥 장소에
서는 공연 또는 유흥활동이 시작되기 전 모두 기립하여 묵념함으로써
애도의 뜻을 표하도록 지시하였다.[24] 이러한 지시는 결과적으로 추모
활동의 효과를 경감시킬 수 밖에 없었다. 이후 국공내전의 혼란한 상황

---

22) 「艾拉培在大屠殺時救助難民有功, 沈市長愿迎其來京養老」, 『中央日報』(1947.2.6.)
23) 郭必强, 姜良芹, 앞 책, p.1722
24) 「京市各界定十三日首次公祭殉難忠烈, 以後每年是日擧行公祭」, 『中央日報』(1947.
12.11.)

속에서 1948년의 「경시충렬기념일(京市忠烈記念日)」은 국공내전 중 전사한 국민당 장병을 위한 추모회로 대체되었고, 난징시는 국민당 정권 하에서 더 이상 난징대학살 추모의식을 거행하지 못하였다.

3 중화인민공화국의 기억교육과 기억의 정치

1949년 10월 성립된 중화인민공화국은 극동 지역에서 공산주의를 억압하고자 하는 미국을 중공정권의 적으로 삼고 1970년대까지 반미 정치운동을 개진하였다. 이에 따라 「미제국주의」는 중국 민중의 눈과 귀에 익숙한 글자가 되었고 미국과 일본에 대한 반대 구호 속에서 난징대학살문제가 시시때때로 제기되었다.

1951년 초 중국정부는 미국이 일본과 단독으로 강화하고 〈샌프란시스코 협정〉을 맺음과 동시에 일본의 재무장을 지원하는 것에 대해 전국적 범위의 항의운동을 전개하였다. 1951년 2월 난징시는 난징대학살의 죄상에 대한 규탄을 중심으로 하여 대규모로 일본 재무장 규탄활동을 전개하였다. 2월 11일에는 6만여 명의 노동자들이 미국의 일본 무장 지원을 반대하며 거리 시위를 하였고 3월 8일에는 12만 명의 부녀들이 가두에 나와 일본 재무장을 반대하며 시위를 하면서 난징대학살의 만행을 규탄하였다. 이와 동시에 거리의 각 골목마다 수많은 성토회와 기념회가 열렸는데 통계에 따르면 난징시 80% 이상의 사람들이 애국교육을 받았다.[25]

---

25) 「南京工礦企業開展抗美援朝愛國運動的經驗及其收穫」『人民日報』(1951.4.15.)

1960년 일본과 미국은 〈신안보조약〉을 체결하였다. 중국정부는 이를 「미일 반동파가 서로 결합하여 새로운 침략과 전쟁을 준비하고 아시아와 세계 평화를 위협하는 극히 엄중한 절차」이며 「일본군국주의 부활을 표상」하는 것이라 보았다. 1960년 5월 13일, 난징에는 40만 군중이 신지에코우(新街口), 위화타이(雨花臺) 등 지역에서 집회와 거리 시위를 거행하였다. 5월 21일에는 난징시 3000여 탄광 노동자들이 집회를 갖고 일본 三池 탄광 노동자들이 미일군사동맹조약에 반대하여 벌이는 파업투쟁을 성원하였다.[26] 이들 시위 집회는 1950년대 초 방식의 연속이라고 할 수 있었다. 집회 군중은 표어를 들어 올리며 「일본군국주의의 부활을 반대한다」, 「중일 양국 인민이 단결하여 미제국주의를 타도하자!」 등의 구호를 크게 외쳤고, 난징대학살 피해자 가족과 대학살 생존자는 일본군의 만행을 규탄하며 그것을 미제의 죄상과 연결 지었다. 하지만 이들 활동에서는 몇 가지 새로운 특징이 있었는데 집회의 장소가 당시 일본군이 집단학살을 자행하였던 유적지라는 점이었다. 생존자들은 이들 기념할만한 장소에서 피해의 경험을 연설하였는데 이는 집회 군중에게 훨씬 더 직접적으로 와 닿았다.[27]

한편 1950년대 말부터 중국에서는 계급투쟁이 사회의 주요 모순으로 확대되었고 문혁을 거치면서는 계급투쟁이 주요 강령으로 발전하였다. 이처럼 1950년대부터 1970년대 말까지 계급교육은 사회정치교육의 중심이 되었고 계급의식은 중국 사회생활의 각 방면에 침투하였다. 이러한 정세하에서 난징대학살에 관한 기억은 계급투쟁의 색채를 띨 수 밖

---

26) 「支持日本三池礦工的鬪爭, 南京三千煤礦工人集會」『人民日報』(1960.5.26.)
27) 「絶不容許日本軍國主義者在美國扶植下捲土重來, 南京四十萬人大示威」『人民日報』(1960.5.14.)

에 없었다. 일본군의 중국 침략 속에서 벌어진 만행의 전형인 난징대학
살은 자연히 역사교과서에 수록되었다. 1950년 3월 인민출판사에서 출
판한『중국신민주주의혁명사(초고)(中國新民主主義革命史(草稿))』에 난
징대학살에 대한 서술이 들어갔는데 당시 학술계에서 「매우 자세하게
서술되어 있고 1차 자료가 잘 보존되어 있다」는 호평을 받았다.[28] 1961
년 인민출판사에서 출판한『중국신민주주의혁명시기통사(中國新民主
主義革命時期通史)』제3권에서는 난징대학살에 대해 상세하게 서술되
어 있어『중국혁명사강의(中國革命史講義)』와 함께 대학 현대사 교재
의 원본이 되었다.

　중등학교의 역사교과서는 대학교에서의 난징대학살 기술을 그대로
수용하였지만 글이 간략하였다. 1957년 인민교육출판사에서 출판한 고
등학교 교과서『중국역사(中國歷史)』제4책에서는 난징대학살에 대해
다음과 같이 기술하였다. 「12월 13일, 난징이 적에게 함락되었다. 난징
에서 일본침략군은 무고한 주민들에게 비인간적인 살인과 강간을 저
질렀다. 1개월 여 동안 피해를 입은 무고한 주민이 30만인 이상이었
다.」[29]

　1950년대 말부터 1960년대 초까지 중국 전역에서는 사회주의교육운
동이 전개되었고 이 기간 중 「신사사(新四史)(가정사(家史), 공장사(廠
史), 단체사(社史), 촌락사(村史))」를 편찬하는 활동이 활발히 일어났다.
계급교육은 운동의 핵심내용이었고 난징대학살 또한 계급교육의 주요
소재 중 하나였다. 적지 않은 난징대학살 생존자와 피해자 유족들이 공
장이나 탄광, 학교의 계급교육 강연회에서 자신과 가정의 침통한 경험

---

28)「評 (中國新民主主義革命史)」『人民日報』(1950.4.20.)
29) 高級中學課本『中國歷史』第4冊(人民敎育出版社, 1958年 第2版 第一次 印刷), p.40

담을 이야기해야 했다. 많은 학교에서는 학생들에게 아빠와 엄마의 어린 시절과 과거에 대해 얘기를 듣게 했다. 비록 이러한 운동이 정치운동으로서 그 핵심이 계급교육을 통해 신사회의 행복함과 구사회의 어려움을 대비시키고자 하는 것이 주목적이었으나 이러한 사회교육을 통하여 난징대학살의 기억이 후대로 연속되어 갔다.[30]

1960, 70년대에 일본 경제가 신속히 회복하고 발전하자 침략전쟁을 미화하는 사조가 만연하기 시작하였다. 1960년대에 하야시 후사오(林房雄)이 『대동아전쟁긍정론(大東亞戰爭肯定論)』을 내놓으며 일본침략전쟁을 전면적으로 왜곡하였다. 또 1972년에는 스즈키 아키라(鈴木明), 야마모토 스치헤이(山本七平) 등이 『제군(諸君)』이라는 잡지에 글을 발표하여 호라 토미오(洞富雄)와 혼다 가츠이치(本多勝一) 등의 난징대학살에 관한 글을 공격하였다. 1970년대 중엽 일본에서는 난징대학살에 관련된 쟁론이 나날이 격렬해져서 이에 대한 사람들의 관심을 집중시켰다. 당시 중국은 아직 문혁의 와중에 있었고 중일 양국 간에 비록 국교를 회복하였으나 여전히 자유로운 교류를 하지 못하는 상태라 일본에서의 난징대학살 관련 논전을 중국 국민을 전혀 알지 못하였다. 중국이 개혁개방을 시작하면서 일본의 논전이 중국에 소개되었고 학술계도 이에 대한 반응을 내놓았다. 1979년 난징대학 역사계는 1962년에 편찬한 『일본인의 난징대학살(日寇在南京的大屠殺)』을 새롭게 수정한 후 비공개 출판을 하였는데 책 이름도 『일본제국주의의 난징대학살(日本帝國主義在南京的大屠殺)』로 바꾸었다. 이 책의 제8장에서는 난징대학살이 허구라는 일본의 주장을 반박하였다.

1982년 6월 일본에서 교과서 사건이 발생하였다. 일본의 침략사실이

---

30) 「介紹階級敎育的幾種做法」『江蘇敎育』(1963年 第14期)

여러 곳에서 왜곡된 일련의 중등학교 교과서가 일본문부성의 심의를 통과하였다. 책 중에는 일본군의 「화북침략」을 「화북진입」이라고 적었고 난징대학살의 원인을 「중국군대의 완강한 저항 때문」이라고 돌렸다.[31] 또한 일본의 조선과 동남아시아에 대한 침략 사실에 대해서도 왜곡하였다. 이러한 교과서 사건에 대해 중국 정부는 심각한 사안으로 받아들였고 이러한 잘못된 역사관이 「일본 사람들, 특히 젊은 세대에게 일본이 중국과 기타 아시아 태평양 지역 국가를 침략한 역사를 잊게 하여 그들로 하여금 다시 군국주의로 돌아가게 할 수 있다」[32] 고 인식하였다. 따라서 중국정부는 등소평(鄧小平)의 지도하에 일본정부와 교섭하는 한편 일본 교과서 사건을 비판하는 글을 대량으로 발표하였다.[33] 이 기간 중 난징대학살은 다시 여론의 중심에 올랐다. 중앙신문영화제작소는 다큐멘터리『난징대학살(南京大屠殺)』을 제작하여 전국에 방영하였다. 난징에서는 중국제2역사당안관(中國第二歷史檔案館)과 난징박물관(南京博物院)이 연합하여 『침화일군난징대학살죄증사료전람(侵華日軍南京大屠殺罪證史料展覽)』을 주최하였고 관련 기관에서 다수의 좌담회를 열었으며, 난징대학살 생존자들은 분분히 일본의 만행

---

31) 난징대학살에 대한 일본 역사교과서의 왜곡 서술은 비단 1982년의 교과서 사건 시기에만 국한되지 않는다. 2000년대에 들어서도 일본 우익 교과서의 난징대학살 서술은 사건의 진상에 대한 일본측 시각을 강조하거나 지나치게 단순화하고 있음을 볼 수 있다. 예를 들어 2005년 후쇼샤(扶桑社) 교과서에서는 「이 사건(난징대학살)의 희생자 수 등의 실태에 대해서는 자료상에서도 의문점이 제출되었고, 다양한 견해가 있어서 현재도 논쟁이 계속되고 있다."고 하였고 2011년 지유샤(自由社) 검정신청본에서는 "일본군에 의해 난징이 점령되었을 때 중국의 군민에서 다수의 사상자가 나온 것이 후에 '난징사건'으로 선전되는 원인이 되었다.」고 서술하고 있다. (김지훈(2011) 「2011년 일본 중학교 역사교과서의 중국근현대사 서술」『中國學報』63, p.243)

32) 「前事不忘, 後事之師」『人民日報』(1982.8.15.)

33) 中共中央黨史研究室(1998)『中國共産黨新時期歷史大事記』中共黨史出版社, p.104

을 규탄하였다.

교과서 사건을 통해 중국정부는 청소년에 대해 역사를 되새기게 하고 애국주의 교육을 강화해야 할 필요성을 인식하였다. 등소평은 후에 내방한 북한 김일성 총서기에게 다음과 같이 말했다. 「여러 해 동안 우리는 우호만을 강조하고 제국주의, 식민주의, 패권주의가 중국을 침략한 역사에 대해서는 되새기지 않았습니다. 최근에 일본이 교과서를 수정하여 역사를 왜곡한 것이 우리에게 역사를 되새기고 인민을 교육시키는 기회가 되었습니다.」[34] 이 시기 중등학교 역사교과서는 난징대학살에 대해 훨씬 더 전면적이고 구체적인 기술을 담게 되었다. 1986년에 출판한 중등학교 역사교과서는 난징대학살과 관련된 2장의 사진을 수록하였다.[35] 중고등학생을 교육 대상으로 하는『난징향토사(南京鄕土史)』에서는 난징대학살을 전문적으로 다루는 장을 배치하기도 하였다.[36]

한편 교과서 사건의 발생을 배경으로 하여 난징대학살기념관(侵華日軍南京大屠殺遇難同胞紀念館)의 건립이 의안으로 제기되었고, 1985년 8월 15일 난징대학살기념관이 1차로 개관하였다. 난징대학살기념관의 위치는 南京市 江東門으로, 여기는 일찍이 중국을 침략한 일본군이 난징시민을 집단으로 학살한 유적지이며 당시 피해를 입은 중국인들의 합동무덤이 있는 곳이었다. 유적지에는 십여 개의 기념비가 건립되었으며 이러한 기념비와 기념관은 사회기억의 시설로서 난징대학살의 기억을 보존, 전시, 전승하게 하는 장소가 되었다.

34) 冷溶·汪作玲(2004)『鄧小平年譜 1975-1997』下冊, 中央文獻出版社, pp.851-852
35) 李隆庚(1986)『初級中學課本－中國歷史』第4冊, 人民敎育出版社, pp.249-254
36) 南京市敎學硏究室·中共南京市黨委辦公室(1987)『南京鄕土史』江蘇敎育出版社, pp.249-254

1차 개관 이후 1994년에서 1995년까지 확장공사를 실시하여 난징대학살 60주년인 1997년 12월 11일 2차로 개관하였고(구관), 2005년에서 2007년까지 확장공사를 거쳐 2007년 12월 13일 난징대학살 70주년을 기념하며 3차로 개관하였다.(신관) 난징대학살기념관은 1) 두 개의 전시관과 두 곳의 유골 전시관, 2) 파괴된 도심과 죽음을 의미하는 부조물 「금릉겁난(金陵劫難)」, 3) 수난 상황을 부조한 벽(屠殺, 劫難), 4) 생존자와 극동국제군사법정에 관여하였던 중국인 등 222명의 족적을 탁본해 만든 동판로(南京大屠殺歷史證人脚印銅版路), 5) 기념관의 주제인 삶과 죽음을 표현하고 있는 자갈밭과 풀밭으로 구성되어 있다. 구관은 10년 이상의 차이를 두고 1차에는 주 전시관, 유골 전시관, 자갈밭과 풀밭, 부조벽을, 2차에는 통곡의 벽, 부조물 「금릉겁난」과 부조물 「도살칼 아래의 머리, 발버둥치는 손(屠刀下的人頭, 挣扎的手)」을 나누어 설치하였다.[37]

난징대학살기념관은 갈수록 늘어나는 관람객 수용과 세계문화유산 등록에 필요한 크기를 확보하기 위하여 기념관의 확대가 필요하다고 주장하였다. 기념관 확대에 따른 대형화, 장엄성 강조에 따른 소박함 상실이라는 지적에도 불구하고 2005년 「국가발전 개혁위원회」의 기념관 확대 비준에 이어 2005년 3월 설계경기를 거쳐 설계자를 결정하고 2005년 12월 기공하여 2년간의 공사를 거쳐 2007년 12월 개관하였다.

신관은 구관의 시설을 중간에 두고 양측에 「신전시관」과 「평화광장(평화여신상, 명상의 방, 승리의 벽, 숲 등으로 구성)」을 배치했다. 신관은 「전쟁」, 「살육」, 「평화」라는 세 가지 개념으로 설계되었고, 공간개

---

37) 박강배(2009) 「중국의 박물관(기념관) 현황과 '난징학살기념관'의 변천」『일본의 전쟁기억과 평화기념관』 I -관동·동북 지역 편, 동북아역사재단, pp.84-85

념은 「전쟁을 종식시키고 민생에 힘쓴다(鑄劍爲犁)」이며, 평면 개념은 「평화의 배(和平之舟)」이다. 이런 설계 개념으로 건축된 신관은 「절단의 칼날(신전시관)」-「죽음의 정원(구관의 자갈밭과 풀밭)」-「평화의 목소리(평화공원)」라는 세 개의 경계로 구분된다. 신관은 「일본의 중국 침략과 난징 인민 학살의 확증을 충분히 표현하는 전시관, 전국 애국주의 교육기지, 난징 인민이 동포의 수난을 애도하는 장소, 신세기 난징의 상징적 건축」을 목표로 건설하였고, 「세계일류, 국내최고, 국가상징적 전쟁기념관」이라는 자체 평가를 하고 있다.[38]

중화인민공화국 건립 이후 긴박한 국제정세 속에서 중국 정부가 취해 온 태도와 조치는 상술한 바와 같이 중일전쟁 기간 중 받은 피해를 강조하고 이를 자행한 제국주의와 군국주의 세력의 비인도적 폭행을 폭로하면서 중국 국민들에게 애국주의적 교육을 강화하는 것이었다. 그러한 맥락에서 2007년 3차 개관한 난징대학살기념관은 중국이 진행해온 전형적인 기억교육의 장으로서 역할을 담당하였다. 1985년 개관한 이래로 중국 국내외에서 많은 관람객이 이를 찾았고 또한 중국내 교육기관과 행정기관 등 각 단체에서는 집단적으로 이를 관람하는 것이 하나의 연례행사처럼 되었다. 이처럼 국가에 의해 건립된 기념관이 애국주의 교육이라는 목표를 달성하는 주요 수단으로 이용되어 집단의 관람 동원이 이루어짐으로써 추모 분위기는 자연히 형식화되어 갔다. 특히나 난징 함락 기념일인 12월 13일에는 난징 시내에 기념일임을 알리는 사이렌 소리가 울려 퍼지며 난징대학살기념관에서 추모 행사가 열리게 되는데, 근래에 들어 기념일 당일 난징시의 분위기는 1937년에 자행되었던 참혹했던 기억을 되새기는 숙연한 분위기라기보다는 들뜬

---

38) 박강배, 같은 글, pp.88-89

연말연시의 분위기 속에서 형식적인 추도 의식이 행해지는 것을 볼 수 있다.[39]

난징대학살기념관에 참관하고 그 후기를 적은 학생들의 글을 보면 기념관을 통해 중국 정부가 국민에게 교육하고 되새기게 하고자 하는 기억이 무엇인지 살펴볼 수 있다. 2010년 난징대학살기념관에 참관하고 그 감상을 적은 한 초등학생의 글을 보면 다음과 같다.

> 이것은 무슨 기괴한 영화 속도 아니고 또 어떤 신비로운 장소도 아니었다. 이것은 바로 난징대학살기념관 속의 한 전시실이었다. 1937년 12월 13일, 수만 명의 난징 시민이 일본군에 의해 강제로 교외로 끌려와 살해를 당했다. 그리고 그 이후의 6주 동안 모두 합해 30만 명의 난징 시민이 일본침략자의 살육에 참변을 당했다. 이 숫자를 평균적으로 계산해 보면 매 12초마다 한 생명이 일본군국주의자의 칼 아래에서 죽음을 당하였다. 마치 물방울 한 방울이 떨어지듯이, 등잔불 하나가 꺼져가듯이 한 생명이 사라졌던 것이다! … 일본군국주의가 난징에서 범하였던 천인공노할 만행을 보면서, 해설원의 비장한 설명을 들으면서, 나는 분노가 폭발할 것만 같았다. 하지만 이성은 나에게 가르쳐 주었다. : 명석한 민족은 반드시 역사 속에서 교훈을 얻어 스스로 분발하고 강해지기 위한 역량으로 삼아야 한다는 것을. 소년선전대원의 한 사람으로서 우리들은 반드시 국치를 영

---

39) 진용주 기자(2004.2) 「아직 역사가 되지 못한 학살의 기억-난징대학살기념관, 12월 13일」『스카이라이프』를 보면 난징 함락 기념일인 12월 13일의 분위기에 대해 다음과 같이 설명하고 있다. 「12월 12일, 난징대학살 기념일을 하루 앞둔 난징 시내의 풍경은 여느 도시의 연말 풍경과 다르지 않았다. 한자 간판 등 조금만 주의해 사진을 찍는다면 서울의 한 동네라고 해도 깜빡 넘어갈, 그런 모습. Merry Christmas! Happy New Year! 2004! 큰 건물마다 내걸린 색색 전구와 장식물들은 66년전 이 도시에서 일어났던 참혹한 기억 대신, 성탄과 연말연시의 들뜬 분위기를 택했다. 기념행사가 있는지조차 불투명했다. 난징에 머무르는 어느 한국인 목사님을 통해 기념행사 여부를 알아보았다. 대학살기념관에서 간단히 기념식만 열린다는 답. 그것도 비공개로.」 필자 또한 2001년부터 2005년까지 난징에 거주하면서 이와 같은 분위기를 목격하였다.

원히 기억하고 분발 자강하여 역사의 비극이 되풀이 되지 않도록 해야
할 것이다![40]

초등학생의 글을 보면 국가가 기념관과 기억교육을 통하여 강조하는
어구가 그대로 삽입되어 있는 것을 볼 수 있다. 그것은 바로 「30만 명」,
「일본침략자」, 「군국주의」, 「국치를 영원히 잊지 말자(永記國恥)」, 「역
사속의 교훈」 그리고 「스스로 분발하여 강해지자(奮發圖强)」는 것이다.
여기서 특히 강조되는 것은 수난자 「30만 명」이라는 숫자이다. 일찍이
난징대학살기념관 신관이 개관된 이후인 2008년 2월, 상하이 주재 일본
총영사가 기념관을 방문하여 「난징기념관의 전시내용이 일본인의 잔학
성을 반복 강조하고 있고, 희생자가 30만이라는 숫자가 옛날보다 더욱
강조되어 있는 바, 난징은 기타의 의견도 들어야 한다. 기념관을 참관하
는 일본인들에게 반감을 줄 수 있으니 전시내용을 조정해 달라.」는 요
구를 했다는 보도가 일본과 중국에서 있었다.[41] 신관의 구성에서 평화
라는 개념이 주요 요소로 등장하여 시설 곳곳에 그와 관련된 시설물의
배치가 눈에 띠는 가운데, 이전보다 「30만」이라는 숫자가 더욱 강조되
고 있는 이유가 무엇인지 살펴보지 않을 수 없다.

난징대학살의 규모를 둘러싸고 David Askew는 다음과 같이 분류한
다. 환상학파(Ilusiton School)는 0~50명, 절충학파(Middle-of-the-Road
School)는 10,000명에서 42,000명, 그리고 대학살학파(Great Massacre
School)는 최소 10만에서 20만 이상으로 사상자를 추산하고 있다.[42]

---

40) 吉語諾(河南省實驗小學)(2010.6) 「爲了不能忘却的歷史 – 參觀侵華日軍南京大屠
    殺遇難同胞紀念館」『金色少年』, p.20
41) 박강배, 앞 논문, p.89
42) David Askew, *New Research on the Nanjing Incident,* The Asia-Pacific Journal :
    Japan Focus(http://www.japanfocus.org/-David-Askew/1729, 검색일 : 2011.12.2)

그 이전에 하타 이쿠히코(秦郁彦)는 난징에서 3만에서 4.2만이 일본군의 불법행위로 살해되었다고 보는 절충설을 2007년까지 주장하였다. 이러한 하타의 주장에 대해, 밥 타다시 와카바야시와 Askew는 한편으로는 난징 시내에서 발생한 불법행위에 한정하는 한 적절한 연구였음을 인정하면서, 다른 한편으로 와카바야시는 난징 시외에서 발생한 학살희생자나 전쟁 포로 희생자를 포함하는 유골발굴지와 양쯔강에 유기한 것으로 추정되는 수치, 그리고 일본 측 군사서류의 기록을 참조하여 10만에서 20만이라는 수치를 도출하고 있다.[43] 중국 측의 입장에서 볼 때 1970년대부터 불거져 나온 일본에서의 난징대학살 논전의 핵심인 희생자 수치의 문제에서 환상론이나 절충론을 완전히 폐기시키고 일본 군국주의 침략의 비인도성을 최대한 강조함으로써 국제문제에서 정치적 우위를 점하기 위해 인정론을 최대한 강조할 필요가 있었다.

그러나 여기서 야기되는 문제는 300,000명은 용서할 수 없지만 10,000-40,000명이면 허용할 수도 있다는 인도주의적 자기모순에 빠질 수 있다는 점이다. 난징대학살기념관 정문에 있는 「1937.12.13－1938.1」이라는 학살기간이 각인된 13미터 높이의 「십자가 탑」을 지나면 나오는 벽면(中山門)에는 「300,000」이라는 수치가 조각되어 「논의의 여지가 없는 확정적인 수치」라는 주장을 보여주고 있다.[44] 이는 아직도 연구가 진행 중이고 2011년에 들어서야 난징대학살사료집(南京大屠殺史料集)

---

43) Bob Tadashi Wakabayashi, *Leftover Problem, The Nanking Atrocity 1937-38*, New York ; Berghahn Books, 2007, pp.357-384 (이회준, 고희탁(2011) 「'난징대학살' 문제를 둘러싼 기억의 정치와 국제정치학적 딜레마」『일본연구』15, 고려대학교일본학연구센터, p.543에서 재인용)

44) 안자이 이쿠로(安齋育郎)(2009) 「'평화를 위한 박물관'의 조건－중일 양국의 평화적·공생적 관계 발전을 위하여『일본의 전쟁기억과 평화기념관』Ⅰ－관동·동북 지역 편, 동북아역사재단, p.107

72권이 완간되었다는 점을 감안해 볼 때 1985년 개관 시부터 강조된 「300,000명」은 결과로서 명백해 진 것이 아니라, 최초에 수치가 있고 이를 연구를 통해 밝혀내고 있다는 인상을 피할 수 없을 것이다.

뿐만 아니라 난징대학살기념관이 「전국 청소년 교육기지」, 「애국주의 교육 모범 기지」 등으로 지정되어 있으며 전시실의 마지막 패널에도 「애국주의의 기치를 높이 들고, 스스로 부단히 노력하여 미래를 개척하고 중국의 특색 있는 사회주의를 건설해서 조국 통일을 지향해야 한다.」는 취지의 메시지를 보내고 있다[45]는 점에 대해서도 그 문제점을 생각해 봐야 한다. 난징대학살 사건의 실상을 있는 그대로 밝히는 것은 기본적으로 「과학의 문제」이지만 그러한 역사적 사실을 바탕으로 기념관으로서 어떤 메시지를 참관자에게 발신할 지는 특별히 「가치 선택의 문제」이다. 과학적 명제의 진위는 가치관에 의존하지 않지만 가치적 명제의 진위는 가치관과 정치적 입장에 따라 다르다. 역사적 사실과 성실히 마주하면서 난징대학살 사건의 진실을 모색해온 결과로서 「애국주의」라는 가치관을 제시하는 것이 특히 「일본적 애국주의」에 끌려서 침략전쟁에 끌려들어간 일본인에게 어떤 인상을 줄 것이며 또한 중국인들에게는 이를 어떻게 설명할 지에 대해서는 기념관으로서도 충분히 검토해야 할 문제일 것이다.

난징대학살 희생자의 수에 대한 논란에서 볼 수 있듯이 규모에 있어서나 성격에 있어서나 난징대학살 문제는 결코 작은 문제가 아니다. 게다가 그 발생이 우발적이었다기보다는 난징에 주둔한 일본군에 의한 조직적인 범죄행위였다는 부분이 극동국제군사재판에서 명기되었다는 점에서도 그 문제의 심각성은 결코 작지 않다. 이와 같이 역사적으로

---

45) 안자이 이쿠로(安齋育郞), 같은 글, pp.107-108

중요한 사건은 일반적으로 「기념」이라는 형태로 주기적으로 되살아나면서 「집단적 기억」으로 자리 잡게 되는 것이다. 전쟁에 대한 기억은 기억이 축적되는 장소에 따라 개인, 단체, 그리고 공적 영역이라는 세 가지 차원으로 나누어질 수 있다. 「개인의 기억」이 주로 전쟁에 대한 직간접적 경험으로 형성된다면, 「단체적 기억(group memory)」은 사회집단의 구성원들이 공유하는 기억이다. 「집단적 기억(collective memory)」은 개인이나 단체의 구분을 넘어서 사회에 널리 유포된 것으로 집단적 기억의 존재 자체가 하나의 공적 영역을 형성한다. 수많은 하위 집단들의 기억들을 지칭하는 집합기억에서 출발하는 「집단적 기억」은 고정불변한 것이 아니라 현실관계와 담론 구조의 변화에 따라 변화를 거듭한다. 본래 집단 기억은 복합적인 층위를 가질 수밖에 없는데, 그러한 복합적 층위는 기억을 형성하고 재생산하며 그것이 상층 기억이 재가한 형식으로 포함과 배제의 작용을 수행하는 과정에서 발생하게 된다.[46]

이러한 측면은 난징대학살의 경우에도 예외가 아니다. 난징대학살 문제는 중국에게 있어서 처음부터 일본의 중국침략을 상징하는 주요 사건이 아니었다. 이는 지엽적인 이미지가 산발적으로 제기되는 개인적 기억의 차원에서만 취급되어왔다. 국가는 그 문제에 개입할 여유를 갖고 있지 못하였기 때문이었다. 특히 중일전쟁 당시의 국민당 정부는 독가스와 세균전, 공습에 의한 피해에 관심을 기울이고 있었고, 전후에는 중국공산당과의 내전을 준비하느라 학살 사건에 대한 철저한 조사와 재판을 진행하지 못하였으며 내전이 발발한 이후에는 양당 모두 내전의 승리에만 관심을 집중하였을 뿐 난징대학살을 국가적 차원의 집단 기억으로 자리매김할 여유를 가지지 못하였다. 그러다가 난징대학

---

46) 이희준·고희탁, 앞 글, p.544

살 문제가 민족적 기억으로서 의미를 갖기 시작한 것은 1980년대 일본에서 교과서 사건의 발생 등 과거사 문제를 공격적으로 거론하기 시작한 때와 궤를 같이 하고 있다. 이때부터 중국 정부는 난징대학살의 사망자 수를 30만 명으로 공식화하고 일본의 잔학성을 부각시키기 시작하였다. 동시에 막대한 양의 돈을 들여서 난징대학살의 기억을 재생하고 공식화하는데에 국가적인 노력을 기울여갔다. 이러한 기억의 정치라는 맥락에서 난징대학살기념관을 발견할 수 있다. 이 기념관 설립은 난징대학살에서 중대한 의미를 가지는 것이었다. 이견이 분분한 난징대학살에 대해서 정부가 역사와 기억을 공인하고 그렇게 공인된 역사를 증폭하는 것이었기 때문이다.

물론 기억을 수집하고 전승하며 최종적으로는 그것을 재생산하고 교육시킬 수 있는 장소를 지정하고 건립한다는 것은 그 기억의 의미를 공유하는 공동체 속에서 매우 중요한 행위라고 할 수 있다. 하지만 그 기억이 역사가 되기 위해서는 객관적인 기준과 절차를 통한 치밀한 고증이 이루어져야 할 것이며, 결과와 목적을 우선시 하지 않고 자료수집과 검증을 최우선의 항목으로 설정하는 기본적 전제가 이루어져야 한다. 난징대학살이라는 역사적 사건이 기억의 범주에서 벗어나 역사가 되기 위해서는 국제적 학술 연대를 통해 객관적 잣대에 의한 공동연구가 진행되어야 할 것이며, 자국의 정치적 입장에 얽매이지 않는 학문태도가 중시되어야 할 것이다. 세계인이 인정하고 공노하는 전쟁범죄로서 난징대학살이 역사적 인 자리매김을 하기 위해서는 역사를 기억으로 전환시키는 것이 아닌, 기억을 역사로 정립시키는 치열한 노력이 경주되어야 할 것이다. 만약 난징대학살기념관을 통해 펼쳐지고 있는 기억의 정치가 난징대학살이라는 역사적 사건의 진상을 흐리게 만든다

면 같은 전쟁 당사국인 일본의 역사 왜곡 서술과 주장을 바로잡을 근거
를 잃어버리게 될 지도 모를 것이다.

4 맺음말

중일전쟁 기간 일본 침략자들은 중국 각 지역에서 수많은 만행을 저
질렀다. 특히 난징대학살은 아우슈비츠 수용소 대학살, 히로시마 원폭
투하와 더불어 세계 현대 역사상 3대 참변의 하나라고 할 정도로 같은
인류의 입장에서 볼 때 결코 발생해서는 안 될 가장 비인간적인 잔학성
과 폭력성이 극대화된 사건이라고 할 수 있었다. 그 연구에서 벌어지는
논란의 결과가 어떠하든지 간에 난징대학살의 비인도성과 비극성은 결
코 잊지 말아야 하고 인류사에 있어서 다시는 되풀이 되지 말아야 한다
는 것은 불변의 진리와 같을 것이다. 다만 객관적 역사사실이 정치적
입장에 따른 가치관의 선택 문제 때문에 가해자와 피해자 간에 서로
다른 의미로 해석되고 다시 상대방에게 강요되는 상황이 발생하였을
때 종종 역사문제로 논란의 핵심에 서게 되고 만다는 것을 중국과 일본
의 예를 통해서 살펴볼 수 있다.

난징대학살은 발생 직후부터 개인적 기억에 의해 전파되고 그 전파
된 기억들이 모이면서 모호하긴 하지만 부분적이나마 윤곽이 드러나기
시작하였고 다시 국가적 노력에 의해 하나의 상징적인 집단 기억으로
자리매김하게 되었다. 난징대학살의 구체적이고 자세한 내용이 세상에
밝혀지게 된 데에는 학계의 지속적이고 책임 있는 노력도 큰 역할도

담당하였지만 중국이 주변국과의 관계에서 당면한 문제를 풀어가는 과정에서 취하게 정치적 노력 또한 적지 않은 작용을 하였다. 그런 의미에서 볼 때 난징대학살에 대한 기억은 학술적 결과이기도 하였지만 또 한편으로는 국가에 의해 관리된 기억의 하나로서도 파악해야 할 것이다.

난징대학살은 학술연구, 전시회, 기념의식, 기록영화, 소설, 논픽션 등등 여러 가지 분야에서 그 역사적 사실을 되새기고 의미를 재해석하는 과정을 거쳐 왔다. 최근에는 「난징! 난징! (南京! 南京!)」이라는 영화가 2009년 개봉되면서 중국 문화계에 일대 사건으로 기록되었다. 이 영화는 역사를 둘러싼 중국과 일본 양국 간의 첨예한 갈등이 수많은 중국인들로 하여금 자발적으로 해당 역사를 연구하게 만든 배경 속에서 그 제작의 의미를 생각해 보아야 한다. 중국인들은 일부 우익언론들이 쏟아내는 왜곡 보도에서 일본인들이 전쟁의 역사에 대해 무관심하다는 사실을 알고 놀라움을 넘어 분노를 보일 수밖에 없었다. 중국의 입장에서는 왜 아직까지도 일부 일본인들이 난징대학살과 같은 전쟁범죄를 공개적으로 부인하는지 이해할 수 없었고, 「난징! 난징! (南京! 南京!)」을 연출한 루촨(陸川) 감독 또한 그러한 맥락 속에서 영화 제작을 시작했다. 즉 중국인들은 일본인들의 전쟁에 대한 인식, 전쟁 발발 원인, 일본의 전쟁 참여 과정에 좀 더 알고자 하였고, 그들의 내면세계 속에서 난징대학살의 또 다른 면모를 바라보고자 하였던 것이다. 물론 역사적 사건에 대해 가해자와 피해자의 기억이 동일할 수는 없을 것이다. 그러나 문제는 가해자 측과 피해자 측이 과거 사실에 대해 집단의 기억을 관리하고 조정하여 객관적 사실과 그 사실을 바라보는 감정의 층위를 넘어서 왜곡된 기억을 유도하는 것이라 할 수 있다. 그러한 결과로 중일 양국의 국민 사이에 같은 역사 사건인 난징대학살을 바라보고 해석하는 태도가 그처럼 큰 차이가 생기게 되었던 것이다.

난징대학살 문제를 국가적 차원에서 하나의 틀에 맞추어 국민들에게 보여주게 된 상징적 기억의 장이 바로 난징대학살기념관(侵華日軍南京大屠殺遇難同胞紀念館)이었다. 이 기념관에서는 난징대학살의 유물과 유해가 발굴되는 현장을 전시하고 있으며, 전쟁 중 사건이 전개된 시간과 공간을 축으로 당시의 신문 기사들을 발췌해 하나의 이야기처럼 당시의 현장을 보여주려고 하고 있다는 점에서 스토리텔링의 요소를 담고 있다. 동시에 박물관의 조각과 전반적인 모습이 추모의 기능을 하고 있다는 점에서 재현의 기능도 분명히 작동하고 있다고 말할 수 있다. 추모와 스토리텔링, 재현이 복합적으로 존재하는 전쟁박물관으로서의 형태는 바로 난징대학살기념관이 가장 전형적으로 보여준다고 할 수 있다. 이 난징대학살기념관은 3차 개관 당시의 취지대로 한다면 평화기념관으로서의 기능을 담당해야 하는 것이었지만 전체적인 전시구조와 전시내용 그리고 전시를 통해 암시하는 메시지를 통해서 볼 때 기억의 재생공간으로서의 기능을 더 많이 담당하고 있다고 할 수 있다. 바로 여기에서 중국 정부가 추구하고자 하는 기억의 관리라는 역할과 이것을 매개로 하는 기억의 정치적 사용을 찾아볼 수 있는 것이다.

중국은 난징대학살기념관뿐만 아니라 중고등학교 교과서를 통해 자국의 근현대사에 대해 국민에게 직접적이고 강력한 메시지를 전달하고 있다. 그 메시지의 핵심은 제국주의의 침략과 민족주의적 저항이라는 양대 개념 위에 놓여있다고 할 수 있다. 그리고 제국주의의 침략을 상징하는 사건으로 난징대학살을 상정하고 있다. 이는 중국의 민족주의적 감정을 최고조로 끌어올리는 중요한 수단이자, 대외적으로 이해 당사국을 억압시킬 수 있는 전략적 무기가 될 수 있었다. 하지만 역사 기억이 자국의 민족주의를 고양하는 도구로 사용될 때 결국 그 기억은 정치적 목적에 의해 관리되는 집단기억으로 왜곡될 수 있는 가능성이 존재한다. 따라서 역사의 존재 목적인 사실 추구가 정치적 가치 판단에 변질될 수 있다는 것을 항상 경계하면서, 집단 기억 속에서 파편화된 개인적 기억을 분류해 내는 작업이 계속적으로 진행되어야 할 것이며 그것을 통해 역사연구의 부수적 가치인 역사 교훈의 전승이라는 목적을 이루어 내야 할 것이다. 이것이 이루어 질 수 있다면 난징대학살기념관은 말 그대로 평화 기념관으로서의 존재 가치를 가지게 될 것이며 주변 국가들이 난징대학살의 공동 역사상을 공유하게 함으로써 지역 평화에 이바지 할 수 있을 것이다.

이 글은 「난징대학살과 기억의 정책－학살에 대한 기억의 전승과 관리를 중심으로－」(『대구사학』제106집, 대구사학회, 2012)를 기초로 수정 보완하여 작성한 것이다.

동아시아연구총서 제3권
전후 70주년, 한일수교 50주년

일본의 전쟁기억과『동아시아사』교육
-오카 마사하루기념 나가사키평화자료관의 활용-

남영주(南英珠)

영남대학교 사학과를 졸업하고 동대학원에서 중국 고대사를 전공하여 박사학위를 취득한 후 秦漢代 지방행정 제도 및 중앙과 지역의 관계에 관심을 가지고 연구를 진행하고 있다. 또한 기록문화에 대한 관심으로 한국기록관리학교육원을 8기로 졸업하였다. 이후 기록학과 역사학의 접목 및 기록물을 활용한 역사연구에 많은 관심을 가지고 있다. 주요 연구 성과로는「前漢의 정치동향과 琅邪郡-侯國의 設置와 徙封을 중심으로-」,「기억속의 이주공간-滿洲國 河東마을 研究」,「아르메니아인 제노사이드 관련 주제기록관 연구」등이 있다. 현재 영남대 역사학과 강사로 재직 중이다.

1 머리말

2015년은 제2차 세계대전 종전 70주년이 되는 해이다. 종전으로 인해 우리는 일제로부터 해방이 되었지만 전쟁으로 인한 상처는 지금까지도 계속되고 있다. 종군 위안부, 강제동원 등 아직까지 해결되지 않은 많은 숙제가 남아있기 때문이다. 이러한 상황에서 일본 정부는 수켄(數研) 출판이 자사의 현 고등학교 공민과(사회) 교과서 3종의 기술 내용에서 「종군 위안부」, 「강제연행」 등의 표현을 삭제하겠다며 정정신청을 낸 것에 대해 승인했다.[1] 이러한 교과서 왜곡 문제는 현 아베 정권의 우경화 행보의 하나로서 한일수교 50주년을 맞아 경색된 양국 관계를 개선하는데 악영향만 줄 뿐이다.

위와 같이 갈등구조 속에서 한일 관계가 지속될 경우, 동아시아 지역에서 일어나는 영토 분쟁과 역사 갈등을 해결하기 위해서는 국가의 힘을 더욱 키워 대응해 나가는 것이 해결책으로 보일 수 있다. 그러나 국가 간의 힘의 구도로 문제를 해결하는 것은 일시적으로 국가의 힘을 대외적으로 과시하는 것뿐이며, 장기적인 면에서 본다면 동아시아 지역에 이익이 될 수 없음을 기억해야 한다. 과거 제국주의 침략 전쟁으로 인한 피해를 고스란히 감당해야 했던 개인의 삶에서 볼 수 있듯이 개인은 국가라는 틀 안에서 국가를 위한 희생과 봉사자의 모습이 요구될 뿐이다. 즉 국가 간의 대결구도로 한일 관계가 지속되는 것은 양국의 미래에 아무런 이익이 되지 않는다.

---

1) http://www.asiae.co.kr/news/view.htm?idxno=2015011009240752902(검색일 : 2015.01.10)

학계에서는 역사 문제에 관한 갈등을 해소하기 위한 방안으로 한중일이 공동으로 집필한 『미래를 여는 역사』를 간행하였다.[2] 또한 우리나라는 7차 개정교육과정으로 『동아시아사』를 신설하였다.[3] 이 과목은 기존의 역사교과서 서술 방식이었던 각국사 나열방식이 아니라 하나의 사건이 동아시아에 어떤 영향을 끼쳤는지를 지역사적인 맥락에서 이해하고자 하였다. 각국사가 아닌 『지역세계사』라는 과목의 성격에서 볼 때 『동아시아사』 중 근대사 단원은 상호 관련 속에서 역사가 전개되었으므로 한중일의 최근 역사를 이해하는데 매우 중요하다. 또한 현재 동아시아 지역에서 일어나고 있는 갈등문제를 해결하여 이 지역의 평화를 추구하고자 하는 이 과목의 목표에서 볼 때도 동아시아 갈등의 배경이 된 근대사에 대한 이해는 필수적이다.[4]

이 과목의 근대사 단원에는 한중일의 가장 큰 갈등의 원인이었던 일본의 아시아 침략을 「가해자 일본」이라는 사실 뿐 아니라 일본인의 피해 사례에 대해서도 주목하였다.[5] 또한 일본 내의 반전론을 제시하여 평화를 추구하는 움직임에 대해서도 서술하였다.[6] 이러한 교과서 서술 방식은 거대한 국가권력에 의해 수행된 전쟁은 그 승패를 떠나 국민은 피해자일 수 밖에 없다는 것으로, 일본의 침략전쟁으로 인한 피해를

---

2) 한중일3국공동역사편찬위원회(2012) 『미래를 여는 역사 : 한중일이 함께 만든 동아시아 3국의 근현대사』 한겨레
3) 2007년 2월 28일 교육인적자원부 고시 제2007-79호로 고시된 교육과정이다. 10학년 과학과 역사과목의 시수를 주당 한 시간 늘렸고, 역사 과목을 독립하여 사회과와 분리해 시수를 매김으로써 과목의 시수 보장하였다.(7학년에서 10학년까지) 또한 일반선택교과와 심화선택교과를 통합하고, 다양한 선택교과(매체언어, 동아시아사 등)를 신설하였다.
4) 교육인적자원부(2007) 『사회과교육과정(별책 7)』p.82
5) 황상진 외(2014) 『고등학교 동아시아사』 비상교육, p.196
6) 황상진 외(2014) 『고등학교 동아시아사』 비상교육, pp.197-198

강조한 나머지 일본은 가해자이고 동아시아 다른 지역은 피해자라는 인식의 『한국사』 서술과는 큰 차이를 보인다. 그런데 일본이 종군 위안부 문제, 난징대학살 사건 등 침략전쟁 중 일어난 일련의 가해 사건들을 인정하지 않고 있는 상황에서 동아시아의 근대를 「동아시아 각 국 간의 갈등해소와 평화추구」라는 입장에서 접근한다는 것은 무리가 있다. 일본의 전쟁 피해 사실을 아시아 국가들이 입은 전쟁 피해와 동일한 관점에서 볼 수 없기 때문이다.

이러한 문제는 동아시아 지역 발전과 평화에 이바지하겠다는 교과서 저술 목표의 「당위성」과 한국에서 유통되는 『동아시아사』의 서술 주제는 누구여야 하겠는가의 「주체성」의 문제, 그리고 수많은 논의에도 불구하고 단기간에 한정된 분량으로 완성된 교과서 내용 서술의 「합목적성」 등 『동아시아사』를 둘러싼 논쟁이 고스란히 반영되어 있다.[7] 바람직한 『동아시아사』 교육을 위해서는 이러한 문제점들을 극복하기 위한 방안이 강구되어야 한다. 특히 현재 일본이 동아시아의 평화와 갈등을 해소하기 위해 어떠한 노력을 하고 있는지, 침략전쟁을 어떠한 관점에서 인식하고 있는지에 대한 설명이 있어야 한다. 즉 일본이 자신들의 전쟁피해 사실을 어떠한 방식으로 기억하고 있는지에 관한 내용일 것이다. 이와 관련해서 유용한 교육 자료로 이용될 수 있는 방안이 해당사건에 대한 기억을 수집하고 있는 자료관을 활용하는 것이다.

현재 일본은 침략전쟁시기(1931~1945)의 기억을 재현해 놓은 평화

---

7) 조영헌(2013) 「『동아시아사』교과서의 유통망과 교역망―주제의 설정과 그 의미―」 『동북아역사논총』39, 그 외 『동아시아사』를 둘러싼 논쟁으로는 과목 신설 과정에 있어서 「급진성」, 동아시아라는 지역 개념의 「불분명성」 혹은 「가변성」, 유럽 중심주의 혹은 중국 중심주의나 자국사 중심주의로부터 얼마나 자유로울 수 있겠는가에 대한 「탈중심주의론」 등이 있다.

박물관을 전국에 건립하고 있다.[8] 1945년 8월 15일 전쟁에서 패배한 일본은 연합국 측의 무조건 항복 요구를 수용 한 후, 전쟁을 기억하게 만드는 많은 시설물들을 만들었다. 평화자료관은 그 대표적인 시설물이라고 할 수 있다. 전 세계 평화자료관 중 50%는 일본에 있다는 말이 있을 정도로 일본은 각지에 많은 평화자료관을 건립하였다. 이 중에는 국가나 지자체가 만든 것도 있는 반면, 민간이 주체가 된 것도 있으며 전시 내용 또한 일률적이지 않다.

이 중 히로시마 평화공원 내에 있는 히로시마평화기념자료관(廣島平和記念資料館)[9]과 국립히로시마원폭사망자추도평화기념관(國立廣島原爆死沒者追悼平和祈念館)[10], 나가사키원폭자료관(長崎原爆資料館)[11]은 일반인들에게 알려진 대표적인 자료관이다. 이들 자료관은 「원폭에 의한 민간인의 피해」를 강조하면서 일본이 피해국가라는 점과 원폭이 투하되기까지 역사적 과정에 대한 어떠한 설명도 없이 원폭의 참상만을 강조하고 있다.[12] 또한 제2차 세계대전 중 유일하게 일본 영토에서 벌어진 전투인 오키나와전(沖繩戰)에 대한 기억은 오키나와평화기념자료관(沖繩縣平和祈念資料館)[13]을 통해 확인할 수 있다. 이 역시 일본군의 만행을 고발하는 내용을 담은 반전평화자료관이지만, 점차 일본의 전

8) 동북아역사재단 편(2011) 『일본의 전쟁기억과 평화기념관Ⅰ −關東·東北 지역 편−』 동북아역사재단
동북아역사재단 편(2011) 『일본의 전쟁기억과 평화기념관Ⅱ −關西·九州·오키나와 지역 편−』 동북아역사재단
9) http://www.pcf.city.hiroshima.jp/(검색일 : 2015.02.01)
10) http://www.hiro-tsuitokinenkan.go.jp/index.php(검색일 : 2015.02.01)
11) http://www.city.nagasaki.lg.jp/peace/japanese/abm/index.html(검색일 : 2015.02.01)
12) 여문환(2008) 「동아시아 전쟁기억의 정치와 국가정체성−한·중·일 비교연구」 경기대학교 정치전문대학원 박사학위논문, pp.147-149
13) http://www.peace-museum.pref.okinawa.jp/index.html(검색일 : 2015.02.10)

쟁책임을 전면에 내세우는 전시내용들이 삭제되어 기존의 설립의도가
많이 퇴색되었다.[14)

이러한 상황에서 침략전쟁 시기 일본의 가해 사실을 종합적으로 전시
하는 자료관이 있어 우리의 주목을 끈다. 오사카 국제평화센터(大阪國際
平和センター), 사카이시립 평화와 인권자료관(堺市立平和と人權資料
館), 오카 마사하루기념 나가사키평화자료관(岡まさはる記念 長崎平和
資料館), 리쓰메이칸대학 국제평화뮤지엄(立命館大學國際平和ミュ-ヅア
ム) 등이 대표적이다.[15)

그 중 오카 마사하루기념 나가사키평화자료관(岡まさはる記念 長崎
平和資料館)[16](이하 평화자료관으로 칭함)은 일본에서 유일하게 전쟁
책임과 보상 문제를 거론하고 있다. 이 자료관은 일본의 침략전쟁
(19301~1945년)시기 동안 동아시아에서 일어난 전쟁의 참상을 각 종
전시 자료를 통해 알리고 있다. 일본의 침략 역사가 어떠한 관점에서
재현되고 있는지를 보여주는 교육현장이다. 이 자료관이 전시하고 있
는 기록물들을 『동아시아사』수업에 활용한다면, 『동아시아사』가 내포
하고 있는 서술상의 문제점들을 보완하여 내용 이해를 돕는데 좋은 사
례가 될 것이다. 이에 본고는 평화자료관에서 제시하고 있는 전쟁 기억

---

14) 김민환(2006)「일본 군국주의와 탈맥락화된 평화 사이에서 : 오키나와 평화기념공
   원을 통해 본 오키나와전(戰) 기억의 긴장」『민주주의와 인권』vol.6 ; 조성윤(2011)
   「전쟁의 기억과 재현 : 오키나와 현립 평화기념 자료관을 중심으로』『현상과 인식』
   35 ; 호사카 히로시(2004)「오키나와전(沖繩戰)의 기억과 기록」『4.3과 역사』vol.4
   참조
15) 동북아역사재단 편(2011)『일본의 전쟁기억과 평화기념관Ⅰ -關東·東北 지역 편』
   pp.18-19 참조
16) http://www.d3.dion.ne.jp/~okakinen/index.htm(검색일 : 2015.02.10) ; 千野香織
   박소현 역(2002)「전쟁과 식민지의 전시 : 뮤지엄 속의 일본」『전시의 담론』눈빛 ;
   동북아역사재단 편(2011)『일본의 전쟁기억과 평화기념관Ⅱ -關西·九州·오키나
   와 지역 편』동북아역사재단

들이 어떠한 내용들로 재현되고 있는지에 대한 분석을 통해 『동아시아사』를 이해하는데 도움이 될 수 있는 전시 내용들을 제시하고자 한다.

이 자료관은 국가에서 설립한 나가사키와 히로시마의 원폭자료관과 오키나와평화기념자료관과 달리 민간에서 설립되었다. 따라서 국가가 재현하고자 하는 기억과 민간에서 재현하고자 하는 기억의 차이에 대해서도 고찰할 수 있다. 그간 주목하지 못했던 이 자료관에 대한 연구는 일본인의 역사인식의 일면을 파악할 수 있을 것인데, 동아시아의 화해와 갈등해소를 위해 노력하는 일본인들의 일면을 파악하는 계기가 될 것이다. 즉, 본 기념관의 역사적 가치에 대해서도 고찰할 수 있을 것이다.

지금까지 자료관에서 소장하고 있는 자료들을 역사교육에 활용하려는 방안에 대한 연구가 있었다.[17] 또한 자료관 차원에서 자체 제작된 교육프로그램을 역사교육에 활용하고자 하는 연구도 있다.[18] 이러한 연구들은 한국현대사, 특히 민주화운동시기에 집중되어 있고, 『동아시아사』와 『세계사』교육에 활용할 수 있는 자료관에 대한 연구는 거의 없는 실정이다.

---

17) 국가기록원 기술팀 편(2007) 『(국가기록원 소장기록을 활용한) 중등학생용 교육 콘텐츠 개발 방안』 국가기록원 ; 김희경(2008) 「아카이브 활용과 역사교육」 한국외국어대학교 대학원, 정보·기록관리학과 ; 전금순(2007) 「공공 전문기록관리기관의 교육서비스에 관한 연구-교사와 학생을 중심으로-」 공주대학교대학원 석사학위논문 ; Cook, Sharon Anne 「Connecting the Archives and the Classroom」 Archivaria44, 1997 ; Osborne, Ken 「Archives in Classroom」 Archivaria 23, 1986

18) 최근 대표적인 연구로는 구정민(2007) 「4.19혁명기록의 현황분석과 통합서비스 방안연구」 한국외국어대학교대학원 정보·기록관리학과 ; 김은실(2008) 「이용자 유형별 기록정보서비스 제공에 관한 연구-민주화운동기념사업회 사료관을 중심으로-」한국외국어대학교대학원 정보·기록관리학과 ; 문소희(2009) 「역사문화자원 활용 방안 연구-5·18체험관 구상을 중심으로-」 전남대학교대학원 석사학위논문; 차준호(2010) 「역사교육용 기록정보콘텐츠의 서비스 개선방안에 관한 연구-사료로 배우는 민주화운동 사례를 중심으로-」 한성대학교대학원 석사학위논문

본고에서는 평화자료관 홈페이지에서 제공하고 있는 기록물들을 분석 대상으로 삼고자 한다. 인터넷 기술의 발전으로 인해 지금까지 자료관을 방문해야만 접할 수 있었던 기록물들이 이제는 이용자가 직접 자료관을 방문하지 않아도 이용할 수 있다. 이러한 연구방법은 자료관을 방문하기에 거리와 시간적 제약을 가지고 있는 연구자, 그리고『동아시아사』를 수학하는 학생들에게 매우 유용할 것이다.

우리나라는 2007년부터 교과서의 정형화 및 획일화를 해소하고 창의성과 자기 주도성을 높이고 내용의 질을 높이기 위해, 초·중·고교 국사와 국어 등 국정교과서 발행 체제가 검·인정 체제로 전환되었다. 그 결과 다양한 방식과 관점의 역사교과서가 일선 학교에서 채택되고 있다. 내용면에서는 여러 출처의 자료들이 교과서에 실리고 있으며, 기념관과 자료관 등을 이용한 교수법이 제시되고 있다.[19] 국정교과서의 폐지는 기록물 활용을 높일 수 있는 계기가 되었다. 그러나 현재 교육정책의 변화로 인해 한국사 교과서가 국정화로 전환된 상황에서 앞으로도 다양한 내용의 자료와 교수법을 교육현장에서 기대하기에는 분명한 한계가 있을 것이다. 오늘날 변화된 교육환경과 매스 미디어에 노출된 학생들은 다양한 수업자료와 교수법을 요구하고 있다. 아직『동아시아사』는 검·인정 체제로 발간되는 유일한 역사교과서로서, 다양한 수업자료를 통한 교수법이 교육현장에서 시도될 수 있다. 따라서 연구자들은 이 과목의 교육목표를 달성하는데 도움을 줄 수 있는 수업자료와 교수법

---

19) 대표적인 예로 삼화출판사(2012)『고등학교 한국사』p.357, (4. 민주주의가 발달하다) 〈자료 콕콕〉에 수록된 자료는 광주광역시 5·18 사료편찬위원회(2009)에서 발간한『5·18광주 민주화운동자료총서』이다. 비상교육(2012)『고등학교 한국사』p.315, (2. 8·15광복과 통일정부수립운동) 〈시선 넓히기 인물〉에는「백범기념관 홈페이지에서 김구의 업적을 조사해보자.」라는 내용이 수록되어 있다. (http://www.kimkoomuseum.org/)

들을 제시해야 할 것인데, 본 연구는 이러한 목적을 달성하는데 일조하고자 한다.

2 전쟁기억의 재현

현재 일본의 침략전쟁시기 일본의 가해 사실을 종합적으로 전시한 자료관들은 일본 우익 세력들의 지속적인 공격을 받고 있다. 대표적인 사례로 1996년 나가사키 원폭자료관이 재개장할 당시, 우익 세력들은 난징대학살 전시 사진의 진위를 문제 삼아 가해 전시 자체를 철거하기 위한 시도를 단행하였다. 뿐만 아니라 전시 감수자에 대한 사례금 지불에 관한 주민감독청구를 제기하기도 하였다. 우익 세력들은 시민운동에 대한 협박, 우파 저널리스트의 캠페인, 의회에서의 질문 등의 형태로 공격을 지속하였다.[20]

특히 우익 세력들의 공격은 오사카 국제평화센터에 집중되었다. 이들은 일본의 가해·침략이나 중국의 항일운동 전시의 철거를 요구했다. 또한 의회에 압력을 가해 오사카부·오사카시의 보조금을 폐지하고 오사카 국제평화센터를 해체시키려는 공격으로 발전시켰다. 이러한 공격에 대해「피스 오사카」시민 네트워트가 결성되는 등 시민들의 노력이 있었지만, 2015년 4월 30일 재개장한「오사카국제평화센터(피스 오사카)」는 구 일본군의 가해행위 및「침략」표현을 삭제한 전시물들이 선

---

20) 동북아역사재단 편(2011)『일본의 전쟁기억과 평화기념관 I－關東·東北 지역 편』
   pp.34-35

보였다. 재개장을 계기로 가해행위가 담긴 사진패널 수십 점이 폐기된 사실도 판명되었다. 특히 위안부 강제연행 등에 대한 언급이 사라졌으며, 중국 침략과 한반도 식민 지배를 소개한 전시실 「15년 전쟁」의 사진 패널과 난징대학살 당시 생매장당한 중국인 등의 생생한 사신들이 폐기되었다.[21] 이러한 개악에 대해 2013년 리뉴얼 구상 단계에 참가한 시민단체와 연구자들은 아시아 각 국에 위해를 가한 역사를 잊지 않는다는 센터 설치이념에 맞지 않는다고 강력하게 반발하고 있지만, 전시 내용에 대한 정정은 좀처럼 이루어지지 않고 있는 실정이다.

이처럼 일본의 전쟁 가해 사실에 대해 언급한 자료관들의 개악이 이루어지고 있는 상황에서 평화자료관의 전시는 시사하는 바는 매우 크다. 특히 평화자료관은 일본 내에서 전쟁책임에 대한 사과와 보상 문제를 최초로 언급하였다. 아래 글은 평화자료관을 소개하는 내용 중 일부인데, 이를 통해 이 자료관이 일본의 가해책임과 배상문제에 초점을 맞추고 있음을 파악할 수 있다.

> 일본의 많은 평화기념관은 전쟁의 비참함을 피해자의 입장에서 주장하고 있습니다. 태평양전쟁에서 일본은 300만 명 이상의 희생자를 내었습니다. 물론 이러한 피해자로서의 「괴로움」도 계승해야 할 소중한 것입니다. 그러나 처음 태평양전쟁은 메이지 이후 일본이 행해 온 근린 아시아 제국에의 침략의 귀결이며, 조선, 중국, 동남아시아 국가들에게 일본은 말할 필요 없이 「가해자」였습니다. 아시아 각지에서 일본은 토지와 자원을 수탈하였고, 많은 사람이 살해되었습니다(일반적으로 일본군에 의한 희생자는 2,000만 명이라고 한다). 우리 자료관은 이러한 일본의 「가해성」에

---

21) http://blog.naver.com/PostView.nhn?blogId=jhisa82&logNo=220347042915(검색일 : 2016.02.22)

구애되고 있습니다. 어떠한 괴로움, 부끄러움, 불쾌한 역사라도 그것이 진실이라면 확실히 보지 않으면 안 됩니다. 우리들의 「현재」는 「과거」 위에 있고 「미래」는 또 「과거」와 무관하지 않기 때문입니다. 강제연행, 강제노동, 학대, 고문, 군대위안부, 조선인 피폭자……이러한 「빛」의 사실을 바르게 전하는 것, 침략 받는 사람의 아픔을 아는 것, 이러한 시점에서 전시는 구성되어 있습니다."[22]

위와 같이 일본 내에서 일본의 가해책임, 나아가 배상문제에까지 언급한 자료관이 설립되기까지는 많은 노력이 있었을 것인데, 우선 자료관이 설립된 배경에 대해 살펴보고자 한다.

본 자료관은 목사이자 나가사키 의회 의원이며 「나가사키 재일조선인의 인권을 지키는 모임(長崎在日朝鮮人の人權を守る會)」의 대표를 역임한 오카 마사하루(岡正治, 1918~1994)를 기념하기 위해 설립되었다. 오카 마사하루는 제1차 세계대전 종전 이후부터 태평양 전쟁 기간 중 피해를 받은 조선인과 중국인 그리고 동남아시아인의 권익보호를 위해 노력한 인권운동가이다. 그는 일생 동안 일본의 전쟁책임을 추궁하기 위한 자료들을 지속적으로 조사·수집하였다. 그가 인권 운동을 하는데 있어서 중심이 되었던 「나가사키 재일조선인의 인권을 지키는 모임」(長崎在日朝鮮人の人權を守る會, 이하 「인권을 지키는 모임」)은 1965년 한일조약에 반대하는 취지로 발족한 단체이다. 이 단체는 1981년부터 조선인 피폭자의 실태조사를 본격적으로 시작하여 『원폭과 조선인』(『原爆と朝鮮人』第1集～第6集, 1982～1994年) 및 중국인의 강제노동을 고발한 『녹슨 톱니바퀴를 돌리자』(『さびついた歯車を回そう』,

22) 동북아역사재단 편(2011)『일본의 전쟁기억과 평화기념관 I -關東·東北 지역 편』, p.210

1994년)등을 출간하였다.

오카 마사하루가 사망한 후 「인권을 지키는 모임」은 그의 유지를 받들어 「오카 마사하루기념 나가사키평화자료관」을 건립하였다. 평화자료관이 건립되는데 있어서 오카 마사하루와 「인권을 지키는 모임」이 수집한 방대한 자료는 전쟁피해자들의 권리를 복원하는데 핵심적인 역할을 하였다. 오카 마사하루가 사망한 후에도 평화자료관은『난징대학살증언집 회보고집(長崎と南京を結ぶ集い報告書)』과 나가사키의 청년들을 우호방중단(友好訪中團)으로 파견하는 프로젝트의 보고집(日中友好・希望の翼 報告書)등을 출간하여 전쟁 피해의 기억을 전승하고 있다.23) 또한 평화자료관은 외부로부터의 독립성을 유지하기 위해 이해관계를 가진 정부나 기업 단체로부터의 지원을 거부하고, 평화자료관의 취지에 동의하는 회원들의 자원봉사와 관람객이 기부하는 기금에 의존해서 유지되고 있다.24) 1995년 10월 1일 개장한 평화자료관은 설립취지를 아래와 같다.

일본의 침략과 전쟁에 희생된 외국인들은 전후 50년이 지나도록 아무런 보상도 받지 못한 채 버림받아 왔습니다. 가해의 역사가 숨겨져 왔기 때문입니다. 가해자가 피해자에게 사죄도 보상도 하지 않은 무책임한 태도만큼 국제적인 신뢰를 배반하는 행위는 없습니다.(중략) 당 자료관을 방문하는 한 사람 한 사람이 가해의 진실을 앎과 동시에 피해자의 아픔에 공감하고, 하루라도 빨리 전후 보상의 실현과 非戰의 다짐을 위하여 헌신하게 되기를 바라마지 않습니다.25)

---

23) 박수경・조관연(2013)「나가사키 하시마(군함섬)를 둘러싼 로컬 기억의 생산과 정치」『일본어문학』vol.61, p.515
24) 오카 마사하루기념 나가사키평화자료관(2010)『피해자들의 아픔을 마음에 새기고, 전후 보상의 실현과 비전(非戰)의 다짐을』평화자료관발간 소개 책자(한글판), p.30
25) 오카 마사하루기념 나가사키평화자료관(2010)『피해자들의 아픔을 마음에 새기고, 전후 보상의 실현과 비전(非戰)의 다짐을』평화자료관발간 소개 책자(한글판), p.2 ;

평화자료관은 일본의 식민지배 기간 동안 벌어진 어두운 가해의 역사와 피해자들의 고통을 제대로 알려서 식민통치에 대한 일본의 성찰과 피해자들의 보상을 이끌어내어 새로운 평화의 시대를 열고자 하였다. 즉 전쟁피해의 원인이 일본의 아시아 침략에 있음을 분명히 하고 있다. 또한 평화자료관의 설립은 나가사키의 사회적 맥락과도 관련이 있다. 나가사키 원폭자료관이 전후 50주년을 기념하여 재개장하면서, 피폭내셔널리즘으로 점철된 원폭자료관으로 탈바꿈하였다.[26] 이에 오카 마사하루는 조선인 원폭 피해자들에 대한 조사와 일본의 사과 및 보상을 위한 운동을 지속적으로 전개해 나갔으며, 그 결과 히로시마와 달리 나가사키 원폭공원에는 「조선인피폭자추모비」가 세워질 수 있었다.[27] 국가가 기억하는 사실만으로는 역사의 진실을 제대로 전달할 수 없다는 오카 마사하루의 주장은 궁극적으로 평화자료관의 탄생으로 이어지게 된 것이다.[28]

평화자료관은 1~2층이 전시실로 사용되며 전시물은 주제에 따라 나뉘어져 있는데, 본 자료관의 설립목적과 관련된 주제만 선별하여 아래 〈표 1〉로 정리하였다.

---

http://www.d3.dion.ne.jp/~okakinen/setumei.html(검색일 : 2015.02.10)

26) http://www.city.nagasaki.lg.jp/peace/japanese/abm/index.html(검색일 : 2015.03.02) 나가사키 원폭자료관은 원폭에 의한 피해의 실상과 투하 경위 및 경과 그리고 핵병기 개발의 역사, 핵병기의 위협과 비인도성을 알리고, 세계평화실현에 공헌하기 위해 건립되었다고 설립 목적을 밝히고 있다. 자료관 어느 곳에도 왜 원폭이 나가사키에 투하되었는지에 대한 구체적인 설명은 없다.

27) http://www.d3.dion.ne.jp/~okakinen/oka/oka3.html(검색일 : 2015.01.24)

28) 박수경·조관연「나가사키 하시마(군함섬)를 둘러싼 로컬 기억의 생산과 정치」, p.514, 오카 마사하루 기념 나가사키평화자료관 이사장, 高實康穂의 답신 메일 (2013.3.22) 재인용

〈표 1〉 오카 마사하루 나가사키평화자료관의 상설전시 내용[29]

구분	주제	전시내용
1층	朝鮮人被爆者 코너	· 조선인 피폭자 실태　· 조선인 피폭자 증언 전시
	强制連行 코너 〈飯場〉	· 탄광, 광산, 토목현장에 강제 연행되어 노역한 조선인들의 실태 · 三菱造船所에 강제 연행된 조선인들이 거주한 마을의 해체 전 사진전시 · 탄광에서 사용된 도구, 잡지 등 · 노동자들의 식사 모형 · 强制連行·强制勞動의 증언 　＊坑口 : 탄광 모형 전시
	사진으로 보는 일본의 아시아 침략-조선편	· 조선으로의 야망　· 조선병합　· 독립운동탄압 · 민족성말살과 황민화　· 강제연행과 징병
계단	사진으로 보는 일본의 아시아 침략-중국편	· 시기 : 만철~만주사변 · 전시주제 : 「南京」/「重慶」/「万人坑」/「731部隊」/「三光作戰」
	일본은 아시아에서 무엇을 했나?	· 「대동아 공영권」의 미명 아래 아시아 각국에서 행해진 일본의 만행을 2층 전시장 입구의 벽면 모두를 사용하여 정리
	帝国主義란?	· 일본이 제국주의 정책의 일환으로 아시아를 식민지화했다는 일본의 침략정당성에 대한 비판
2층	중국인 강제연행 코너	· 1999년 〈나가사키 중국인 강제연행 실상조사회〉를 결성해서 중국인 강제 연행자들에 대한 조사를 실시한 내용 전시
	皇國化敎育 코너	· 내용 : 천황과 국가를 위해 죽을 인간 만들기 · 일본 내 皇國臣民 형성 과정을 잡지와 사진, 교과서 등을 통해 검증
	日本軍 慰安婦 코너	· 보상코너 · 정대협과 연합하여 「위안부 문제」를 전면적으로 전시 · 위안부 할머니들의 나가사키 집회 증언 · 만화가 石坂啓가 위안부 문제를 그린 〈突擊一番〉이 A3로 확대하여 자유롭게 읽을 수 있도록 함
	戰後補償 코너	· 일본인들에게 전후보상 문제에 대한 인식을 심어주기 위함
	岡正治 코너	· 본 자료관의 제안자인 오카 마사하루의 프로필과 유물 소개

---

29) http://www.d3.dion.ne.jp/~okakinen/1kai/tizu.html(검색일 : 2015.01.24)

2층	岡文庫(書籍閱覽) 코너	· 오카 마사하루 장서의 일부 : 「오카 문고」운영 · 조선문제, 원폭문제 등 귀중한 서적이 많음 · 이곳에 전시되지 않았지만 관련 비디오(VHS)를 다수 소유하고 있어서, 전후 보상 문제 등을 고려할 때 유용 · 필요에 따라 대여 내지 상영회를 개최 가능
	南京大虐殺 코너	· 2000년 8월 본 자료관과 난징대학살기념관이 제휴, 이곳에 전시되어있는 사진은 난징 기념관에서 제공함
	日本軍의 잔학행위	· 중국에서 일본의 침략에 따라 행해진 학살의 증거 사진
	히노마루 · 기미가요 · 일본어	· 아시아 각 지역의 황민화 교육
	端島 · 高島 코너 → 「徐正雨 氏 생애」 코너	· 하시마 소개 : 나가사키 항 부근의 작은 섬. 1890년 미쓰비시의 소유의 석탄공급지. 1974년 폐광 될 때까지 최고급 숯을 생산. 이 작은 섬에 1945년 당시 5300명의 사람들이 거주. 그 중에는 다수의 조선인 · 중국인 노동자들이 존재 (일본의 패전 전후 하시마 거주 조선인 500명, 중국인 200명) · 나가사키시에 거주하는 徐正雨씨가 하시마에 연행된 과거를 증언

〈표 1〉과 같이 평화자료관의 설립목적과 관련된 전시는 1층 2개의 주제 코너와 2층 8개의 주제 코너로 구성되어 있다. 1층에는 1개, 2층에는 6개의 주제 전시로 이루어져 있다. 1층 전시는 조선인 관련 주제로 구성되어 있는데, 일본의 조선침략을 1910년부터 시기별 주요사건을 주제로 전시하고 있다. 특히 조선인 피폭자와 강제연행 즉, 조선인 피해자 문제에 주목하고 있다. 피폭자 코너를 설명하고 있는 내용을 인용하면 아래와 같다. 평화자료관이 이 코너를 설치한 취지를 이해하는데 도움이 될 것이다.

원폭은 인류에 대한 범죄이며, 도전이라고 말할 수 있습니다. 「원폭투하는 전쟁종결을 앞당겨, 결과적으로 많은 미국 병사만이 아니라 일본인의 생명도 구했다」라는 「원폭신화」는 오늘날에는 완전히 부정되고 있습니다. 원자력 발전도 포함하여 정말로 「핵과 인류는 공존할 수 없다」는 것입니다. 그런 의미에서 피폭의 진상을 전하고, 그 비참함을 세계에 알리는 것은 「나가사키」에 부여된 사명이라고 말할 수 있을지도 모릅니다.

그러나 이 피폭의 진상을 전해야 하는 「나가사키」에서 의식적으로든 무의식적으로든 「말하지 않는다」, 「암흑 속에 묻어 왔다」는 그림자 부분이 있습니다. 그것이야 말로 전후 일본이 출발할 때, 원점이 될 수밖에 없는 중요한 것이었던 것이었는데도……

그것은 조선인 피폭자 문제입니다. 원폭이 투하된 1945년 당시, 나가사키현 내에는 약 7만 명의 조선인이 있었던 것으로 내무성 경보국의 자료를 통해 추정하고 있습니다. 그 중 약 3만 명이 나가사키시 주변에 거주하고, 그 중 2만 명이 피폭, 1만 명이 사망했다고 생각하고 있습니다.

그런데 이 1만 명에 이르는 것으로 생각되는 조선인 피폭자는 「나가사키의 원폭」을 말할 때, 긴 시간 동안 의식적·무의식적으로 묻지 않고, 언급된 적이 없었습니다. 전 나가사키시 국제문화회관에서는 「외국인 피폭자 코너」가 있었습니다만, 그곳에는 미국인, 네덜란드인, 영국인 등 포로수용소에서의 피폭에 대해서 언급하는 것에 머물러, 최대 외국인 피폭자였던 조선인, 중국인 피폭자에 대한 것은 완전히 묵살되어 있었습니다.

「건물 안에 조선인 피폭자 코너를 만들라」고 강하게 나가사키시에 주장한 것은 당시 시의원이었던 오카 마사하루 씨였으나 실현되지 않았고, 1996년 리뉴얼된 「원폭자료관」에도 일부에 조선인 피폭자의 증언을 전시하는 등의 개선이 이루어졌으나, 심각한 것은 받아들이지 않고, 다만 조선인 피폭자도 있었다는 정도에 머물고 있습니다.

이 코너에서는 이러한 「숨겨져 왔던」 조선이 피폭자의 실태를 현재 나가사키에 거주하고 있는 박씨, 서씨의 증언을 중심으로 전시하고 있습니다.[30]

위와 같이 설립자 오카 마사하루는 나가사키시가 설립한 원폭자료관

---

30) 동북아역사재단 편 『일본의 전쟁기억과 평화기념관Ⅰ-關東·東北 지역 편』, p.206

이 기억하지 않은 조선인 피폭자에 대한 기억을 평화자료관을 통해 재현하고자 하였다. 이러한 의도는 국가의 기억으로부터 배제된 소수의 역사를 복원하고자 하는 의도가 있음을 파악하게 한다.

또한 「飯場(함바)」라는 조선인들의 숙소를 재현하여 열악했던 노동자들의 일상을 보여주고 있다. 노동자들이 사용했던 물건과 생활상들이 전시되어 있고, 「인권을 지키는 모임」이 청취 조사를 실시하고 수집된 강제연행 및 강제노동과 관련된 증언이 파일로 만들어져 있어서 자유롭게 열람할 수 있도록 되어 있다. 그리고 갱도 모형을 전시하여 당시의 참혹했던 생활상을 재현하고 있다. 코너 설명은 아래와 같다.

일본이 아시아에서의 침략전쟁 수행을 위해 행했던 조선인 강제연행, 그리고 강제연행된 조선인들이 탄광과 광산, 토목현장 등에서 극도로 열악한 의식주 아래 차별, 학대 속에서 강요된 가혹한 생활과 노동, 그 실태를 조명하고 있습니다.

미쓰비시 조선소의 징용공으로 강제연행된 조선인이 살던 기바치료(木鉢寮)에는 1945년 8월 피폭 당시 약 3,450명이 거주하고 있었습니다. 이곳은 나가사키현 내의 합숙소 중에서는 최대 규모로 대부분이 현재 북한에 해당하는 지역에서 연행된 사람들이었습니다. 강제연행을 이야기하는 귀중한 「유구」로서 나가사키에서 보존을 요구했으나, 1986년 1월에 해제되었습니다. 탄광에서 사용하던 헬멧 등이 전시되어 있습니다. 또한 당시를 엿볼 수 있는 잡지류(선데이 마이니치 등 주로 전쟁 중의 것)가 아무렇게나 놓여져 있습니다. 주위의 벽에는 기바치료 내부의 사진, 강제연행된 사람들이 일하던 탄광, 댐, 터널 등의 일본 전국의 분포도, 나가사키 시내의 합숙소 분포도가 전시되어 있습니다.[31]

---

31) 동북아역사재단 편 『일본의 전쟁기억과 평화기념관 I －關東·東北 지역 편』, pp. 206-207

2층 전시는 일본의 중국 침략과 관련된 주제를 중심으로 중국인 강제 연행문제를 다루고 있는데, 일본의 아시아 침략의 대표적 사건인 난징대학살과 일본군 위안부 문제가 일본군 학살사진과 함께 전시되고 있다. 일본군 「위안부」코너에 대한 설명은 평화자료관이 이 문제를 어떠한 시각으로 접근하고 있는지 파악하게 한다. 아래의 설명을 보도록 하자.

> 「위안부」 문제가 보여주고 있는 것은 일본군의 비인간성만이 아닙니다. 그것은 일본인의 전후무책임체제, 뿌리 깊은 여성 멸시, 아시아 멸시 등을 백일하에 드러내는 것으로 전후보상 문제를 한번에 「눈에 보이는, 피가 통하는, 현재의」 문제로 변하게 만들었습니다.
> 자료관에서도 「위안부」 문제가 전시되고 있었으나, 당초는 「전후보상코너」의 한 부분이었습니다. 그러나 그 후 전 「위안부」였던 강덕경 씨, 김순덕 씨 두분과 한국정신대문제대책협의회의 김신실 씨 세 분이 자료관에 머물렀던 것을 계기로 하여, 정대협과의 연대를 깊게 하여 이 문제의 중요성을 깨닫고, 개편하여 독립코너로 전시하고 있습니다. …… 임시방편에 불과한 일본 정부의 「국민기금」에 대한 비판, UN에서 이 문제가 어떻게 다뤄지고 있는가 등을 지금 현재의 문제로 생각할 수 있게 해 주는 코너입니다.[32]

위와 같이 평화자료관은 일본군 「위안부」문제가 자료관이 주장하고 있는 전후보상 문제의 핵심내용임을 천명하고 있다. 지금까지 일본 정부가 위안부 문제 해결을 위해 지원했던 「국민기금」 즉 「아시아여성기금」과 같은 단체들의 활동이 미봉책이었음을 주장하고 있으며, 이 문제는 일본정부와 피해 국가만의 문제가 아니라 전 세계가 관심을 가지고 해결책을 모색해야 함을 피력하고 있다.

---

32) 동북아역사재단 편 『일본의 전쟁기억과 평화기념관 I −關東·東北 지역 편』, p.207

또한 나가사키에서 행해진 강제연행에 관한 내용을 사망자 명부와 함께 전시하고 있는 점은, 이 자료관이 나가사키를 기반으로 하고 있기에 로컬기억을 재현하고 있다는 점에서 주목할 만하다. 더불어 일본이 대동아공영권이라는 미명 아래 행한 아시아 침략의 허구를 이론적 내용을 중심으로 전시하였다. 그 중「皇國化敎育 코너」는 2000년 전시 리뉴얼에서 신설된 코너이다. 「천황과 나라를 위해 죽을 수 있는 인간 만들기」라는 부제가 붙어 있는데, 코너 설명은 아래와 같다.

> 천황을 위해, 나라를 위해 목숨을 바치는 것이 최고의 미덕이 되어, 아이들부터 어른까지 얽매어 있던 시대, 그러나 그「황국신민」의 사상은 천황제가「상징천황제」라는 형태로 이어짐에 따라, 이「민주주의 국가」의 저변에 남아 있습니다. 히노마루, 기미가요의「국기, 국가」화와 그 후의 은밀히 강제하는 것은 이질적인 것을 배제하여, 「화」라고 하는 단어로 사람들의 사상, 양심의 자유를 짓밟는 어두운 시대의 생각을 떠올리게 합니다.
> 현재 그리고 미래에 관하여, 과거에서 배우는 것은 중요합니다. 이 코너에서는, 일본 국내에서「황국신민」형성의 과거를 당시의 잡지와 사진, 교과서 등에서 검증하고 있습니다.[33]

조선인과 중국인들에 대한 전쟁피해 사례를 중심으로 전시를 진행했던 평화자료관은 2000년에 들어서자「皇國化敎育 코너」와 같이 당시 평범했던 일본인들에 대해서도 관심을 가지기 시작하였다. 자료관이 이러한 코너를 마련한 것은 일본이 동아시아를 침략하게 된 정신적 배경에 대해 고찰하려는 의도이기도 했지만, 한편으로는 평범했던 일본인들은 황국신민화 교육의 대상이 될 수밖에 없었던 존재들로서, 국가

---

33) 동북아역사재단 편『일본의 전쟁기억과 평화기념관 I －關東·東北 지역 편』, p.208

가 강제하는 부분에 있어서 거부하거나 피해갈 수 없는 또 하나의 피해자였음을 언급하고자 한 것으로 파악된다.

마지막으로 설립자 오카 마사하루를 위한 코너로 그의 일대기와 업적에 관한 전시 그리고 오카 마사하루가 기증한 서적으로 마련된「오카문고」가 있다. 전후보상 코너는 오카 마사하루 일생의 노력이 집약된 부분으로 이 자료관의 정체성을 확인시켜 주고 있다.

위와 같이 평화자료관은 1931~1945년 동안 일어난 일본의 조선과 중국 침략의 역사를 잘 보여준다. 본 자료관에서 전시하고 있는 기록물의 특성을 정리하면 첫째, 전시의 대부분을 조선인과 중국인의 전쟁피해 실태와 전후보상 문제에 집중하고 있다. 평화자료관이 일본 최초로 전후보상 문제를 공식적으로 언급한 기관이라는 점은 주목할 만하다. 둘째, 평화자료관은 나가사키의 조선인 원폭 피해자와 강제징용 피해자들에 대한 기록물들을 집중적으로 수집하였다. 강제 노역된 조선인과 중국인들에 대한 증언기록은 평화자료관이 소장하고 있는 가장 중요한 기록물로 판단되며, 본 자료관이 로컬 자료관이라는 점을 확인할 수 있게 한다. 셋째, 일본인들이 자신들의 역사를 새롭게 인식하게 되는 내용의 기록물이 전시되고 있다. 일본의 가해사실에 대한 전시내용, 특히「대동아공영권의 허구」라는 전시는 일본의 동아시아 침략이 이론적으로 잘못되었음을 밝히고 있다. 따라서 본 자료관은 일본인들을 위한 역사교육의 장이기도 하다.

평화자료관의 전시 기록물로 볼 때 이 자료관을 특징짓는 가장 핵심적인 기록물은 전후보상과 관련된 기록물이다. 따라서「전후보상」과「端島·高島 코너-徐正雨 氏 생애」에 대해 주목해 보아야 할 것인데, 관련 기록물은 홈페이지 뿐 아니라 자료관에서 출간한 연구 성과를 통해 상세한 내용을 확인할 수 있다.[34] 「전후보상」 코너의 주요내용은 3장의 패널로 구성되어 있다. 패널 1은 1992년 나가사키에 강제 연행된 김순길 씨가 일본과 미쓰비시중공업을 상대로 제소한 사실을 소개하고 있다. 일본은 국가무책임론, 미쓰비시중공업은 별회사론(別會社論)으로 무죄판결을 받았고, 2003년 최고재판소에서 상고 기각된 과정까지를 소개하고 있다. 패널 2는 재외피폭자 차별 철폐를 요구하는 재판과정에 대해 소개하고 있고, 패널 3은 일본정부를 비롯하여 미쓰비시에 대한 개인적 차원의 보상을 요구한 정황을 소개하였다. 개인적 차원의 보상요구는 일본정부가 전쟁책임을 질 것은 물론이요, 전범으로서 미쓰비시의 책임을 명확히 하고 있다.

「端島·高島 코너」는 徐正雨 氏 생애라는 부제가 붙어 있다. 홈피에는 나가사키에 거주하고 있는 서정우 씨가 하시마에 강제연행되어 미쓰비시 탄광에서 가혹한 노동에 시달렸던 사실에 대한 증언[35]과 하시마에서 죽은 조선인 노동자의 유족이 1991년 한국에서 「端島韓国人遺族会」를 결성하여 미쓰비시를 상대로 「유골의 탐사 및 반환」을 요구하고 있는 내용에 대해 소개하고 있다. 서정우 씨의 경우 뿐 아니라, 평화자료관에서 발간된 자료를 통해 강제연행에 대한 다양한 사실들은 파악할 수 있다. 총 8개의 패널(panel)과 4장의 사진으로 구성되었다. 주요 패널의 내용을 살펴보면 패널1 「강제연행 관련 연표」에는 1910년 8월 한일합병부터 1945년까지의 강제연행 기록이 기재되어 있으며, 패널2 「조선인 노무자 유골의 행방」에는 조선인 노동자 유골 반환에 대한 미쓰비시의

---

34) 오카 마사하루기념 나가사키 평화자료관 『피해자들의 아픔을 마음에 새기고, 전후 보상의 실현과 비전(非戰)의 다짐을』 참조 ; 박수경·조관연(2013) 「나가사키 하시마(군함섬)를 둘러싼 로컬 기억의 생산과 정치」 『일본어문학』vol.61, 참조
35) http://www.d3.dion.ne.jp/~okakinen/2kai/hasima.html(검색일 : 2015.03.24)

불성실한 대처를 기술하였다. 패널3「조선인노동자의 모집방법」에는 「미쓰비시석탄광업 하시마탄광」이 1920~40년대 동안 다수의 조선인들을 노역시켰는데, 태평양전쟁 발발 이후부터는 징용과 강제연행 등으로 노역자 수가 증가하여 1943년에는 조선인 약 500명, 중국인 204명이 강제로 노역하였다고 기술하였다. 패널3은 패널2에서 언급한 1991년과 1992년에 있었던 미쓰비시의 유골반환거부에 관해 상세히 소개하였다. 「인권을 지키는 모임」이 유골반환과 사망조선인 노동자의 임금과 위자료 지불 및 사죄를 요구한 사실과 시민들의 협력을 얻기 위한 가두서명과 기부활동을 펼친 사실을 기술하였다. 패널9「각지의 개요」는 『원폭과 조선인』을 근거로 나가사키현에 소재하는 12개소의 市와 町의 강제동원 양상을 구체적으로 적시하였다. 패널10은「나가사키현내의 조선인 강제연행」이다. 강제 연행된 조선인들은 나가사키의 탄광, 병기공장, 조선소, 댐 건설현장으로 보내졌는데, 1945년 8월의 나가사키 시내 조선인 수와 조선인 피폭사망자수를 기술하였다. 또한 미쓰비시 석탄업 사키도 (崎戸)의 열악한 노동환경과 조선인 화장기록(212명)을 소개하였다. 하시마의 조선인 노동자 122명의 화장매장인가증이 남아 있음에도 불구하고 미쓰비시는 유골의 행방에 대해 모른다는 태도로 일관하고 있다는 비판의 글을 기술하였다. 패널11은 조선인들이 나가사키로 강제 연행된 루트와 귀국 루트를 지도로 제시하였고, 패널12는 1944년 나가사키현 주요 탄광의 한국인 이입자 수와 퍼센트를 제시하였다.

위와 같이 전후보상 관련 기록물들은 나가사키에 강제 연행된 조선인들이 미쓰비시가 운영했던 하시마 탄광에서 노역한 실태를 중심으로, 피해 조선인들과 「인권을 지키는 모임」이 일본과 미쓰비시를 상대로 보상 문제를 해결하기 위해 벌인 활동과 관련된 것들이 주를 이룬다.

특히 이 기록물은 일본이 조선인에 의한 강제 노역 사실을 인정하지 않은 상황에서, 2015년 7월 5일 메이지시대 근대산업 시설물의 하나라는 이유로 유네스코 세계문화유산으로 지정된 하시마의 실체를 파악하는 데에도 반드시 필요할 것이다.[36)

3 전쟁기억을 활용한 『동아시아』 교육

『동아시아사』는 「2007개정교육과정」에서 신설되어 2012년 처음 교육현장에서 사용되고 있는데, 현재 3종의 교과서가 유통되고 있다.[37) 이 과목을 교육현장에서 사용하고 있는 교사들을 대상으로 한 설문조사[38)에 의하면, 너무 많은 내용을 자세한 설명 없이 단편적으로 다루기

---

36) 하시마는 세계문화유산으로 지정되는 과정에서 「조선인의 강제노역 인정」 여부를 두고 벌어진 한·일간의 갈등으로 인해 등재 결정이 지연되는 초유의 사태가 벌어졌다. 일본 대표단이 조선인뿐만 아니라 1940년대 지배했던 민족들을 이곳에서 강제 노역하게 했으며 앞으로 이러한 사실이 알려질 수 있도록 여러 조치를 취할 것이라고 발언하여 가까스로 세계문화유산 등재가 결정되었다.

37) 『동아시아사』는 「2007년 개정 역사과 교육과정」에서 처음으로 고등학교 역사과 선택 과목 가운데 하나로 채택된 후, 2009년과 2010년에 각각 교육과정 개정과 역사과 교육과정 부분 개정이 진행되었으나, 『동아시아사』는 다른 과목과 달리 과목명 변경이나 성취기준 조정이 없었다. 이에 「2007년 교육과정」에 따라 제작된 교과서가 2011년에 검정과정을 거쳤으며, 그 결과 2012년부터 두 종류의 『동아시아사』교과서가 현장에서 사용되고 있었다.(안병우 외(2012) 『동아시아사』 천재교육와 손승철 외 『동아시아사』 교학사) 그런데 『동아시아사』교과서가 검정 중이던 2011년 시점에 「2009년 개정 교육과정에 따른 교과 교육과정 적용을 위한」 동아시아 교육 과정의 개정이 다시 이루어졌고, 이를 근거로 2012년에 새로이 「고등학교 동아시아사 교과서 집필 기준」이 발표되었다. 이를 바탕으로 현행 『동아시아사』 교과서는 3종의 교과서가 검정을 통과하여 2014년도 신학기부터 적용되고 있다.(안병우 외(2014) 『고등학교 동아시아사』 천재교육, 손승철 외 『고등학교 동아시아사』 교학사 : 황진상 외(2014) 『고등학교 동아시아사』 비상교육)

보다는 차라리 과감하게 내용을 줄이고 학생들이 관심을 가질 만한 내용에 대해서 더 깊이 있게 설명해 줬으면 좋겠다고 하는 등 단편적인 교과서 서술에 대한 불만이 많았다. 뿐만 아니라 「지역사와 주제사」라는 교과목의 특징을 최대한 살리지 못했다는 지적도 있다.

이 글에서 고찰하려는 동아시아가 일본의 침략전쟁 시기(1931~1945) 동안 입은 전쟁피해 사실 역시 위와 같은 서술상의 문제점을 내포하고 있다. 관련 내용은『동아시아사』전체 6개 대단원 중 5단원 「근대 국가 수립의 모색」에 기술되어 있는데,[39] 구체적인 교과서 본문 내용은 아래와 같다.

> 일본은 전쟁을 수행하고자 식민지에서 노동력과 병력을 동원하였다. 많은 사람들이 징용당하여 군수공장에 강제 동원되었으며, 일본, 말레이시아, 필리핀 등에 끌려가 중노동에 시달리기도 하였다. 여성들도 강제 동원되어 군수 공장의 노동자가 되거나 일부는 일본군 위안부로 내몰렸다. (중략) 일본군은 중·일 전쟁 초기에 중국의 수도인 난징을 점령하면서 무고한 수십만 명의 중국인을 학살하는 난징 대학살을 저질렀다. 베트남에서는 일본군의 군량미 및 민간의 쌀 수요를 충당하고자 많은 양의 쌀을 수탈해갔다. 피해자의 대부분은 전투 행위와 무관한 민간인이었는데, 이들은 주로 일본군에 의한 학살, 가혹한 노동, 굶주림으로 사망하였다.[40]

---

38) 金裕利·辛聖坤(2014) 「2011년 개정 〈동아시아사〉 교육과정의 문제점과 개선방안」 『역사교육』vol.132, p.6

39) 2011년 개정『동아시아사』교육과정에서는 「근대 국가 수립의 모」, 단원의 학습내용 성취 기준을 「① 개항 이후 각국에서 일어난 근대화 운동과 동아시아 국제 관계의 변동을 파악한다. ② 제국주의 침략 전쟁과 그로 인한 가해와 피해의 실상을 알아보고 각국에서 일어난 민족 운동을 비교한다. ③ 군국주의의 대두로 일본의 침략 전쟁이 확대되고, 이에 대응하여 국제적 연대와 평화를 추구하는 움직임이 일어났음을 이해한다. ④ 각국이 서구 문물을 수용하면서 일어난 사회·문화·사상적 변화를 예를 들어 설명할 수 있다」라고 4가지를 제시하였다.

40) 안병우 외(2014)『고등학교 동아시아사』천재교육, pp.196-197

위와 같이 『동아시아사』는 중·일 전쟁과 아시아·태평양 전쟁에 대한 설명을 통해 강제동원과 위안부, 난징대학살, 가혹행위 등 일본에 의한 전쟁 피해 사례를 매우 간략하게 언급하고 있다. 위 교과서 서술만으로는 개별 사건에 대한 구체적인 정황을 파악하기에 부족하다. 뿐만 아니라 전쟁 피해에 대한 일본의 어떠한 입장도 소개하지 않는다면 이 과목이 추구하고자 하는 「동아시아 각 국 간의 갈등해소와 평화추구」라는 목적을 달성할 수 없다. 따라서 교과서 서술을 보충하기 위한 자료가 절실히 필요한 실정인데, 평화자료관이 보여준 일본인들의 전쟁기억은 이 과목의 교육목표를 달성하는데 있어서 유용하게 활용될 수 있다.

첫째, 일제에 의한 강제동원의 구체적인 실상과 이 문제에 대한 일본인들의 입장에 대해 파악할 수 있다. 평화자료관의 強制連行 코너「飯場」이 전시하고 있는 자료들은 일본이 강제동원 사실이 없다고 하는 상황에서 유용한 증거자료로 활용될 수 있다. 이 코너는 「나가사키 재일조선인의 인권을 지키는 모임」이 청취 조사를 실시하여 수집된 노동자들의 증언을 열람할 수 있도록 전시하고 있다. 평화자료관 홈피에는 그 내용의 일부가 소개되어 있다.[41]

> ···· 탄광에서의 차별은 입으로는 말할 수 없을 정도로 심했다. 바다의 조류를 먹었다. 전쟁이 끝날 쯤은 특히 심했다. ··· 조류라는 것은 다시마·미역·김 등의 해초가 아니다. 인간이 먹는 것은 아니지만 돼지도 먹지 않는 것이다. 쌀 같은 것은 전혀 없었다. 탄광에 대해서는 알지 못했는데 아침 6시부터 밤 8시까지 일하였다. ··· 쉬고 있으며 일본인 현장 감독이 몽둥이로 두들기고 기절하면 물을 뿌리고 또 때린다.··· (北松浦郡, 鉄大加勢 炭坑에서 일했던 朝鮮人 男性의 証言)

---

41) http://www.d3.dion.ne.jp/~okakinen/1kai/syougen.html(검색일 : 2015.03.02)

···· 나는 여기서 여러 번 무서운 장면을 보았다. 탄광 노무계는 거짓 계약으로 조선인을 연행 해 와서 힘든 노동을 강제하였다. 하얀 빠지(조선 옷)로 끌려온 사람도 있었다. 완전히 속여 탄광에 데리고 들어갔다는 것이다. 제대로 된 식사가 주어지지 않아서 배가 고파 매일 울부짖었다. 일 없이 쉬면 즉시 헌병이 격렬한 체벌하였다. … 당시 15세 정도의 나는 그 끔찍한 광경에 놀라움과 공포에 떨었다.

···· 1944년 말 「동래」에서 100~200명의 조선인 청년이 연행되어 왔다. 그들을 「東莱隊」라고 불렀는데, 그들은 「얘기가 다르다」, 「이런 약속은 없었다.」라고 해서 3일째 탄광에서 탈출했다. … 불운하게 그들은 잡혔다. 폭력은 정말 잔인하고 무시무시했다. 반장으로 알려져 있던 지도자들 몇몇은 차가운 물을 뿌려 때리거나 두드렸고, 실신하면 또 물을 뿌려 힘껏 두들겨 그것은 반죽음 상태였다.(北松浦郡, 神林炭鑛의 保健係로 일하던 朝鮮人 女性의 証言)

〈그림 1〉 평화자료관에 재현된 〈飯場〉 모형과 전시자료

端島·高島 코너의 「徐正雨 氏 생애」도 강제연행의 실태를 파악할 수 있다. 오카 마사하루는 1983년 서정우 씨로부터 출생에서부터 강제연행과 강제노동 그리고 원폭피해와 이후 일본에서의 차별에 대한 경험을 채

록하였다. 아래 구술은 서정우 씨가 하시마에서 강제 노역한 정황이다.[42]

하시마는 높은 콘크리트 절벽에 둘러싸여 있습니다. 보이는 것은 바다 뿐입니다. 우리 조선인은 2층과 4층 건물에 넣어졌습니다. 1인 1첩에도 못 미치는 좁은 방에 7~8명이 함께 생활했습니다. 외관은 모르타르나 철근으로 되어 있었으나 안쪽은 너덜너덜했습니다. 우리는 쌀겨 봉투 자루와 같은 옷을 입고 다음날부터 노동을 시작했습니다. 일본도를 찬 사람이랑 다른 사람이 이것저것 명령했습니다.(하시마는 감옥섬)

바다 아래가 탄갱입니다. 엘리베이터를 타고 수직갱도를 내려가 굴착장에 도착하면, 땅에 엎드려서 굴을 팔 수 밖에 없는 좁은 곳이고, 덥고 고통스러운데다 한편으로는 낙반의 위험도 있고, 이대로는 살아서 돌아갈 수 없다고 생각했습니다. 식사는 콩 앙금 80%, 현미 20%의 밥에 정어리를 통째로 구워 으깬 것이 반찬이었습니다. 나는 매일 설사를 해서 급속도로 쇠약해져 갔습니다. 그런데도 일을 쉬면 감독이 와서 관리사무소로 끌고 가 구타를 했습니다.(바다 아래 중노동)

〈그림 2〉 하시마 전경

---

42) 오카 마사하루기념 나가사키평화자료관(2010)『피해자의 아픔을 마음에 새기고, 전후 보상의 실현과 비전(非戰)의 다짐을』, p.17 참조

위와 같이 평화자료관에서 채록한 서정우 씨 자료는 일제강점기에 대한 일본 정부의 시각과 평가를 정면으로 반박하는 내용이기에, 일본 내는 물론이고 한국에서도 강제연행자들의 피해와 실상을 파악할 수 있는 귀중한 자료이다. 하시마는 일본 식민통치의 부정적인 측면을 드러내는 장소이며, 이곳에 강제 연행되어 노예 노동에 시달렸던 조선인은 당시 경험했던 고통과 좌절을 생상하게 직접적으로 전달하는 증언자이다. 강제동원에 대한 대부분의 자료를 소장하고 있는 일본정부나 기업들은 자료제공을 거부하고 있어서 그 실태를 파악하기 힘들다. 일본과의 외교적 마찰을 두려워하는 한국정부도 강제동원 실태파악에 적극적인 의지를 보이지 않고 있기에 평화자료관이 수집한 자료는 강제연행의 실태를 파악하는데 있어서 중요하다.[43]

강제동원의 피해자와 유족들은 일본 기업을 상대로 피해를 배상하고 미불금을 지급하라는 소송을 제기[44]하고 있다. 이러한 상황에서 평화자료관이 수집한 구술기록은 중요한 법적 자료가 될 수 있을 것이다. 우리나라도 2004년 「일제강점하 강제동원 피해진상규명 등에 관한 특별법」(2007년 5월 17일 일부 개정)에 따라 설립된 일제강점하 강제동원 피해진상 규명위원회가 강제동원 피해조사와 진상조사를 실시하였

---

43) 평화자료관의 기록물은 다양한 자료의 토대가 되기도 했다. 박인환(2012)『사망기록을 통해 본 하시마(端島)탄광 강제동원 조선인 사망자 피해실태 기초조사』 대일항쟁기강제동원피해조사및국외강제동원희생자등지원위원회 발간 조사보고서, 선인
44) 2000년, 강제동원 피해자들의 미쓰비시중공업(주)에 대한 손해배상 및 임금청구소송, 원고일부승소(상고심 진행 중) ; 2005년, 강제동원 피해자들의 신일본제철에 대한 소해배상 및 임금청구소송, 원고일부승소(상고심 진행 중) ; 2012년, 미쓰비시 조선여자근로정신대 소송, 원고일부승소 ; 2013년, 근로정신대 피해자의 주식회사 후지코시에 대한 손해배상 청구소송, 원고일부승소 ; 2014년, 미쓰비시 조선여자근로정신대 소송 등이 있다 ;
http://www.seoul.co.kr/news/newsView.php?id=20150116005001(검색일 : 2015.01.20)

는데 그 결과 많은 기록물들이 생산되었다. 앞으로 이러한 기록물들은 일제에 의한 강제동원의 피해를 입증할 수 있는 중요한 교육적·법적 자료가 될 것으로 기대된다.[45)]

이처럼 평화자료관이 소장하고 있는 기록물들은 일제에 의한 침략전쟁의 피해자들에게는 법적증거, 향후 근대 동아시아 역사를 재구성하는데 있어서는 역사적 자료로 활용 될 수 있다. 나아가 일본정부가 부인하는 강제동원 등 침략 사실에 대해 반성하고 그 실체를 규명하고자 하는 일본인들의 존재와 노력의 일면을 확인하는 기회가 될 것이다.

둘째, 강제동원으로 인한 피해 중 가장 많은 관심을 받고 있는 위안부 관련 문제를 설명하는데 활용할 수 있다. 처음 평화자료관에서 위안부 문제는 전후보상 코너의 일부분이었다. 이후 위안부로 생활했던 姜德景, 金順德 두 명의 할머니와 한국정신대문제대책협의회(이하 정대협)의 金信實 씨가 평화자료관을 방문한 것을 계기로 정대협과 연대하게 되었고, 평화자료관에서 위안부 문제를 하나의 독립된 코너로 운영하게 되었다.[46)] 이후 한국의 위안부 할머니들이 나가사키 집회에서 증언을 하기도 하였다.

최근 일본인 수천 명이 일본군 위안부가 강제로 연행됐다는 증거가 없다고 주장하며 소송을 제기한 기사가 보도되었다.[47)] 아사히(朝日) 신문이 일본군 위안부 문제를 다룬 과거 기사를 취소한 것과 관련해 일본에서 8천700여 명이 신문사를 상대로 소송을 제기한 것이다. 이번 소송

45) 권미현(2007) 「강제동원 구술자료의 관리와 활용—일제강점하강제동원피해진상규명위원회 소장 구술자료를 중심으로—」『기록학연구』16 ; 국무총리실 소속 일제강점하강제동원피해진상규명위원회 조사1과(2015) 『당꼬 라고요?』 일제강점하강제동원피해진상규명위원회를 비롯한 위원회에서 편찬한 강제동원 구술기록집 등
46) http://www.d3.dion.ne.jp/~okakinen/2kai/ianfu.html(2015.02.15)
47) http://media.daum.net/politics/dipdefen/newsview?newsid=20150126202306117(2015.01.26)

은 표면상 아사히신문이 기사를 취소한 것을 계기로 그 책임을 묻겠다는 것이지만 실질적으로는 역사 논쟁을 유발하려는 행위로 보인다. 일본이 공식적으로 위안부 문제를 인정하지 않고 있는 상황에서, 위안부 피해국들은 평화자료관처럼 일본 내에서 위안부의 존재를 인정하고 피해 보상에 나서고 있는 단체[48] 및 개인과 연대해야 할 필요가 있는데, 평화자료관의 활동은 좋은 사례이다.

평화자료관은 2000년 8월 난징대학살기념관과 제휴를 하였다.[49] 평화자료관에 전시되어 있는 사진은 난징기념관에서 제공해 준 것이다. 평화자료관은 아직까지 일본 내에는 난징대학살을 날조라고 우기는 사람들이 존재하기에, 일본의 중국 침략의 상징인 난징대학살 사건에 대한 일본인의 인식변화를 도모하고자 하였다. 앞서 언급한 것처럼 평화자료관은 매년 12월에 난징대학살 사건에 대한 증언집회를 개최한 후『난징대학살증언집회보고집(長崎と南京を結ぶ集い報告)』을 발간하고 있고, 나가사키의 청년들을 부호방중단(友好訪中團)으로 파견하는 프로젝트의 보고집(『日中友好·希望の翼報告書』)도 발간하고 있다. 이러한 사례는 국가 간의 갈등을 국가와 민간단체와의 협력을 통해서 해결책을 찾을 수 있다는 가능성을 보여줄 뿐 아니라, 동아시아의 지역 발전과 평화에 이바지하겠다는『동아시아사』교과서 저술 목표에도 부합하는 것이다.

국내에서 위안부 문제와 관련된 자료를 수집 및 전시하고 있는 기관으로는 여성부의 일본군「위안부」피해자 e-역사관「I'm The Evidence」[50]

---

48) 대표적으로 2005년 8월 1일 개관한 여성들의 전쟁과 평화자료관(女たちの戰爭と平和資料館)이 있다. 일본군「위안부」를 단일 주제로 전시하는 유일한 일본 자료관으로 민간의 기금과 모금을 중심으로 설립· 운영되고 있다.

49) http://www.d3.dion.ne.jp/~okakinen/2kai/nankin.html(2015.01.31)

50) http://www.hermuseum.go.kr/(2015.02.04)

과 대한불교조계종에서 운영하는 사회복지법인 나눔의 집51)의 「일본군 위안부 역사관」, 사)한국정신대문제대책협의회가 설립·운영하고 있는 「전쟁과 여성인권박물관」과 「사이버 역사」등이 있다. 평화자료관의 활동상은 향후 이러한 관련 기관들의 사업 구상에 시사하는 바가 크다.

이러한 평화자료관의 전쟁기억은 공공기억이 포함하지 못하는 기억을 보완하는데 좋은 사례가 된다. 나가사키에서 공공의 기억을 재현하고 있는 나가사키 원폭자료관을 비롯하여 원폭관련 자료관들은 일본인들의 원폭피해만을 언급하였다. 왜 그 곳에 원폭이 떨어졌는가에 대한 설명은 하지 않고 있다. 대표적인 예로 마에다 고이치로(前田耕一郎) 히로시마 평화기념자료관 관장은 「1945년 8월 6일 히로시마에서 무슨 일이 일어났는지를 알려주는 것」이 기념관의 목표라고 설명한다.52) 한 개의 원자폭탄의 투하하여 수십만의 생명을 순간 앗아갔으며 그들과 그들의 가족들이 아직까지 고통을 받고 있기에, 그는 이곳을 방문하여 핵무기공포의 진실과 전쟁의 비극적 어리석음 그리고 평화에 대한 성스러운 중요성을 깨닫기를 희망한다고 하였다. 이러한 평화주의의 상징으로 전후 또 다른 「신화」를 만들어낸 히로시마는 유일한 원폭피해국이라고 끊임없이 반복한다. 히로시마는 「왜 그러한 비참한 원자폭탄을 미국이 히로시마에 투하하였는지」에 대한 질문은 철저히 외면한다. 원폭자료관의 설립취지는 전시 내용을 보면 더욱 명확해진다. 나가사키 원폭자료관의 전시내용을 아래와 같이 정리하였다.

---

51) http://www.nanum.org/(2015.02.04) ; 나눔의 집 역사관 후원회(2002)『(나눔의 집) 일본군 '위안부'역사관을 찾아서』역사비평사, 세계 최초 일본군 「위안부」 주제의 박물관이다.
52) 김준섭(2000)「전후 일본의 평화주의에 관한 고찰」『국제정치논총』제40집 4호, pp.165-166

<표 2> 나가사키 원폭자료관의 전시내용[53]

구분			주제	전시내용 및 전시물
원폭자료관	지하2층	상설전시실	1945년 8월 9일	· 피폭 전의 나가사키의 도시역사에 대한 설명 · 피폭당시의 회중시계 등 전시
			원폭에 의한 피해실상	· 피폭 망루, 교탑, 우라카미 성당 외벽 등을 대형의 재해 자료를 재현해서 전시 · 나가사키 원폭투하까지의 경과와 피폭한 나가사키의 거리를 사진 및 영상으로 전시 · 실제 원폭 및 나가사키시의 지형을 재현해서 전시 · 열선, 폭풍 및 방사선에 의한 피해현황에 대한 설명과 유물, 유품, 사진 등 전시 · 구원·구호활동 등 유물, 사진을 전시 · 나카이타카시 박사의 원폭장애연구 및 구호활동 행적에 대한 유품 및 자료 등 전시 · 피폭자들의 전쟁·원폭의 재해, 평화의 고귀함을 증언 비디오와 회화전을 통해 전시
			핵병기가 없는 세계	· 중일전쟁과 태평양전쟁의 연대기 · 핵병기의 시대로 핵폭탄의 개발역사, 핵병기로 인한 국제관계의 분쟁, 핵병기 개발·실험의 피해자들의 현황에 대한 설명 및 비디오로 전시 · 핵병기 폐기와 평화에 대한 희구를 설명
			비디오룸 (2개)	· 피폭재해, 반핵, 평화, 원폭실험으로 인한 재해
		기획전시실	피폭실상 및 평화	· 주로 원폭 자료관 수장 자료전 * 수시로 교체되고 있음

위 <표 2>와 같이 나가사키시 피폭 50주년을 기념해서 재개관된 나가사키 원폭자료관의 전시내용은 원폭으로 인한 피해의 실상과 투하의 경위 및 경과, 핵병기 개발의 역사, 그리고 핵병기의 위협과 비인도성을 알리며, 세계평화실현에 공헌하기 위해 건립되었다는 목적을 밝히고 있다. 그 어디에도 왜 일본에 원폭이 투하되었는지에 대한 설명은 없다. 그리고 일본인의 원폭피해만 언급하고 있을 뿐이다.[54] 이처럼 국가가

---

53) http://www.city.nagasaki.lg.jp/peace/japanese/abm/josetsu/index.html(2015.03.02)
54) 국립히로시마원폭사망자추도평화기념관(國立廣島原爆死沒悼平和祈念館)과 히로시마평화기념자료관(廣島平和記念資料館)의 전시 내용도 나가사키 원폭자료관과

재현하고 있는 기억과 평화자료관이 재현하고 있는 기억은 확연한 차이를 보인다. 평화자료관의 기억은 공공기억과는 분명한 선 긋기를 하고 있다.

『동아시아사』는 피해국들의 사례와 함께 일본의 피해 사례와 일본 내에서도 평화와 반전의 움직임이 있었음을 언급하였다. 구체적인 교과서 기술은 아래와 같다.

① 일본은 여성과 학생들을 강제로 군수 공장에 보냈고, 징병 연령을 17세~45세까지 확대하여 더 많은 젊은이를 전쟁터로 내몰았다. 그리고 국민 통제를 위해 도나리구미라는 조직을 만들어 이를 이용하여 국방 헌금, 금속 수집, 근로 봉사 등을 강요하였다. 그리고 팔굉일우, 기미 가요 등을 통해 천황을 신격화하여 충성을 강요하였다. 전쟁의 막바지에 일본은 전략상 중요한 지역이었던 오키나와 전투에서 패색이 짙어지자 그곳 주민에게 집단적인 자결을 강요하기도 하였다.[55]

② 일본에서는 고토쿠 슈스이가 「20세기의 괴물 제국주의」를 편찬하였다. 그는 이 책에서 제국주의는 단순한 영토 확장 정책이며, 전쟁은 소수의 군인, 정치가, 자본가에 의해 이루어지는 것으로 국민은 전쟁 때문에 도덕적으로 타락하고 궁핍해질 뿐이라고 지적하면서 제국주의와 군국주의에 대해 비판하는 비전론(非戰論)을 제시하였다. 그리고 러·일 전쟁이 일어나자 러시아 사회 민주당과의 국제 연대를 제안하고, 일본 내에서 여러 단체와 함께 반전 활동을 전개하였다.[56]

차이가 없다. 히로시마평화자료관의 전시내용은
동관은 http://www.pcf.city.hiroshima.jp/virtual/VirtualMuseum_e/visit_e/vist_est_e.html,
본관은 http://www.pcf.city.hiroshima.jp/virtual/VirtualMuseum_e/visit_e/vist_wes_e.html
을 참조.
55) 황상진 외(2014) 『고등학교 동아시아사』, p.196
56) 황상진 외(2014) 『고등학교 동아시아사』, pp.197-198

기사①은 일본 내에서의 피해 사례이다. 일본 내에서도 민간인들은 전쟁 준비 내지 전쟁에 동원되었으며, 천황의 신격화와 충성을 맹세했던 민간인들은 식민지와 유사한 삶을 살고 있었다. 『동아시아사』는 일본의 민간인도 황국신민화 교육 및 국가권력에 의해 수행된 전쟁의 피해자임을 언급하고 있다. 또한 오키나와 전투에서 집단자결을 요구당한 일본인들 역시 국가권력에 의한 피해자임을 밝히고 있다.[57] 기사②는 침략전쟁기간 중 일본 내에서의 비전론과 반전론 등 평화를 위한 움직임에 대한 기술이다. 『동아시아사』는 국가권력에 대항하는 개인의 움직임에 대해서도 주목하였다. 이러한 서술방식은 동아시아의 갈등 문제를 해결하기 위해서는 국가가 아닌 개인의 노력에도 주목해야 한다는 것을 시사한다.

평화박물관 전시 코너 중 「일본은 아시아에서 무엇을 했나?」와 「제국주의란?」과 「황국화교육 코너」는 일본의 아시아지역 침략상의 허구와 제국주의 정책의 일환으로 아시아 지역을 식민지화 했다는 침략의 정당성을 이론적으로 비판하고 있으며, 「황국화교육 코너」는 일본 내에서 행해진 황국신민화 정책을 교과서와 사진 등을 통해 검증하고 있다. 이는 침략 전쟁의 허구성을 일본인들에게 알리고자 하는 의도가 포함되어 있는데, 침략 전쟁에 대한 일본인의 인식 전환을 꾀하고자 하는 교육적 의도로 볼 수 있다.

평화자료관은 공공기억이 재현하지 않은 부분에 대한 관심을 통해 기존 역사에서 주목하지 않았던 문제에 대한 관심을 유발시켰다. 평화자료관이 관심을 가졌던 대상인 약자 즉 피해자, 국가보다는 개인, 다수

---

57) 조성윤(2011) 「전쟁의 기억과 재현 : 오키나와 현립 평화기념 자료관을 중심으로」 『현상과 인식』vol.35, p.80

보다는 소수 등은 기존 역사의 관심에서 멀어진 존재들이었다. 또한 공적 기록인 아닌 개인이 생산한 기록과 구술기록 등 개인의 노력으로 수집한 기록물은 그간 드러나지 있었던 사실들을 복원하는데 기여할 수 있었다. 기록과 개인의 노력은 역사의 연구대상을 확장하고 사실을 복원하는데 일조하였다.

평화자료관과 같이 공공의 기억에 대항할 수 있는 기록들은 『동아시아사』 서술방식과 같이 일본의 침략 전쟁이 동아시아 주변지역은 물론이고 일본인에게도 영향을 미쳤고 일본 내에서도 평화를 추구하는 운동이 있었음을 이해함으로써 동아시아 지역의 갈등을 함께 극복하려는 시도를 설명하는데 적합한 사례이다. 이것은 「동아시아의 상호 발전과 평화를 추구하는 자세를 기름으로써 상호 협력의 전통을 더욱 강화하고 나아가 동아시아 세계의 지속적인 발전과 항구적인 평화 정착에 이바지 하도록 한다」는 『동아시아사』 교육과정의 가치·판단 영역에도 부합하였다. 궁극적으로 학생들로 하여금 국경을 넘는 역사인식을 가질 수 있게 할 것이며, 동아시아의 화해와 평화를 도모하는데 노력하고 있는 일본인들을 만나는 계기가 될 것이다.

 ## 4 맺음말

2012년, 19세기 중엽 이후 침략과 전쟁으로 얼룩졌던 역사를 깊이 반성하고 평화와 인권, 민주주의가 보장되는 동아시아의 미래를 지향하는 내용을 담은 『동아시아사』가 우리나라 고등학교 교과과목으로 개설되었다. 그러나 이 과목은 목적의 당위성을 뒷받침해줄 서술내용이 불충분하였다. 특히 침략전쟁을 일으킨 일본이 자신의 침략 행위를 어떻게 인식하고 있는지에 대한 내용이 불충분하였다. 이에 본고는『동아시아사』서술상의 문제점을 보충할 수 있는 방안으로 오카 마사하루기념 나가사키평화자료관이 재현하고 있는 전쟁기억을 통해 침략전쟁에 대한 일본인의 역사인식을 살펴보고,『동아시아사』수업에 활용할 수 있는 내용을 제시하였다. 이를 통해『동아시아사』서술내용에 보충 및 개선해야 할 점들에 대해 살필 수 있었고, 공공기억에 대항할 수 있는 기억들의 힘과 이러한 것들을 가능하게 할 수 있는 기록물과 개인의 노력에 대해 고찰할 수 있었다.

평화자료관은 1995년 재일조선인의 인권운동을 위해 일생을 바쳤던 오카 마사하루를 기념하기 위해 건립되었다. 원폭투하로 인한 상처가 고스란히 남아있는 나가사키는 원폭투하로 인한 일본인과 일본의 피해만을 기억하고 있을 뿐, 그 어디에도 일본이 전쟁의 가해자라는 언급은 없다. 평화자료관은 일본이 전쟁의 가해자라는 입장은 밝히지 않은 채 자신들의 피해만을 재현하고 있는 공공기억에 대항하기 위해 설립되었다.

평화자료관은 일본이 조선과 중국을 침략한 전시주제들로 구성되었는데, 주목할 만 한 점은 나가사키에 강제 노역당한 조선인과 중국인들에 대한 증언 자료가 조사·수집되었다. 이는 평화자료관이 로컬 기억을 재현하고 있는 자료관으로서의 특징을 잘 드러내주고 있는 전시이다. 또한 일본 내 황국신민화의 실태와 대동아공영권의 이론적 허구를 조사한 전시 내용은 일본의 동아시아 침략상을 알리기 위해 일본인을 대상으로 하고 있다. 나아가 전쟁 보상 문제를 전시한 코너까지 마련하는 등 일본 최초로 전쟁책임과 보상 문제를 공식적으로 언급했다는 점에서 더욱 공공기억에 대항하는 자료관으로서 주목할 만했다.

평화자료관은 국가가 기억하지 않는 사실들을 재현하여 그간 역사의 수면 아래에 있었던 사실들이 역사 연구의 관심의 대상이 될 수 있었다. 이 모든 것들이 가능할 수 있었던 것은 오카 마사하루를 비롯한 그와 뜻을 같이하는 개인들의 노력, 그리고 기록의 힘이라고 평가할 수 있다.

평화자료관이 재현하고 있는 기억들은 『동아시아사』 서술의 문제점을 보충해 주는데 유용하게 활용될 수 있었다. 『동아시아사』는 일본의 침략으로 인한 동아시아 국가들의 피해상황에 대해 서술되어 있는데, 그 중 일본이 인정하지 않고 있는 강제동원 문제에 대한 일본의 태도를 설명하는데 도움을 받을 수 있었다. 또한 강제동원 관련 국내 기록물들과 함께 법적 증거 자료로까지 활용될 여지가 있음을 파악할 수 있었다.

평화자료관이 난징대학살 기념관과 연대하여 학술 및 인적교류를 하고, 일본군 위안부 문제에 대해서는 한국의 정대협과 연대한 점은 동아시아의 갈등을 해소하고 평화를 구축하는데 있어서 앞으로 나아가야 할 방향을 제시한 것이었다. 또한 평화자료관이 재현하고 있는 전쟁의 기억들은 교과서 문제와 과거 역사인식으로 대표되는 한중일의 갈등을 민간 교류를 통해 해결할 수 있는 가능성을 제시한 것이기도 하였다.

2016년 새해가 밝았지만 일본군 위안부 문제는 여전히 한일 간의 첨예한 갈등의 소지를 내포하고 있다. 이러한 상황에서 『동아시아사』가 추구하는 목표, 즉 과거 동아시아의 갈등을 회복하고 화해와 평화를 모색한다는 구호가 자칫 무모하게 느껴질 수도 있다. 그러나 끝임 없는 대결은 언제나 전쟁이라는 파국으로 연결되었고, 그 피해는 고스란히 국민들에게 돌아왔다는 과거의 역사를 오늘을 살아가는 우리들은 잊지 말아야 한다. 이러한 상황에서 한중일이 어떻게 행동해야 할 것인가를 모색하지 않을 수 없는데, 오카 마사하루가 생전에 남긴 말은 시사하는 바가 크다.

생전에 오카 씨는 자주 「여기는 살롱이 아니다. 단지 이야기나 자신은 이런 것을 알고 있다고 말하는 것 같은 지식을 과시하는 것이 아니라 참가하고, 행동하세요.」라고 말하였습니다. 우리들도 이 자료관을 단순히 자료의 진열장이 아닌, 방문하는 분이 보고, 생각하며, 행동을 하는 계기가 되는 장소가 되기를 바라는 마음입니다. 현재 몇 번인가의 재판 등을 통해서 싸우고 있는 전후보상문제는 지금 확실히 우리들이 살아 있는 이 시대에 일본의 무책임성을 묻는 문제입니다. 그러나 그다지 문제가 커지지 않고, 무엇인가를 해야 하나 생각해도 「무얼 해야 좋을지 모르겠다.」 「자신 하나로 무엇을 할 수 있는가」라는 무력감에 빠져 있는 것이 사실입니다. 이러한 「생각」을 가진 사람들이 나와서 모이는 장소로서 존재하고 싶습니다.58)

오카 마사하루는 평화자료관이 「배움」, 「모임」, 「행동함」의 장으로서 자리매김하기를 기대하였다. 평화자료관이 지향하는 바는 오늘날 한중일이 역사 문제로 인한 갈등의 상황을 회복하고 평화의 장으로 나아가는데 있어서 중요한 가르침을 주고 있다. 이러한 점에서 평화자료관의 위상을 다시 한 번 평가하지 않을 수 없다.

이 글은 필자의 「오카 마사하루기념 나가사키평화자료관의 전쟁기억과 『동아시아사』 교육」『日本近代學硏究』第50輯, 2015, 11을 대폭 수정·보완한 글이다.

---

58) 동북아역사재단 편 『일본의 전쟁기억과 평화기념관 I ─關東·東北 지역 편』, p.210

제2부 : 역사교육 편

식민시기 동아시아의 역사교육과
식민지 문화정책

동아시아연구총서 제3권
전후 70주년, 한일수교 50주년

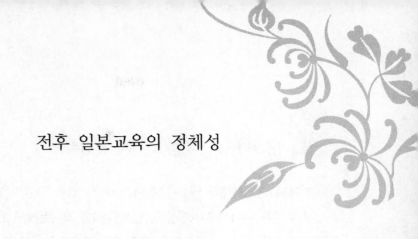

전후 일본교육의 정체성

박균섭(朴均燮)

성균관대학교 대학원에서 철학박사 학위를 받았으며 현재 경북대학교 사범대학 교육학과 교수로 재직 중이다. 한국일본교육학회 편집위원장을 역임했으며, 한국 교육사상사 연구를 통한 교육철학의 지평 확장을 위해 노력하고 있다. 『교육사상사 강론』, 『선비정신연구 : 앎, 삶, 교육』 등의 저서가 있다.

1 전전·전중·전후의 연속과 불연속

　메이지유신 이래의 일본 근현대사, 특히 전후 70년의 궤적을 통해 일본의 국체 이데올로기(일본론, 일본인론)와 교육문제에 관한 여러 논점을 확인할 수 있다. 일본의 국체에 대한 정밀한 논의를 통해 천황제와 신도사상(shintoism)을 저변으로 삼는 메이지시대 이래의 근현대 일본 교육의 속성을 간파할 수 있기 때문이다. 아시아·태평양전쟁 막바지에 연합국 쪽과 항복 조건을 교섭할 때, 일본 지배층의 제일 관심사는 제국 신민의 생존이나 영토의 보존이 아닌 국체의 호지였다. 1920～30년대의 어법에 의하면 국체는 사유재산권과 천황제의 결합에 의해 정의되었다. 따라서 국체를 파괴하는 것은 사유재산권의 절대적 정당성을 부정하고 주권자 천황을 비판하거나 부정하는 사회주의적/공산주의적 활동이라고 여겼다. 이처럼 국체를 호지한다는 관념은 전후 천황제 구상을 가늠하는 중요한 기준이었다.

　주일 미국대사를 역임(1961～1966)했던 라이샤워(E. O. Reischauer, 1910～1990)는 일찍이 진주만 기습 후 10개월 지난 시점의 『대일정책에 대한 비망록』(1942년 9월)에서 일본 패망 후 미국이 일본을 점령 관리할 때 천황 히로히토를 괴뢰로 이용하자고 제안하였다. 라이샤워는 천황 히로히토(裕仁, 1901～1989)가 전시의 모든 책임을 사면받아야 한다고 주장했다. 그렇지 않을 경우 천황을 미점령군 당국이 조종하는 괴뢰 지도자로 써먹을 수 없다고 보았기 때문이다. 라이샤워는 천황 히로히토를 만주국의 푸이(溥儀, 1906～1967)처럼 만들자고 주장했다. 그러나 잠재적으로 히로히토는 푸이보다 훨씬 효과적인 꼭두각시가 될 수 있었다. 왜냐하면 천황의 신비화는 전전·전중의 제국주의 일본에서 철저히 진행되어왔기 때문이다. 전후 일본에서 미국이 지녔던 패권은 1930년대 만주국에서 일본이 지녔던 패권보다 훨씬 더 효과적이고 정합적으로 구축되었다. 라이샤워의 비망록은 국체의 호지라는 논점까지 포함해서 미국이 취한 전후 대일정책의 전체상을 예측하는 데 매우 중요한 정보를 제공해 준다는 것만은 의심의 여지가 없다.[1]

일본은 전전·전중에는 구헌법(=대일본제국헌법=일본제국헌법=메이지헌법)과 교육칙어, 전후에는 평화헌법(=일본국헌법=맥아더헌법=9조헌법)과 교육기본법을 통해 일본과 일본인의 현존과 지향을 제시해 왔다. 정치·행정·법적 관점에서 말하자면, 구헌법과 평화헌법, 교육칙어와 교육기본법은 각각 표면적·형식적으로는 불연속의 관계를 갖는다고 말할 수 있다. 하지만 일본인의 의식과 내면, 가치관과 정체성의 관점에서 말하자면, 그런 불연속과 단절의 계기를 단적으로 말하기는 어렵다. 일본의 보수우익은, 전후에도 평화헌법 이전의 상태와 교육기본법 이전의 상태를 회상하면서 원점회귀를 끊임없이 도모해왔다. 이들은 전후를 살면서도 전전·전중의 세계관과 추억의 지대를 노닐고 있는 것이다. 일본의 보수우익을 걱정하는 목소리가 높다. 하지만 보수우익이 일본사회의 주류라 할지라도 그것은 일본에 작용하는 다양한 사고의 하나라는 인식과 접근법이 요망된다. 보수우익이라는 일원적인 시점으로 일본사회를 바라본다면 일본사회 내부의 복잡한 상호작용이나 동학을 간과하는 오류를 범할 수 있기 때문이다.[2]

---

1) 사카이 나오키(2006)「염치없는 국민주의 : 서양과 아시아라는 이항대립의 역사적 역할에 대하여」『일본연구』6, pp.29-52
2) 정미애(2008)「일본의 보수우경화와 시민사회의 구도」『일본연구』37, pp.7-32

전후 일본교육의 궤적에 대한 연구는 전후사상과 교육문제, 신자유주의 교육, 애국심 교육, 교육기본법 개정, 교과서 문제, 교육재생 등의 주제를 중심으로 전개되어왔다. 국가를 교육주체로 인식하고 대응했던 전전·전중의 교육칙어체제를 전제하면서 국민을 교육주체로 인식하고 대응했던 전후의 교육기본법체제를 논의함으로써 전후 일본교육의 정체성에 대해 추적 논의할 수 있을 것이다. 이는 전후 일본교육은 전전·전중·전후의 어느 지점에서 연속의 상태(재생, 원점회귀) 또는 불연속의 상태(배제, 실효상실)를 보였는가에 대한 논점을 확보하는 작업으로, 이는 일본교육의 기저를 규율하는 국체론과 천황제의 골격을 들춰내는 작업이기도 하다.

2 평화헌법과 교육기본법의 시대

구헌법(공포 : 1889.2.11, 시행 : 1890.11.29)은 근대 입헌주의에 기초한 일본제국의 헌법이다. 구헌법 제1조에서는 「대일본제국은 만세일계의 천황이 통치한다(大日本帝國ハ萬世一系ノ天皇之ヲ統治ス)」고 하였다. 제3조에서는 「천황은 신성하여 침해할 수 없다(天皇ハ神聖ニシテ侵スヘカラス)」고 하여 천황의 신격과 면책을 규정하였다. 제4조에서는 「천황은 국가의 원수로서 통치권을 총람하고 이 헌법의 조항에 따라 이를 행한다(天皇ハ国ノ元首ニシテ統治権ヲ総攬シ此ノ憲法ノ条規ニ依リ之ヲ行ス)」고 하여 천황이 입법권, 사법권, 행정권을 모두 장악한다는 것을 언급하였다. 하지만 천황의 통치권 수행은 어디까지나 일체의

법적·정치적 책임을 지지 않는다는 전제 아래 작동하는 것이었다. 「신성불가침」(제3조)인 천황에게 「감히」 「불경스럽게」 책임을 물을 수는 없는 노릇이기 때문이다. 히로히토는 당시 군부가 무슨 생각을 하는지 확실히 인지한 상태에서 개전 조칙(1941.12.8)에 서명했다. 일본 역사상 쇼와시대의 히로히토처럼 엄청난 파괴와 재앙을 부른 경우는 없었다. 바로 그런 히로히토의 치세에 「쇼와(昭和)」란 이름이 붙은 것은 대단히 역설적이다. 「쇼와」는 「빛과 평화」를 의미하기 때문이다. 「위대한 신」의 지위에서 내려와 「인간」임을 선언(1946.1.1)한 히로히토는 정작 일반인들과 만났을 때 어색한 표정에 말을 더듬기까지 했다. 하지만 히로히토는 전쟁의 책임소재가 국가 원수에게 있는 거대한 게임이라는 것을 알고 있었기 때문에 치밀한 작전 계획까지 손수 챙겼으며, 겉으로만 전쟁과 무관한 것처럼 행동했다. 전쟁 관련 정보를 환하게 알고 있던 소수의 외국인만 히로히토가 결코 무능하거나 꼭두각시가 아니란 것을 잘 알고 있었다. 대부분의 특파원들은 히로히토의 낡은 구두, 초라한 의상, 촌스러운 행동들이 정교하게 짜맞춘 자기 방어술이라는 것을 알아차리지 못했다.[3]

시바 료타로(司馬遼太郎, 1923~1996)는 메이지시대 이래의 천황제를 논하면서 통수권의 찬탈과 군부의 폭주를 문제 삼았다. 이는 천황으로서의 전쟁책임 문제에 대한 교묘한 논점에 해당한다고 말할 수 있다. 시바 료타로는 일본의 전전과 전후의 시기에서 무엇보다도 중요한 입장에 있었던 메이지-쇼와 천황에 관한 언설과 이미지를 언급해왔다.

---

3) E. Behr(1989), Hirohito：Behind the Myth, 유경찬 역(2002) 『히로히토：신화의 뒤편』 을유문화사, p.364, p.504 ; 박균섭(2010) 「쇼토쿠태자 독법：전쟁, 평화, 교육」 『교육사상연구』 24(1), p.38 참조

시바 료타로는 천황제의 근거와 기원은 일본전통인 신도에 있다고 전제하고 메이지-쇼와천황은 그 신도의 전통을 구현하는 존재라는 점을 특히 강조하였다. 이는 대단히 교묘한 논리라고 볼 수 있는 바, 그 논점에 담긴 의도는 천황에게 정치군사적인 책임은 일체 없다는 점을 말하기 위함이었다. 말하자면 천황을 향해 전쟁범죄와 그 채임을 물어서는 안 된다는 논리였다. 여기에는 물론 메이지헌법의 논리도 동원되었다. 시바 료타로에 의하면, 일본이 제국주의를 위한 전쟁으로 폭주한 것은, 당시 일본의 군부가 천황의 통수권과 권위를 사적으로 이용하고 악용한 때문이라고 했다. 메이지헌법에서 말하듯이, 천황은 통치권을 총람하는 존재였기에, 헌법기관-정부측은 통수권에 대해서는 한마디도 언급할 수 없었다. 반면 군부-참모본부는 헌법외의 존재(기관)였기에 자신들의 무모한 야망을 채우기 위해 헤아릴 수 없이 많은 국민의 목숨을 희생시켰다는 것이다. 하지만 그간에 통수권의 정점에 있던 존재가 다름 아닌 메이지-쇼와천황이었다. 군인칙유와 교육칙어를 통해, 천황의 절대성을 악용했던 것은 군부였기 때문에, 그야말로 천황에게 전쟁책임이 없다고 말하는 시바 료타로의 언설은 빈말에 지나지 않는다. 그렇다면 과연 누가 있어 당시의 폭주하는 군부를 자숙토록 통제할 수 있었을까. 결국 통수권의 정점에 있는 천황 말고는 그 책임을 감당할 주체는 일본에는 없었다. 시바 료타로는 천황이라고 하는 테마에 대해 늘 방관자적인 자세를 취한다고 말했지만, 그것은 천황의 전쟁범죄에 대한 책임을 면피토록 하기 위한 교묘한 술책임이 드러난 것이다.[4]

구헌법(=대일본제국헌법=일본제국헌법=메이지헌법)은 천황을 일본

---

4) 김경호(2009) 「시바 료타로 문학의 천황상 : 메이지·쇼와천황에 대한 언설분석」,『일어일문학연구』69(2), pp.45-78

군의 통수권자라고 분명히 규정하였다. 천황의 이름으로 아시아·태평양 전쟁이 진행되고 잔학한 살육이 수없이 자행되었다. 그러한 전쟁책임을 간과하고 천황의 지위를 일본국민과 일본문화의 통합의 상징으로 다시 정의한다는 것은 일본국민 전체에게 전쟁책임 의식을 면제시켜주는 일이 되고 말 것이다.[5] 구헌법 아래서는 모든 병사와 관료가 상관의 명령에 따라 행동하는 존재라고 간주되었지만, 그 상관은 다시 자기 상관의 명령에 따라 행동한 것이 분명했다. 선전포고를 포함한 주요정책들이 모두 통수권자, 곧 천황의 명령으로 법률화되어 시행되었는바, 그 천황이 사면된 마당에 도대체 어떻게 그 부하들을 처벌할 수 있겠는가. 적어도 이론상으로는 천황의 신민은 폭력적이고 비인간적인 행위를 할 때조차 천황의 명령에 따르고 있었기 때문이다. 천황을 처벌하는 대신 미점령군 당국이 요구했던 희생양은 예컨대 도조 히데키(東條英機) 등 극소수의 군인이었다. 그리고 의심할 여지없이 일본의 보수주의자와 전시 지도자들 대부분은 이 결정을 진심으로 환영했다. 미점령군 사령부의 입장에서 볼 때 도쿄전범재판은 천황과 일본 국민 대부분을 전쟁책임으로부터 면죄해 주기 위한 정당화의례였다. 이 정치적 결정은 50년이 지난 지금 염치없는 일본인이 차츰 늘어나는 상황을 낳고 있다. 그들은 동아시아에서의 미국의 새로운 전략에 대해 단꿈을 꾸는 듯한 행복감을 느끼고 있다. 오늘날의 일본에서 반미적인 수사가 무성한 것은 사실이다. 그러나 이러한 대중영합적 국민주의자는 결코 전후 미국의 점령정책에 반대할 수 없다. 미국의 점령정책은 전쟁책임과 식민지지배의 죄라는 문제로부터 일본인을 사면해주었기 때문이다.[6]

---

5) 위의 글
6) 사카이 나오키(2006)「염치없는 국민주의 : 서양과 아시아라는 이항대립의 역사적

도쿄전범재판은 뉘른베르크전범재판과 비교함으로써 그 본질적인 문제를 지적할 수 있다.[7] 극동국제군사재판소는 연합국 최고사령부(SCAP) 사령관 맥아더의 특별선언(1946.1.19)에 의해 설립되었고, 동 사령부 일반명령 제1호로 「국제재판 조례」를 공포하였다. 특히 동 특별선언에서 연합국은 연합국 최고사령부가 항복이행을 위해 일체의 명령을 내린다는 협정을 맺었다고 하였다. 도쿄재판소가 미국 주도로 임명된 판사, 검사로 구성되어 재판 전체가 객관적 기준보다는 냉전시대를 대비한 미국의 아시아 패권전략의 관점에서 이용되었다는 비판이 있다. 도쿄재판은 뉘른베르크재판에 비해 상대적으로 인도에 대한 죄(Crimes against Humanity)를 독립된 기소사유로 다루지 않았고 이를 가볍게 다루었다. 천황 면책, 731부대의 세균전 불기소, A급전범 19명 석방 등은 인도에 대한 죄를 간과했음을 단적으로 보여준다. 게다가 일본측 법관 및 검사의 재판 참여문제가 강하게 제기되었다. 도쿄재판은 유죄 25명중 사형수 7명만 교수형을 집행하고, 나머지 A급 전범 유죄자 18명 전원을 석방해버렸다. 도쿄재판의 문제점으로는 1) 인도에 대한 죄를 경시한 측면, 2) 쇼와천황의 면책문제, 3) 일본 731부대의 화학전/생물학전(세균전 및 생체실험) 책임자(石井四郎)에 대한 면책문제[8], 4) A급 전범 용의자 18명의 석방 문제, 5) 일본군의 인육식(人肉食)에 대한 면책 등을 들 수 있다. 도쿄재판은 당시 미국을 비롯한 강대국의 전후처리 및 점령정책에 관한 입장(국가이익)을 크게 반영한 재판이기도 했

역할에 대하여」,『일본연구』6, pp.29-52

7) 이하 도쿄국제군사재판의 문제에 대해서는 이장희(2009)「도쿄국제군사재판과 뉘른베르크 국제 군사재판에 대한 국제법적 비교 연구」,『동북아역사논총』25, pp.195-246 참조

8) 자세한 사항은 서이종(2014)「일본제국군의 세균전 과정에서 731부대의 농안·신징 지역 대규모 현장세균실험의 역사적 의의」,『사회와역사』103, pp.231-278 참조

다.[9] 이처럼 도쿄재판이 쇼와천황의 면책 문제를 안고 있는 한, 일본근현대사에서 전전·전중·전후의 구분, 그리고 그에 대한 인식과 논의의 차이를 말하기는 어렵다.

구헌법(공포 : 1889.2.11, 시행 : 1890.11.29)은 근대 입헌주의에 기초한 일본제국의 헌법이다. 헌법을 공포할 당시 「불멸의 대전(不磨ノ大典)」임을 명시했지만, 구헌법의 효력은 60년을 넘기지 못하였다. 구헌법은 1945년 일본이 전쟁에서 패배한 다음에도 잠시 기능했으나, 이를 대체할 새로운 헌법으로 평화헌법(pacifist constitution)이 제정되었다(공포 : 1946.11.3, 시행 : 1947.5.3). 평화헌법 제2장 제9조에서는 「전쟁의 영구포기(제9조 1항), 전력의 불보유(제9조 2항), 교전권의 불인정(제9조 2항)」을 명시하였다. 평화헌법의 제정과 함께 1947년에 채택되고 발효된 것이 교육기본법이었고, 이는 1890년의 교육칙어를 대체했다.

미군정은 일본의 군국주의 혁파와 민주주의 교육 정착에 많은 공을 들였다. 그 구현체가 바로 교육기본법(1947.3.31)과 평화헌법(1947.5.3)의 탄생이었다. 미군정이 주력한 일본의 교육개혁의 핵심은 국가권력의 교육에 대한 통제력을 약화시키는 것이었다. 대표적인 것이 일본교직원조합(일교조)의 탄생이다. 교사들의 노조는 당시 미국에서도 합법이 아니었지만 미군정은 문부성의 견제세력으로 교원노조를 만들 것을 강권했다. 내용적으로도 일본의 전후 교육내용은 철저히 평화·민주시

---

9) 도쿄국제군사재판은 미국의 주도하에 서구의 11개국이 참여한 강대국의 재판이었고, 조선과 같은 피해자 아시아 국가들은 재판부 구성에 일체 참석하지 못했다. 11개국 중에는 식민지보유국가가 있었기 때문에 식민지배 그 자체가 심판대상이 되는 것을 꺼려하여 일본의 식민지배도 도쿄재판 소추에서 제외되었다. 기소장 작성과정에서 조선이 제외된 것도 그 때문이다. 이장희(2009) 「도쿄국제군사재판과 뉘른베르크 국제 군사재판에 대한 국제법적 비교 연구」『동북아역사논총』25, pp.195-246

민 교육을 강조했다.[10] 문부성은 아이들에게 민주시민 정신을 알기 쉽게 해설한 『새로운 헌법 이야기』(1947)를 발행했다. 『새로운 헌법 이야기』에서는 바른 일을 다른 나라보다 먼저 행하는 것, 바른 것 이상의 강함이 없다는 것을 가르쳤다. 그 흐름 속에서 평화헌법 제9조는 일본의 헌법임과 동시에 아시아인들에겐 그동안 평화와 생명을 보장하는 생명보험과 같은 것이었다. 일본은 전후 70년 동안 한 번도 전쟁을 일으키지 않았다. 전후 일본에서 전쟁이란 1945년 8월 15일 패전을 맞이했던 과거 대전을 일컬으며 그렇지 않으면 세계의 어딘가에서 일어나고 있는 참혹한 사건이었다. 이는 일본 근현대사의 매우 특이한 장면이라는 점을 유의할 필요가 있다.[11]

일본의 1940년대는 미국과의 전쟁, 패배 그리고 종속이라는 대미관계의 시대를 지나 1950년대는 경제부흥의 시대, 1960년대는 미일 안보조약 자동연장 반대투쟁에서 비롯된 정치의 계절 및 고도성장의 시대

---

10) 송현숙(2015.2.13.) 「광복 70주년 기획 : 우리는 과연 해방됐는가」『경향신문』, 1952년 미국의 점령이 종결되면서 보수정권에 의한 전후 교육개혁에 대한 목소리는 높아졌다. 보수파와 진보파 쌍방의 대립은 평화헌법과 교육기본법을 두고 벌어졌다. 무나카타 세이야(宗像誠也)는 평화헌법과 교육기본법을 근거로 하여 교육의 주체는 「국가」가 아니라 「국민」이며 특히 국가는 국민의 내면 및 가치영역에 개입할 수 없다고 주장했다. 1955년 문부대신 기요세 이치로(淸瀨一郎)는 교육기본법에 「국가」가 빠져있다면서 그 맹점을 보완하기 위한 교육기본법 개정론을 제기했다. 이에 대해 무나카타 세이야는 교육기본법은 일본인 모두에게 국가 건설에 봉사하도록 하기 위한 법률이라고 반박했다. 이러한 공방에 대해 히다카 로쿠로(日高六郎)는 보수파와 진보파 쌍방이 「애국심」이라는 동일한 상징을 두고 쟁탈전을 벌이고 있다고 지적하였다. 이데 히로토·후쿠시마 히로유키·이시다 마사하루(2010) 「전후 일한의 교과서 문제를 둘러싼 교육정책·교육학의 여러 모습」, 한일역사공동연구위원회 교과서위원회 편(2010) 『제2기 한일역사공동연구보고서 제6권』 한일역사공동연구위원회, pp.283-290
11) 朝日新聞(2014.8.15.) 「戰後69年の言葉 : 祈りと誓いのその先へ」『朝日新聞』社說 ; 야마모토 도시마사(2014.6) 「동북아시아의 평화구축을 위하여 : 일본기독교와 기독교인의 역할 그리고 책임」『기독교사상』

를 거쳤다. 문명·문화·문학의 번역과 수용의 관점에서 보자면, 근대초기에는 유럽문학 중심으로 번역과 수용이 이루어지던 것이 1945년의 패전 이후 미국문학 중심으로 이루어지기 시작한 것은 막강한 미국의 존재와 미국문명의 세계적 확산과 보급이 현재화되면서 일어난 현상이다. 이 현상은 1945년부터 1951년에 이르는 GHQ 시대(연합군총사령부의 통치시절)에 가시화되었다고 말할 수 있다. 1958년에 발표된 오에 겐자부로(大江健三郞)의『인간의 양』(人間の羊)이나 1965년에 발표된 고지마 노부오(小島信夫)의『포옹가족』(抱擁家族)이 아직은 미국에 대해 콤플렉스와 자격지심을 지닌 일본인을 등장시켰다. 1970년대는 먹고사는 걱정을 안 해도 되었던 이들의 시선이 개인의 사적 생활공간으로 옮기게 된 내향의 시대, 1980년대는 외수 주도 경제에서 내수 확대의 시대이면서 동시에 고도정보화시대, 소비형 사회의 시대로 이어졌다.12) 무라카미 하루키(村上春樹), 무라카미 류(村上龍), 다나카 야스오(田中康夫) 세대에 이르러 미국은 완전히 다른 양상으로 작품에 등장하게 된다. 미국은 더 이상 이항대립적 개념이 되지 않는다. 어떤 특정 집단이나 개념으로 등장하지도 않는다. 그것은 일상적인 삶 가운데 녹아들어가 분리 불가능한 존재로 어느 자리에 존재한다. 따라서 더 이상 미국은 주제가 될 수 없다. 이처럼 미국이라는 존재에 대한 인식은 극적인 변화를 보이게 되었다.13)

한국전쟁(1950.6.25~1953.7.27)은 불황에 허덕이던 일본경제가 고도성장의 길목으로 들어서는 계기가 되었다. 한국전쟁은 한국에서는 비극의 전쟁이었지만 일본에서는 전쟁특수(朝鮮特需, 神武景氣)였다.

---

12) 김춘미(1992.4)「일본의 영상세대의 삶과 문화」『문화예술』
13) 김춘미(2004)「소설가와 번역」『일본학보』59, pp.223-237

게다가 한국전쟁은 일본의 평화헌법의 정체성을 흔드는 첫 계기이기도 했다. 한국전쟁이 발발하자 맥아더의 지시에 의해, 1950년에 경찰예비대가 창설되었고, 이것이 1952년에는 보안대로 개칭되었으며, 다시 1954년에 자위대법에 의해 자위대(Self-Defence Forces)가 조직되었다. 이 때 이미 평화헌법 9조는 사문화된 것이나 다름없었다.[14]

1960년대는 일본이 1950년대를 바탕으로 삼아 고도성장의 시대를 구가할 수 있었다. 1965년의 한일수교는 한일 국교정상화 및 현대 한일 관계의 원점으로 규정되지만 역사인식, 강제동원, 위안부문제[15] 등은 여전히 진행형이다. 당시 일본은 한일청구권협정에서 무상원조 3억달러, 재정차관 2억달러, 민간 상업차관 3억달러 등 총 8억달러를 한국 정부에 대일청구권 자금으로 지급하였다. 일본측은 대일청구권 자금 중 무상원조 3억 달러는 한국 정부에 피해보상금의 성격으로 지급했으며, 따라서 피해자들에 대한 책임은 이제 일본 정부가 아닌 한국 정부가 져야 한다는 최고재판소 판결(2001.11.16)을 내린 바 있다.[16] 한국과

14) 남경희·박균섭(2002)『일본『현대사회』교과서의 한국관련 내용변화 분석』한국 교육개발원, p.146
15) 1965년의 한일기본조약과 한일청구권협정은 한일양국간의 이해관계와 미국의 동북아정책으로 인해 완전한 과거청산이 이루어지지 못한 채「미완의 과거청산」이 되고 말았다. 단지 경제발전을 위한 자금 마련을 위해, 일본정부는「귀찮은 과거」를 빨리 떨쳐버리려는 의도에서 한일기본조약과 한일청구권협정이 체결되었다. 한일 간에 아직도 청산하지 못한 많은 일들－1905년·1907년·1910년 대한침략조약 문제, 강제징용자 문제, 원폭피해자 문제, 사할린 한인 문제, 조선인전범 문제, 조선인군인·군속 문제, 일본군 위안부 문제 등－을 청산하기 위해서는 우선 일본의 그릇된 역사인식을 바로 잡아야 할 것이다. 일본에 의한 성노예 문제에 관해서는 종군위안부, 정신대, 여자정신대, 일본군위안부, 군대위안부, 황군위안부 등과 같이 일본 및 일본군에 의해 강제적인 방법으로 그들의 성적 대상이 되었던, 피해자들에 대한 정확하고 적합한 개념을 모색하여, 이를「일본에 의한 성노예(Sexual Slavery by Japan)」라고 개념 정의할 필요가 있다. 조백기(2011)「일본에 의한 성노예 문제의 국제법적 해결방안 : 한일관계의 과거와 현재 그리고 미래」『법학논총』31(1), pp.415-457

일본 사이의 관계정상화를 위한 구상은 제2차 세계대전 이후 미국의 반공정책에 따라 다듬어지기 시작했다. 한일 국교정상화는 한국과 일본 사이의 양자협상에 의한 것이라기보다는 미국의 중개와 압력에 의해 시작되고 진행된 삼자협상의 결과였다. 한국과 일본은 미국의 주선과 개입 그리고 압력에 의해 관계정상화를 위한 회담을 1951년 10월부터 시작하여 1965년 6월 협상을 끝냈다. 무려 14년이 걸렸던 것이다. 미국이 지속적으로 개입하면서 압력을 넣은 배경은 한일 관계정상화가 이루어지면 미국은 한국에 대한 경제 원조를 일본과 분담하면서 동북아시아에서 일본을 중심으로 한 반공 집단안보체제를 구축할 수 있으리라고 생각했기 때문이다.[17]

1960년대 한국의 대외정책에서 가장 중요한 문제였던 1965년 한일협정에 따른 한일 국교 정상화에 대해 프랑스의 3대 일간지는 1964년의 한일협정 반대시위를 가장 많이 다루었다. 이들 기사를 제외하면, 『르

16) 1965년 청구권 및 경제협력 협정의 해석에 대해서 한일 양국의 입장이 판이하다. 이러한 차이의 근원은 일제의 한반도 지배에 대한 입장 차이에 있을 것이다. 일본은 미크로네시아와 함께 한국을 일본으로부터 분리된 지역으로 여기고 있다. 그리하여 일본은 한국과 전쟁관계에 있지 않았기에 한국에 대한 전후처리는 경제적 협력과 정치적 타결 방식으로 접근한다는 입장이었다. 그러면서도 일본은 전후처리와 관련한 모든 문제와 청구권은 1965년 청구권 및 경제협력 협정에 의하여 법적으로 모두 해결되었다는 입장을 고수하고 있다. 한일 양국이 자신들의 문제를 법률적인 면에서 해결했을지라도 일본의 한반도 지배로 인하여 피해를 당한 개인들은 자신들의 피해에 대해서 구제받지 못한 상태이다. 이들 개인의 청구권이 1965년 청구권 및 경제협력 협정으로 모두 해결되었는지에 대해서 한국의 헌법재판소나 대법원은 1965년 청구권 및 경제협력 협정으로 불법행위에 근거한 개인의 청구권이 소멸되지 않았다는 입장이다. 1965년 청구권 및 경제협력 협정의 청구권에 불법행위에 근거한 손해배상 청구권을 포함시키는 한국 측의 추후실행은 없다. 1965년 청구권의 성격은 재산 및 채권적 청구권, 그리고 한일 양국의 경제협력에 관한 사항을 다루는 조약이기에, 이 조약에서 군대위안부 또는 강제징용으로 인한 손해배상 청구권이 해결되었다고 볼 수 없을 것이 분명하다. 강병근(2015)「1965년 한일 협정의 '청구권'의 범위에 관한 연구」『국제법학회논총』60(3), pp.11-31
17) 이재봉(2011)「한일협정과 미국의 압력」『한국동북아논총』15(1), pp.119-133

몽드』가 한일협정을 동아시아 국제질서와 관련지어 보도했고, 『르피가로』는 한일 경제협력을 강조하였고, 『뤼마니테』는 한미일 동맹에 비판적인 시각을 드러냈다. 미국은 한일협정을 통해 자유세계의 약한 지점 하나를 강화한다고 생각했고, 한국의 안보와 경제 발전에 대한 일본의 역할과 책임을 강조했다. 당시 한일협정의 체결에는 북한이나 중국의 거센 반발이 있었다. 북한은 이 협정을 극동평화의 위협으로, 중국도 미국 제국주의의 아시아 인민에 대한 위협으로, 소련도 남북분단을 합법화하고 미국에만 이득이 되는 것으로 파악했다. 반면 미국과 영국은 적극 환영하였다. 프랑스는 한일협정 내용에 대해 전체적으로 한국보다 일본이 더 이익을 본 것으로 평가하였다. 또한 궁극적으로 미국의 의도에 따른 동아시아의 새로운 세력균형이 형성되었고, 미국의 전통적인 정책 기조에 따라 아시아지역에서 공산주의 세계에 대한 안보벨트가 형성되었다고 파악하며, 한일 국교 정상화로 미국이 가장 큰 이익을 얻었다고 인식했다.[18]

일본에서는 1960년대에 들어 교과서 바로잡기 운동이 본격적으로 시작되었다. 1962년 6월 역사학자 이에나가 사부로(家永三郞)는 자신이 집필한 고교 교과서 『신일본사』(삼성당)가 문부성의 부적격 판정을 받자 교과서 검정제도가 교육기본법 제10조 및 평화헌법 제21조에 위배된다며 위헌 소송을 냈다. 『신일본사』에서 난징대학살, 731부대 등 침략행위가 기술된 것을 정부가 문제 삼자 이에 반발해 제소한 것이다. 일부 승소, 일부 패소 판결이 났지만 끝내 위헌판결을 얻어내지는 못했다. 이에나가 교과서 재판은 일본 사법 역사상 최장기간 진행된 민사소

---

18) 민유기(2015) 「프랑스의 1960년대 한국 대외정책 인식 : 한일협정을 중심으로」 『사총』84, pp.99-128

송으로 기록되었다. 1965년 1차 소송에 이어 1967년 2차 소송이, 1984년에는 3차소송이 제기되었다. 마지막 소송 상고심 판결이 나온 것은 1997년 8월 29일이었다. 하지만 그 지난한 싸움은 자학사관·암흑사관 타파를 주장하던 우익을 견제하는 역할을 했으며, 바른 역사교육을 위해 애쓰는 일본의 양심세력에 영향을 끼친 바도 크다.[19]

1970년 독일의 빌리 브란트(Willy Brant) 총리는 폴란드 수도 바르샤바에 가서 무릎 꿇고 유대인 학살과 전쟁책임에 대해 사죄했다. 빌리 브란트는 그야말로 나치와 아무 상관이 없는 사람이었다. 그가 한 나라의 총리로서 사죄를 했을 때, 세계 언론이 「무릎을 꿇은 것은 한 사람이었지만 일어선 것은 독일 전체였다」고 찬사를 보냈다. 그때 일본에서는

---

19) 조홍민(2015.4.12.)「교과서에 거짓말 쓰는 나라」,『경향신문』, 1913년 육군장교의 아들로 태어나 동경제국대학 국사학과를 졸업한 이에나가 사부로는 아시아태평양 전쟁 당시 교단에서 제자들을 전장으로 내보냈다. 당시 그는 일본의 천황제도나 전쟁일변도에 대해 별다른 저항감도 없었다. 그것은 전후 전쟁협력에 대한 죄의식이 싹틀 수밖에 없는 응어리로 남았다. 이에나가 사부로의「태평양전쟁 중 나는 그저 회오리바람이 지나가기만을 기다렸다. 아무것도 하지 않았던 것도 전쟁책임이다」는 말은 그의 죄의식의 심층을 보여주는 말이다[이영이(2002.12.2)「이에나가 교수가 남긴 것」,『동아일보』]. 이에나가의 초기역사연구 궤적은 20대 중반의 젊은 나이에 내놓은「부정의 논리」(1938)를 통해 확인할 수 있다. 일찍이 쇼토쿠태자(聖德太子)―신란(親鸞)으로 이어지는「부정의 논리」를 갖춘 일본만이 내재적으로 근대화를 이룩할 수 있으며 아시아의 역동적인 지도국이 될 수 있다는 결론이었다. 1920년대에서 1940년대에 이르기까지 일본에서 동아시아 근대성 논의의 중심주제는 바로「부정」이었다. 결국 부정의 개념은 일본의 전근대와 근대를 구분하는 기준이자, 일본 제국주의의 근대적 발전을 정당화하는 이론적 배경이기도 했다[사카이 나오키(2009.9.24.)「제국적 민족주의와 부정의 역사기술」,『근대성의 충격』(국제학술지〈흔적/痕迹/Traces〉 서울학술대회, 이화여자대학교) 참조]. 이에나가의「역사 교과서 투쟁」은 40살 전후 스스로의 역사 반성에서 시작되었다. 이에나가의 역사연구가 전전·전중의「부정의 논리」에서 전후의「역사 교과서 투쟁」으로 변환되는 지점에는 그의 전쟁협력에 대한 죄의식이 흐르고 있음을 알 수 있다[사카이 나오키,「문명의 전이와 식민지 근대성」, 공개강연(2010년 6월 13일, 수유너머 남산강의실1) 참조]. 일본 사법 역사상 최장기간 진행됐던 이에나가 교과서 재판, 그 지난한 역사 교과서 투쟁은 이에나가의 원초적 죄의식에 상응하는 속죄의 과정이기도 했다.

신도정치연맹이 조직되었다. 신도정치연맹의 공식 명칭은 「정신적 지도력을 위한 신도연맹(Shinto Association of Spiritual Leadership)」이다. 이들은 전후 일본이 미군정에 의해 말살된 전통문화[20]를 살려 현대 물질주의에 맞서야 한다고 주장하면서 신도정신을 통해 국가정책의 근간을 확립하고자 하였다. 2000년 6월 모리 요시히로(森義弘) 당시 총리는 신도정치연맹 30주년을 맞이하여 행한 연설에서, 항상 일본이 「천황을 중심으로 한 신의 나라」임을 인식시키기 위해 노력해왔음을 드러냈다. 이처럼 보수적인 정치가들의 확고부동한, 그러면서도 공식적인 믿음체계는 전전·전중·전후의 연속성을 특징으로 하였다.[21]

2000년 6월 당시 모리 요시히로 총리의 일본은 항상 「천황을 중심으로 한 신의 나라」임을 인식시키기 위해 노력해왔다는 주장은 그 함축하는 의미가 예사롭지 않은 것이었다. 일찍이 메이지유신은 천황과 신도와 신화를 근간으로 하는 국가정체성 정립에 성공을 거둔 역사적 사건으로 평가받는다. 메이지유신은 서구화의 추진인 반면에 그 정신은 통일된 일본을 만들기 위한 화혼(和魂) 육성에 있었으며 사상통일의 과정에서는 천황을 중심으로 한 신도신앙 안에서 국학자들이 주도적 역할

---

20) 전후의 미일관계에서 가장 역설적이고 흥미로운 국면은 미국이 일본인에게 일본의 전통이라는 감각과 국민주의를 위한 기반을 제공함으로써 일본을 계속 효과적으로 지배할 수 있었다는 데서 찾을 수 있다. 일본인이 문화전통과 문화의 유기적 통일성 속에서 국민적 일체감을 계속 유지하는 한, 동아시아와 동남아시아 사람들과 진솔한 교섭에 들어갈 수 없을 것이다. 아시아 사람들은 일본의 제국주의적 국민주의에 의해 직접적으로 희생을 당했거나 희생자와 관계가 있는 사람들이기 때문이며, 그들은 일본 국민 개개인에게 관용을 베풀 수는 있어도 일본 제국주의와 식민지주의의 죄업을 결코 잊을 수 없기 때문이다. 사카이 나오키(2006) 「염치없는 국민주의 : 서양과 아시아라는 이항대립의 역사적 역할에 대하여」『일본연구』6, pp.29-52

21) G. McCormack(2007), Client State : Japan in the American Embrace, 이기호·황정아 역(2009) 『종속국가 일본 : 미국의 품에서 욕망하는 지역패권』 창비, pp.44-46, p.321

을 했다. 메이지유신의 정신적 에너지였던 국체사상은 천황 만세일계 의식에서 자국의 우월감을 내세워 서구 열국의 강압적 자세에 대해 위축되었던 일본인들에게 정체성을 확고히 하도록 만들었으며, 신도사상은 천황의 절대 권력을 지지하고 민족 규모의 의식통합책 역할을 담당했다고 할 수 있다. 이러한 예는 1929년 대공황 이후의 경제파탄과 사회퇴폐의 타개를 위해 천황의 친정수립을 꾀했던 2·26사건(1936), 근세 기독교 유입에 대하여 「일본은 신의 나라이다」라는 말로써 선교사를 추방했던 일, 중세 가마쿠라시대 몽고 침입에 대한 가미카제 의식, 고대 다이카개신(645)에서 천황 친정을 통해 국가체제를 구축했던 역사에 면면히 이어지고 있다. 21세기 글로벌시대에 접어들어서도 황국사관적인 역사관의 재흥과 전통을 토대로 한 천황중심의 종교와 사상으로 일본국민의 내면적 통합과 정체성을 선포하려는 태도 역시 동일한 연결선상에서 해설될 수 있다. 이러한 역사적 흐름을 볼 때 일본인의 천황에 대한 독특한 감성은 모든 일본인에게 보편적 문화이며 이것을 빼놓고는 일본사상을 논할 수 없게 된다.

일본 우익의 개념에는 제국주의·국가주의·민족주의 등의 여러 의미가 내포되어있으며 그러한 개념의 저변에는 애국 또는 조국의 전통 존중 등의 정신적 흐름이 깔려있다. 그 중에서도 일본 우익사상의 특징 중의 하나는 천황과 국가에 대한 신앙이라 할 수 있다. 그런 의미에서 일본의 우익은 메이지유신을 그들의 정신적 기원으로 삼고 있다. 일본의 우익은 1990년대 이후 냉전체제 해체를 계기로 도래한 불황의 극복 방안으로서 메이지정신의 부활을 추구하고 있다. 이는 일본이 서구열강과 대항하기 위해 메이지유신을 일으키고 그 때의 이데올로기로 일본의 내면적 통합과 정체성 확립을 도모했던 집단무의식의 반영으로 보인다. 일본의 현 헌법에서 천황이 일본국의 상징이며 국민통합의 상징으로 언급되어 있는 한, 글로벌시대를 살아가는 일본인들의 천황중심적 사고와 신도적 행위가 바뀔 것이라는 전망은 어려울 것으로 보인다.[22]

교육기본법은 1947년, 평화헌법과 함께 채택되었지만 일본의 보수 우익세력은 이에 대해 정서적 불쾌감을 드러내면서, 대신 전전·전중의 교육정신을 뒷받침했던 교육칙어를 향수어린 심정으로 회상하였다. 그들에게 교육칙어의 「일단 국가에 위급한 일이 생길 경우에는 의용을 다하며 공을 위해 봉사함으로써 천지와 더불어 무궁할 황운을 부익해야 한다(一旦緩急アレハ義勇公ニ奉シ以テ天壤無窮ノ皇運ヲ扶翼スヘシ)」는 문구는 교육기본법에서는 찾아볼 수 없는, 그야말로 일본인다움의 극치를 보여주는 교육지침으로 여겨졌다. 1950년대부터 1990년대까지 기시 노부스케, 다나카 가쿠에이, 나카소네 야스히로, 모리 요시히로 등 소위 성공을 거두었다는 총리들은 모두 교육칙어에 존경과 찬사를 표했다.[23]

자민당은 1955년 창당 이래 55년 체제라는 말을 쓸 정도로 전쟁국가로 복귀하려는 의지를 드러냈다. 패전한 일본을 철저한 비군사화 국가로 개조하겠다던 미국의 의지는 처음부터 무너져 군사대국화로 가게 된 역주행이 70년이나 계속되었다.[24] 역주행의 과정에서 이미 학교교육에서 배제·실효상실(1948.6.19)된 교육칙어를 다시 불러내려는 의식은 계속되고 있다. 교육칙어가 배제·실효 상실된 결과로 일본교육이 황

22) 김양희(2006) 「일본 우익의 사상적 기저로서의 신도 고찰」『일본문화연구』20, pp.319-321
23) G. McCormack(2007), Client State : Japan in the American Embrace, 이기호·황정아 역(2008) 『종속국가 일본 : 미국의 품에서 욕망하는 지역패권』 창비, pp.231-233
24) 이원홍(2015.8) 「전후 70년…실패한 미국의 일본개혁 ⑦」『월간경제풍월』

폐화된 만큼 교육문제의 해결책은 바로 교육칙어의 부활에 있다는 관점이다.[25] 이들은 일본이 미국에 패배함으로써 전후 국가체제가 미국의 입맛대로 만들어졌다는 콤플렉스를 갖고 있다. 이를 미국에 의해 일본이 「발가벗겨졌다」고 표현하는 사람도 있다. 그들은 미군정(GHQ)이 만든 평화헌법에 대해서도 그렇게 생각한다. 교전권과 군대 보유를 금지한 평화헌법을 고치자는 주장의 근저에는 이런 콤플렉스가 자리하고 있다. 이런 콤플렉스를 해결할 수 있는 방안 중에 하나가 패배 이전의 일본을 찬양하는 것이다. 그들은 그렇게 새롭게 기댈 곳을 찾는 노력을 계속해왔다.[26]

3 1980~1990년대의 정치와 교육의 역학

1982년은 중일 국교정상화 10주년이면서 동북아 역사교과서 파동이 발생한 해라는 점에서 특기할만한 해이다. 1982년 6월 고교 교과서 검정과정에서 문부성이 출판사에 부당한 왜곡(3·1운동을 「데모와 폭동」, 「출병」을 「파견」, 「침략」을 「진출」)을 지시한 사실이 밝혀져 한국과 중국 등 주변국과 일본 양심세력의 거센 반발을 샀다. 일본의 과거사 반성 3대 담화(미야자와담화, 고노담화, 무라야마담화) 중의 하나인 미야자와 담화는 1982년 8월 당시 미야자와 관방장관이 발표한 담화로,

---

25) 清水馨八郎(2000)『「教育勅語」のすすめ : 教育荒廃を救う道』日新報道
26) 심규선(2001.5)「새로운 역사 교과서를 만드는 모임의 정체 : 극우파 지식인들의 국수주의 부활 행동대」『신동아』

이를 계기로 문부성은 교과용도서검정기준에 근린 아시아 각국의 입장을 배려한다는 「근린제국조항」을 적시하였다(1982.11.24). 이 조항은 지난 30여 년 동안 한일 역사 갈등의 안전판 구실을 해왔다.[27]

1945년 5월 8일은 독일이 연합군에 항복을 선언한 날이고, 1945년 8월 15일은 일본이 연합군에 항복을 선언한 날이다. 그로부터 40년이 흐른 1985년 5월 8일 바이츠제커(Carl Friedrich von Weizsäcker) 서독 대통령은 서독의회의 종전 40주년 기념 연설에서 「독일 국민도 나치의 등장에 책임이 있다」면서 「과거의 비인도적인 행위를 기억하지 않으려는 사람은 새로운 비인도적인 행위에 감염될 위험에 처하기 쉽다」고 역설했다. 이 장면이야말로 1985년 8월 15일의 일본을 가늠할 수 있는 중요한 대비 장면이 아닐 수 없다. 일본의 길을 따라가다 보면 독일의 길과는 너무 다른 행보, 특히 10년 단위로 따라붙는 기념 발언 및 행사에서 전범국가가 보일 수 있는 기본과 양식을 크게 벗어난 행태가 드러난다. 1985년의 경우가 특히 주목되는 것은 독일과 일본의 비교 대조과정에서 일본적 특징이 실망스러운 방향으로 노출되었기 때문이다. 한일협정 20주년인 1985년은 냉전기 한미일 공조가 정점에 이르러 한일 관계가 매우 우호적이었다. 그러나 10주년 때와 마찬가지로 한일 간 무역역조가 계속 문제되었고, 일본의 자본과 기술에 의해 한국 경제가 종속될 것을 우려하는 목소리가 커졌다. 특히 대학의 신문들은 한미일 삼각안보체제로 대표되는 군사적 종속에도 큰 우려를 나타냈다.[28] 그 때 일본의 나카소네 야스히로(中曾根康弘) 총리(재임, 1982.11~1987.1)는 「전후 정치의 총결산」을 외치며 각료들을 이끌고 야스쿠니

---

27) 김당(2014.2.9.) 「아베의 역사 왜곡 뿌리는 역사교육 의원모임」 『오마이뉴스』
28) 오제연(2015) 「언론을 통해 본 한일협정 인식 50년」 『역사비평』 111, pp.129-162

신사를 공식 참배하는 매우 대조적인 행보를 보였다. 나카소네 야스히로는 총리로서는 최초로 야스쿠니신사를 공식 참배하였다.[29] 나카소네 야스히로에 대한 우호적인 시선과는 달리, 그의 본질은 파벌정치를 개혁하기보다 이용하려 했으며 정치개혁에 대해 매우 소극적이었다. 이는 야스쿠니 참배로 인해 악화된 아시아외교에서 극명하게 드러났다. 나카소네 야스히로의 아시아외교는 민족주의와 국제주의의 교묘한 결합을 꾀하였으나, 이는 오히려 겉으로만 사죄하는 일본이라는 이미지를 강화시켜 아시아 외교의 걸림돌이 될 뿐이었다. 페르시아만 자위대 파병의 실패 또한 평화헌법의 비군사적 국제공헌 이념을 긍정하면서도 국제적 역할을 강화하고자 했던 나카소네의 이중성이 드러난 대표적인 사례였다.[30]

1986년에는 「일본을 지키는 국민회의(日本を守る国民会議)」가 황국사관에 입각하여 제작한 『신편일본사』에 대해 일본 국내외에서 비판이 일어났다. 「일본을 지키는 국민회의」는 1981년에 보수우파 종교단체·군인단체에 의해 결성된 단체이다. 일본 정부는 한국과 중국의 반발을 무마하기 위해 이 교과서 내용을 대폭 수정해 합격시켰다. 이에 대해 우익세력은 일본 정부가 한국과 중국의 내정간섭에 굴복했다면서 일본 정부의 태도를 맹렬히 비판했다. 만약 이 교과서가 일선 고교에서 많이 채택되었더라면 우익세력의 기세는 더욱 높아졌을 것이다. 그러나 막상 채택상황을 집계한 결과 이 교과서를 채택한 학교는 거의 없었다.[31]

---

29) Chronology, 1945-2014(PDF)-Reischauer Institute of Japanese Studies, pp.10-11
30) 최희식(2012) 「나카소네 야스히로의 정치리더십 연구 : 내재화된 변혁적 리더십의 성과와 한계」 『한국정치학회보』 46(5), pp.247-266
31) 심규선(2001.5) 「새로운 역사 교과서를 만드는 모임의 정체 : 극우파 지식인들의 국수주의 부활 행동대」 『신동아』

1990년대는 일본경제의 장기 침체와 함께 진행된 일본사회의 보수화를 특징으로 들 수 있다. 보수우파 의원연맹의 활성화는 1990년대 중반 이후 일본정계 내 젊은 의원들을 중심으로 보수화가 급격히 진행되었음을 보여준다.[32] 1995~1997년은 보수우파 의원연맹의 활성화시기였다. 이들 의원연맹의 활성화는 고노담화(1993.8)-호소카와발언(1993.8)-무라야마담화(1995.8) 등으로 이어지는 일본의 과거사 및 침략전쟁을 인정하는 담화국면에 대한 반작용으로 등장한 것이며, 혁신세력에 대한 보수우파의 반동적 움직임(backlash)을 숨김없이 보여준 것이라고 말할 수 있다.[33] 1995년은 전후 50주년 그리고 한일협정 30주년이기도 하다. 1990년대에 들어 냉전체제가 해체되고, 한국이 정치·경제적으로 크게 발전하면서 한일관계가 보다 수평적으로 변화하였다. 그러면서 1995년 한일협정 30주년은 한일 간 과거사 문제가 크게 논란이 되었다. 그 중에서도 1910년 한일병합의 합법성 문제가 한일 간의 가장 큰 쟁점이었다. 한마디로 한일협정 30주년은 한일협정에 대한 근본적인 문제제기 속에서 한일 간 과거사에 대한 기억 전쟁이 본격적으로 시작된 원년이었다.[34] 분명한 것은 1995년 시점의, 그리고 그 이후의 상황은 일본의 보수회귀 움직임의 정도가 더욱 노골화되었다는 점이다.

1995년 2월 21일에는 「바른 역사를 전하는 국회의원연맹(正しい歴史を傳える國會議員連盟)」이 조직되었다. 1996년 6월 4일에는 「밝은 일본 국회의원연맹(明るい日本國會議員連盟)」이 조직되었다.

1997년 2월 27일에는 자민당 소장파 의원 87명이 모여 「일본의 미래

---

32) 박철희(2014) 「일본 정치 보수화의 삼중 구조」『일본비평』10, p.95
33) 위의 글, p.93
34) 오제연(2015) 「언론을 통해 본 한일협정 인식 50년」『역사비평』111, pp.129-162

와 역사교육을 생각하는 젊은 의원 모임(日本の前途と歴史教育を考える若手議員の會)」을 조직하였다. 이들은 역사교과서 개정운동을 주도했으며, 스터디 결과물로『역사교과서에 대한 의문 : 젊은 국회의원에 의한 역사교과서 문제의 총괄(歴史教科書への疑問 : 若手国会議員による歴史教科諸問題の総括, 1997.12)』과『난징의 실상 : 국제연맹은 난징 2만명 학살조차 인정하지 않았다(南京の実相 : 国際連盟は南京2万人虐殺すら認めなかった, 2008.10)』를 펴냈다. 보수우파 의원연맹은 명칭이나 구성 시기와 무관하게 거의 공통된 어젠다를 내세웠다. 이들은 자학사관을 반대하는 입장, 자긍사관을 가르치고자 하는 입장, 황실을 존중하는 입장, 헌법 개정을 추진하는 입장에서 공통점이 있다.[35]

1997년 1월 30일, 「새로운 역사교과서를 만드는 모임(新しい歴史教科書をつくる会)」이 설립총회를 갖고 본격적인 활동에 들어갔다. 이들은 설립 취지문을 통해 「21세기를 살아가야 할 일본의 아동을 위해 새로운 역사교과서를 만들어 역사교육을 근본적으로 뜯어고칠 것을 결의하였다」면서 「전후의 역사교육은 일본인이 계승해야 할 문화와 전통을 잃어버리고 일본인의 긍지를 빼앗아왔다. 특히 근현대사에 있어서 일본인이 자자손손 사죄를 계속하는 운명을 짊어진 죄인처럼 취급되고 있다」고 주장했다. 이들은 기존 역사교과서가 자학사관·암흑사관에 빠져 있다고 집중적으로 공격했다. 이들 구성원 중에 역사학을 전공한 학자는 없다. 역사를 전공하지 않았다고 해서 교과서를 쓰지 말라고 할 수는 없지만, 최소한 학문 외적인 이유에서 역사교과서 제작을 목적으로 단체를 결성했음을 알 수 있다.[36] 최근 한국에서 논란이 된 교학사

---

35) 박철희(2014)「일본 정치 보수화의 삼중 구조」『일본비평』10, p.94
36) 심규선(2001.5)「새로운 역사 교과서를 만드는 모임의 정체 : 극우파 지식인들의

의 역사교과서도 일본의 「새로운 역사교과서를 만드는 모임」의 벤치마킹이라는 지적도 있다.

1997년 5월 30일에는 1974년에 결성된 보수우파 종교단체 「일본을 지키는 모임(日本を守る会)」과 1981년에 결성된 보수우파 종교단체·군인단체 「일본을 지키는 국민회의(日本を守る国民会議)」가 「일본회의 (日本會議)」로 통합·발족하였다. 일본의 보수우파를 대표·선도하는 단체인 「일본회의」는 매월 기관지 『일본의 숨결』(日本の息吹)을 발행하고 「자랑스러운 나라 만들기(誇りある国づくり)」와 「나라를 사랑하는 새로운 국민운동(國を愛する新しい國民運動)」을 모토로 내걸고 있다. 「일본회의」는 통합·발족 이래 헌법 개정, 교육기본법 개정, 야스쿠니 공식참배 정착, 전전의 천황숭배 부활, 침략전쟁 부정과 재군비, 애국사상 육성, 도덕교육 강화 등을 슬로건으로 내걸어왔다. 「일본회의」는 일본의 보수단체 중에서도 극우파에 속한다. 영국과 프랑스의 언론도 「일본회의」를 위험한 우익단체이며 아베 정권의 정책에 크게 영향을 끼치고 있다고 우려를 표명하고 있다.37) 「일본회의」는 히노마루-기미가요 등이 법적으로 지위를 누릴 수 있도록 운동을 지휘하여 「국기 및 국가에 관한 법률(国旗及び国歌に関する法律)」을 제정하였다(공포·시행 : 1999.8.13).38) 이는 학생들에게 위안부 문제 등에 대해 일본의 전후 책

국수주의 부활 행동대』『신동아』

37) 「일본회의」는 이밖에도 미국의 강박에 의한 전후 가치관과의 결별, 제2차 세계대전의 승자로서의 역사 다시쓰기 및 되돌려놓기, 보다 좋은 교과서를 만들어 아이들에게 가르치기 등을 내세우고 있다[ビジネスジャーナル(2014.9.11.)「安倍内閣と一体の右派組織「日本会議」究極の狙いは徴兵制だった!」『ビジネスジャーナル』; ニュークラシック(2015.6.16.)「ナショナリズム団体 「日本会議」の危険性: エコノミスト紙や仏誌が相次いで指摘』『ニュークラシック』]. 「일본회의」의 활동궤적을 제대로 파악하기 위해서는 「일본재단」(The Nippon Foundation)에 대한 검토가 함께 이루어질 필요가 있다.

임을 강조하거나 히노마루－기미가요를 강제하는 애국심교육에 반대
해온 일교조 교사들에 대한 탄압모드로 들어갔음을 의미한다. 히노마
루－기미가요를 국가 상징으로 채택함으로써 근린제국을 자극하고 일
본 내의 군국주의를 반대하는 사람들의 분노를 자아냈다.[39)]

　일본에서는 「국기 및 국가에 관한 법률」이 제정된 이래 공립학교의
졸업식과 입학식 등의 행사에서 히노마루 게양 및 기미가요 제창 비율
은 거의 100%에 이르고 있다. 하지만 히노마루－기미가요가 상징하는
천황제 및 군국주의에 반대하는 많은 일본인들은 공립학교에서 교사와
학생들을 대상으로 하는 이러한 강제적 의례를 거부하고 있고, 특히

---

38) 「일본회의」는 일본의 숨결(日本の息吹)에 대해 「자랑스러운 나라 만들기(誇りあ
　　る国づくり)」와 「나라를 사랑하는 새로운 국민운동(國を愛する新しい國民運動)」
　　이라고 표현한다. 그 나라사랑의 속성을 논하기 전에, 애국심(patriotism)의 어원에
　　들어있는 파트리아(patria)의 의미에 주목할 일이다. 애국심은 애향심의 확대이다.
　　마음을 움직이는 것은 구체적인 사물이고 사건이다. 나와 이웃과 선조가 살았던
　　고장에서 마음과 몸과 땅과 사람이 교감하며 정주하는 데에서 애국심도 나올 수
　　있다[김우창(2011) 『성찰 : 시대의 흐름에 서서』 한길사, pp.714-718]. 일본 문부과
　　학성이 2008년 3월 28일 고시한 소·중학교 대상 신학습 지도요령(소학교 2011년,
　　중학교 2012년 적용)의 총칙에는 「우리나라와 향토를 사랑한다(我が國と郷土を愛
　　し)」는 말이 나온다. 그동안 애국심 관련 내용은 「도덕」과목에서 「나라를 사랑하
　　는 마음을 갖는다(國を愛する心をもつ)」, 『사회』과목에서 「나라를 사랑하는 심정
　　을 기른다(國を愛する心情を育てる)」고 하였으나 신학습지도요령에서는 애국심
　　에 관한 사항을 아예 총칙에도 표기하였다[文部科學性(2008) 「新学習指導要領(本
　　文、解説、資料等)」 http://www.mext.go.jp〉トップ〉教育〉小学校、中学校、高
　　等学校〉新学習指導要領·生きる力〉新学習指導要領(本文、解説、資料等)]. 문제
　　는 애국심 교육을 강화하는 신학습지도요령의 법적 근거는 2006년 개정된 교육기
　　본법이라는 데 있다. 「국기 및 국가에 관한 법률」(国旗及び国歌に関する法律)의
　　제정(공포·시행 : 1999. 8. 13) 이래 히노마루 게양·기미가요 제창을 강요하는 행태
　　는 교사들에게 애국심 교육을 하라고 압박하는 것이다[박균섭(2013) 「47인의 사무
　　라이와 근대일본 : 충군애국 이데올로기의 조립과 주입」『한국교육사학』 35(3),
　　p.17]. 강요와 압박을 통해서는 마음과 몸과 땅과 사람의 교감으로부터 우러나는
　　진정한 애국심을 기대하기는 어려운 일이다.
39) G. McCormack(2007), Client State : Japan in the American Embrace, 이기호·황정아
　　역(2008) 『종속국가 일본 : 미국의 품에서 욕망하는 지역패권』 창비, p.43, p.321

이를 거부한 교사들에 대한 징계처분의 적법성과 사상·양심의 자유 침해 여부에 대해 최고재판소에서는 2007년 이후 이를 본격적으로 다루어 왔다. 히노마루－기미가요의 강제는 전후 교육정책의 목표를 애국심의 육성에 두고 교육기본법, 학습지도요령 등의 개정을 통해 점차 그 개입 강도를 높여온 일본정부의 극우정책의 중요한 수단이 되어 왔다.[40] 실제로 이 법률은 교육기본법과 평화헌법을 개정하는 중요한 동력이 되었으며 야스쿠니신사를 황국사관의 성지로 바꾸는 시도에도 영향을 끼쳤다. 법률을 통해 히노마루 게양과 기미가요 제창을 젊은이들에게 강요하였고, 일편의 법률조문으로 애국심 교육과 공공성 재건이라는 대의명분을 자아내고 그 효과를 보려는 시도를 감행한 것이다.

---

40) 권혜영(2015)「일본의 히노마루 및 기미가요에 대한 기립·제창 강제와 사상·양심의 자유 : 최고재판소 판례를 중심으로」『헌법학연구』21(1), pp.269-310. 2007년 최고재판소는 기미가요 피아노반주를 거부한 공립학교 음악교사에 대한 징계처분에 대해 교장의 반주 지시행위는 교사의 사상·양심을 직접 부정하는 외부적 행위가 아니며 공무원의 지위에 비추어 징계는 위법하지 않다고 판시했다. 이후 2011년 최고재판소는 여러 건의 유사판결을 통해 히노마루－기미가요에 대한 부정적 세계관도 보호받을 사상·양심이긴 하지만, 기립제창을 지시하는 직무명령은 그 부정적 세계관에 대한 직접적 제약이 아니라 간접적 제약에 그친다고 판결하였다. 최고재판소의 일련의 판결은 사상·양심의 자유에 대한 보장범위를 넓게 보는 관점(내심설)이 아니라 좁게 보는 관점(신조설)을 취하고 있음을 알 수 있다[권혜영(2015)「일본의 히노마루 및 기미가요에 대한 기립·제창 강제와 사상·양심의 자유 : 최고재판소 판례를 중심으로」『헌법학연구』21(1), p.269]. 그러나 위의 판결에는 보충의견이 부기되어있다. 「불이익처분을 수반하는 강제가 교육현장을 불신에 빠트리고 위축시킨다면 교육이 생명을 잃고 만다」거나 「강제나 불이익처분은 가능한 한 억제(謙抑)되어야 한다」거나 「국기·국가가 강제적이 아니라 자발적인 경애의 대상이 될 수 있는 환경을 마련하는 것이 중요하다」는 등의 의견이다. 법정의견에 의하면 직무명령이 사상·양심의 자유를 간접적으로 제약한다고 인정한 것이다[朝日新聞(2011.6.1.)「君が代判決 : 司法の務め盡くしたか」『朝日新聞』社說].

2000년대, 평화헌법과 교육기본법의 개정 문제

나카소네 야스히로 전 총리는 2000년~2003년에 걸쳐 21세기 일본의 국가전략과 일본정치의 전략적 전개에 관한 염원을 담은 지침서를 내놓았다. 그 염원은 일본 자위대의 집단적 자위권 행사를 위해 평화헌법을 고치고, 교육기본법을 개정해 일본의 정체성을 강화하자는 것이었다.[41] 나카소네는 일찍이 총리 재임기간에 행정개혁은 상당한 성과를 거두었으나, 교육개혁은 불완전하게 끝났음을 지적하였다. 교육의 붕괴는 단순히 문부성(문부과학성) 만의 문제가 아니며, 그 기저에는 일본국민 전체의 문명병이 펴져있기 때문이라고 보았다. 미군정의 점령 아래 만들어진 교육기본법에는 개인을 너무 강조해 공동체의 개념이 결여되어 있으며, 이것이 오늘날 문명병의 요인이라는 얘기였다. 나카소네는 1947년의 교육기본법의 탄생시점에서부터 영미식 개인주의 계열의 가치(권리, 개성, 인권, 자유, 민주주의)는 풍부하게 기술되어있으나 일본식 집단주의 계열의 가치(질서, 규율, 희생, 의무, 책임, 역사, 전통, 문화, 가정)에 대한 배려는 거의 없다면서 이를 「증류수=무국적」의 교육기본법이라고 비판하였다.[42]

일본의 보수우익 세력은 일본이 국제사회에서 인적 공헌을 할 수 있기 위해서는 일본이 미국과 함께 군사행동을 취할 수 있는 보통국가(普

---

41) 中曾根康弘(2000)『二十一世紀日本の國家戰略 : 歷史の分水嶺に立って』 PHP研究所 ; 中曾根康弘・竹村健一(2003)『命の限り蟬しぐれ : 日本政治に戰略的展開を』 德間書店

42) 위의 글 및 G. McCormack(2007), Client State : Japan in the American Embrace, 이기호・황정아 역(2008)『종속국가 일본 : 미국의 품에서 욕망하는 지역패권』 창비 참조

通の國/Normal Nation)가 되어야 한다고 주장한다. 보통국가론은 전후 평화헌법의 가치를 부정·폐기하고 중무장을 추진하겠다는 의미, 군사 대국화의 길을 추구하겠다는 의미이다. 이처럼 「전후체제 청산=보통국가 만들기」는 과거 일본의 치부(과거사)를 지우겠다는 몸짓이기도 하다. 존 다우어(John W. Dower)는 이러한 일본의 지향을 미친 상황이라고 비판하면서 일본을 그렇게 만든 것은 미국이라고 지적하였다. 이에 대해서는 전쟁광(warmongers)의 개념을 통해 논평하는 경우도 있다.[43] 평화헌법이야말로 아시아·태평양전쟁에서 얻은 재산이며, 그 재산을 지키는 일을 포기해서는 안 된다는 지적이다.[44]

2000년－2007년－2012년의 시계열을 통해 아미티지－나이 보고서 (Armitage-Nye Report, 1차 : 2000, 2차 : 2007, 3차 : 2012)를 작성해 온 아미티지는 일본의 집단적 자위권 발동을 금지한 일본 평화헌법 제9조의 제거를 주장해 일본 우경화의 물꼬를 터준 인물이다. 이는 일본 우익이 그토록 갈망하는 헌법 개정과 재무장에 미국이 손을 들어준 셈이다. 아미티지는 평화헌법의 기존의 자구들을 유연하게 해석하는 쪽이 낫다(헌법개정이 아닌 내각의 헌법해석)는 비슷한 충고를 거듭 내놓았다.[45] 2001년 6월 27일에는 일본의 보수국회의원 연맹으로 「역사교과서 문제를 생각하는 모임(歷史教科書問題を考える會)」이 결성되었

---

43) J. D. Sachs(2015.7.20.), Saying no to the warmongers, The Korea Herald ; TBSテレビ報道局(2015.5.4.)「報道特集 : 戦後70年 歴史家ジョン・ダワーの警告」『TBSテレビ』
44) 위의 TBSテレビ報道局 참조.
45) 朝日新聞(2013.9.10.)「集團的自衛權で內閣法制局解釋を批判、米國務副長官」『朝日新聞』; Takahara Kanako(2004.2.3.), U.S. will assist SDF in Iraq, Armitage pledges to Ishiba, The Japan Times ; G. McCormack(2007), Client State : Japan in the American Embrace, 이기호·황정아 역(2008)『종속국가 일본 : 미국의 품에서 욕망하는 지역패권』창비, p.127, p.332

고, 2004년 2월 25일에는 교육기본법 개정을 위한 초당파 의원연맹인 「교육기본법 개정 촉진위원회(教育基本法改正促進委員會)」가 결성되었다. 이에 대한 대응으로 2004년 6월 10일, 일본의 시민과 지식인들이 「9조모임」(九條の會)을 결성하고 호소문(「九條の會」アピル)을 발표하였다. 호소문에서는, 평화헌법을 개정하려는 움직임은 곧 일본이 미국을 따라 「전쟁을 하는 나라(戦争をする国)」로 가는 것이라고 지적하였다. 당시 교육기본법을 개정하려는 움직임에 대해서도 전쟁을 하는 나라로 가는 수순임을 명백히 하였다.

일본 군대의 이라크 파병(2004.1)은 부차적·비전투적인 역할이긴 해도 일본이 60년 만에 처음으로 전쟁에 참여하는 행위였다. 자위대의 이라크 파견을 결정할 때 고이즈미 준이치로 총리는 평화헌법 전문의 「우리는 평화를 유지하고, 전제와 예종, 압박과 편협을 지상에서 영원히 제거하려고 노력하는 국제사회에서 명예로운 지위를 맡고 싶다(われらは、平和を維持し、専制と隷従、圧迫と偏狭を地上から永遠に除去しようと努めてゐる國際社會において、名譽ある地位を占めたいと思ふ)」는 국가이념에 관한 맹세를 새롭고도 독특하게 해석하여 위헌문제를 대처하고자 하였다. 이를 헌법 본문의 명시적 구절보다 우선해야 한다는 것이었는데, 이는 헌법학자들을 아연실색케 했다. 고이즈미는 이전 보수주의자들이 그저 꿈만 꿨던 것, 즉 자위대를 사실상의 정규군으로 전환하려는 목표를 거의 달성했다. 일본의 이라크 파병(2004~2006)을 평하자면, 이라크에서 수행한 지역적·국지적 선행은 소소했던 반면, 전쟁과 점령에 대한 일본의 무조건적 지지는 훨씬 심각한 성격을 드러내고 말았다.[46]

---

46) G. McCormack(2007), Client State : Japan in the American Embrace, 이기호·황정아

2005년은 전후 60주년, 그리고 한일협정 40주년에 해당한다. 2000년 대에 들어 한일관계가 회복되고 특히 민간교류가 활성화 되면서, 한일 양국 정부는 2005년 한일협정 40주년을 「한일 우정의 해」로 선포하였 다. 하지만 이와 같은 외교적 수사와는 달리, 연초부터 시작된 일본 측의 독도 도발로 인해 한일 관계는 급속히 냉각되었다. 보수적 언론매체들이 여전히 한일 간 경제와 안보 협력을 강조했지만, 전반적으로 한국 내 여론은 일본의 독도 도발에 강경한 입장이었다. 또한 인터넷 상에서 표 출된 일본 민간의 우경화는 자연스럽게 한국의 반일감정을 자극하여 이 것이 다시 일본 내에서 한국에 대한 감정을 악화시키는 악순환을 초래했 다. 이러한 한일 간 대립과 갈등은 식민주의 청산을 외면하고 경제와 안보 협력만을 앞세운 한일협정의 태생적 한계에서 비롯된 것이었다.[47]

2005년 6월 25일에는 자민당 내의 야스쿠니 참배 자숙론을 뒤로 한 채 「평화를 바라며 진정한 국익을 생각해 야스쿠니 참배를 지지하는 젊은 국회의원 모임(平和を願い眞の國益を考え靖國參拜を支持する若 手國會議員の會)」이 조직되었다. 2006년 4월 19일에 결성된 「바른 일본 을 만드는 모임(正しい日本を創る會)」은 건전한 보수의 육성을 목표로 자주헌법 제정, 교육기본법 조기 개정, 총리의 야스쿠니 참배 지지 등 우파적인 어젠다를 강력 표방했다. 그들은 이상의 어젠다를 추진하는 일이야말로 일본을 사랑하고, 일본의 미래에 책임을 지고, 국가의 존엄 을 지키는 진정한 보수의 길이라고 보았다.[48]

2006년 4월 15일 오전 7시 무렵, 아베 신조 관방장관이 은밀히 야스

역(2008) 『종속국가 일본 : 미국의 품에서 욕망하는 지역패권』 창비, pp.135-136, pp.216-217, p.343

47) 오제연(2015) 「언론을 통해 본 한일협정 인식 50년」, 『역사비평』111, pp.129-162
48) 박철희(2014) 「일본 정치 보수화의 삼중 구조」, 『일본비평』10, p.90, p.92

쿠니신사를 참배하였다. 아베는 지난 1기 내각 총리(2006.9~2007.9)로 취임하기 직전, 7월 21일에 펴낸 저서『아름다운 나라로』를 통해「지난 침략과 식민지배의 역사를 반성해온 일본의 교육 탓에 아이들이 국가에 대한 자긍심을 잃어버리고 있다」며, 이런 자학사관·암흑사관을 버리고 일본인의 자긍심을 심어줘야 한다고 주장해 왔다.[49]「세계에서 신뢰받고 존경받으며 모두가 일본에 태어난 것을 자랑으로 생각하는 나라」, 아베가 아름다운 나라 일본의 지향에 대해 내린 정의이다.[50] 하지만 그 아름다운 나라는 역사적 사실을 은폐하고 점령시대를 망각하며「대미종속을 강화하는 아름다운 나라(対米従属を強化する美しい国)」라는 지적도 있고[51], 자칫 세계로부터 신뢰를 잃고, 바보가 되고, 일본에 태어난 것을 부끄럽게 여기는 일을 아무렇지 않게 할 수 있다는 점에서 아름답지 못한 나라라는 비판도 있다.[52]『아름다운 나라로』의 마지막 장은「교육의 재생」이다. 교육기본법 개정의 목표도「교육의 재생」이었다. 그것은 아베식의 논법으로 말하자면「교육의 재생=애국심교육=전쟁을 향해 폭주하는 국가」였다.[53] 일본은 이처럼 위험수역에 있으며 개인의 양심을 유린하는 새로운 국가주의가 대두하고 있다는 문제가 지적되고 있다.[54]

---

49) 길윤형(2014.4.5.)「"자학사관 버리고 자긍심 고취"…아베, 교과서 우경화 착착 진행」『한겨레』
50) 安倍晋三(2016)『美しい国へ : 自信と誇りのもてる日本へ』文藝春秋
51) 内田樹·白井聡(2015)『日本戦後史論』徳間書店
52) 日刊ゲンダイ(2007.2.12.)「安倍晋三の愚鈍愚図には、ほとほと呆れる」『日刊ゲンダイ』
53) 高橋哲哉·俵義文·石山久男·村田智子(2005)『とめよう!戦争への教育 : 教育基本法「改正」と教科書問題』学習の友社
54) 週刊金曜日編集部(2006)『日本はどうなる 2007 : 暴走する国家に抗うための論点』金曜日

2007년은 평화헌법과 교육기본법이 60주년을 맞이한 해이다. 일본정부는 2007년 3월 1일에는 고노담화(1993.8)에 대한 수정안을 발표하였다. 2007년 4월 5일에는 개헌을 목표로 한 의원연맹인「신헌법 제정의원동맹(新憲法制定議員同盟)」이 결성되었다.[55]「바른 일본을 만드는 모임」(2006.4.19)이 제안한 명칭(자주헌법)을 감안하여, 앞으로 헌법이 개정된다면 기본 명칭은「구헌법 → 평화헌법 → 신헌법(자주헌법)」의 구도가 될 것임을 알 수 있다. 교육기본법은 60주년을 맞이하면서 해가 바뀌기 직전인 2006년에 개정되었다.

「새로운 교과서를 만드는 모임(新しい歷史敎科書をつくる会)」은 설립 총회(1997.1.30) 이래 2000년대에 들어서도 계속하여「새로운 교과서=위험한 교과서」를 유포해왔다(俵義文, 2001). 이들 모임은 일본의 교육위기 해결을 위해 교과서 공격의 형태를 취한다는 특징이 있다. 공격의 방법론은 교육기본법에 대한 공격과 함께 국기(日の丸) 게양과 국가(君が代) 제창을 키워드로 삼는다. 그러다가「새로운 교과서를 만드는 모임」교과서 채택률의 저조(2001년=0.039%, 2005년=0.39%)에 대한 책임소재를 둘러싸고 내부분열이 일어났다. 그 이탈세력은 보수세력의 지원을 받아 2006년 10월에「일본교육재생기구(日本敎育再生機構)」를 발족시켰다.[56] 이들은 2007년 7월에「개정교육기본법에 기반을

---

55) G. McCormack(2007), Client State : Japan in the American Embrace, 이기호·황정아 역(2008)『종속국가 일본 : 미국의 품에서 욕망하는 지역패권』창비, p.207
56) 일본 교육기본법은 제정된 지 60년 만에 개정(2006. 12. 15)되었는데, 이는 2000년 오부치 정권 때부터 시작된 교육개혁국민회의의 정신을 완성한 것으로, 일본교육의 기본방향을 바꿔주는 중요한 사건이다. 교육재생회의(2006.10.10)는 공교육재생과 교육신시대 기반 구축을 제시하고 있으나, 그 기본방향은 교육계의 시각보다 정치권 및 산업계의 요구를 반영한 것이었다. 교육재생회의에서 제시한 여유교육(ゆとり敎育)의 재검토와 학력저하 논란은 타당한 근거를 갖고 있지 못하며, 이같은 신자유주의적 세계화 논리를 강화하기 위한 정책 수단으로 인해 교육현장에는

둔 교과서개선을 추진하는 유식자모임(改正教育基本法に基づく教科書改善を進める有識者の会)」을 조직하였다. 「새로운 교과서를 만드는 모임」의 잔류세력이 후쇼샤(扶桑社)와 법정분쟁 끝에 지유샤(自由社)와 손을 잡자, 「일본교육재생기구」는 후쇼샤의 자회사인 이쿠호샤(育鵬社)를 통해 역사교과서와 공민교과서를 펴내기 시작했다.

2009년 4월 검정합격이 발표된 지유샤 발행 중학교 역사교과서는 2006년도 후쇼샤판의 완전 복제품이나 다를 바 없이 내용이 거의 대부분 동일하다. 이는 문부과학성과 새역모의 합작품이라고 말할 수 있다. 지유샤판 역사교과서는 일본만의 논리와 사상이 깃든 교과서, 중한예속사관과 구미추수사관을 극복한 교과서, 공산주의 역사관을 부정하는 교과서라는 점을 내세운다.[57] 새역모는 현재 사용되고 있는 8종의 역사교과서가 중한예속사관, 구미추수사관, 공산주의 찬양사관에 빠져있다고 비판하고 있다. 새역모는 이번 교과서에서 세련된 편집방식과 교묘한 논리전개 속에서 천황중심사관, 전쟁미화사관을 적극 내세우고 있다. 그들이 이렇게 역사교과서를 통해 역사를 왜곡하는 궁극적인 목표는 제9조를 폐기하고 새로운 헌법을 만들어, 소위 천황을 중심으로 자랑스러운 국민이 모여 사는 위기에 강한 국가를 만드는데 있다. 지유샤판 교과서는 자기중심적이고 배려심이 없는 교재이며, 학생들로 하여금 상대방에 대한 차별의식을 키우도록 하는 교재이다. 역사교육을 통해 상호존중하는 학생을 육성하기보다 싸움닭을 키우려 하고 있다.[58]

다시금 부작용이 일고 있다. 한용진·박은미(2007) 「일본 교육개혁의 보수화 논쟁과 교육재생회의」『한국교육학연구』13(2), pp.25-46
57) 신주백(2009) 「지유샤판 역사교과서의 근대사 서술 분석」『역사교육연구』9, pp.255-293
58) 신주백(2009) 「지유샤판 중학교 역사교과서의 현대사 인식」『한일관계사연구』33, pp.173-179

지유샤의 『새로운 역사교과서(新しい歴史教科書)』와 이쿠호샤의 『새로운 일본의 역사(新しい日本の歴史)』는 2011년 3월 문부과학성 검정을 통과하였다.[59] 지유샤와 이쿠호샤의 편집방침이 크게 다른 것은 아니다. 「일본교육재생기구」는 지유샤-이쿠호샤 이외의 교과서에는 「유해첨가물＝독」이 들어있다고 규정한다. 그들은 반전평화, 호헌, 핵폐기, 아이누/재일외국인 차별철폐, 환경보호/지구시민 활동 등을 모두 교과서에 넣지 말아야 할 유해첨가물이나 독극물로 규정하면서 교과서를 공격하고 있다.[60] 「교육재생을 통해 일본재생을 꿈꾼다(教育再生から日本再生へ)」는 그들의 구호가 지향하는 바는 바로 그런 것이었다.

다와라 요시후미(俵義文)는 자민당 등 일부 정치세력과 재계를 중심으로 한 일본 극우세력이 교과서에 집착하는 것은 교과서 자체가 최종목적이 아니며, 그것은 궁극적으로 자위대 해외 파병을 위한 헌법 개정과 국가에 순종적인 국민을 만들기 위한 정치적 야심 때문이라고 지적하였다.[61] 다와라 요시후미는 2011년 3월 문부과학성 검정을 통과한 지유샤판과 이쿠호샤판 교과서를 강도 높게 비판했다.

2011년 일본 문부성 검정통과본을 대상으로 한 일본중학교 역사교과서의 역사관과 고대사 서술의 특징을 검토할 필요가 있다. 2011년에 검정을 통과한 일본중학교용 교과서는 2006년도에 성립된 개정교육기본법과 이에 기초해 2008년에 새로 제정된 신학습지도요령 및 동 해설

---

59) 大阪歴史科學協議會(2011)「『新しい歴史教科書』を引きぐ自由社版・育鵬社版歴史敎科書の採擇に反對する聲明」『日本史研究』588, pp.85-87 ; 歴史學研究會(2011)「緊急アピール：育鵬社版、自由社版教科書は子どもだちに渡せない」『日本史研究』588, pp.88-90
60) 子供と教科書全国ネット21(2012)『育鵬社教科書をどう読むか』高文研, p.164
61) 조선일보(2011.6.10.)「일 왜곡 교과서와 3차 대전 중…채택률 0% 목표로 싸우겠다 : 일 시민단체 다와라 국장 "실제 채택률 1.7%에 불과"」『조선일보』

서가 실제로 적용된 첫 사례였다.[62)]

2011년 검정 통과본 중학교 교과서(역사, 공민, 지리)의 독도관련 기술의 가장 큰 특징은 학습지도요령 해설서의 영토관련 사항이 강조되었고 종래의 교과서 기술보다 한층 우경화 경향이 강화되었다는 점이다. 소위 새역모계 교과서(자유샤와 이쿠호샤)를 포함한 모든 출판사의 교과서가 독도(일본명 다케시마)를 「일본고유의 영토이자 이를 한국이 불법으로 점거·점령하고 있다」고 직접적으로 기술하고 있다. 교과서검정의 대표적인 문제점으로서 고조선 관련 서술의 삭제를 들 수 있는데, 이는 자국의 전통과 문화를 지나치게 중시하여 역사의 유구성을 강조한 나머지 그보다 오랜 시기의 이웃나라 역사에 대한 개악사례라 할 수 있다.[63)]

일본중학교 교과서(역사, 공민) 서술에 나타난 역사관은 전통과 문화의 중시, 애국심과 도덕의 강조, 국가와 천황의 중시, 자위대의 긍정, 자국의 위협론에 기초한 침략전쟁의 미화와 식민지배의 합리화 등에 그 특징이 있다. 고대사 서술상의 특징은 일본인, 일본사회, 일본문화, 천황제국가 일본의 전통성, 유구성, 신성성, 우수성, 주체성을 강조하고 애국심과 도덕심과 자부심을 유도하기 위한 장치로서 신화와 전승의 역사화, 쇼토쿠태자상의 창출이 시도되고 있다는 점이며, 동시에 이웃나라에 대한 인식은 중국에 대해서는 대등의식을, 한반도에 대해서는 우월의식을 심어주는 서술로 일관하고 있다는 점이다. 결국, 이러한 내용은 교육기본법이 제시한 또 다른 교육목표인 「이웃나라에 대한 존중」이나 「세계평화와 발전」과는 상당한 거리가 있다. 일본우익세력의 역사관을 대변

---

62) 나행주(2011) 「일본중학교 역사교과서의 역사관과 고대사 서술 : 2011년 검정통과본의 분석을 중심으로」『동국사학』51, pp.141-217
63) 위의 글

하는 새역모계 교과서의 고대사 서술에 나타난 역사관은 여전히 종래의 일본고대 사학계의 통설적 입장인 일본서기사관(조공, 헌상, 하사, 할양), 자국중심사관(대등론과 우위론), 천황중심사관(귀화인, 번국관), 견당사중심사관(중국중시, 한반도무시)에 머물고 있다고 할 수 있다.[64)]

이들 역사교과서는 고대사에서는 한국의 독자성을 부정하고, 근현대사에서는 일본의 침략전쟁을 미화하고, 조선에 대한 식민 지배를 정당화했다. 애초부터 이들의 목적은 바른 교과서 출판이 아니라 정치몰이에 있다는 것을 알 수 있다.[65)] 다와라 요시후미는 일본에서 전개된 교과서 전쟁의 역사에 대해, 극우파들의 교과서 편향 공격은 1955년 1차 공격(2년 만에 종식), 1980년 2차 공격(2년 반 만에 종식), 1996년 3차 공격(1996년부터 15년이나 계속)이 있었다면서, 3차 공격의 특징은 정치인이 전면에 나서지 않고 문화인이나 학자들이 주도해 마치 시민운동인 것처럼 위장되어 있다는 점을 지적하였다.[66)]

교육기본법을 전면 개정한 것이 자민당 역대 내각 중에서 가장 오른쪽이었다고 하는 아베 자민당 내각인데, 이를 계승해 2012년 실천에 옮긴 것이 자민당을 대신해 등장한 민주당이라는 점은 일본적 심각성을 드러내는 장면이다. 민주당 정권 출범과 더불어 그들의 우선회는 과거의 자민당을 훨씬 뛰어넘는 것이었다.[67)] 그러다가 2012년 12월 26일 아베 2기 내각(2012.12.26~현재)이 출범하면서 일본 정부의 역사 인식은 더욱 악화되었다. 2기 내각의 정권구상을 담은 『새로운 나라로』

---

64) 위의 글
65) 조선일보(2011.6.10.) 「일 왜곡 교과서와 3차 대전 중…채택률 0% 목표로 싸우겠다 : 일 시민단체 다와라 국장 "실제 채택률 1.7%에 불과"」 『조선일보』
66) 위의 기사
67) 권혁태(2012.4.26.) 「일본을 오른쪽으로 메치는 무도 교육의 복권」 『한겨레21』

(2013)는 1기 내각의 정권구상을 담은 『아름다운 나라로』(2006)의 완전판에 해당한다.[68] 아베는 1기 내각에서 총리의 자리를 1년밖에 지키지 못하고 2012년 12월, 재도전에 성공한 것에 대한 자괴감과 자만심이 섞여있는 자이다. 아베는 실족을 경계하는 사람이고, 그래서 자신을 지켜주는 사람들을 위주로 자신의 성을 쌓아가고 있다. 그 성에 모여들어 아베를 지켜주는 절대다수가 격렬한 보수우파에 해당한다.[69]

일본의 정치주도형 교육개혁에 대해 위기감을 가진 학자들이 개혁의 문제점을 검증하고 교육개혁의 여러 폐해를 지적하고 나섰다.[70] 하지만 아베 내각은 2013년 1월 15일 총리 직속의 「교육재생실행회의」를 정식 설치하고, 우익 성향의 보수 논객과 개헌·교육 문제 브레인으로 꼽히는 인사를 중심으로 교육재생의 실천에 나섰다. 교육재생이 자칫 병적인 우경화와 연동될 수 있음을 보여주는 상징적인 사건이 있다. 2013년 4월 12일 아베 총리가 「731」을 필승의 아이템으로 삼아 득의만면의 포즈를 취한 사진 한 장이다.[71] 이 사진 이야말로 교육재생의 본의를 순수하게 받아들이기 어려운 결정적인 장면이 아닐 수 없다.

드디어 일본은 각의결정으로 집단적 자위권을 인정하는 해석개헌을 단행하였다(2014.7.1). 그 내용은 전쟁할 수 있는 보통국가로의 전환을 의미하면서 헌법 제9조를 사실상 제거한 것이기도 했다. 집단적 자위권을 인정하기 위한 일본의회와 내각이 추진하는 방식의 공통점은 상위

68) 安倍晋三(2006)『美しい国へ：自信と誇りのもてる日本へ』文藝春秋 ; 安倍晋三(2013) 『新しい国へ：美しい国へ完全版－「強い日本」を取り戻すために』文藝春秋
69) 이원홍(2015.8)「전후 70년…실패한 미국의 일본개혁 ⑦」『월간경제풍월』
70) 藤田英典·尾木直樹·喜多明人·佐藤学·中川明·西原博史(2007)『誰のための「教育再生」か』岩波書店 ; 藤田英典(2014)『安倍「教育改革」はなぜ問題か』岩波書店
71) Kim, Sarah(2013.5.15), Abe's pose resurrects horrors of Unit 731, Korea JoongAng Daily

규범인 헌법을 하위규범이나 국가기관이 개폐해버렸다는 점(법의 위계질서에 대한 문란)에 있다. 헌법 제9조가 개정되지 않았음에도 불구하고, 제9조가 삭제된 것을 전제로 국가안전보장기본법 등 관련 법률을 제정·개정하는 것은 입법권 행사범위를 넘은 것이다(입법권에 의한 헌법개정권에 대한 침해). 헌법 제9조와 집단적 자위권에 관한 사례는 최근에 새롭게 등장한 사례가 아니라 오랫동안 논의가 누적되고 정착된 사례에 불과하다. 일본의회나 내각의 집단적 자위권 인정을 위한 최근 행보는 상위규범인 헌법에 대해 하위규범이 개폐를 결정짓는 일로 이는 명백한 하극상에 해당한다. 입헌주의 국가는 헌법에 의해서 구성된 국가, 헌법에 의해서 규제받는 국가만을 의미한다. 정치적 필요성 때문에 집단적 자위권을 인정하는 일본의 각의결정은 권력규제의 틀을 일탈했다는 점에서 입헌주의의 퇴행이라 하지 않을 수 없다.[72] 이 역시 일본교육의 궤적을 설명하는 근거와 역학은 일본정치에 있으며, 이는 전전·전중·전후로 이어지는 국제이데올로기의 자장으로부터 자유롭지 못한 교육의 비극을 단적으로 보여주는 것이기도 하다.

5 무책임 정치체제와 일본교육의 미래

20세기 전반 700만 명의 일본군은 어느 누구도 공식적으로 공격 임무를 부여받지 않았다. 일본군은 대부분의 전쟁을 단독으로 일으켰고

---

72) 김태홍(2015)「일본의 '해석개헌' 방식 : 집단적 자위권의 해석개헌을 중심으로」『공법학연구』16(1), pp.213-246

그로 인해 2천만의 인구가 목숨을 잃었다. 1945년 패전 당시 일본의 평균수명(참고값)은 남성 23.9세, 여성 37.5세였다. 하지만, 그들의 전쟁에 대한 논법은 적의 공격에 저항하거나, 동맹국에 대한 의무를 다하거나, 도적과 테러범과 군벌에 대항하여 일본인의 생명과 재산을 보호하는 행위였을 뿐이라고 말한다.[73] 그 논리의 연장선에서, 한국에 대한 침략과 지배에 대해서도, 침략과 지배라는 문구는 사라지고 그저 한국의 근대화와 경제발전에 큰 도움을 주었다는 식의 망언이 이어지고 있다. 히다카 로쿠로(日高六郎)는 「만약 일본이 「침략」을 하지 않았다면 「침략」을 가르쳤던 교과서가 잘못된 것이며, 그 반대라면 「침략」을 가르치지 않는 교과서가 거짓말을 하는 것」이라면서 일본의 교과서에 관한 역사인식의 바닥을 꼬집었다.[74] 하지만 「침략」을 「진출」로 여기는 정신구조의 연속선상에서 침략여부를 구분하는 작업은 무의미한 일이 되고 만다. 천황제의 구조는 대동아성이상국(大東亞聖理想國)이라는 프레임 위에 설정되어있다. 대동아성이상국의 천황의 군대에 의한 전쟁이었다면 전쟁의 최고책임은 천황의 의자에 앉아있는 사람이 질수밖에 없다.[75] 그러나 일본의 전전·전중·전후는 전쟁에 책임을 지는 자가 없는 무책임정치체제를 특징으로 삼는다.[76]

일본의 보수우익의 언동에 힘이 실리는 데는 여러 외적 요소와 변수

73) G. McCormack(2007), Client State : Japan in the American Embrace, 이기호·황정아 역(2008)『종속국가 일본 : 미국의 품에서 욕망하는 지역패권』창비, p.132 ; 朝日新聞(2014.8.15.)「戰後69年の言葉 : 祈りと誓いのその先へ」『朝日新聞』社說
74) 2001년 3월 23일, 사민당 주최 원내집회. 심규선(2001.5)「새로운 역사 교과서를 만드는 모임의 정체 : 극우파 지식인들의 국수주의 부활 행동대」『신동아』재인용
75) 鈴木貞美(2009)『戰後思想は日本を讀みそこねてきた : 近現代思想史再考』平凡社, pp.40-42
76) 박균섭(2010)「쇼토쿠태자 독법 : 전쟁, 평화, 교육」『교육사상연구』24(1), pp.33-51

가 작용한다. 우익 성향을 강화하고 있는 아베 내각으로서는 일련의 국제정세가 큰 힘이 되고 있다. 먼저 미국이다. 미국 백악관은 아베 담화(2015.8.14)에 대해 환영의 입장을 분명히 하였다. 일본은 전후 70년 동안 평화, 민주주의, 법치에 대한 변함없는 약속을 보여줬으며 이런 기록은 모든 국가의 모델이 되고 있다고 평가했다. 직접적인 사과가 생략된 아베의 담화에 대해 어떤 단서도 달지 않고 전체를 환영한 것이다.[77] 웬디 셔먼(Wendy Sherman)의 발언(2015.2.17)은 동아시아 회귀 전략=아시아 중시외교(Pivot to Asia)를 선언(2011.11)한 이래의 미국의 인식을 단적으로 보여준다. 일본에 대한 한국과 중국의 반발에 대해, 취약한 정권의 내부문제 호도책 정도로 여기면서, 동아시아의 진전을 막고 마비를 초래하는 국가는 일본이 아닌 한국과 중국이라는 관점을 드러낸 것이다.[78] 아베의 호전적 제스처는 아미티지-나이 보고서의 본심과도 일맥상통한다. 일본이 미국을 필요로 하는 이상 미국은 강한 일본을 필요로 한다. 아미티지-나이 보고서의 핵심은 미일동맹이야말로 아시아의 버팀목이라는 데 있다.[79]

다음으로는 일부 아시아 국가가 과거 일제 침략에 대한 역사적 앙금을 드러내지 않고 일본에 대해 전향적 태도를 보이고 있다는 점이다. 일부 아시아 국가는 중국과 맞서기 위해 미국과 일본에 기대는 전략으로 돌아섰으며, 아예 일본의 재무장을 환영·지지한다는 입장이다. 예컨

---

77) The Wall Street Journal(2015.8.16), Abe's Mixed Apology : Why it still matters if Japan whitewashes its war crimes, The Wall Street Journal ASIA ; 국민일보 (2015.8.15.) 「"담화 환영, 일본은 모든 국가 모델" 미국 수상하다」『국민일보』
78) A. Gale(2015.4.27), South Korea's Weak Hand in Pressing Japan on the War, The Wall Street Journal
79) R. L. Armitage & J. S. Nye(2012), The U.S.-Japan Alliance : Anchoring Stability in Asia, The Center for Strategic and International Studies

대 필리핀의 경우, 아키노정부는 미국 오바마정부의 아시아 중시외교 (Pivot to Asia) 선언(2011.11)과 행보를 같이한다. 2012년 스카버러섬 (Scarborough Shoal)을 둘러싼 필리핀과 중국의 갈등과 분쟁은, 중국의 남중국해에서 보이는 팽창주의에 일부 아시아 국가들이 미국-일본에 기대는 전략으로 방향을 틀게 되었다.[80] 중국의 공격적인 성향에 대한 지역 국가들의 우려가 일본의 전쟁행위에 대한 기억을 능가하기 시작했다는 해석이 가능하다. 박근혜대통령은 제70차 유엔총회 기조연설(2015년 9월 28일 : 현지시각)에서 「일본에서 통과된 방위안보법률 (안보법안)은 역내국가 간 선린우호관계와 이 지역의 평화와 안정에 도움이 되는 방향으로 투명성 있게 이행되어 나가야 한다」는 점을 지적하였다. 이에 대해, 일본의 우익언론은 미국은 물론 대부분의 아시아 국가들이 일본의 안보법안에 우호적이라는 점을 들면서 오히려 한국과 중국의 행보를 문제 삼았다.[81] 일부 아시아 국가들이 과거일본의 전쟁행위에 대한 역사적 앙금을 드러내지 않고 일본에 전향적인 태도를 보이고 있다는 점을 십분 활용하고 있음을 알 수 있다.

서양발 일본·일본인·일본문화론도 일본의 보수우익의 행보에 큰 힘을 실어주고 있다. 롤랑 바르트(Roland Barthes), 맥그레이(M. McGray), 조셉 나이(Joseph S. Nye), 기 소르망(Guy Sorman) 등의 진단과 주장은 결과적으로 2000년대 이후의 일본을 경제 아닌 문화와 소프트파워를 중심으로 재평가하는 좌표를 제시하였고, 그 표현양상은 쿨재팬

---

80) D. Pilling & R. Landingin & J. Soble(2012.12.9), Philippines backs rearming of Japan, The Financial Times ; Renato Cruz De Castro(2014), The 21st Century Philippine-U.S. Enhanced Defense Cooperation Agreement(EDCA) : The Philippines' Policy in Facilitating the Obama Administration's Strategic Pivot to Asia. The Korean Journal of Defense Analysis 26(4), pp.427-446
81) 讀賣新聞(2015.9.30.) 「中韓國連演說「反日宣傳」利用を憂慮する」『讀賣新聞』社說

(Cool Japan=Kūru Japan)의 등장이었다.[82] 맥그레이와 조셉 나이의 덕분에, 그리고 쿨재팬의 등장과 더불어 일본문화의 매력으로 무도 관련 서적이 베스트셀러에 이름을 올렸다. 톰 크루즈(Tom Cruise) 주연의 「라스트 사무라이」(The Last Samurai, 2003)가 흥행한 것도 흐름을 같이한다. 개정교육기본법(2006)에 이은 「새로운 학습지도요령(新しい學習指導要領)」에 따라 2012년부터 「전통과 문화에 관한 교육을 충실히 한다」는 차원에서, 중학교에서 남녀 모두 일본의 전통문화가 깃든 「무도」를 필수로 가르치게 된 것도 교육현장의 판도 변화를 보여준다.[83] 여기서 무도라는 말은 식민적 색채가 덧칠된 개념임에 유의해야 한다. 한국사의 전통적 용어였던 「무예」가 일제강점기를 거치면서 「무도」라는 용어로 바뀌었다. 그 이후 무도, 무예, 무술이라는 용어가 섞여 쓰이면서 무도가 아닌 무예의 본래적 가치가 외면되어왔다.[84]

다음으로 식민지근대화론을 들 수 있다. 식민지근대화론의 발생사는, 전후 전직 식민지관료에 의한 『회고록』의 간행, 전직 식민지 교사의 『일대기』 출판 붐으로부터 시작되었다. 일련의 경향은 수탈론이 아닌 근대화론으로 갈 수 밖에 없는 속성을 보여준다. 여기에 1990년대 후반

---

82) D. McGray(2002), Japan's Gross National Cool, Foreign Policy 130, pp.44-54. 쿨재팬의 J-브랜드는 새로운 소프트민족주의 및 요란하고 자기애적인 대중문화 담론을 불러일으켰는데, 최근 10년간 쿨재팬은 K-브랜드의 한류에 중요한 입지를 빼앗겼다. 이에 대한 논의는 Jocelyn Clark(2015), Who's Your Daddy? : The J Brand, the K Brand, and the West 『이화음악논집』19(3), pp.111-136 참조

83) 竹島博之(2011) 「新自由主義と愛國心敎育 : 安部政權の敎育改革を中心に」『東洋法學』55(2), pp.49-72 ; 권혁태(2012.4.26.) 「일본을 오른쪽으로 메치는 무도교육의 복권」『한겨레21』; 內田樹(2010) 『武道的思考』筑摩書房

84) 이용복(2009) 「무도에 대한 코페르니쿠스적 전환」『대한무도학회지』11(2), pp.55-66 ; 나영일(1997) 「기효신서, 무예제보, 무예도보통지, 비교연구」『한국체육학회지』36(4), pp.9-24 ; 나영일(2001) 「무예도보통지에 나오는 무예의 도입과정」『한국체육사학회지』6(1), pp.144-154 참조

에는 자유주의사관그룹85)[1995년 1월, 후지오카 노부카츠(藤岡信勝)가 「자유주의사관연구회」를 결성한 데서 시작된 명칭]의 출판물뿐만 아니라 경제학자들에 의한 실증적 수법을 이용한 연구가 주장에 힘을 실어주었다. 이처럼 1990년대에 들어 집중된 식민지에 대한 실증연구는 식민지지배를 정당화/미화하는 이론장치로 기능하였다. 그 장치는 침략과 지배로 인한 피해국과 피해자를 방치·소비·이용하는 뒤틀린 상황을 연출하고 있다.86) 안타까운 것은 한국에서도 일본의 왜곡된 역사관에 동조하는 세력이 늘어나고 있다는 데 있다. 그들은 해방 후 한국의 산업화가 일제강점기의 근대화 노력 때문이라는 인식을 드러냄으로써 저들의 침략을 정당화하는 논리에 동조하고 있다. 식민지근대화론을 모태로 삼아 돌출행동을 보이는 이들의 망언은 과거사(일본의 침략사)는 이제 내려놓자는 무의식의 반영이라고 볼 수 있다. 문제는 이들의 망언은 점과 선의 동선을 넘어 활동공간/대치전선을 넓혀가고 있다는 데 있다.

---

85) 일본 국민의 일부가 일본국 국민의 이름을 갖고 범했던 식민지지배, 인종·민족차별, 잔학행위와 전쟁범죄를 역사교과서에 기술하여 다음 세대에게 그에 대한 반성을 계승토록 하는 것은 너무도 당연한 일이 아닐 수 없다. 하지만 역사교과서의 개정을 촉구하는 이른바 자유주의사관 논자들은 전쟁범죄에 대한 역사교과서 기술과 그 반성을 계승하는 일에 대해 자학사관이라 부른다. 이는 일종의 집단적 과대망상에 해당한다. 이들의 과대망상은 1970년대 말부터 서유럽, 북미, 호주 등지에서 장기불황을 배경으로 일어났던 이민배격 인종주의나 민족국민주의를 포함한 이른바 신인종주의와 여러모로 닮아있다. 자유주의사관 운동이 시작되었을 당시의 일본사 교과서가 자학적이라는 판단 자체가 의심스러운 것은 물론이지만, 설사 그렇다 치더라도 이 운동에 동아시아와 동남아시아 사람들과의 성실한 교섭을 거부한다는 뜻이 담겨있는 것만은 분명하다. 일본국 국민으로서 범한 식민지지배, 인종·민족차별, 잔학행위와 전쟁범죄를 직시하지 않고서 과연 동아시아의 일본 연구에서 국제교류가 가능할지는 매우 의심스럽다. 사카이 나오키(2006) 「염치없는 국민주의 : 서양과 아시아라는 이항대립의 역사적 역할에 대하여」『일본연구』6, pp.29-52

86) 大森直樹(2003) 「東アジア教育·文化研究交流の課題 : 国際シンポジウム·フィールドワーク「東アジアにおける植民地主義の現在と過去」をふまえて」『季刊教育法』137, pp.92-99

일본의 교육학자들의 문제도 지적될 수 있다. 야스쿠니시스템의 가동 및 애국심교육을 위한 도덕 부교재『마음의 노트』(心のノート) 작성의 문제는 식민지주의와 무관하지 않다. 그럼에도 일본의 교육학자들은 이에 대해 거의 발언하지 않는다. 이는 일본의 많은 교육학자들이 내심 일본의 근대교육(전전·전중의 교육)을 성공으로 평가하고 있다는 증좌이다. 일본의 근대교육이 성공했다는 전제는 그 파장이 만만치가 않다. 식민지교육은 일본 근대교육의 연장 및 일부로 파악될 수밖에 없고, 식민지에 근대교육을 파급시켰다는 시혜의 논리로 이어지며, 근대교육의 문제점은 도외시한 채 식민지주의를 긍정하는 논설로 갈 수밖에 없다.[87]

일본의 정치인들은 1945년 이전 자국의 잔혹한 행동에 대한 형식적인 반성과 사과 발언을 해 왔지만 돌아서서 부인하는 패턴을 반복해왔다. 일본은 독일과 같은 자아성찰(soul-searching)을 보일지라도 내부에서는 이를 자학적이라는 평가를 받을 것이므로 앞으로도 정치적 차원의 성찰 가능성은 희박하다고 볼 수밖에 없다.[88]

아베 담화(2015.8.14)의 핵심문장을 보면,「전후 70년을 맞아 국내외에서 죽어간 모든 사람들의 목숨 앞에서 깊이 고개를 숙이고 애통한 마음을 표함과 아울러 영원히 애도의 뜻을 바친다」고 하였다. 여기서「국내외에서 죽어간 모든 사람들」이라는 표현은 일본 전범들까지 모두 포함하는 전칭 진술이다. 구체적인 식민지배 피해 국가와 피해자들을 특칭하고 있지 않다.[89] 아베 담화의「이제 일본도 전후 태어난 세대가

---

87) 위의 글
88) E. Epstein(2015.8.4.), Do They Really Feel Remorse?, The Weekly Standard
89) 하지율(2015.8.15.)「아베 담화의 소름 돋는 한 문장 : 일본 총리의 진심이 위험한 까닭」『오마이뉴스』

인구의 8할을 넘고 있다. 과거 전쟁과 아무런 관련이 없는 우리의 아들이나 손자, 그리고 그 다음 세대에게도 사죄의 숙명을 안겨주어서는 안 된다」는 문장은 가장 논점이 될 것이다. 이 문장은 다른 문장들과 달리 주어(일본), 논거(전후세대가 8할), 주장(사죄의무 없음)을 다 갖추면서 아베의 진심이 가장 구체적이고 명확히 드러나 있다. 핵심은 전후세대는 사죄 의무가 없다는 주장이다.[90] 과연 그런가. 독일의 빌리 브란트(Willy Brant) 전 총리가 1970년 폴란드의 바르샤바에서 무릎 꿇고 유대인 학살과 전쟁책임에 대해 사죄했던 것은 그에게 죄가 있어서가 아니었다. 빌리 브란트는 그야말로 나치와 아무 상관이 없는 사람이었다. 당시 세계 언론이 찬사를 보낸 것은 나치와 아무 상관없는 그가 독일을 대표해 과거의 잘못된 서사를 더 이상 이어가지 않고 새로운 서사를 쓰겠다는 의지를 행동으로 표명했기 때문이다.[91]

교육기본법 개정 그리고 교과서 문제의 본질은 일본이 사실상 전쟁으로 가는 교육(戰爭をする國, 戰爭ができる国)을 펼치겠다는 발상을 의미한다.[92] 아베 내각은 주권자를 경시하는 것을 숨기려고도 하지 않는다. 극히 제한된 사람들에 의한 일방적인 바꿔 읽기(言葉の読み替え), 말 바꾸기(言い換え), 억지 주장(強弁)을 통해 「전쟁을 하지 않는 나라(戰爭をしない国)」에서 「전쟁을 할 수 있는 나라(戰爭ができる国)」로 치닫고 있다. 그것이 전후체제로부터의 탈각이며, 아름다운 나라로 가는 길이라고 말한다.[93] 이처럼 일본에서는 「전쟁을 할 수 있는 나라

---

90) 위의 글 및 박석원(2015.9.4.) 「아베 담화, 그 후 자민당 풍경」『한국일보』
91) 하지율(2015.8.15.) 「아베 담화의 소름 돋는 한 문장 : 일본 총리의 진심이 위험한 까닭」『오마이뉴스』
92) 高橋哲哉·俵義文·石山久男·村田智子(2005) 『とめよう!戰爭への教育 : 教育基本法「改正」と教科書問題』学習の友社
93) 朝日新聞(2014.8.15.) 「戰後69年の言葉 : 祈りと誓いのその先へ」『朝日新聞』社説

만들기(戦争ができる国づくり)」를 향한 움직임이 거세다. 교육기본법 개정에 이어 신헌법(자주헌법) 제정을 목표로 평화헌법 이탈의 속도가 빨라지는 상황에서, 이제 시대의 근저를 묻는 성찰과 논의가 요망된다. 그래야만 「마음」과 「국가」와 「전쟁」으로 연결되는 회로를 끊을 수 있고, 위기의 징후를 제대로 감지하여 대응할 수 있다.[94]

한국의 정치지형은 산업화와 민주화의 구도를 특징으로 하지만, 특히 광복 60주년과 70주년 사이의 10년의 변화를 주시할 필요가 있다. 한편 일본은 전후 60년과 70년 사이의 변화는 그리 특별한 의미는 없어 보인다. 한국의 산업화-민주화 구도와는 달리 일본의 정치지형은 개헌-호헌의 구도가 갈등 관계를 보이고 있다. 그것은 한마디로 전후체제를 탈피하겠다는 구도이다. 미일방위협력지침(guide line/war manual)은 일본에서는 「가이드라인」으로 부르지만 그것은 엄연한 「전쟁교본」이다. 일본은 교육기본법 개정에 이어 국제정세의 문제를 들어 평화헌법 개헌에 나서고 있다. 하지만 국제정세가 일본의 군사력이 세계로 「진격」해야 할 정도로 위험한 사태라고 보기는 어렵다. 아베 내각의 전쟁법안은 이미 동아시아 위기 조성에, 한국에 대한 음흉한 견제에 이용되고 있다.[95] 그러면서도 애국심, 교육재생, 731포즈를 하나의 계열언어로 제시하고 있다. 그래서 그 교육(재생)이 위험하다는 것이다.

일본의 전전·전중·전후의 문제는 전후 70년동안 근린제국 한국과 중국의 관여나 비난에 따라 일본이 반응을 내놓는 패턴이 지속되어 왔다. 이는 20세기 전반 일본이 일으킨 전쟁에 대해 전후 70년 동안 일본이

---

94) 高橋哲哉(2003)『「心」と戦争』晶文社 ; 大森直樹(2009)「「愛国心教育」と侵略戦争 : 東アジア教育文化学会第5回国際学術フィールドワークから」『季刊教育法』 161, pp.106-113
95) 이원홍(2015.8)「전후 70년…실패한 미국의 일본개혁 ⑦」『월간경제풍월』

감당해야 할 책임을 다하지 못한 채 오히려 근린제국을 불편하게 만드는 잘못을 계속해왔다는 말이기도 하다. 본질을 말하자면, 교과서 파동, 야스쿠니 참배, 교육기본법 개정, 호헌－개헌 문제 등은 한일(韓日) 간의 문제나 중일(中日) 간의 문제라기보다는 일일(日日) 간의 문제이다.[96] 일본이 전쟁범죄에 대해 성찰하고 반성하고 이에 대한 해법에 진지하고 성실한 대응을 하겠다면, 왜 이러한 문제가 한일간, 중일간의 문제, 동아시아 문제로 가로 놓여있는지를 진정성 있게 살펴야 할 것이다. 이 문제를 제대로 푸는 일의 열쇠는 과연 누구에게 있겠는가. 이에 대해, 일본 내부의 정치적 성찰과 협동적·지성적 상호작용을 통해 문제를 풀어야만 전전·전중·전후의 문제에 책임 있게 임하는 일본의 자세라고 말할 수 있다. 그것이 진정한 의미의 바른 일본, 강한 일본, 아름다운 일본, 새로운 일본으로 가는 길이기 때문이다.

> 이 글은 「한국에서 본 전후일본교육의 궤적 : 교육칙어와 교육기본법의 연속과 불연속」(『일본근대학연구』제50집, 2015)을 발표한 이후, 추가 재구성 작업을 거친 글로 선행연구의 확대판·후속연구에 해당한다.

---

96) 심규선(2001.5) 「새로운 역사 교과서를 만드는 모임의 정체 : 극우파 지식인들의 국수주의 부활 행동대」 『신동아』

동아시아연구총서 제3권
전후 70주년, 한일수교 50주년

일본의 식민지 대만 역사교육 정책

김보림

서울대학교 역사교육과에서 교육학박사 학위를 받았으며 총신대학교 전임강사, 조교수를 거쳐 현재 충북대학교 역사교육과에서 부교수로 재직 중이다. 역사교육연구회 편집위원, 한국일본교육학회 정보이사, 한국교육개발원 전문연구원으로도 활동하였다. 1910~1945년간의 식민지 교육과 역사교육에 대해 관심을 가지고 있으며 최근 일본의 교육과 역사교육에 대한 적극적인 비교 연구를 수행하고 있다. 연구업적으로는 중학교 검정 역사교과서를 집필하였고, 「일제강점기 초등 '국사'교과서에 수록된 삽화의 현황과 특징」, 「최근 한국과 일본의 대학입학시험 비교 연구」를 비롯한 다수의 논문이 있다.

1 들어가며

대만은 1895년 청일전쟁의 패배로 인해 일본에게 할양된 뒤, 1945년 해방될 때까지 50년간 일제 식민지 치하에 놓이게 된다. 당시 해외 식민지 통치경험이 전무하였던 일본은 대만의 식민지통치에 여러 가지 시행착오를 겪으면서 「일본 신민」으로의 동화교육정책을 근간으로 하여 식민지통치 기반을 구축해 나아갔다.

일본은 대만과 조선에 다양한 식민 정책을 실시하고 이러한 시행착오에 대한 결과를 양국에 적용하였기 때문에 일제강점기하 대만과 조선의 교육 정책은 서로 긴밀한 관계에 놓여 있었다. 물론 조선보다 먼저 식민지 통치를 시작한 대만의 경우 일제는 여기에서 얻어진 경험을 바탕으로 조선의 식민지 통치를 보다 공고히 하였음이 분명하다.

그러나 아직 한국에서는 대만의 식민지 교육에 대한 정밀한 고찰에 대한 연구가 질과 양적인 면에서 아직 미흡한 상황이다. 식민지기 대만의 교육 정책이나 교육 실제의 연구보다는 당시 대만에서의 교육에 대한 일본인의 식민 통치를 위한 사상적 차원에서의 연구가 더 많이 이루어져 있다.[1] 따라서 교과수준에서 각 과목에 대한 대만의 교육 정책과 실제는 몇 개의 교과를 제외하고는 아직 그 실태를 전혀 알 수 없다.[2]

특히 당시 역사교과는 일제가 조선에서 동화주의 식민지 교육정책의

---

1) 대만 초대 학무국장을 역임하였던 이자와 슈지(伊澤修二)의 「동화주의」에 관한 연구로는 정준영(2011) 「식민지 교육정책의 원점 : 이자와 슈지의 동화주의와 청각적 근대성」『정신문화연구』제34권 2호 등이 있다.
2) 김은경(2010) 「일제식민지시기 대만의 교육정책과 미술교육 - 공학교(公學校) 도화교육(圖畵敎育)을 중심으로 - 」『미술교육논총』제24권 3호

일선으로 삼았던 만큼 식민지 대만에서의 역사 교육 상황도 살펴보는 것은 큰 의미가 있을 것이다.

먼저 「일제식민지통치」라는 특정시기의 역사교육을 살피기 위해서는 교육정책에 대한 이해가 반드시 선행되어야만 한다. 따라서 본고에서는 일제시기 대만교육정책을 기존연구의 분류방식을 고려하여 크게 세 시기로 구분하고, 교육정책의 입안 배경과 목적 그리고 학교교육제도 등에 대하여 살펴본 후, 다음으로, 일제시기 대만 역사교육의 특징에 관하여 살펴보고자 한다.

1) 시기구분

대만 역사학계에서는 일제 식민지시기의 시대구분을 크게 1, 2, 3, 세시기로 구분한다. 제 1기는 1895년대만 할양부터 제1차 세계대전 말까지로 명치헌법 하에서 대만을 일본 본국의 법률과 정치의 「이역(異域)」으로 간주하고 「특별통치주의(特別統治主義)」정책이 형성되고 전개되던 시기이다. 제1기는 점령 초기 식민지 통치 경험이 없었던 일본 정부가 뚜렷한 통치 방침을 정하지 못했고 그 후에도 현실 수요에 순응하면서 변화에 능동적으로 대처한다는 의미에서 무방침주의를 표방했기 때문에 「무방침주의」시기로도 불린다. 제2기는 제1차 세계대전 말기부터 중일전쟁 발발 전까지로 대만의 법률적 정치적 「이역성」을 점차 줄여나가고자 한 「내지연장주의(內地延長主義)」정책 시기이고, 제3기는 중일전쟁 발발부터 일본의 패망까지로 전쟁을 위해 식민지의 자원을 동원하던 「황민화(皇民化)」정책 시기이다.[3] 반면에 대만교육학계

---

3) 김영신(2001) 『대만의 역사』 지영사, pp.190-191

에서는 일제시기의 시대 구분을 「대만교육의 시험기(1895~1919년)」,
「내지주의 연장시기(1919~1937년)」, 「황민화시기(1937~1945년)」로
분류하고 있다.[4]

일제강점기 대만의 교육을 법제사적으로 보면, 두 번의 대만공학교
령, 두 번의 대만교육령, 한 번의 국민학교령이 있었다. 본고에서는
이를 1898년 제1차 대만공학교령, 1907년 제2차 대만공학교령 시기
인 식민지 기반의 확립 시기(1895~1918년)와 1919년 제1차 대만교
육령과 1922년 제2차 대만교육령의 내지연장주의가 확대되던 시기
(1919~1940년), 마지막으로 1941년부터 해방까지 황민화 정책을 펼
쳤던 국민학교령 시기(1941~1945년)의 세 시기로 구분하여 다루고
자 한다.

이처럼 교육정책 부분을 법제사적으로 비교적 자세히 언급하는 이
유는 대만의 통치정책을 분석한 연구[5]들을 제외하고는 교육정책을 법
제사적으로 통찰하는 가장 기본적인 국내의 연구가 거의 전무하기 때
문이다.

---

4) 이러한 시기구분은 일제 강점기를 대만 총독의 출신에 따라 「초기무관총독기」,
「문관총독기」, 「후기문관총독기」로 나누는 것과 일치한다. 만약 대만 토착 한인
의 항일투쟁 형태를 기준으로 본다면 제1기는 식민지화 이전의 사회제요소에
기인한 「전기 무장저항」시기에, 제2기는 근대적 정치·사회·문화운동의 형태를
위주로 하는 「후기 항일민족운동」기에, 제3기는 일제의 강력한 탄압으로 대만
내 조직적 투쟁이 공백상태에 빠지는 시기에 해당한다(若林正乞, 許僚賢 譯
(1993)『日本的臺灣植民地支配史硏究的成果』當代 87期). 한편 1924년 吉野秀
公이 쓴『臺灣敎育史』에는 일제 강점기 대만교육을 크게 다음과 같은 5가지로
구분하였다. 1. 대만교육의 발단(1895~1897년), 2. 대만교육기초시대(1898~1906
년), 3. 대만교육기초시대(1907~1918년), 4. 대만인교육확립시대(1919~1921년),
5. 대만교육확립시대(1922년 이래 1927년)(吉野秀公(1927),『臺灣敎育史』, 安部
洋 編(2007)『日本植民地敎育政策史料集成(臺灣篇)』第31卷, 龍溪書舍, p.2)
5) 김영신(2002)『대만의 역사』앞의 책: 손준식, 「일본의 대만식민지 지배: 통치정책
의 변화를 중심으로」,『아시아 문화』18. : 손준식, 이옥순, 김권정(2007)『식민주의
와 언어』도서출판 아름나무

2) 연구대상

본고에서는 초등교육기관인 공학교(公學校) 역사교육에 대하여 집중적으로 살펴보기로 한다. 초등교육 기관으로 한정한 이유는 일본이 초등보통교육에 주력하였기 때문에 일본의 정책적 의도를 파악하기 쉽기 때문이다. 당시의 초등교육기관은 일본인을 대상으로 한 소학교(小學校)와 대만인을 대상으로 한 공학교, 그리고 대만 원주민을 대상으로 한 번인공학교(蕃人公學校)로 구분되어 있었다. 본 연구에서는 소학교의 역사교육이 일본의 교육과정을 그대로 적용하고 있었으므로 연구대상에서 제외하였고, 원주민의 역사교육은 공학교 교육과정을 축소 시행하면서 공학교 역사교육과는 다른 방향으로 발전하였으므로 제한된 지면으로 인해 본고에서 제외하였다. 공학교의 역사교육에 관한 내용 분석은 일본의 정책적 의도를 살피기 위해 교육정책의 시기별로 구분하여 역사교육의 목적과 내용, 방법, 교과서 편찬 등의 변화과정을 살펴보고자 한다.

3) 선행연구

한편, 일제시기 대만 교육과 역사교육에 관련된 선행연구들을 살펴보면, 국내에서는 대만의 교육 변천사에 대해 김영신(2001)[6]의 연구가 있다. 백수경(2007)[7]과 안지영(2011)[8]은 각각 대만의 현행 중학교, 고

---

6) 김영신, 『대만의 역사』 앞의 책
7) 백수경(2007) 『한국과 대만의 중학교 역사교과서 비교 연구 : "일제강점기" 서술 내용을 중심으로』 이화여자대학교 교육대학원 석사학위 논문
8) 안지영(2011) 「일본침략 및 강점기에 대한 주변국들의 역사인식 : 한국, 중국, 대만

등학교 역사교과서를 분석하고 한국과 비교하고 있다. 이들의 연구는 최근 대만의 일제 강점기를 바라보는 시각을 비교하였다는 점에서 중요하지만, 식민지기 일본의 교육정책에 대한 연구는 본격적으로 다루지 않고 있다. 따라서 이들의 연구만으로는 일제시기 대만역사교육에 관한 전반적인 고찰이 불가능하다. 오성철(2005)의 연구9)에서는 한국과 대만의 식민지 시기 교육확대에 대해 분석하고 있지만, 황민화시기의 역사교육과 교과서에 관한 부분을 다룬 내용은 아니다.

대만의 경우 펑환성(彭煥勝)(2009)10), 린유티(林玉体)(2003)11)가 대만의 교육사를 전반적으로 소개하고 있고, E. 패트리샤 쓰루미(E. Patricia Tsurumi) 저(著)·린정팡(林正芳)역(譯)(1999)12)이 일본 식민지기 동화정책을 중심으로 교육의 전반을 연구한 논문이 있으나, 일제시기 대만 역사교육에 관한 선행연구는 아직까지 하나의 관점에서 전시기에 걸친 심도 있는 연구가 미흡한 실정이다. 일본의 경우에는 원 자료로서 아베 히로시(安部洋) 편(編)(2007)13)에서 대만의 교육 및 역사교육에 관련된 당시의 자료를 싣고 있다.

이와 같은 실정이 된 이유로는 일본의 식민지 교육 정책에 대해 국내뿐 아니라 대만, 일본에 현재 남아있는 대만 총독부 자료와 교과서의 분석이 반드시 필요하지만, 이러한 방대한 자료를 수집하고 분석하는

고등학교 역사교과서를 중심으로」『역사교육논집』제13호
9) 오성철(2005)「식민지 조선과 대만의 교육 확대에 관한 시론적 비교」『한국초등교육』제16권 5호
10) 彭煥勝(2009)『台灣敎育史』高雄 : 麗文文化事業
11) 林玉体 編(2003)『台灣敎育史』臺北 : 文景書局
12) E. Patricia Tsurumi 著, 林正芳 譯(1999)『日治時期臺灣敎育史』宜蘭 : 仰山文敎基金會
13) 安部洋 編(2007)『日本植民地敎育政策史料集成(臺灣篇)』第26卷, 龍溪書舍

것이 어렵기 때문이다. 따라서 당시 대만총독부에서 발행된 교수요목과 공학교 역사교과서 등의 1차 자료를 분석하여 대만의 역사교육의 추이를 살펴보는 것이 중요하다 하겠다.

4) 연구 방법

본 연구에서는 이러한 작업의 기초로서 대만에서의 교육 및 역사교육 정책과 역사교육의 실제를 일제 식민지 대만에서 발간되었던 다양한 자료들을 분석하여 제시하였다. 본고에서 사용한 대만관련 1차 자료는 주로 대만총독부가 발간했던 『대만총독부학사년보(臺灣總督府學事年普)』, 『공학교고등과교수요목(公學校高等科教授要目)』, 『공학교초등과교수요목(公學校初等科教授要目)』과 대만교육회[14]의 『대만교육회잡지(臺灣敎育會雜誌)』 및 대만총독부 문교국의 『대만의 학교교육(臺灣の學校敎育)』이다.

---

14) 대만교육회의 발회식은 1901년 6월 구 대만총독부의 담수관에서 개최되었다. 회의 기관지로서 「대만교육회잡지」가 발간된 것은 다음 달이었다. 잡지는 1912년 1월에 대만교육으로 개칭되어 발간을 계속하여 1943년에 관청의 잡지가 한 개의 잡지로 통폐합되면서 폐간될 때까지 497호를 내면서 끝냈다. 이 활동은 국어의 교과연구에서 교수법, 교육상의 제문제의 조사 등을 진척시켜 대만인의 동화교육에 기여하였다. (又吉盛淸(1996)『臺灣敎育會雜紙 別卷』ひるぎ社, p.28)

2 일제시기 대만의 교육 정책

1) 식민지 기반 확립 : 대만공학교령 시기(1895∼1918)

　대만의 교육정책은 크게 두 가지로 구분된다. 하나는 대만을 통합의 대상에서 제외하여 식민지 경영에 필요한 최소한의 교육만을 시행하는 것이다. 다른 하나는 「일시동인」에 근거하여 천황제를 중심으로 교육을 통한 문화통합을 추구하는 것으로 이는 제도상 내지연장주의 발상과 결합된다. 대만총독부 초대 학무국장이었던 이자와 슈지(伊澤修二)는 후자의 논리를 주장하며 대만 교육의 기초를 쌓았던 인물이었다.[15]

　1895년 6월 일본은 대북(臺北) 지역에 대만총독부를 설치하고 그 산하에 교육을 담당할 학무부를 두었다. 항일 운동의 위험 때문에 학무부를 지산암(芝山巖)으로 옮긴 이후 같은 해 9월 정식으로 대만인 「국어연습생」 21명을 수용하여 갑을병 3조로 나누고 일어를 교수하기 시작하였다.[16] 1896년 4월에는 총독부직할 학교관제를 공포하고 5월에 국어학교를 대북에 설립하였으며 국어전습소를 전 대만의 각 중요한 지역에 설치하였다.[17] 동년 12월 대북에서 대만인의 혁명이 시작되어 다음해인 1896년 11월 1일 지산암도 습격을 당해 학무부 부원 60인이 피살당하였다.[18] 후에 60인의 학무부원의 죽음은 「지산암 정신」으로 찬

---

15) 고마고메 다케시 저, 오성철·이명실·권경희 역(2008)『식민지 제국 일본의 문화
　　통합 : 조선·대만·만주·중국 점령지에서의 식민지 교육』역사비평사, pp.64-65
16) 臺灣省行政長官公署教育處 編(1926)『臺灣省教育概況』臺灣省行政長官公署教育
　　處, p.2
17) 臺灣總督府(1910)『臺灣總督府學事第一年報』, p.4
18) 又吉盛清(1996)『臺灣教育會雜紙 別卷』앞의 책, p.12

양되었다.[19)]

한편, 1896년 5월 초대 학무국장인 이자와가 고토 신베이(後藤新平) 총독에게 낸 학제에 대한 의견은 사업의 시급성에 따라 구분한 「요급사업(要急事業)」과 「영구사업」이라는 두 가지였다. 「요급사업」은 「강습원의 양성」과 「국어 전습」에 대한 것이었다. 강습원은 교원양성과 식민지 관리양성이라는 두 가지 기능으로 구분되었다. 한편, 국어전습소는 대만인에게 급속히 「국어(일본어)」를 가르쳐 통치의 전달자들로 양성하는 것이었다.

이러한 「급요」시설 다음의 「영구사업」으로 국어학교와 사범학교를 세우도록 하였다. 국어학교는 일본인과 대만인 통역 관리를 양성하는 어학부와 일본에서 건너온 일본인을 국어전습소 교원으로 양성하는 사범부로 나뉘었다.[20)]

당시 이자와는 1897년 소학과 6년의 공학교를 창설한다는 구상을 제국의회에서 밝혔으나 이러한 교육사업 확장 계획은 비용문제로 인한 반대가 심해 실현되기 어려웠다. 그런데 고토 신베이가 민정국장으로 부임할 당시 설명 자료인 「학무부 창설 이후 사업의 개략(學務部創設以後事業の槪略)」를 보면 「대만인을 순량 충실한 일본국민으로 만들기 위해서 공학교가 필요하다.」고 되어 있다. 1898년 7월에 제정된 대만공학

---

19) 이 정신은 지산암이 대만교육 창시의 땅이며 동화교육의 출발에서 무력이 아닌 피로써 희생적인 정신은 의의 깊은 것이며 경탄해야 할 일이라는 것이다. 이 정신이야 말로 황국교육의 근본적 교육정신이라고 설명되었다.(又吉盛淸『臺灣敎育會雜紙 別卷』앞의 책, p.15) 이후 국민학교령 당시에도 「국민학교를 국민의 학교로 만들기 위해서는 국민학교 교사는 학교와 함께 죽는다는 결의를 가진다. 국민학교가 되기 위해 실로 초등학교 교사는 결사의 정신에 의한다는 것을 알지 않으면 안 된다. 이를 위해 지산암의 정신을 살려야 한다. 이 정신이 체험에서 나올 때 국민학교의 그 교육은 실현될 것이다.」라고 하고 있다.(臺灣第二師範 附屬國民學校 啓明會(1939)『臺灣子供世界史』, 安部洋 編(2007)『日本植民地敎育政策史料集成(臺灣篇)』第26卷, 龍溪書舍, p.89
20) 吉野秀公『臺灣敎育史』, 앞의 책, p.2

교령(칙령 178호)은 거의 이 설명 자료 내용을 따르고 있는 것이다. 초등교육의 수업연한을 6년으로 한다거나 「공학교」라는 명칭을 통해 이 공학교령이 이자와의 구상을 계승하고 있다는 점을 알 수 있다.[21]

이 대만공학교령에 의해 공립학교로서의 공학교가 인정되어 국어전습소를 대체하게 되었다. 따라서 일부만 남겨진 국어전습소는 모두 번인(蕃人)에 대한 초등보통교육기관으로 남게 되었다.[22]

한편, 1907년 2월에는 1898년에 제정된 대만공학교령을 폐지(칙령 제14호)하고 새로이 대만공학교령(신대만공학교령, 율령 제1호)을 발포하였다. 새로운 공학교령을 제정하는 이유에 대해서 「지방인민의 향학심이 점차 증가하여 공학교의 신설과 생도의 증가가 매해 이루어져 공학교 유지의 안전과 설비를 충실하게 하는 것이 긴요하다.」라고 하였다. 신대만공학교령 개정의 요점은 다음과 같았다.[23]

1. 종래 공학교의 설립은 지방청의 인가에 의한 것을 고쳐서 총독의 인가로 한다.
2. 기본재정의 수입, 기부금 및 수업료 등의 경비를 가압(家壓)[24] 주민에게 부담시킨다.

이로써 공학교는 지방세로 유지시키도록 되었다.[25] 1918년에 이르

21) 고마고메 다케시 저, 오성철·이명실·권경희 역『식민지 제국 일본의 문화 통합 : 조선·대만·만주·중국 점령지에서의 식민지 교육』앞의 책, pp.67-68
22) 臺灣第二師範 附屬國民學校 啓明會(1939)『臺灣子供世界史』, 安部洋 編(2007)『日本植民地敎育政策史料集成(臺灣篇)』第26卷, 龍溪書舍, p.11
23) 吉野秀公『臺灣敎育史』, 앞의 책, p.265
24) 일본의 시정촌(市町村)과 같은 당시의 지역 행정 단위(吉野秀公『臺灣敎育史』, 앞의 책, p.32)
25) 臺灣第二師範 附屬國民學校 啓明會『臺灣子供世界史』, 앞의 책, p.12

기까지 학제상의 큰 변화는 없었지만 공학교의 증가라는 점진적인 변화가 있었다.[26] 이시기 공학교의 수는 급증하여 1910년대 후반부터 시작된 공학교 증설경향이 1920년대 전반까지 계속되어 1912년 187교, 1915년 284교로 증가하였다.[27]

2) 「내지연장주」의 확대 : 대만교육령 시기(1919~1940)

1919년 1월 대만교육령이 칙령으로 공포되었다. 지금까지 1898년, 1907년의 대만공학교령의 형태가 아닌 「교육령」의 형태로 공포된 것으로서는 이번이 처음이었다. 조선의 제1차 교육령(제1차 조선교육령 (1911.8.23. 공포, 칙령 제229호)에 명시된 것은 교육칙어의 취지에 근거하여 「시세와 민도」에 맞게 교육한다는 교육방침이었다.[28]

개정의 취지로는 「대만인에 대한 교육은 그 시설에서 불충분할 뿐 아니라 각종 교육 기관 간에 계통을 결하여 그것을 하나의 교육제도로 구성하기까지에는 이르지 못하였다.」라고 하여 대만인의 교육을 하나의 계통적 제도로 확립하는 것이라고 하였다.[29]

그 총칙을 보면 다음과 같다.[30]

---

26) 吉野秀公『臺灣教育史』, 앞의 책, p.245
27) 고마고메 다케시 저, 오성철·이명실·권경희 역『식민지 제국 일본의 문화 통합 : 조선·대만·만주·중국 점령지에서의 식민지 교육』, 앞의 책, p.194(이후 대만교육령 시기에 이르러서는 1925년 728교(분교장 포함)로 세배 가까이 증가하였다.(臺灣第二師範 附屬國民學校 啓明會『臺灣子供世界史』, 앞의 책, p.29)
28) 고마고메 다케시 저, 오성철·이명실·권경희 역『식민지 제국 일본의 문화 통합 : 조선·대만·만주·중국 점령지에서의 식민지 교육』, 앞의 책, p.194
29) 臺灣第二師範 附屬國民學校 啓明會『臺灣子供世界史』, 앞의 책, p.19
30) 山口生(1879)『臺灣教育會, 臺灣教育會雜誌』第八十二號, 臺北通信, 安部洋 編 (2007)『日本植民地教育政策史料集成(臺灣篇)』第28卷, 龍溪書舍, p.324

제1조 대만에서 대만인의 교육은 본령에 의한다.

제2조 교육은 교육에 관한 칙어의 취지에 근거하여 충량한 국민을 육성하
　　는 것을 본의로 삼는다.

제3조 교육은 시세 및 민도에 적합하도록 한다.

제4조 교육은 그것을 나누어 보통교육, 실업교육, 전문교육 및 사범교육
　　으로 한다.

이처럼 개정된 대만교육령에서는 실업교육과 여자 교육을 중요하게
보았다. 이 개정은 대만인 교육의 일관된 제도의 확립은 보이지만 일본
인에 비해서는 그 교육수준을 낮게 하여 일본의 학제 계통과 다른 차별
적인 모습을 보이고 있었다.[31]

3년 후인 1922년에 공포된 제 2차 대만교육령(칙령 제20호)에서는
더 많은 변화가 이루어졌다. 우선 「교육칙어 및 시세와 민도」에 대한
문구가 삭제되었다. 또 제1조에서는 「대만에서 대만인의 교육은 본령
에 의한다」라고 했던 것을 「대만에서의 교육은 본령에 따른다」고 규정
함으로써 대만에 있는 일본인과 대만인의 교육을 완전히 별개로 다루
었던 종래 복선형 교육제도를 통합하려 했다.

즉, 1919년의 교육령은 「대만인」 교육에 관한 학제이며 일본인 교육
은 다른 계통(일본의 학제에 의한다)이었지만, 신 교육령은 「대만」에서
의 학제를 확립시켰다.

다음은 대만교육령 중에서 초등보통교육에 관한 조항만을 열거한 것
이다.[32]

---

31) 臺灣第二師範 附屬國民學校 啓明會 『臺灣子供世界史』, 앞의 책, p.20
32) 위의 책, p.28

제2조 국어를 상용하는 자의 초등보통교육은 소학교령에 의하고,
제3조 국어를 상용하지 않는 자의 초등보통교육을 위해 학교는 공학교로
한다.

제2조와 제3조에서 나타내는 바와 같이 초등 교육단계에서 「국어를 상용하는 자」는 소학교에, 「국어를 상용하지 않는 자」는 공학교로 진학하게 했는데 이는 일부 대만인(「국어」를 자유롭게 구사할 수 있는 대만인)에게 일본인이 다니는 소학교 입학의 가능성을 열어둔 것으로 일면 보이지만, 「국어」 사용을 기준으로 한 이상 일본인 학생과 대만 학생이 다니는 학교의 구별은 여전하였다. 그럼에도 불구하고 일본은 「적어도 교육제도 측면에서─초등교육의 별학과 의무교육제도 미실시가 유지되기는 했지만─내지연장주의 방침이 부분적으로는 실현되었다.」라고 선전하였다.[33]

어쨌든 이로써 제도적으로 초등교육은 종래의 일본인 교육은 소학교, 대만인 교육은 공학교, 번인 교육은 번인공학교라는 3대 구별이 폐지되어 국어를 상용하는 자는 소학교, 국어를 상용하지 않는 자는 공학교의 2대 구분으로 바뀌었다. 이로써 번인공학교의 명칭도 사라지게 되었고 이 밖의 행정 구역에서는 주재경찰관에 의한 번동 교육소를 설치하였다.[34]

이처럼 중등학교 이상을 공학으로 한 것, 초등교육에서 「국어(일본어)」를 상용하는가 안하는가에 의해서만 소학교와 공학교의 구별을 만든 점, 중등교육 이상은 대체로 일본의 학제에 의한 원칙인 것 등은 일본인, 대만인의 구별을 철폐한다고 하는 표면적인 구상을 보여주는 것이었다.

하지만 공학교는 「국어」를 교육하는 것을 목적으로 하고 수업연한은

---

33) 위의 책, p.250
34) 吉野秀公 『臺灣教育史』, 앞의 책, p.459

6개년으로 한하였는데 지역의 정황에 따라 이를 단축하는 것도 가능하게 하여 여전히 차별의 요소는 잔존해 있었다.[35]

3) 황민화 교육 : 국민학교령 시기(1941~1945)

1922년의 대만교육령의 발표 이후 1941년 국민학교령까지는 큰 교육령의 개정 없이 규칙의 일부 개정 같은 작은 범위 내에서의 개정이 이루어지고 있었다. 이시기에 공학교의 취학 학생 수는 급증하여 1940년 4월 말 조사에 의하면 공학교 수는 본교와 분교장 모두 820개이다. 공학교의 생도 수는 공학교 설립 당초에 7,838명이 1912년에는 49,554명이 되었던 것이 1940년에는 남 394,494명, 여자 212,865명으로 증가하였다. 취학률도 1912년 평균 6.63%밖에 안 되었던 것이[36] 1940년에는 67.11%, 여자 37.79%로 평균 52.97%에 달하였다.[37]

한편, 1941년 국민학교령이 공포되기까지의 시대적 배경을 살펴보면 다음과 같다.

1931년 만주사변 이후 일본의 계속되는 침략으로 일본 정부는 20년 가까이 문관총독을 임명하던 관행을 바꾸어 1936년 9월 해군대장 출신인 고바야시 세이조(小林躋造)를 대만 총독에 임명하였다. 그는 취임 후 「황민화, 공업화, 남진기지화」의 3대 시정방침을 표방하였다. 이른바 황민화는 그동안의 동화정책이 뚜렷한 효과를 거두지 못하였음을 인정하고 대만인을 더욱 철저히 「황국민」으로 동화시켜 대만을 전쟁에

---

35) 위의 책, p.491, p.496
36) 又吉盛淸 『臺灣敎育會雜紙 別卷』, 앞의 책, p.20
37) 臺灣第二師範 附屬國民學校 啓明會 『臺灣子供世界史』, 앞의 책, p.29

필요한 병력과 노동력의 공급지로 만들겠다는 것이었다.[38]

한편, 일본 국내에서는 1938년 12월 내각에 교육심의회가 설치되어 내각총리대신의 자문에 응해 교육의 쇄신에 관한 중요사항을 심의하였다. 교육심의회에서는 이에 대해 1939년 12월에 이르러 「국민학교에 관한 요강」, 「사범학교에 관한 요강」 및 「유치원에 관한 요강」으로 답신하였다. 문부성에서는 이것을 받아들여 1941년부터 국민학교제를 실시하게 되었다. 이에 대만교육령도 함께 개정되어 일본인, 대만인 모두 국민학교령의 적용을 받게 되었다.[39]

1941년 3월 25일 대만교육령(칙령 제255호)이 발표되고, 같은 해 3월 30일 대만 공립국민학교규칙(부령 제47호)이 제정되었다. 이로써 소학교 150교, 공학교 820교(분교장을 포함)는 일제히 국민학교로 개칭되었다.

이러한 개정의 취지는 1941년 3월 29일 당시 하세가와 기요시(長谷川淸) 총독의 유고에 명시되어 있다.

유고(諭告) 제1호
본 (대만)총독부의 대 사명을 말하자면 본도(대만)에 성지(聖旨)를 봉례(奉禮)하고 대만과 일본을 하나로 완성시켜 황국신민(皇國臣民)이라는 본질을 철저히 하여 대만의 사명을 완수하는 것을 제국의 중요한 일환으로 삼아 통합의 대본을 이루는 것을 명시하여 (중략) 본도에서 교육방침은 일시동인의 성지를 격존(格尊)하여 교육에 관한 칙어의 취지를 봉례하고 황국신민을 육성하기 위해 대만교육령을 개정하고 소학교와 공학교의 구별을 폐지하여 대만인 모두 국민학교령에 의해 국민의 기초적 연성을 쌓도록 한다.

---

38) 손준식(2002) 「일본의 대만식민지 지배 : 통치정책의 변화를 중심으로」 『아시아 문화』 18, p.21
39) 臺灣第二師範 附屬國民學校 啓明會 『臺灣子供世界史』, 앞의 책, pp.49-50

즉 1941년에 개정을 한 이유는 국어를 상용하지 않는 자를 고려하고 만들어진 공학교에 대한 개념을 고쳐 일본인과 대만인 모두 국민학교령에 의해「국민의 기초적 연성」을 쌓게 하는데 있었다. 그리고 1943년부터는 대만에서의 일본인과 대만인은 일본에서의 일본인과 같은 의무교육제도가 적용되었고, 중등교육, 고등교육, 사범교육의 제도 및 내용에「쇄신개혁」이 이루어졌다.[40]

한편, 국민학교의 목적은 아래와 같은 국민학교령 제1조에 명시되어 있다. 즉「황국의 도에 즉한」것이 국민학교에서 최고 원칙으로「초등보통교육」이 그 내용이며「국민의 기초적 연성」이 그 방법이다. 이 삼자가 국민학교의 목적을 나타내고 있었다.[41]

아래의 〈표 1〉은 대만, 일본, 조선의 국민학교 교육목표를 비교한 것이다.

〈표 1〉 대만, 일본, 조선의 국민학교 교육목표 비교

분류	국민학교 교육목표
대만	국민학교령 제1조(1941.3.25) : 황국의 도에 따라 초등보통교육을 시행하고 국민의 기초적 연성(鍊成)을 목적으로 한다.
일본	국민학교령 제1조(1941.3.14) : 황국의 도에 따라 초등보통교육을 시행하고 국민의 기초적 연성을 행한다.
조선	국민학교령 제1조(1941.3.31) : 황국의 도에 따라 보통교육을 시행하고 충량한 황국신민의 연성을 행한다.

출처 : 臺灣總督府, 臺灣敎育令, 1941(昭和16)年 3月 25日 : 文部省『國民學校令施行規則』, 1941(昭和16)年 3月 14日 : 朝鮮總督府『國民學校規定』, 1941(昭和16)年 3月 31日

위 내용을 보면 조선의 경우만「초등보통교육」이「보통교육」으로,

---

40) 臺灣第二師範 附屬國民學校 啓明會『臺灣子供世界史』, 앞의 책, p.38
41) 위의 책, p.57

「국민의 기초적 연성」이 「충량한 황국신민의 연성」으로 다룬 것을 알수 있다. 대만의 경우 일본과 같이 기본적인 초등교육의 수업연한을 6년으로 삼아 식민지 초기부터 그 기조를 유지해 온 것과 달리 조선의 경우 국민학교령이 발표될 때까지도 4년제의 학교가 주류를 이루고 있었는데, 이로 인해 이러한 차이가 발생했을 것으로 보인다. 특히 이러한 이유로 조선에서는 초등이나 고등과 같은 용어의 구분이 일본과 대만과 같이 필요하지 않았고 「보통교육」이라는 용어로 한정하였다. 또한 대만과 일본은 「국민」으로 조선인을 「충량한 황국신민」으로 양성하는 것에 교육목표의 차이가 있었던 점은 주목해야 할 부분이다.

3 일제시기 대만 역사교육의 특징

1) 대만공학교령 시기(1895~1918)

앞에서 살펴본 바와 같이 공학교는 1898년 7월 대만공학교령에 의해 대만인을 동화하는 교육시설로서 종래의 국어전습소에 대체되었다. 이후 1898년 8월 16일에는 대만총독부령 제78호로써 대만공학교 규칙이 제정되었다.

이 공학교 규칙 제1장 제1조에 따르면 공학교의 주요 요지는 「대만 도민 자제의 도덕성과 어진 행동의 교육을 위한 것이며 실용학과를 학습하고 국민의 성격을 양성하며 두 나라의 국어를 정통하게 하는 데 근본 취지가 있다」고 하였다. 이 규정에 따르면 수업연한은 6년이었고 교육대상은 반드시 만 8세 이상 14세 미만으로 하고 있다. 여기에서 강조한 것은 국어와 실업교육을 중시하고 일본국민으로서의 성격을 양성하는 동화교육 이념의 실현이었다.[42]

이 공학교령에서는 무용한 문자를 폐지하고 유용한 학술을 도입하고자 했던 이자와 슈지의 의견에 따라 교과목을 선정하였다. 이자와 슈지는 「유용한 학술이란 기존 한 학당의 교육과정 중 중시 받지 못했던 학과들, 즉 체조, 음악, 산수, 도화교과와 같은 학문을 말한다」라고 하였다. 그러나 당시 개설된 교과목은 수신, 국어, 작문, 독서, 습자, 산술, 가창, 체조로 도화교육은 제외되었다.[43] 이후 공학교의 주요 요지는 크게 변함이 없었으나 학제의 변동에 따라 교과목의 선정을 달리하였다.

1904년 3월 11일에는 다시 대만총독부령 제24호로써 대만공학교 규칙이 개정된다. 이 규칙의 제1장 제1조에는 다음과 같은 서술이 있다.

> 공학교는 본도인(대만인)의 아동에게 국어(일본어)를 가르치고 덕육을 시행함으로써 국민의 성격을 양성하고 생활에 필수인 보통의 지식기능을 가르치는 것을 본지로 삼는다.

「국민의 성격을 양성」하는 것은 처음부터 공학교 교육의 일관된 이념이었다. 이 규칙에 의하면 수업연한 6개년은 종래와 변화지 않았다. 교과목은 수신, 국어, 산술, 한문, 체조로 하고 여아를 위한 재봉이 더해졌다. 연령은 만 7세 이상 14세 이하로 하고 지역의 상황에 따라 보습과를 두는 것으로 하였다.[44]

---

42) 又吉盛清 『臺灣教育會雜紙 別卷』, 앞의 책, p.19
43) 김은경 「일제식민지시기 대만의 교육정책과 미술교육－공학교(公學校) 도화교육(圖畵教育)을 중심으로－」, 앞의 글, p.74

이처럼 식민지 초기의 시기에는 식민지 대만에 「국어(일본어)」를 가르쳐 식민지에 순응하는 대만인 양성에 힘을 쏟아야 했기 때문에 국어과에 대한 강조가 교육 전반에 흐르고 있었다. 또한 현실적으로 서양의 학문과 동화주의를 위한 일본의 전통을 교육해야한다는 이중적인 사명을 교육의 목적으로 삼아야 했기 때문에 보다 시급한 국어과를 중시하였고 사상적 흡수의 시간이 많이 걸리는 「역사과」를 교육과정에 넣지 않고 있는 것이 중요한 특징이다. 다만 총독부에서는 서방[45]에서의 참고도서로서 『대일본사략』(1898), 『교육칙어술의』(1899) 등의 저서를 편찬하였다. 특히 『대일본사략』은 「서방 생도 및 본도(대만) 독서인 등을 위해 국사의 대요를 가르치기 위해」 한문으로 서술된 책이고 『교육칙어술의』도 「서방 생도 및 독서인 등을 위해 교육칙어」의 취지를 한문으로 풀이한 책이었다.[46]

한편, 1904년 3월에 제정된 대만공학교규칙도 1907년 2월 부령 제5호로써 그 일부가 개정되었는데, 개정의 요점은 다음과 같다.[47]

1. 학생의 연령을 만 16세 이하로 한 것은 만 20세 이하로 하여 4개년을 연장한다.
2. 수업연한은 6개년을 원칙으로 하지만 토지의 상황에 의거하여 4개년 또는 8개년의 공학교로 하는 것이 가능하다.
3. 보습과를 폐지시킨다.
5. 수업연한 8개년의 공학교에서는 이과 도서 및 남아를 위한 수공업, 상업 중 하나의 과목 또는 두 개의 과목을 필수과목으로 한다.

---

44) 臺灣第二師範 附屬國民學校 啓明會 『臺灣子供世界史』, 앞의 책, p.11
45) 臺灣總督府 『臺灣總督府學事第一年報』, 앞의 책, p.8
46) 위의 책, p.13
47) 吉野秀公 『臺灣教育史』, 앞의 책, p.266

위에서 살펴보면 이 개정으로 공학교의 수업연한은 6개년으로 하고 지역의 상황에 의해 4개년 또는 8개년으로 하는 것이 가능하게 되었다. 또한 취학 연령은 만 7세 이상 20세 이하로 개정되었다.[48]

한편, 1912년 11월 28일에 대만총독부령 제40호로써 공학교 규칙이 전면 개정되었다. 1912년 공학교 각 학년 교수과정 및 매주 교수 시수 표는 다음과 같다.[49]

〈표 2〉 공학교 각 학년 교수과정 및 매주 교수 시수 표(1912년)

	수신	국어	산술	한문	이과	수공 및 도화	농업	상업	창가	체조	재봉 및 가사	계
제1학년	1	12	3	5		2						26
제2학년	1	12	5	5		2						27
제3학년	1	12	5	4		3	남2	남2	3		여3	남30, 여31
제4학년	1	12	5	4		3	남2	남2	3		여3	남30, 여31
제5학년	1	10	5	남4	2	4	남3	남3	3		여7	32
제6학년	1	10	5	남4	2	4	남3	남3	3		여7	32

이상 교육과정의 특징을 살펴보면, 교과목은 이과, 수공 및 도서, 농업, 상업, 재봉 및 가사를 더해 농업 및 상업은 그 하나의 과목을 남아에게 과하고 재봉 및 가사는 여아에게 과하도록 하였다. 수공, 농업, 상업은 종래 제5학년 이상에 대한 수의과목이었지만 수공은 신설의 도화를 합하여 필수과목으로 하였다. 매주 교수시수는 종래에 비해 각 학년별로 2~4시간이 증가되었다.[50]

---

48) 臺灣第二師範 附屬國民學校 啓明會『臺灣子供世界史』, 앞의 책, p.12
49) 山口生『臺灣敎育會, 臺灣敎育會雜誌』第八十二號, 앞의 책, p.315
50) 종래 7학년 8학년을 폐지하고 실업과를 둔다. 실업과의 교과목은 수신, 국어, 실업, 수학, 이과이며 실업의 종류에 따라 지리, 도화, 체조의 한 과목 또는 여러 과목을 과하도록 한다. 수업연한은 2년으로 하고 실업과를 나누어 농업, 공업 및 상업의

또한 이 시기 공학교의 역사교육은 교육과정에서 제하여 진 것을 알 수 있다.

이상 1919년 대만교육령 발표까지 행해진 공학교 규칙의 중요한 사항이지만 공학교교육의 근본 방침인 국민정신의 함양, 국어교육, 실업교육의 중요성은 시종일관 변하지 않는 것이었다.

2) 대만교육령 시기(1919~1940)

1919년 4월 10일 공학교 규칙 중 개정(부령 제32호)이 발표되었다. 본 규칙의 개정으로 각 학년 교수과정 및 매주 교수 시수 표는 다음과 같이 수정되었다.[51]

〈표 3〉 각 학년 교수과정 및 매주 교수 시수 표(1919년)

	수신	국어	산술	한문	지리	이과	도화	실과	창가	체조	재봉 및 가사	계
제1학년	2	14	4	1			1			3		26
제2학년	2	14	5	2			1			3		27
제3학년	2	14	5	2			1			3	여3	남27,여30
제4학년	2	14	5	2			1			3	여3	남27,여30
제5학년	2	10	5	남2	1	2	1	남5		2	여7	30
제6학년	2	10	5	남2	1	2	1	남5		2	여7	30

본 규칙에 대한 교육과정 개정의 요점을 정리하면 다음과 같다. 첫째, 새로이 지리를 더하여 수공 및 도화는 분리하여 도화가 되었고, 수공은

3종류를 가르치도록 하였다.(吉野秀公(1927)『臺灣教育史』, 安部洋 編(2007)『日本植民地教育政策史料集成(臺灣篇)』第31卷, 龍溪書舍, p.267)

51) 山口生『臺灣教育會, 臺灣教育會雜誌』第八十二號 앞의 책, p.347

농업, 상업과 함께 실과로 개칭하였다. 둘째, 실과는 농업, 상업, 수공 중 그 지역의 상황에 적절한 것을 하나 또는 두개를 선택하여 실제의 업무에 필요하고 아동의 이해하기 쉬운 것을 교수하도록 했다. 셋째, 본 표에서는 보이지 않지만 식일규정 중 대만신사 예찰 일에 참배할 직원과 아동을 모집하고 학교장은 이를 보고한다는 규정을 새로이 만들었다. 이로써 지리 과가 6개년의 공학교 교육과정에 처음으로 정규과목이 되었다. 또한 대만신사에 아동이 참배하는 것을 공식행사 화하였다.

한편, 매주 교수시수는 눈에 띄게 개정되었다. 즉 6개년 공학교에서는 수신을 2시간으로 한정하였다(구 1시수). 국어는 4년 이하 14시수(구 12시수) 5학년 이상은 10시수(구 같음) 한문은 그것을 감하여 2시수(구 5시수), 지리는 5년 이상학년에게 매주 1시수를 과하도록 하였다. 도화는 1시수(구 수공 및 도화로 3시수) 실과는 5학년 이상으로 매주 5시수를 과하도록 하였다.(구 3학년 이상 2시수), 4개년 공학교도 그것을 준하는 것으로 하였다.[52]

1919년의 규칙은 1922년 4월 1일 대만총독부령 제65호로 제정된 대만공립공학교규칙에 의해 수정되었다. 1919년의 대만교육령은 대만인 교육의 학제를 정한 것으로 일본인 교육은 일본인, 대만인 교육은 대만인의 학제를 따르는 이중적인 교육제도였지만 1922년의 교육령은 민족에 상관없이 국어의 상용여하에 따라 학교와 공학교의 구별이 생기는 것으로 하였다. 또한 소학교와 공학교에 취학하는 아동의 연령은 6세 이상 만 14세 이하로 일본에서와 같았지만, 의무교육을 시행하지는 않았다. 공학교의 수업연한은 6년을 원칙으로 하면서도 지역의 상황에 따라 그것을 단축하여 4년 또는 3년이 가능하도록 하여 차별화의 요소는

---

52) 吉野秀公『臺灣教育史』, 앞의 책, p.260

여전히 남아 있었다. 그리고 수업연한 6년의 공학교에는 수업연한 2년의 고등과를 두고 공학교에는 특별한 사정이 있을 때는 분교장을 설치하는 것이 가능하다고 하였고 수업연한 2년의 보습과를 설치할 수 있도록 하였다.[53]

1922년 개정에 의한 수업연한 6년의 공학교 각 학년 교수과정 및 매주 교수 시수 표는 〈표 4〉와 같다.

〈표 4〉 각 학년 교수과정 및 매주 교수 시수 표(1922년)[54]

	학년	수신	국어	산술	일본역사	지리	이과	도화	창가	체조	실과	재봉 및 가사	한문	계
초등과	제1학년	2	12	5					3				(2)	22
	제2학년	2	14	5					3				(2)	24
	제3학년	2	14	6									(2)	26
	제4학년	2	14	6			1	1	1	2		여2	(2)	남27, 여29
	제5학년	2	10	4	2	2	2	1	1	2	남4	여5	(2)	남30, 여31
	제6학년	2	10	4	2	2	2	1	1	2	남4	여5	(2)	남30, 여31
고등과	제1학년	2	9	4	2	2	2	(1)	1	2	남5	여5	(2)	29
	제2학년	2	9	4	2	2	2	(1)	1	2	남5	여5	(2)	29

* 한문은 수의과목임.
* 일본역사과목의 경우 대만총독부가 편찬한 『일본역사의 대요(日本歷史の大要)』라는 교과서를 사용함.

상기의 〈표 4〉에서 알 수 있듯이 수업연한 6년의 공학교의 교과목은 수신, 국어, 산술, 일본역사, 지리, 이과, 도화, 창가, 체조, 실과, 재봉 및 가사로 하고 한문을 수의과목으로 하였다. 일본 역사가 새로운 교과로 나타난 것과 종래 필수과목이었던 한문을 수의과로 한 점은 이전과 크게 다른 점이었다. 한편, 실과는 농업, 상업, 수공으로 나누어 하나 또는 두개를 남학생에게 과하고 재봉 및 가사는 여학생에게 과하여 지

53) 위의 책, pp.495-498
54) 山口生 『臺灣敎育會, 臺灣敎育會雜誌』第八十二號, 앞의 책, p.379

역의 정황에 따라 한문, 재봉 및 가사는 과하지 않을 수 있게 하였다. 수업연한 4년의 공학교의 교과목은 전항의 교과목 중 원칙적으로 일본 역사, 지리, 이과, 실과를 결한 것이지만, 실과는 지역의 실정에 따라 농업 및 수공으로 나누어 그 중 한 가지를 과할 수 있었으며 도화, 한문, 재봉 및 가사는 지역의 정황에 따라 그것을 하지 않을 수 있었다.[55]

한편, 이 시기 공학교에서 일본역사과 교재의 선택[56]에 관해서는 공학교 규칙 제27조 제2항 제3항에 다음과 같이 서술하고 있다.[57]

일본 역사는 건국의 체제, 황통의 무궁, 역대천황의 성업, 충량현철(忠良賢哲)의 사적, 문화의 유래, 외국과의 관계 등의 대요를 가르침으로써 국초부터 현시에 이르기까지의 사력(史歷)을 알게 하여 고등과에서는 전항의 취지를 확대하여 우리 국가발달의 발자취를 알게 한다.

이상과 같이 교재선택의 표준은 6가지, 즉 건국의 체계, 황통의 무궁, 역대천황의 성업, 충량현철의 사적, 문화의 유래, 외국과의 관계 등이었다. 이외 교재 선택에 대해 항상 유의해야할 점으로 「국사교수란 과거를 아는 것보다도 장래를 아는 것이 중요하기 때문에 국사교재의 선택 상 근대사에 관한 것을 비중 있게, 그리고 상세하게 교수할 필요가 있다.」

---

55) 吉野秀公『臺灣敎育史』, 앞의 책, pp.495-498
56) 당시 역사교육계에서는 교재를 정적교재와 지적교재로 구분하는 경향이 있었다. 국체의 대요를 알리는 교재, 국민정신을 함양해야하는 교재를 정적 교재로 하였다. 이지적인 동기에 일어난 사건을 지적으로 보고 정적 동기에 의해 이루어진 사건을 정적으로 보기도 하였다. 두 기준에 대해 명확히 결정된 것은 없지만 대체적으로 이것이 교재분류의 최초 분류법이다.(臺南師範學校附屬公學校(1927)『公學校敎授の新硏究(上)』, 安部洋 編(2009)『日本植民地敎育政策史料集成(臺灣篇)』第40卷, 龍溪書舍, p.305
57) 久住榮一・藤本元次郎(1925)『公學校各科敎授法 全(大正13년)』, 安部洋 編(2008)『日本植民地敎育政策史料集成(臺灣篇)』第39卷, 龍溪書舍, p.196

고 하였다.[58]

　다음은 이 시기에 만들어진 공학교 일본역사 교과서의 목차(교수요목)이다.

〈표 5〉 공학교 일본역사 교과서 목차(1928)[59]

학년	제5학년		
학기	제1학기	제2학기	제3학기
목차	1. 天照大神 2. 神武天皇 3. 日本武尊 4. 神功皇后 5. 仁德皇后 6. 聖德太子 7. 天智天皇과 藤原鎌足 8. 聖武天皇 9. 和氣淸麻呂	10. 桓武天皇 11. 弘法大師 12. 菅原道眞 13. 藤原氏의 專橫 14. 後三條天皇 15. 源義家 16. 平氏의 平氏의 勃興 17. 平重盛 18. 武家政治의 起 19. 後鳥羽上皇 20. 北條時宗 21. 後醍醐天皇 22. 楠木正成 23. 新田義貞	24. 北昌親房과 楠木正行 25. 菊池武光 26. 足利氏의 僭上 27. 足利氏의 衰徵 28. 群雄割據 29. 後奈良天皇
학년	제6학년		
목차	1. 織田信長 2. 豊臣秀吉 3. 德川家康 4 德川家光 5. 德川光圀 6. 大石良雄	7. 新井白石 8. 德川吉宗 9. 松平定信 10. 本居宣長 11. 高山彦九郎과 浦生君平 12. 攘夷와 開港 13. 孝明天皇 14. 武家政治의 終 15. 明治天皇 1) 明治維新 2) 西南의 役	3) 憲法發表 4) 淸日戰爭(明治 27,8년 戰役) 5) 條約改定 6) 러일戰爭(明治 37,8년 戰役) 7) 韓國倂合 8) 天皇의 崩御 16. 今上天皇

---

58) 久住榮一·藤本元次郎 『公學校各科敎授法 全(大正13년)』, 위의 책, p.200
59) 臺灣總督府(1922) 『敎科用圖書編纂敎授要目』 臺灣總督府, pp.2-14

〈표 5〉에 따르면 당시 역사교육이란 일본의 역사를 배우는 것이지, 대만의 역사를 배우는 것이 아니었음을 알 수 있다. 대만의 역사 인물은 목차 속에 전혀 보이지 않는다. 1919년 제1차 조선교육령에 따른 조선의 역사교과서에서 세종대왕, 이이 등의 한국의 인물이 소수지만 내지연장주의의 연장선에서 일본의 역사 안에서 나타나는 것과는 대조적이다.

한편, 당시 역사교재의 배열은 순진법과 역진법의 두 가지 방법으로 구분되었다.[60] 전자는 역사 발전의 과정을 연대를 따라 배열하는 것으로 교수 상 후자보다는 편리하다. 순진적 배열법은 다시 직진법과 순환법의 두 방법이 있었다. 공학교 6년의 역사교재 배열은 직진법에 따른 것이었지만, 공학교의 고등과를 포함하면 다시 한 번 이전의 것을 배우게 되는 순환법에 따른 것이 되었다.[61]

1922년의 개정 교육령을 통해 교과서는 전면적인 개정 편찬을 보게 되었다. 특히 공학교용 국어독본의 경우 1898년 대만교육령 이후 1914, 1915년에 1차적인 개정을 하고 1922년부터 1927년까지 순차적으로 공학교용 국어독본을 완결하게 되었다. 내용은 대만의 지역 정황을 고려한 것을 선택하고 형식은 일본문부성이 편찬한 국어독본에 근접하도록 하였다. 그 외 교과용 도서교수서 등도 순차적으로 편찬을 완료하

---

60) 선택된 교재의 배열에 대해서 1928년 역사교육 개설서에서는 다음과 같은 설명이 있다. 「선택된 교재는 어떻게 배열할 것인가. 시기의 경과에 따라 연대순으로 배열하는 것이 가장 좋다. 또한 사건만을 일종으로 하여 배열하는 것보다도 혹은 인물을 중심으로 그 행위 중에 각종의 사건을 조직하는 것이 공학교 아동발달의 정도에서 보면 적당하다. 이 두 가지의 배열은 즉 사실을 순진적으로 하는 인물 중심적으로 하는 것이다. 그리고 이 두 가지를 잘 섞은 것이 가장 좋은 것이다. 현재 사용되는 공학교용 일본역사 교과서도 대체로 그러한 배열로 되어 있다.」(臺南師範學校 附屬公學校 『公學校教授の新研究(上)』, 앞의 책, p.306)
61) 久住榮一·藤本元次郎 『公學校各科教授法 全(大正13년)』, 앞의 책, p.201

였다.[62]

일본역사 교과서의 편찬에 있어서도 편찬지침에 「(대만의 「국사교과서」를 편찬할 때는) 문부성 편찬의 (국사교과서인) 심상소학국사를 참조하는 것은 중요하다. 심상소학국사의 문장은 문어체로서 현재의 공학교 아동에게는 부적당하다.」[63]고 하고 있다. 또한 공학교에서는 아동의 국어력을 고려하여 가능한 평이한 문체를 사용하도록 하였다. 따라서 학교용 일본역사는 모두 구어체로서 대체로 평이한 문장으로 기술하도록 하였다.[64] 이처럼 1922년의 규칙은 일본의 소학교 규칙에 접근하면서도 대만의 특수한 상황을 고려한 점이 그 특징이다.[65]

한편, 〈표 5〉의 목차에서 보면, 일본의 교과서인 심상소학국사에 나오지 않는 교재가 두 가지 있다. 그것은 6학년에서 모두 나타나는데, 「5. 도쿠가와 미쓰쿠니(德川光圀)」와 「7. 아라이 하쿠세키(新井白石)」가 바로 그것이다. 그렇다면 대만의 교과서에서 유독 이 두 인물을 강조한 이유는 무엇일까.

도쿠가와 미쓰쿠니(1628~1701)는 미토번(水戶藩)의 제2대 번주(藩主)로서 기전체의 일본사서인『대일본사』를 편찬하고 그 이후 많은 역사편찬을 한 인물이다.[66] 또한 그는 존왕사상의 선구자로서 주자학을 바탕으로 메이지 유신의 학문적 토대를 닦은 수호학(水戶学)의 대가였다.

아라이 하쿠세키(1657~1725)는 에도시대 정치가이자 유학자로

---

62) 吉野秀公『臺灣敎育史』, 앞의 책, p.502
63) 臺灣總督府『敎科用圖書編纂敎授要目』(臺灣總督府, 1922年(大正11)), pp.2-14
64) 久住榮一·藤本元次郎『公學校各科敎授法 全(大正13년)』, 앞의 책, p.202
65) 吉野秀公『臺灣敎育史』, 앞의 책, p.497
66) 澤井啓一·황현우(2010)「후기 미토학(水戶學)의 상제례」『한국국학진흥원국학연구』제16집, pp.391-419

1709년 6대 쇼군으로 취임한 도쿠가와 이에노부(德川家宣)에게 등용되어 문치 정치를 한층 강화시킨 인물이다. 또한 조선통신사에 대한 예식을 간소화시키는 등67)의 일본의 국수적 문화를 발전시킨 인물이었다.

도쿠가와 미쓰쿠니와 아리아 하쿠세키는 모두 일본의 에도시대에 유학이라는 학문을 통해 일본의 국수적 문화풍토를 만들었다는 공통점이 있다. 따라서 당시 대만의 유교 주의적 학문 풍토에 일본의 천황중심 사상을 주입시키려 했다는 점을 알 수 있다.

한편, 실제의 역사교수 상황은 어떠했을까.

공학교 규칙 제27조 제4항에 「일본 역사를 교수하기 위해 도화, 지도, 표본 등을 제시하여 아동으로 하여금 당시의 실상을 상상하기 쉽게 하고 특히 수신의 교수사항68)과 연계 할 것」이라고 되어 있다.69)

다음은 1928년에 작성된 교안의 구체적인 사례이다.70)

---

67) 김상조(2014) 「신정백석(新井白石)의 의례개정과 조선 정부의 대응」『영주어문학회지』27권, pp.33-63
68) 그러나 이 점에 대해 당시 역사교육론 개설서에는 다음과 같이 역사학습과 수신학습의 구별이 반드시 필요하다고 경고하고 있다. 「역사의 학습과 수신의 학습은 다르지 않으면 안 된다. 물론 상통하지 않는 점이 없는 것은 아니다. 수신은 그 교재를 역사에서 구해 대부분 아동의 심정을 움직여 그 정조를 함양하고 실천의 동기를 고무한다. 또한 생활상에 필요한 마음가짐을 알게 하여 훌륭한 인격을 만들도록 지도한다. 역사 학습에서는 이것만으로는 부족하다. 즉 사실에 관한 인과관계를 충분하게 고찰시키고 또한 시대관을 명확하게 하고 문화발전의 발자취를 알게 하는 점이 중요하다. 즉 역사 학습은 사실, 시대, 인과관계, 국체라고 하는 것을 빼고서는 그 의미도 없으나 수신에서는 이 중 어떤 것이 빠져도 성립한다.」 (臺南師範學校附屬公學校『公學校教授の新研究(上)』, 앞의 책, p.15)
69) 久住榮一·藤本元次郎『公學校各科教授法 全(大正13년)』, 앞의 책, p.203
70) 臺南師範學校附屬公學校『公學校教授の新研究(上)』, 앞의 책, pp.229-233

```
┌─────────────────────────────────────────────────────────────┐
│                        교수안 사례                            │
│                                                               │
│  · 학년 : 제6학년                                             │
│  · 제목 : 메이지 천황(지적교재)                               │
│  · 교재 : 조약개정                                            │
│  · 목적 : 메이지 정부가 조약개정에 노력한 결과 국운의 발전과 함께 소기의 목적을 달성 │
│    하고 처음으로 국권을 확립시키는 정황을 알게 하여 국력 충실, 질실 강건의 기풍을 │
│    쌓는다.                                                     │
│  · 준비 : 1) 세계지도  2) 인물의 초상                          │
│                                                               │
│  1. 교수방법                                                  │
│    1) 준비                                                    │
│       ○ 사전학습의 정리                                       │
│         통상조약 : 통상조약이란 무엇인가? 어느 때부터 맺어졌는가? │
│       ○ 목적제시 : 도쿠가와 막부가 제외국과 맺은 조약에 대해서 조사해보자 │
│    2) 교수                                                    │
│       ○ 학습사항의 개관                                       │
│         - 교과서의 통독                                       │
│         - 학습사항의 발표 : 예정                              │
│       ○ 강의                                                 │
│         - 구 조약의 불리함                                    │
│         - 조약개정                                           │
│       ○ 질의응답                                             │
│       ○ 감상 및 판단                                         │
│    3) 정리                                                    │
│       - 교과서 정리                                          │
│       - 중요사항의 문답                                       │
│       - 총괄                                                 │
│  ※ 판서사항                                                  │
└─────────────────────────────────────────────────────────────┘
```

이 교수안을 보면 판서와 교과서가 가장 중요한 것이었음을 알 수
있다. 또한 지금의 교수-학습 지도안(교안)과 비슷한 점도 있으나 도
입부분에서 반드시 들어가야 할 흥미유발이 없으며, 차시에 대한 예고
도 필수요소는 아닌 듯 보인다.

한편, 1922년의 규칙 공포 이후에도 1940년대까지 작은 규칙개정이
있었다. 그 중 가장 대표적인 것으로 공학교 규칙에 전반적 개정을 가한

것은 1934년 12월 11일 규칙개정(부령 제142호)이었다.[71] 이것은 1922년 이후 만들어진 규칙 개정 중 가장 전면적인 것이었다. 이 개정에서는 국어교육과 실업교육을 철저히 할 것을 다시 한 번 중요시 한 것이 특징이다. 즉 수업연한 4개년의 공학교에서 제2학년에 1시간, 제3, 4 학년에 각각 3시간씩의 국어수업 시수를 증가시켰고 제4년제 공학교에서 실업에 관한 교과목은 수의과목이었던 것을 필수과목으로 하였다. 6년제 공학교 및 고등과에서는 실업에 관한 교과목은 남학생에게만 과한 것을 여학생에게도 과하였다. 재봉 및 가사는 6년제의 공학교에서는 지역의 정황에 의거하여 가르치도록 하였는데 이를 통해 이전에는 가르치지 않아도 되었던 것을 가르치게 되었다. 역사과에서도 중요한 변화가 있었는데 교과목명인 일본역사를 「국사」로 칭한 것이 바로 그것이다.[72] 동화주의의 관점에서는 일본의 역사도 「국사」이므로 이에 대한 강화의 의도가 바로 이러한 명칭 변화에 녹아져 있었던 것은 자명하다.

한편 1938년 1월 15일에도 규칙 개정(부령 제2호)이 발표되었다. 이 발표에서 가장 큰 변화는 그동안 수의과목으로 명맥을 유지해 오던 한문과를 폐지하게 되는 것이다. 이러한 폐지의 이유에 대해 총독부는 다음과 같이 말하고 있다.[73]

현행 공학교 규칙은 대정 11년의 제정에 관하여 십 여 년을 경과한 지금 한문과를 수의과목으로서 존치하는 것도 시세의 진전은 각 반의 방면에 따라 국민적 자각 및 국어의 보급 철저를 고양하고 있으므로 공학교 교육의 본질 및 현 정세 및 장래에 비추어 한문과를 폐지할 필요를 느껴

---

71) 山口生『臺灣敎育會, 臺灣敎育會雜誌』第八十二號, 앞의 책, p.385
72) 위의 책, p.386
73) 위의 책, p.387

그것을 실행한 것이다.[74]

즉, 한문과 폐지는 「시세의 진전」에 따라, 그리고 국어교육의 보급화에 따라 필수불가결한 것이라고는 하지만, 실제로는 황민화를 주입시켜야 할 사명이 있는 일본의 입장에서 국어의 보급은 가장 중요한 것이었기 때문에 폐지를 시킨 것으로 볼 수 있다.

3) 국민학교령 시기(1941~1945)

1941년 3월 25일 대만교육령이 개정되고 대만공립초등학교 규칙이 같은 해 3월 30일 부령 제47호로 제정되면서 국민학교에서 국민과라는 통합교과를 가르치게 되었다.

국민학교에서는 「황국민의 자질연성」의 견지에서 크게 나눈 것을 교과라고 하고 더욱 각 교과가 담은 내용을 그 목적과 성격에 따라 분류하여 계통적으로 조직시킨 것을 과목이라고 칭하였다. 즉, 과목은 황국민이 가져야 할 필수의 자질을 다섯 가지로 구분하고 이를 유기적으로 교과와 연결시킨 것이었다.

이들 자질을 연성하는 견지에서 크게 구별한 교과 중 주로 제1에 관한 것을 국민과, 제2에 관한 것을 이수과, 제3에 관한 것을 체련과, 제4에 관한 것을 예능과, 제5에 관한 것을 실업과라 칭하였다.

일본에서의 국민학교령 제4조에는 다음과 같이 교과와 과목에 관한 설명이 있다.[75]

---

74) 위의 책, p.388
75) 臺灣省行政長官公署教育處 編(1926) 『臺灣省教育槪況』臺灣省行政長官公署教育處, p.19

국민학교의 교과는 초등과 및 고등과를 통해 국민과, 이수과, 체련과 및 예능과로 하고 고등과에 있어서는 실업과를 더한다.

국민과는 그것을 나누어 수신, 국어, 국사 및 지리 과목으로 한다.

이수과는 그것을 나누어 산술 및 이과 과목으로 한다.

체련과는 그것을 나누어 체조 및 무도 과목으로 한다. 단 여아의 경우 무도를 빼는 것이 가능하다.

예능과는 그것을 나누어 음악, 습자, 도화 및 공작 과목으로 하고 초등과의 여아에게는 봉재 과목을 고등과의 여아에게는 가사 및 재봉 과목을 더한다.

실업과는 나누어 농업, 공업, 상업 또는 수산 과목으로 한다.

그런데, 1941년 3월 30일 발표된 대만공립초등학교규칙에서는 여기에 다음과 같은 사항이 더해졌다.

국민학교 초등과 교과에 실업과를 가한다.(대만공립국민학교규칙 제5조)
초등과 여학생에게는 필요에 따라 예능과의 과목에 가사를 더한다.(동 제6조)

이 두 조항은 일본의 초등학교와 다른 두 가지 점이었다. 식민지 대만에서는 일본에서 중등과에 속한 실업과를 남녀 불문하고 초등과에도 부과한 것이다. 또한 가사를 더한 것도 초등교육의 실업교육 중심적인 교육 방침을 보여준다.[76]

한편, 대만공립국민학교규칙에서 국민과 관련된 조목을 살펴보면 다음과 같다.

---

76) 臺灣第二師範 附屬國民學校 啓明會(1939)『臺灣子供世界史』, 安部洋 編(2007)『日本植民地教育政策史料集成(臺灣篇)』第26卷, 龍溪書舍, p.91

제12조 국민과는 우리나라의 도덕, 언어, 역사, 향토, 국세 등에 대한 습득을 시키고 특히 국체의 정화를 명확하게 하고 국민정신을 함양하여 황국의 사명을 자각시키는 것을 요지로 한다.[77)]

이를 당시 같은 시기에 발표된 일본과 조선의 국민과와 비교하면 다음과 같다.

〈표 6〉 대만, 일본, 조선에서의 국민과 목적(1941)

목표 \ 교과	대만	일본[78)]	조선
국민과	우리 국가의 도덕, 언어, 역사, 국토, 국세 등에 대해서 습득시켜 특히 국체(國體)의 정화를 명확하게 하여 국민정신을 함양하고 황국의 사명을 자각시키는 것을 요지로 한다.	우리 국가의 도덕, 언어, 역사, 국토·국세 등에 대해서 습득, 국체의 정화를 명확하게 하여 국민정신을 함양하고 황국의 사명을 자각시키는 것을 요지로 한다.	우리 국가의 도덕, 언어, 역사, 국토·국세 등에 대해서 습득시켜 특히 국체의 정화를 명확하게 하여 국민정신을 함양하고 황국의 사명을 자각시켜 충군애국의 지기를 양성하는 것을 요지로 한다.

출처 : 臺灣總督府, 臺灣敎育令, 1941(昭和16)年 3月 25日 : 文部省, 『國民學校令施行規則』, 1941(昭和16)年 3月14日 : 朝鮮總督府, 『國民學校規定』, 1941(昭和16)年 3月 31日.

이와 같이 대만과 조선의 국민과 목적은 거의 같았지만 조선의 경우 「충군애국의 지기」를 양성한다고 하여 「황국의 사명을 자각」시키는 것을 목적으로 삼는 대만, 일본과 다른 점이 있었다.

한편, 동 규칙 제15조에서 국민과 국사에 대해서는 다음과 같은 내용을 서술하고 있다.

---

77) 臺灣總督府(1943) 『國民學校制度實施二件ヲ關係法令』, p.8
78) 日本國民學校令施行規則(1941年(昭和16)3月14日 文部省令第4号 『國民學校制度實施二件ヲ關係法令』臺灣總督, 1943年(昭和18), p.124)

국민과 국사는 우리 국가의 역사에 그 대요를 습득시키고 황국의 역사적 사명을 자각시키는 것으로 한다. [79]

이를 당시 같은 시기에 발표된 일본과 조선의 「국사」 교육과 비교하면 다음과 같다.

〈표 7〉 대만, 일본, 조선에서의 국민과 「국사」 교육의 목적(1941)[80]

과목	대만	일본	조선
국사	우리 국가의 역사에 대해 그 대요를 회득(會得)시키고 황국의 역사적 사명을 자각시킨다.	우리 국가의 역사에 대해 그 대요를 회득시키고 황국의 역사적 사명을 자각시킨다.	우리 국가의 역사에 대해 그 대요를 회득시키고 국체의 존엄한 이유를 체인(體認)시킴과 함께 황국의 역사적 사명을 자각시킨다.

출처 : 臺灣總督府, 臺灣敎育令, 1941(昭和16)年 3月 25日 : 文部省, 『國民學校令施行規則』, 1941(昭和16)年 3月 14日 : 朝鮮總督府, 『國民學校規定』, 1941(昭和16)年 3月 31日.

이와 같이 대만과 조선의 국민과 「국사」의 목적은 거의 같았지만 조선의 경우 「국체의 존엄한 이유를 체인시킨다.」라는 내용을 더하여 보다 황국민 「국사교육」을 철저히 하려 하였음을 알 수 있다.

한편, 교재의 내용에 대해서는 동 조에서 다음과 같이 말하고 있다.

초등과에서 건국의 체제, 황통의 무궁, 역대 천황의 성업, 충량 현철의 사적, 거국봉공의 사실 등에 따라서 황국 발전의 궤적을 알도록 한다. 고등과에서는 전항의 취지를 확대하여 국운의 육창(陸創), 문화 발전이 계국(啓國) 정신으로 나타나는 이유를 알도록 함과 동시에 제외국과의 역사적

---

79) 臺灣總督府(1943)『國民學校制度實施二件ヲ關係法令』, p.10
80) 朝鮮總督府(1941.3.3.)『國民學校規定』, 文部省(1941.3.14.)『國民學校令施行規則』 (김보림(2006)『日帝下 國民學校 國民科의 導入과 '國史'(日本史) 敎育』서울대학교 대학원 박사학위논문, pp.104-107)

관계를 명확하게 한다.[81]

1922년의 대만교육령에서 6개년의 공학교 일본역사의 교재가 건국의 체제, 황통의 무궁, 역대천황의 성업, 충량현철의 사적, 문화의 유래, 외국과의 관계였던 것에 반해 1941년 국민학교령에서는 초등과 6년 고등과 2년으로 나지면서[82] 이전 6개년에서 배웠던 문화의 유래와 외국과의 관계 부분이 고등과에서 다루어지게 되었다.

한편, 구체적인 교수방법에 대해서 동 조에서는 다음과 같이 말하고 있다.

> 국사의 시대적 양상에 유의하여 일관한 계국 정신을 구체적으로 감득(感得), 파악시킨다. 향토와 관계 깊은 사적은 국사와의 관계에 유의하여 취급한다. 연표, 시대 표, 지도, 표본, 그림, 영화 등을 이용하여 구체적이고 직관적으로 습득시킨다.[83]

여기에서 이전과 크게 다른 점은 「감득, 파악」의 방법이 제시되었다는 점이다. 즉, 객관적 설명에 의한 것이 아닌, 감득시키는 방법에 의한 역사교수법을 제시하고 있다는 점에서 당시 국민과 국사과목이 천황을 위해 군대로 끌려가 「산화」되는 데에 중요한 교육적 가치를 두고 있었다는 것을 알 수 있다.

---

81) 臺灣總督府(1943) 『國民學校制度實施二件ヲ關係法令』, p.10
82) 국민학교는 수업연한 8개년 일관의 교육체계로 만들어 그 과정을 두 개로 나누어 초등과 및 고등과를 두는 것으로 하였다. 단 지역의 정황에 따라 초등과 또는 고등과만을 두는 것이 가능하게 하였다.(국민학교령 제2조) 또한 초등과의 수업 연한은 6년, 고등과의 수업연한은 2년으로 하였다.(동령 제3조)(臺灣總督府(1943) 『國民學校制度實施二件ヲ關係法令』, p.10
83) 臺灣總督府(1943) 『國民學校制度實施二件ヲ關係法令』, p.10

한편, 국민과의 통합원리는 「황국의 길」에 귀일한다는 목적에 의한 통합이었다. 이것은 다음과 같은 설명에서도 알 수 있다.

국민과는 국민학교의 교육이 황국의 길에 귀일하기 위한 것은 먼저 방법도 황국의 도에 귀일시키지 않으면 안 된다. 목적과 방법은 일원적인 것이다. 방법은 목적 달성을 위해 생각되어지는 것이며 목적에 귀일시키는 방법은 무력한 것이지 않다. 특히 황국신민의 연성이라고 하는 입장에서 방법을 고찰하면 종래의 같이 기계적인 교수와 훈련 방법은 극히 부적절한 것이다. 이들의 3자가 다른 방법으로서 실시되면 황민의 배양에 철저하지 않은 것이다.[84]

한편, 교과와 과목을 각 학년에 배당시켜 그 정도 및 매주 수업시수를 정한 것을 과정표라 하였다. 대만의 국민학교에서는 국어(일본어) 생활을 하는 가정의 아동에 대한 과정은 별표 제1호표, 국어(일본어) 생활을 하지 않는 아동에 대한 과정은 별표 제2호표 또는 제3호표에 의한 것으로 하였다.(대만공립국민학교규칙 제32조)[85] 과정 제1호표 및 제2호표에 의한 국민학교는 초등과 고등과로 나뉘지만 과정 제3호표에 의한 국민학교는 초등과 고등과의 구별 없이 수업연한 6년이었다. 그것은 고등과를 설치하지 않은 지역에 설치되었다.

초등학교령 발표당시 대만에서 초등보통교육은 일본과 달리 의무교육이지는 않았지만 일본인 아동의 취학률은 99.55%를 넘는 사실상 의무교육과 차이가 없었다.[86]

1941년 4월 말 과정 제1호표에 의한 국민학교의 민족별 학생 수는

---

84) 臺灣第二師範 附屬國民學校 啓明會 『臺灣子供世界史』, 앞의 책, p.61
85) 위의 책, p.93
86) 臺灣總督府文敎局 『臺灣の學校敎育』, 앞의 책, p.6

아래의 표와 같다. [87]

<표 8> 제1호표에 의한 국민학교의 민족별 학생 수(1941.4)

구분	성별	일본인	대만인	원주민	기타	계
초등과	남	21,544	2,268	24	55	23,891
	녀	20,997	1,497	16	38	22,548
소계		42,541	3,765	40	93	46,439
고등과	남	1,520	250	3	11	1,784
	녀	1,692	108	0	0	1,800
소계		3,212	358	3	11	3,584
총계		42,753	4,123	43	104	50,023

지방에 분산되어 활동하고 있는 일본인을 교육적으로 안정시키기 위해 과정 제1호표에 의한 국민학교는 비교적 지역적으로 잘 분산되어져 있었다. 일본과 다른 대만의 특징은 도시 이외의 국민학교는 학급수가 적은 학교들이 전 지역에 상당히 다수를 점하고 있었다는 점이다.[88] 위의 표에서 보이는 바와 같이 과정 제1호표에는 압도적으로 일본인 학생이 많이 점하고 있어 일본인과 대만인의 구별은 여전히 존재하였음을 알 수 있다.

한편, 1941년 4월 말 과정 제2호표 및 제3호표에 의한 국민학교의 학생 수는 다음과 같다.[89]

---

87) 사범학교부속, 남북주, 신죽주, 대중주,대남주, 고웅주, 대동청, 화련홍청, 팽호청.
88) 臺灣總督府文敎局『臺灣の學校敎育』, 앞의 책, p.9
89) 위의 책, p.15

<표 9> 제2호표 및 제3호표에 의한 국민학교의 민족별 학생 수(1941.4)

구분	과정표	대만인		일본인		원주민		외국인 (중화민국인)		조선인	계
초등과	제2호표	남	389,882	남	2	남	3,242	남	1,744	12	394,882
		여	237,146	여	7	여	2,565	여	1,163	9	240,890
	제3호표	남	22,436	남	1	남	1,262	남	0	0	23,699
		여	12,245	여	4	여	1,138	여	0	0	13,387
고등과	제2호표	남	14,241	남	0	남	108	남	48	2	14,397
		여	3,385	여	0	여	18	여	12	0	3,415
계		679,333		14		8333		2967		23	690,670

다음은 국민학교 제2호표와 제3호표의 과정표를 나타낸다. 여기에서는 제1호표와 반대로 압도적으로 대만인 학생 수가 많다. 따라서 초등학교령 하에서도 대만인과 일본인 학교의 차별과 구분은 변함이 없었다는 것을 알 수 있다.

한편 대만인 학령 아동의 취학사항은 지역에 따라 상당한 차이가 있지만 전 대만을 통해 1941년 3월 31일 조사에 의하면 남학생 70.57%, 여학생 43.42%, 평균 57.46%로 여학생이 남학생에 비해 현저히 낮다. 원주민 학령 아동(보통행정구역내 거주자만)의 취학은 일본인에 비해 현저히 낮지만 대만인에 비하면 꽤 양호한 성적을 나타내고 있다. 즉 같은 1941년 3월 말의 조사에서 남학생 70.92%, 여학생 65.58%로 평균 68.40%이다. 따라서 대만인과 원주민 양자를 합하면 남학생 70.57%, 여학생 43.64%로 평균 57.57%였다.[90]

아래의 〈표 10〉과 〈표 11〉는 국민 학교의 제1호표와 제2호표의 과정표를 나타낸 것이다.

---

90) 臺灣總督府文敎局『臺灣の學校敎育』, 앞의 책, p.17

〈표 10〉 국민 학교 별표 제1호표 과정표[91]

	교과	국민과				실업과				이수과		체련과		예능과						계
	과목	수신	국어	국사	지리	농업	공업	상업	수산	산수	이과	무도	체조	음악	습자	도화	공작	가사(여)	재봉(여)	
초등과	제1학년	10								5			5			3				23
	제2학년	11								5			6			3				25
	제3학년	2	8							5	1		6	2		3				27
	제4학년	2	8	1						5	2		6	2		남5, 여3			2	31
	제5학년	2	7	2	2			1		5	2		6	2		남5, 여3			2	34
	제6학년	2	7	2	2			1		5	2		6	2		남5, 여3			2	34
고등과	제1학년	2	4	2	2	남5, 여2				3	2	남6, 여4	1			3		5		30
	제2학년	2	4	2	2	남5, 여2				3	2	남6, 여4	1			3		5		30

* 국사의 경우 대만총독부가 편찬한 제4학년용의『향토의 관찰』이라는 교사용 지도서가 있었으며, 제5학년과 제6학년, 고등과의 제1학년과 제2학년에서는『국사의 대요』라는 교과서를 사용하였음.

〈표 11〉 국민 학교 별표 제2호표 과정표[92]

	교과	국민과				실업과				이수과		체련과		예능과						계
	과목	수신	국어	국사	지리	농업	공업	상업	수산	산수	이과	무도	체조	음악	습자	도화	공작	가사(여)	재봉(여)	
초등과	제1학년	13								5			4			2				24
	제2학년	15								5			4			2				26
	제3학년	2	12							5	1		4	2		3				29
	제4학년	2	11	1						5	2		4	2		남5, 여3			2	32
	제5학년	2	7	2	2	남3 여1				5	2		5	2		남4, 여3			3	34
	제6학년	2	7	2	2	1남3 여1				5	2		5	2		남4, 여3			3	34
고등과	제1학년	2	4	2	2	남5, 여2				3	2	남 6, 여4	1			3		5		30
	제2학년	2	4	2	2	남5, 여2				3	2	남6, 여4	1			3		5		30

* 국사의 경우 대만총독부가 편찬한 제4학년용의『향토의 관찰』이라는 교사용 지도서가 있었으며, 제5학년과 제6학년, 고등과의 제1학년과 제2학년에서는『국사의 대요』라는 교과서를 사용하였음.

---

91) 臺灣第二師範 附屬國民學校 啓明會『臺灣子供世界史』, 앞의 책, p.94
92) 臺灣第二師範 附屬國民學校 啓明會(1943)『臺灣子供世界史』, 安部洋 編(2007)『日本植民地敎育政策史料集成(臺灣篇)』第26卷, 龍溪書舍, p.97

상기의 〈표 10〉과 〈표 11〉를 비교해 보면 주로 일본어를 사용한 학생과 일본어를 사용하지 않는 학생은 그 수업과목과 수업 시수에서 큰 차이를 보이고 있는 것을 알 수 있다. 우선 일본어를 사용하지 않는 대다수의 대만 학생에게는 제1학년과 제2학년의 수신과 국어 과목이 더 많이 부과된 것을 알 수 있다. 제1학년 수신과 국어 과목은 일본인 학생보다 3시간이, 제2학년에서는 4시간이 더 부과되었다. 이는 어린 대만인 학생에게 「황국」 건설에 기초가 되는 수신과 국어과목을 더 부과하도록 하는 교육의 방침 때문이었다. 한편, 수신과 국어과목이 분화되는 제3학년부터는 국어과목이 제3학년에서는 4시간, 제4학년에서는 3시간이 더 부과되었다.

이처럼 고등과의 교과 및 과목은 일본과 같았지만 초등과에서는 일본의 국민학교 초등과에 실업과를 더했다. 즉 5, 6학년에서 농업, 공업, 상업, 수산의 한 과목 또는 여러 과목을 과하고 있다. 이처럼, 교육의 실제에서는 일본의 내부 사정을 충분히 이해시키는 것과 함께 대만의 사정도 이해하도록 하였다.[93]

「국사」과목은 제4학년부터는 1시간 「향토의 관찰」이라는 이름으로 가르치기 시작했고 제5학년과 제6학년은 「국사의 대요」라는 이름으로 고등과 1, 2학년까지 가르쳤다. 수업시수는 일본인 학교와 같았다.

실업과인 농업, 공업, 상업, 수산의 과목이 일본인 학교와 다르게 제5학년과 제6학년에 남자학생에게 2시간 더 부과되었다. 이 점 역시 대만인에게 실업교육을 강조하여 저급한 노동력을 양성하려는 의도로 보인다. 또한 가사라는 과목을 대만인들에게 더 부과하여 여성 노동력도 함께 착취하고자 하였다.

---

93) 臺灣第二師範 附屬國民學校 啓明會 『臺灣子供世界史』, 앞의 책, p.10

한편, 이 시기에는 영화가 대중에게 많이 보급되어 이전과 달리 영화 (활동사진) 활용을 교수에 권장하였다.(대만 공립 초등학교규칙 제48호) 다만 대만총독이 지정한 영화에 한해서 교육용으로 활용하도록 하여 수업에 영화를 활용하는 것을 통제했다.(동 제49조)[94]

대만공립국민학교규칙 제4장에 의하면 국민학교의 교과용도서는 대만총독부 또는 문부성에서 저작권을 가지는 것 또는 문부대신의 이 검정한 것으로 하여 대만 총독이 그것을 지정하는 것 두 가지가 있었다.(제44조)[95] 당시 산수는 문부성편찬의 교과서를 사용하는 것이었지만 다른 것은 모두 대만총독부편찬의 것을 사용하였다.[96]

한편 교과용도서의 편찬방법에 대해서는 「교재는 황국의 도에 따라서 초등보통교육을 실시하고 국민의 기초적 연성을 기르는데 적절한 것으로 하며 단, 교사용 도서에서 이 같은 교재를 향토화시키도록 한다.」[97]고 하여 「자연의 관찰」 및 「향토의 관찰」은 실물실지를 교재로 하는 관계에서 아동용 도서는 없이 교사용 도서만 만들었다.[98]

---

94) 위의 책, p.112
95) 臺灣第二師範 附屬國民學校 啓明會 『臺灣子供世界史』, 앞의 책, p.109
96) 위의 책, p.16
한편, 1935년도까지 역사과목과 관련하여 대만 총독부가 출판한 공학교 교과용 도서 및 참고서는 다음과 같다.(1895년(明治28) 일본어 교과서, 1921년(大正10) 공학교 교수요목(일본역사, 지리, 이과, 농업, 상업, 수공, 재봉 및 가사) 1921년(大正10) 공학교 고등과 교수요목(수신, 일본역사, 지리, 이과, 농업, 상업, 수공, 재봉 및 가사), 1922년(大正11) 공학교용 일본역사 상하, 1922년(大正11) 공학교용 일본역사 편찬취의서, 1932년(昭和7) 공학교용 일본역사 제2종 상권, 1933년(昭和8), 공학교용 일본역사 제2종 하권, 1934년(昭和9), 공학교용 고등과 국사권1, 공학교 국사 제1종 상(개정출판))(枝萬榮(1937) 『臺灣の敎育』(昭和新報社臺南支局, 安部 洋 編(2010) 『日本植民地敎育政策史料集成(臺灣篇)』第53卷, pp.401-408))
97) 臺灣第二師範 附屬國民學校 啓明會 『臺灣子供世界史』, 앞의 책, p.110
98) 위의 책, p.111

4 마치며

이상에서 살펴본 바와 같이 일제시기 대만식민지 교육정책의 핵심
은 동화주의 와 격리주의에 있었다. 동화주의는 황국신민으로서의 자
질을 길러 대만인의 언어, 역사, 풍속을 죽이기 위한 것이었고 교육의
효율성이라는 명분하에 시행된 격리주의는 식민지 차별교육의 일환이
었다.

공학교는 대만인 대상 초등교육기관이어서 일본인 대상 소학교와 분
리되어 있었다. 1941년 소학교와 공학교의 구분을 없애고 국민학교로
개칭하긴 하였지만 여전히 교과과정을 「일어로 가정생활을 하는 자의
자제」들만이 제1호표 국민학교에 진학할 수 있도록 하고 대만인 자제
들은 제2, 제3호표 국민학교에 입학시키는 차별정책을 유지한 것이다.
또한 한문을 점차 수의과목에서 폐지까지 한 점, 실업교육 특히 여아의
실업교육을 강조한 점, 수업연한을 6개년 원칙으로 하면서도 4년 또는
3년으로 단축시킨 점 등은 「이등국민」을 양성하려는 원칙을 통한 격리
주의의 일환이었던 것이다.

또한 다른 방면으로는 교육에 대한 정비가 되어 있지 않은 시점에서
도 대만의 전통 교육기관인 서방에 조선총독부가 이에 대한 참고도서
로서 『대일본사략』(1898)과 『교육칙어술의』(1899)와 같은 황국민을 키
우기 위한 도서를 간행한 점, 식민지 조선과 달리 초등학교, 국민과,
국사의 목적이 일본 자국과 똑같다는 점 등은 대만에서의 동화주의 정
책을 엿볼 수 있게 하는 점이다.

시기적으로 볼 때 1895년 대만을 식민지한 초기의 교육 정책은 서양

의 학문을 가르치면서도 대만인을 황국민으로 키우기 위한 이중의 노력을 기울인 것으로 보인다. 조선에서 강점을 시작되자마자 발표된 제1차 교육령에서는 「지리」, 「국사」 등의 교육과정에 있어 조선 학생들은 일본 지리와 일본 역사를 배우기 시작했으나 대만의 경우, 식민지 초기에는 국어교육에만 집중하여 교육과정에 「지리」, 「역사」의 과목이 보이지 않다가 뒤에 가서야 「지리」, 「역사」를 순차적으로 가르쳤기 때문이다.

대만에서의 역사교과서는 대만총독부 간행의 일본인물에 대한 역사교육이었다. 이러한 교육 정책은 일본의 문부성이 저작하여 일본 국내의 학생들이 배우는 것과 다르지 않게 한다는 동화주의의 기조에 따른 것이었지만, 대만인 학생에게 힘이 아닌 문치로서 존왕주의에 기여했던 인물들을 더 공부하도록 하여 천황과 일제에 순응하는 식민지인을 길러내려고 한 의도가 엿보인다.

일본의 식민지 교육에서 동화 정책이라는 기조에 중요한 역할을 담당했던 역사교육에서 일본-대만-조선이라는 시대의 연결고리를 찾아내는 것은 중요하다. 한 예로 1895년에 식민지화된 대만이 제1차 대만교육령을 발표하고 교육을 정비한 것이 1919년에 이르러서야 되었다는 점과 비교하여 한국은 1910년 식민지가 된 후 1911년에 조선교육령이 발표되었다는 점에서 대만에서의 교육정책에 대한 시행착오가 한국의 교육정책을 입안하는 데 영향을 주었을 것이라는 점을 유추해 볼 수 있을 것이다.[99] 이처럼 일본 식민지 교육정책 중 동화주의 정책에 주요하게 이용되었던 역사교육 정책의 기제를 대만에서 찾는다면 일제 강점기 한국에서의 역사교육에 대한 원류를 찾을 수 있을 것이다. 따라

---

99) 오성철 「식민지 조선과 대만의 교육 확대에 관한 시론적 비교」, 앞의 글, pp.178-179

서 식민지 대만과 조선에 대한 보다 면밀한 분석과 본격적인 비교는 추후의 연구과제로 삼는다.

이 글은 「일본의 식민지 대만 역사교육 정책 연구」(『일본근대학연구』제50집, 2015)를 수정 보완한 글이다.

한국에서의 일본종교의 존재방식과 종교지형

남춘모(南椿模)

　도쿄도리츠(東京都立=현 首都大学東京)에서 사회학박사 학위를 취득하였고, 현재 대구가톨릭대학교 사회과학연구소 연구조교수로 재직 중이다. 주요 연구대상은 한 일관계사, 일본종교, 신종교이며, 질적 양적 방법을 병행한 연구를 해왔다. 주 연구 물로는 『방법으로서 사상사』(역서), 『한국내 일본종교운동의 현황』(공저), 『한국 신 종교 지형과 문화－종교운동의 역사적 전개와 사상의 시대적 변화』, 「構成原理와 存在樣式으로 본 対馬島 神話·傳説 속의 神들의 性格」, 「일본 정신문화의 한국에의 유입과 정착－국내 일본계종교의 탈일본화와 친일 콤플렉스의 극복과정을 중심으 로－」 등이 있다.

1 머리말

인간과 사회에 대해서 종교는 「세계관, 인생관」을 제시하고, 「정신적 안락과 위안」을 부여하는 일반적 혹은 신학적 기능이란 측면에서 정의가 있고, 또 종교사회학적 측면에서는 「사회의 통합과 질서유지」라는 기능주의적 입장과, 반면에 「사회적 갈등과 사회변동」[1]의 기능을 강조하는 마르크스주의적 입장으로 나누어진다. 한편 정치사회학적으로는 종교와 정치체제와의 관계에 초점을 두고 종교와 정치와의 대립, 유착 측면에서, 「상호도구설」에 관한 논의, 그리고 최근에는 자본주의 시장경제체제에서의 종교의 존재방식에 대해서 「종교시장론」[2]까지 제시되고 있다.

이 글은 「전후 70주년, 한일수교 50주년」인 2015년을 맞이하여, 근대 이후 현재에 이르기까지 「한국」이란 공간에서, 「일본종교」가 우리 종교문화 속에서 어떤 위치를 점하여왔고, 우리사회에서 어떤 의미를 가지고 있는가에 대해서 일본종교의 국내에서의 「규모적 차원」과 「사회

---

1) 베버(M. Weber)의 경우, 「종교의 생활방식의 피규정성(the religiously determinated way of life)」이란 기본입장에서 「프로테스탄티즘의 윤리와 자본주의정신」에서 개신교가 자본주의 형성에 미치는 영향을 논하고 있는데, 이것은 종교의 사회 변혁적 성격을 다루기보다는 개신교(특히 Calvinism)의 종교적 이념과 자본주의 이상이 일종의 「기능적 친화성(functional affinity)」을 가지고 있다는 점에 초점을 두고, 근대자본주의 형성에 이 관계가 여러 요인 중 단 하나의 요인일 뿐이라는 입장을 조심스럽게 제시하고 있다.
2) 종교사회학자 R. 핑크와 R. 스타크는 이런 현대의 종교구조를 아예 시장구조에 비교해서 설명하고 있다. 시장구조는 크게 첫째 회사구조, 둘째 판매원, 셋째 상품, 넷째 판매기술이라는 네 가지 요소에 의해서 결정된다. 이것을 종교시장에 적용해 보면 첫째는 교단구조, 둘째 사역자, 셋째 교리와 구제재, 넷째 전도방법이라고 말할 수 있다. Roger Finke & Rodney Stark(1992). *The Churching of America 1776-1990 : Winners and Losers in Our Religious Economy* (New Brunswick: Rutgers University Press), pp.13-14

적 영향력 차원」에서 해석함으로써, 우리 종교문화지형에서의 일본종교의 위치를 규명하려는 것이다. 역사적으로 근대 이전 종교문화 전달 루트는 대륙으로부터 한반도를 거쳐서 일본으로 전달되는 일방적 방식이 많았고, 따라서 일본은 「문화전달의 종착지」였다. 그러나 근대 전환기에 들어와서 상대적으로 일찍 근대국가체제를 갖춘 일본은 한반도를 발판으로 대륙으로 그 세력을 확장함에 따라서, 일본의 종교문화가 한반도로 유입되는 역 현상이 일어났고, 그 후 현재에는 양측의 종교들이 상호전파, 수용되는 종교문화 다원화 시대를 맞이한 것이다.

여기에서는 일제강점기 이후 현재까지 일본종교가 한반도에서 전개, 활동하던 종교 문화적 상황을 시기별로 나누고, 각 시기에 있어 일본종교가 한국에서 「도입, 성장, 정체, 소멸」의 과정에서 어떤 방식과 전략에 의해서 존재하여왔는지를 밝히고, 또 한국 종교문화지형 속에서 일본종교가 차지하는 의미와 그 위상을 규명하려는 것이다.

각 시기별로 나누어 보면, 첫째, 개항기 이후 일제강점기까지 한반도의 정치, 경제, 문화적 상황과, 그런 상황 속에서 식민지 종주국의 문화적 가치로서 일본종교가 어떻게 한반도에 도입, 정착되어갔는지, 그리고 거기에 따라서 식민지 조선의 대항적 이념으로서 민족종교가 어떻게 반응하였는지를 살펴본다. 둘째, 해방이후부터 1965년 한일국교 수립과 88올림픽까지 정치적, 사회문화적으로 반일 및 배일이 팽배하던 시기에 안티－테제(antithese)로서 일본종교의 존재 및 잠재형식을 확인한다. 셋째, 2000년대 들어와서 정치적으로 한일우호협력의 슬로건이 내 세워지고, 또 문화적으로 상호 용인 및 인정의 시대에 들어와서, 일본종교가 국내에서 재생 혹은 도입, 성장, 발전해가는 과정을 통합과 질서유지라는 「종교의 기능주의적 측면」과 「종교 간의 갈등, 대립이란 갈등론적 측면」, 정치적 수단으로서 종교 즉 「종교도구설」이라는 세 가지 관점에서 복합적으로 접근해 보려고 한다.

2 한일합방 전후와 일제강점기에 있어 일본종교의 존재방식과 종교지형

1) 개항기와 일제 무단통치기(1897~1919년)의 일본종교 유입과 종교지형

일제는 1899년 2월 11일 「메이지헌법」제8조에서 천황제를 전제한 하위개념으로서 형식적 신교의 자유를 보장하였다. 그리고 일본 내에 서는 종교계의 반대로 제정하지 못한 종교법의 내용을 1906년 대한제 국에서 공포·시행하게 된다. 1906년 11월 17일 통감부령 제5호로 공포 된 「종교의 선포에 관한 규칙」은 한국 거주 일본인의 포교를 규제하기 위한 법령이었다. 일제는 이미 1910년 11월, 다음과 같이 종교통제계획 을 구체화시키고 있었다.

> 「宗敎制限은 虛說 近日 新聞中에 總督府는 朝鮮에 在흔 宗敎에 關ᄒ야 詳細히 調査ᄒ고 將次此에 制限을 加ᄒ기 爲ᄒ야 法令을 制定ᄒ리라고 傳ᄒᄂᆫ 者 有ᄒ나 信敎의 自由는 總督諭告中에도 言明흠과 如히 宗敎에 對ᄒ야 何等 制限을 加흘 事는 無흘지라 然이나 元來 朝鮮에는 各種 信敎 者가 有ᄒ되 至于今 何等 調査가 無흔 故로 今日에 此를 調査흠은 或有흘 지라도 此에 關흔 法令을 制定ᄒ야 制限을 加ᄒ기로 準備흔다 흠은 全然 히 虛說에 不過흠이더라.」[3]

위에서 나타나듯이, 이 「종교의 선포에 관한 규칙」명문에는 「신교의 자유」를 빙자하면서도 조선의 전통종교에 대한 통제를 법령화하기 위한 의도가 담겨져 있었다. 이어서 1915년 8월 16일에는 총독부령 제3호로 「포교규칙」을 한국의 모든 종교를 통제하기 위한 법령으로 공포하였다.[4] 총독부는 종교의 자유보장, 포교활동의 공인 그리고 종교에 대한 평등한 대우를 위해서 「규칙」을 제정하였다고 발표하였다.[5] 이런 총독부의 조선 종교정책은 식민지 조선에서의 법적인 종교통제에 그 목적이 있었으나, 한편으로는 일본의 정신문화를 식민지 조선에 이식시키려는 일종의 「문화적 제국주의(cultural colonialism)」의 시도도 병행하였다. 그 한 방편으로서 일본종교의 한반도 유입을 종용하거나 적극적 지원을 하였던 것이다.

메이지 유신 정부는 천황제 국가를 다지기 위한 종교정책으로 신불분리(神佛分離)를 단행하면서 신도(神道) 보급을 강화하였지만, 신도에 의한 교화가 교리상의 한계로 문제가 드러나자 다시 불교를 정치의 일익으로 동원하지 않을 수 없게 된다. 또한 일본 불교계도 불교가 새 정부와 국익에 해가 되지 않는다는 논리를 내세워 정부에 협력하는 자세를 취하였고, 스스로 홋카이도(北海道)와 치시마(千島) 개척에 앞장섰으며, 중국과 조선 등의 해외포교를 전개하게 된다.[6] 이러한 당시 일본의 종교정책에 부응하여 조선에 들어오게 되는 최초의 일본종교는 진종(眞宗)이다.

1876년 운요호 사건으로 인해서 맺은 「강화도 조약」으로 강제적으로

---

3) 「종교통제계획」『매일신보』(1910.11.4)
4) 朝鮮總督府(1915.8.16) 『朝鮮總督府官報』
5) 朝鮮總督府(1915) 『朝鮮總督府施政年報』, pp.66-67, 그러나 이 법령은 「본령(本令)에서 종교라 함은 신도·불도 및 기독교를 일컫는다.」(제1조)라고 하여 세 종교만을 종교로 인정하고 있다.
6) 韓晳曦(1988) 『日本の朝鮮支配と宗教政策』未来社, pp.14-15

조선의 개국을 강행한 일본정부는 조선인들의 일본에 대한 적개심을 완화하려는 의도에서 진종 본원사(本願寺)에 협력을 구하게 된다. 1877년 메이지 정부 내무경 오쿠보(大久保利通)와 외무경 데라지마(寺島宗則)는 진종 본원사 관장 겐뇨(嚴如)에게 편지를 보내 조선 개교를 종용하였고, 이에 겐뇨는 1877년 8월에 오쿠무라 엔싱(奧村円心)과 히라노 게이스이(平野恵粋)를 조선으로 파견하였다. 오쿠무라는 일본정부의 후원 아래 1877년 부산에 진종 대곡파 본원사 별원(大谷派 本願寺 別院)을 설립하였다. 이어서 1881년에는 일련종(日蓮宗)의 와타나베(渡辺日運)가 부산에 일본회관(日本會館)을 건립하였고, 또 1890년 일련종 교토 묘각사(妙覺寺)의 아사히미츠(旭日苗)가 일종해외선교회(日宗海外宣敎會)를 조직하여 본부를 경성으로 하여 각지에 지부를 두고 포교활동을 하였다. 또한 1897년에는 정토종(淨土宗)의 미스미다 모찌몬(三隅田持門)이 부산에 상륙하여 포교를 시작하여 1898년 경성에 개교원을 설치하고 인천, 개성, 평양, 마산 등지에서 세력을 넓혀가게 되었다. 1904년 러일전쟁 이후 일본이 조선에서의 세력을 더욱 공고히 다지게 되자 기존의 진종 계열의 대곡파 본원사(大谷派 本願寺), 본파 본원사(本派 本願寺), 그리고 일련종과 정토종 이외에도 조동종(曹洞宗), 임제종(臨濟宗), 진언종(眞言宗) 등이 앞 다투어 조선에 진출하였다.[7]

　1905년 을사늑약(乙巳勒約)이 체결되자, 조선은 외교권을 상실하였고, 또 조약 제2조의 「통감부설치항」에 따라서 동년 12월 20일에 일본 공사관 대신 통감부가 설치되고, 이토우(伊藤博文)가 초대 통감으로 부임한다. 1910년 8월 조선을 완전히 장악한 조선총독부는 1911년 6월에 「사찰령(寺刹令)」을 공포하면서부터는 일본불교 세력이 조선불교계에

---

7) 이원범외(2007)『한국내 일본종교운동의 현황』J&C, pp.17-18

영향력을 확산하는 것을 용인하지 않고 직접 관리하는 정책으로 전환
한다. 이런 정책전환에 따라서 총독부는 조선 불교 원종(圓宗)과 일본
조동종(曹洞宗)과의 합병도 승인하지 않았고, 민족주의계열인 임제종
도 해산시켰다.[8] 그럼에도 불구하고 조선총독부의 사찰령이 공포되는
1911년까지 조선에 들어온 일본불교 종파는 일본전체 12개 종단 49개
종파들 가운데 6개 종단 9개 종파에, 신자 수는 총 71,360명(조선인 신
자 포함)에 이르게 된다.[9]

한편 신도의 경우에는 구체적으로 도입 경로에 대한 사료는 없으나,
총독부 기록에 의하면, 1907년에 이미 신자가 2,316명이 존재(일본인
1,876명, 조선인 440명)한 것으로 되어있으며, 한일합방 이듬해인 1911
년에는 총 신자 수는 13,544명(일본인 6,350명, 조선인 6,194명)으로 증
가한 것으로 되어있으며, 또 일본 기독교 계열은 1907년에 신자 수는
264명(일본인 214명, 조선인 50명)에서 1911년에 신자 수는 1,700명(일
본인 1,116명, 조선인 584명)으로 증가하였다.

한편 을사늑약 전후의 당시 조선의 종교상황을 보면, 불교는 1914년
이전까지의 통계자료는 없으며, 1915년에 총 신자 수는 57,023명(일본
인 없음)이며, 기독교의 경우에는 1908년 통계에서는 전체 신자 58,656
명(조선인 58,265명, 일본인 39명, 외국인 452명)이며, 1911년에는
281,946명(조선인 280,834명, 일본인 84명, 외국인 1,028)로 4년 사이에
약 5배 가까이 급증한 것으로 되어있다.

---

8) 김순석(2001)『조선총독부의 불교정책과 불교계의 대』고려대학교 박사학위논문,
   pp.17-21 발췌 재인용.
9) 이하 총독부 자료는 工藤英勝(1998)「曹洞宗の朝鮮布教概」『宗教研究』第315号, 日
   本宗教学会「日本仏教の朝鮮布教」『宗教研究』第315号, 日本宗教学会(2000)「神
   道各派の朝鮮布教」『宗教研究』第323号, 日本宗教学会(2002)「日本キリスト教
   の朝鮮布教」『宗教研究』第327号(日本宗教学会, 2002)에서 발췌, 재인용한 것이다.

〈표 1〉 한일합방 전후(1907~1915년) 일본종교와 국내종교의 신자분포

(단위 명)

			1907	1908	1909	1910	1911	1912	1913	1914	1915	1916	1917	1918
일본종교	불교	일본인	27,955	29,939	34,365	34,257	38,488	58,342	64,701	69,010	86,119	104,104	111,263	116,652
		조선인	8,008	13,208	16,520	27,392	32,827	24,645	9,997	7,832	64,769	6,470	123347	7,790
		외국인	5	0	0	0	0	0	0	0	0	2	3	16
		계	35,968	43,137	50,885	61,649	71,360	83,037	74,698	76,842	150,890	110,576	234,613	124,458
	신도	일본인	1,876	2,327	3,825	7,823	6,350	7,989	7,799	9,403	25,361	27,801	30,837	38,717
		조선인	440	306	1,171	3,086	6,194	5,312	4,795	4,051	10,584	8,553	8,412	8,482
		외국인	0	1	3	2	0	0	0	0	0	5	8	8
		계	2,616	2,634	4,999	10,909	12,544	13,301	13,594	13,454	35,945	36,359	39,257	47,199
	기독교	일본인	214	739	469	936	1,116	1,194	1,647	1,732	1,736	1,600	1,920	1,925
		조선인	50	0	0	404	584	607	1,128	1,700	5,307	11,289	11,247	11,247
		외국인	0	0	0	0	0	0	0	0	0	2	2	2
		계	264	739	496	1,340	1,700	1,801	2,775	3,432	6,843	12,891	13,169	13,174
조선	불교	조선인	-	-	-	-	-	-	-	-	57,023	73,671	84,777	89,417
		일본인	-	-	-	-	-	-	-	-	0	65	76	91
		외국인	-	-	-	-	-	-	-	-	0	13	13	0
		계	-	-	-	-	-	-	-	-	57,023		84,866	89,508
	기독교	조선인	-	58,265	61,677	198,635	280,834	271,478	171,980	188,674	258,932	268,297	259,451	301,691
		일본인	-	39	0	237	1,028	2,027	678	718	1,183	1,376	1483	1,395
		외국인	-	452	97	102	84	96	152	179	524	458	430	430
		계	-	58,656	61,774	198,964	282,046	273,601	171,810	189,569	260,539	270,131	261,364	303,516

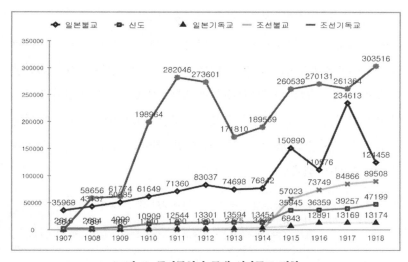

〈그림 1〉 무단통치기 국내 신자규모 변화

일제가 이렇게 일본종교들 중에서 일본불교의 조선유입을 종용하고, 포교활동을 인정한 것은, 정치군사적 수단 이외에 정신문화적으로도 조선을 교화시킬 필요성을 느꼈을 것이며, 그 수단으로서 불교를 선택한 것은 불교가 조선과 일본에서는 신앙체계로서 역사적 공유성10)을 가지고 있는 점에 눈을 돌린 것으로 보인다.

한편 조선의 종교적 상황을 보면, 19세기말부터 20세기 전환기에 있어서부터 조선의 유교적 이념체계가 지배하던 종교지형은 흔들리기 시작하였다. 조선말에 이르러 계속되는 민란과 식민지화를 노리는 열강들의 무력 앞에서 위기를 겪으며, 여태 도무지 요지부동처럼 느껴졌던 유교(유학) 중심의 종교지형에도 지각 변동이 일어나기 시작한 것이다. 그 첫 조짐이 천주학의 유입이었다. 선교사들에 의해서 17세기부터 조선으로 전래되기 시작한 천주교는 최초의 세례자인 이승훈에 의해서, 1785년(정조 9년) 봄 명례동(明禮洞 : 명동)에 처음으로 조선 천주교회를 세웠고, 이후 조정의 탄압에도 불구하고, 조선말기 서양열강의 조선 진출에 편승한 선교사들로 인해서 세력을 확대시키고 있었다. 특히 한일합방 전후 조선에서는 천주교 신자들은 약20여만 명으로 급증하게 된다.

이런 천주교의 유입과 확산에 대해서, 유학자의 후손이면서도 과거 급제라는 입신양명에 실패한 잔반(殘班)이었던 최제우가 창교한 동학이 조선사회 종교지형 지각변동을 촉발시키는 역할을 하게 된다.11) 천

---

10) 552년에 백제에서 전래된 불교는 이후 양국에서 각각 지역 민간신앙과 갈등, 대립, 융합 과정을 거치면서 토착화되어갔고, 따라서 양국에 있어 신앙체계에 가장 공유성을 갖고 있는 것은 당연히 불교라고 할 수 있다. 이런 역사적 공유성이란 배경을 염두에 두고 당시 일본정부는 진종 본원사파의 조선 개도를 정책적 차원에서 종용한 것이라고 볼 수 있다.

11) 박승길(2015)「한국신종교 지형과 종교문화」『원광대학교종교문제연구소 2015년

주학(서학)에 대한 대항적 이념으로서 1894년에 발생한 동학농민운동은 일종의 사회혁명이지만, 그 종교사상적 이념은 이후에 민족종교의 여러 분파12)를 형성하였고, 또한 한민족의 고유한 민족정신을 강조한 민족신앙들13)도 생겨나서 조선의 종교지형에서 중요한 부분을 차지하게 된다.

〈표 2〉 한일합방 전후와 무단통치기(1897~1919)의 정치적 상황과 종교지형

연도	정치적 상황	일본종교	민족종교	천주교
~1904	• 조선의 혼란 • 유교이념에 대한 회의 • 열강들의 조선 진출 • 러일전쟁 승리로 인한 일본의 동아시아 패권 장악 • 일제의 조선 교화 정책의 일환	• 일본불교계 - 최초 진종 본원사파(1877) - 일련종(1881), 정토종 (1897) - 조동종(1904)	• 불교 - 기록없음	• 선교사들의 활동 • 조선인세례자들 (이승훈)
		• 신도계 - 천리교(1893) 외 금광교 등	• 동학농민혁명	
		• 일본기독교계 - 일본조합교회(1894), 일본메소디스트(감리) - 교회(1904),일본기독교교회(1907)	• 증산도(1901)	
1905~1910	• 을사늑약(1905) • 통감부 「종교선포에 관한 규칙」(1907) • 한일합방(1910)	• 불교 - 임제종, 진언종	• 천도교(1905) • 시천교(1906)	• 천주교 신자의 급증(약20만명)(1910)

학술대회발표집』 원광대종교문제연구소, p.2

12) 대표적으로 동학농민운동에 참가하였던 의병장 손병희가 1905년에 세운 천도교와 후에 친일적으로 전향한 이용구의 시천교(侍天敎), 그리고 1928년 김연국이 세운 상제교(上帝敎, 후에 천진교로 개명)를 들 수 있다.

13) 대표적인 민족종교로는 1909년 창교한 나철의 대종교(=단군교)와 증산(甑山) 강일순이 1901년 창교한 증산도를 들 수 있다.

연도	정치적 상황	일본종교	민족종교	천주교
1910~1920	• 총독부 「사찰령」(1911) • 105인 사건(신민회,기독교계 탄압)(1912) • 유사종교 단속(1912) • 총독부 「신사사원 규칙20조」, 「포교규칙 19조」(1915)	• 공식인정 종교 - 신도, 불교, 기독교로 한정	• 선도교(1911) • 유사종교로 규정(1911)	

이처럼 한말부터 초기 조선총독부시기에 국내외적 정치적 상황과 관련하여 국내의 종교지형을 보면, 크게 「일본종교들」, 「기독교(천주교, 개신교)」 그리고 「민족계 종교들」의 세 부분으로 나눌 수 있다. 그 첫 번째는 가장 세력이 큰 「기독교(초기에는 천주교)」의 경우에는, 한말부터 서서히 확장되기 시작하였으나, 특히 일제의 한반도 지배력이 강화된 「을사늑약」과 「한일합방」 전후(1909~1911)에 그 세력이 급증하게 된다. 이것은 동학혁명 탄압과 일제의 일련의 조선침탈 사건에 따른 극도의 반일감정과, 또 유교이념에 대한 민중들의 회의와 상실감을 채우는데 있어서 서양열강들의 신앙체계인 천주교가 하나의 대안으로 작용한 결과라고 볼 수 있다. 둘째, 일본종교는 통감부와 총독부의 조선의 이데올로기 장악을 위한 수단으로서 이용한 것으로서, 당연히 일제의 지원 혹은 종용에 따라서 국내에서 신자 수는 서서히 증가하였다. 그러나 총독부 초기에는 주로 재조일본인들이 신자군을 형성하고 있었고, 점차 조선인 신자들도 증가하기도 하였으나, 1912년 조선인 일본불교 신자 수가 급감하게 된다. 이것은 총독부의 조선종교의 통제(사찰령)와 조선종교인에 대한 탄압(105인 사건) 등 일련의 탄압이 조선인신자들

에게는 반일정서로 작용한 것이 주요 요인이라고 추정할 수 있다. 셋째, 민족계열 종교는, 최초에는 서학(천주교)에 대한 민족적 대응종교로서 발생하였으나, 점차 일제를 그 대상으로 하여, 민족정서를 회복하고, 민족신앙체계를 세우려는 것을 목적으로 하게 되었다. 그러나 총독부는 민족계열 종교와 신앙체계들은 「유사종교」로 간주하여 통제, 탄압하였고, 총독부 자료에서도 제외시켰다.

이처럼 한말부터 일제강점기 초기까지의 국내의 종교지형은 「일본종교」, 「조선기독교계열」, 「조선불교」, 「민족계열종교」의 네 가지 종교적 이념이 일종의 이데올로기적 대립상태에 있었다고 할 수 있다. 즉 총독부의 지원과 비호를 배경으로 하는 「일본종교(불교, 신도) 세력」과 서양 열강국가들(영, 미, 불 등)을 그 배경으로 하는 「기독교계열(천주교, 개신교) 세력」, 그리고 토착적인 「조선불교」와 민족정신과 이념을 토대로 형성된 「민족계열종교 세력」이 서로 각축전을 벌리고 있었던 것이었다.

2) 문화통치기(1919~1931) 일본종교의 현황과 종교지형

1919년 3.1독립만세운동 이후에 국제여론이 악화되자 일제는 조선에 대해서 미국유학 출신의 군인이던 사이토 마고토(斎藤實)를 총독으로 부임시켜서 소위 「문화통치」를 내세운다. 문화 통치기에는 조선인에 대한 차별을 완화하고 행동의 자유를 완화하는 등 일련의 완화조치를 취하였으나, 실제로는 이 기간 동안 경찰의 수는 더욱 늘어났고, 일제의 독립운동 단체만이 아니라 문화영역에 대한 억압과 탄압은 더욱 강화되었다.[14]

---

14) 주 내용은, 헌병경찰을 「보통경찰제도」로 개편하였고, 민족신문의 발행을 허용하고, 지방행정에 조선인 참여, 그리고 교육기회를 확대하여 초, 중학교에서 조선인

<표 3> 문화통치기(1919~1931) 일본종교과 국내 종교의 신자분포

(단위 명)

			1918	1919	1920	1921	1922	1923	1924	1925	1926	1927	1928	1929	1930	1931
일본종교	불교	일본인	116652	116689	137063	138953	147005	157048	169253	190378	186187	170553	250297	255885	256332	268119
		조선인	7790	17996	11054	11863	17897	18893	12379	15748	8685	9199	7433	7560	7156	6836
		외국인	16	18	5	0	0	0	3	0	11	49	33	56	61	54
		계	124458	134703	148122	150816	164902	175941	181635	206126	194883	179801	257763	263501	263549	275009
	신도	일본인	38717	41765	49677	52670	57234	62762	65932	74527	75810	67184	67199	68519	67451	67770
		조선인	8482	5953	6824	7189	6294	6534	9138	9142	9299	11277	12580	7922	11258	13046
		외국인	8	9	7	0	0	11	16	43	95	27	22	7	6	63
		계	47199	47727	56508	59859	63528	69307	75086	83712	85204	78488	79801	76443	78715	80879
	일본기독교	일본인	1925	2549	2764	2871	3302	3603	3535	3830	3900	3859	4012	4264	4032	4571
		조선인	11247	13686	14501	14254	0	3	1	4	21	5	473	1452	1156	1390
		외국인	2	2	0	0	0	1	3	2	2	3	2	5	2	3
		계	13174	16237	17265	17125	3302	3607	3539	3836	3923	3867	4487	5721	5190	5964
조선	불교	조선인	89417	150868	149714	163631	162892	169827	203386	197951	170213	189670	166301	169012	139406	141836
		일본인	91	0	0	118	664	718	147	226	141	161	73	139	70	41
		외국인	0	0	0	0	0	0	0	0	0	0	0	0	2	2
		계	89508	150868	149714	163749	163556	170545	203533	198177	170354	189831	166374	169151	139478	141879
	기독교	조선인	301691	277640	305105	349399	366267	357886	342712	355362	293465	258604	279322	305706	306690	337542
		일본인	1395	1362	1453	1706	1867	1591	1689	800	1964	1785	1143	1265	2128	1859
		외국인	430	433	0	0	173	150	307	236	228	351	318	249	292	365
		계	303516	279435	306558	351105	368307	359627	344708	356398	295657	260740	280783	307220	309110	339766

한편 종교영역에 있어서도 일련의 변화가 일어나기 시작하는데, 첫째는 신도 신자 수가 급증하게 된다. 이것은 1915년 「포교규칙」(총독부령 83호) 제1조에서 「본령이 말하는 종교는 신도, 불교, 기독교를 말한다.」고 하여, 한반도에서 신도(교파신도)를 공식종교로 인정함으로써,

─────────

교육을 실시하게 된다. 그러나 실제로는 경찰제도 개편은 통제, 탄압 등은 이전보다 오히려 강화되었고, 민족신문들도 검열, 정간, 폐간 등의 조치를 통해서 언론을 장악, 통제하여 「언론의 친일화」를 추구하였으며, 교육도 일본과 관련된 내용을 조선인들에게 가르치는데 이용되었으며, 초등과 중등 교육까지만 지원했을 뿐, 식민통치에 위협이 될 수 있다는 이유로 고등교육은 가르치지 않았고, 그나마도 보급한 초 중등학교의 수가 부족했고, 조선인들의 경우 경제적 문제 등 이 이유가 되어 실제 조선인 취학률은 매우 저조했다.

신도의 신앙활동과 포교가 활발해졌기 때문이며, 한편 새로운 「신도종
파들」15)이 이 시기에 조선 진출을 하여 포교활동을 전개한 것 때문이
다. 두 번째로는 일본불교 신자 수도 1916년을 기점으로 급증하게 되었
다는 점이다. 이 역시 총독부령에 의해서 일본불교가 조선에서 확장될
수 있는 길을 열렸기 때문이다. 세 번째로는 민족계열 종교들의 정치
세력화 즉 독립운동세력으로의 변화를 들 수 있는데, 이것은 문화통
치 시기에 종교적 목적으로 창교한 민족계 종교들이 1918년 「윌슨
의 민족자결주의」와 3.1독립만세운동이란 외적 상황에 의해서 스스
로 민족독립을 목적으로 하는 일종의 「종교적 수단-목적 전치현상
(religious inversion of religious means-goal)」이라고 할 수 있는 것
이었다.

먼저 신도 신자 수의 증가를 보면, 일본의 신도국교화 정책과 연관하
여 생각할 수 있다. 1868년 1월 3일 메이지 정부가 성립되자마자, 태정
관(太政官)은 포고(3월 13일자)를 발표하는 데, 여기서는 「왕정복고」,
「제정일치(祭政一致)」, 「신기관(神祈官) 재흥」을 공식화하고, 이어서
「사승환속(社僧還洛), 신불판연령(神佛判然令), 신직신장(神職神觀)」의
정부조칙이 한달 사이에 공포되었다.16) 이후 교파신도로 분류된 14개

---

15) 메이지 시대에 국가신도 즉 황도신도(皇道神道)를 확립하는 과정에서 제정일치(祭
政一致)인 국가신도와, 정교분리 차원에서 종교기능을 하는 교파신도로 분리되었
다. 교무성이 신도의 중앙기관으로서 신도사무국을 설치하고, 거기에 산재해 있던
민간신앙적 종교들을 소속시켰고, 신자수 등 일정한 조건(30명 이상)을 갖춘 교단
을 독립교파로 공인하였다, 그 14개 교파는 신도대교(神道大教), 흑주교(黑住教),
신도수성파(神道修成派), 신궁교(神宮教), 출운대사교(出雲大社教), 부상교(扶桑
教), 실행교(實行教), 신도대성교(神道大成教), 신습교(神習教), 어옥교(御嶽教),
신리교(神理教), 계교(禊教), 그리고 금광교(金光教)와 천리교(天理教)이다.
16) 원영상(2014) 「근대일본과 조선총독부의 종교정책에 관한 연구」『일본불교문화연
구』11호, 한국일본불교문화학회, pp.15-16

교파들이 조선에서의 공식종교로 인정받아서 각각 적극적인 포교활동을 하거나 새로이 조선에 진출하게 된 것이다. 한말 이미 조선에 진출하여 세력을 넓히고 있던「천리교」,「금광교」,「신리교」,「신습교」,「대사교」,「환산교」,「궁지옥교」이외에도, 1925년「신사신도」, 1926년「흑주교」, 1927년「부상교」, 1930년에「실행교」와「어옥교」가 조선에서 활동을 시작하게 된 것이다. 그 중에서도 특히 천리교는 1931년에는 조선인 신자 수가 12,613명을 확보하여, 신도교파 중에 가장 두드러지게 세력을 넓혀가고 있었다.

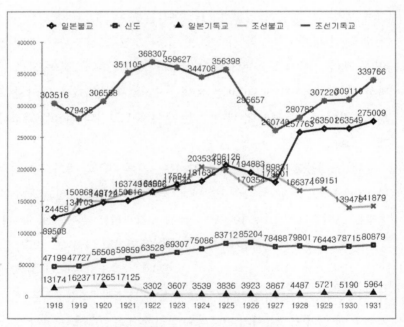

〈그림 2〉문화통치기 국내 신자규모의 변화

둘째, 일본불교 신자 수의 증가도, 1915년 「포교규칙」(총독부령 83호) 제1조에서 공시한 것처럼, 공식종교로 인정받아서 조선인들에게도 자유롭게 포교활동을 전개한 것에 따른 결과라고 할 수 있다. 한편 일본기독교의 경우에는 1921년까지 일본인 신자보다는 조선인 신자 수가 월등하게 많았으나, 1922년 이후에 조선인 신자는 거의 사라지게 된다. 그 이유로는 우선 일본기독교 자체를 일본정부나 총독부에서 배척하려는 의도가 메이지 정부 이후부터 있었고, 몇 년간 조선인 신자가 증가한 것은 조선유학생의 영향과, 당시 조선에서 기독교에 대한 관심을 가진 사람 중에서, 일본기독교에 귀의하는 것이 심리적으로 부담이 적을 것으로 생각한 사람들이 입교하였을 것이라 추정된다.

셋째, 이 시기에 조선의 기독교(천주교와 개신교) 신자 수는, 1909년 6만여 명에 비해서 1910년에는 그 교세가 20여만 명으로 급속도로 증가하였고, 그 이후 1930년대에는 50여만 명으로 확대되어서, 당시 종교 지형에서는 조선불교의 2.5배가 넘는 주류 종교로서의 위상을 확고하게 구축하고 있었다.

넷째, 조선불교의 상황을 보면, 문화통치기에 다소의 증가를 보여주고 있으나, 그 증가 추세는 1927년까지는 일본불교의 성장과 비슷한 경과를 보여주고 있으며, 1928년 이후에는 감소하는 추세를 보여준다.

다섯째, 총독부 자료에는 유사종교로 간주되어서 나타나고 있지 않지만, 이 시기에 민족계열 종교들이 본격적으로 활동하게 된다. 민족계열 종교들의 경우에는, 1915년 「포교규칙」 제15조의 「조선총독은 필요한 경우에 있어 종교유사의 단체라고 인정한 것은 본령을 준용함이 가하다. 전항에 의해 본령을 준용할 단체는 이를 고시한다」라는 조칙에 의해서, 유사종교의 범주에 포함되었다. 그래서 총독부 자료에는 그 현황과 실체조차 담지 않았다. 그리고 총독부는 1912년부터는 「경찰범처벌규칙」으로 유사종교 단속을 시작하게 되고, 이에 따라서 「대종교」를 비롯한 많은 민족계열 종교단체가 유사종교로 탄압받게 된다.[17] 이에 민족정기의 계승을 교시로 한 「대종교」의 창교자인 나철은 국내에서 벗어나 1911년 5월 백두산 기슭(화룡현 청파호)에 총본사를 세우고, 한반도만이 아니라 중국, 일본, 구미지역까지 관할하는 교구를 획정하고, 항일독립운동의 본산으로서의 위상을 구축[18]하여 본격적인 독립운동을 목적으로 하는 정치적 성격의 단체로 목적전환을 하게 된다.

여섯째, 총독부 통계자료에는 나오지 않지만, 이 시기에 일본에서 발생한 신종교들이 조선에 진출하게 된다. 신종교 중 기독교계열인 기독동신회(基督同信會)가 1896년 노리마쯔 야사마츠(乘松雅休)에 의해서 조선전도를 하게 되고, 또 불교계 신종교인 본문불립강(本門佛立講)이 1912년 부산에 장송사(長松寺)를 세우고 포교하였으며, 1913년에는 불립교회라는 간판을 걸고 학송사(鶴松寺 ; 서울시 은평구 응암동, 외무대신 이하영의 별장)를 창건하여 상류층에 대한 포교활동을 시작하였다. 또 선린교(善隣敎)의 리키히사 탓사이(力久辰齋 ; 1906~1977)는 1929년 총독부의 초청을 받아 서울에 와서 욱정(旭町)교회를 세웠다.[19]

이처럼 문화통치기에 조선의 종교지형은 「일본종교들의 성장 및 안착」, 「조선불교의 정체와 기독교의 급성장」, 「민족계종교의 성장과 독립운동 세력화」라고 특징지울 수 있다. 즉 이 시기의 한반도(만주지역

---

17) 위의 책, p.19, 재인용
18) 김동환(2014) 「일제의 종교정책과 대종교 – 탄압과 쇠망의 연관성을 중심으로 – 」 『2014년 하계 학술대회발표집』 원광대학교종교문제연구소, pp.22-23, 재인용
19) 구체적인 것에 대해서는, 이원범·남춘모(2008) 『한국속 일본종교의 현황』 대왕사, pp.384-387, 참조

포함)의 종교지형을 보면, 일제의 비호를 받는 일본종교(불교, 신도)의 성장 및 안착, 조선 기독교의 중심종교로의 성장, 조선불교의 정체, 그리고 새롭게 성장하여 독립운동 세력으로 등장하는 민족계열종교들이, 사회·문화·이데올로기 영역에서 대립하면서도 각각의 영역을 확보하게 되는 대립적 안정 상태라고 할 수 있다.

3) 전시체제기(1931~1945) 일본종교의 현황과 종교지형

1929년 세계경제대공황이 일어나고, 한편 만주에서 1931년 9월 18일 류탸오후 사건(柳條湖事件, 만철 폭파 사건)[20]이 일어나서 국민당 정부와 대립상황이 되자, 일제는 만주에서의 이권에 대한 위기를 느끼게 된다. 이에 만주 주둔의 일본 관동군은 「만주사변」을 일으키고, 이 시기부터 일제는 전시체제에 돌입하게 된다. 일제는 이후 중국대륙과 동아시아로 침략전쟁을 일으켰으나, 경제적으로 큰 소득을 얻지 못하게 되자, 유럽의 상황을 이용하여 동아시아에 있는 유럽 식민지[21]를 강탈하려는 계획을 세우고, 1941년에 진주만 기습을 하여 태평양 전쟁이 발발한다.

---

[20] 1931년 9월 18일 일본 제국의 관동군이 중국의 만주를 침략하기 위해 벌인 자작극이다. 만주 침략을 위한 작전의 시나리오는 관동군 작전 주임참모인 이시하라 간지, 관동군 고급 참모인 이타가키 세이시로, 관동군 사령관인 혼조 시게루 등 단세 명이 만들었다. 이들을 중심으로 〈만몽영유계획〉이 모의되었다. 침략의 구실을 만들기 위해 관동군은 1931년 9월 18일 밤 10시 30분경 류탸오후에서 만철 선로를 스스로 폭파하고 이를 중국의 장쉐량 지휘 하의 동북군 소행이라고 발표한 후 관동군은 만주 침략을 개시하게 된다. 이후 일본은 1932년 1월까지 동삼성(東三省) 전역을 점령, 3월에는 괴뢰(傀儡)정권으로서 만주국을 성립시켰다.

[21] 네덜란드령 동인도(지금의 인도네시아)와 프랑스령 인도차이나 및 영국이 차지하고 있는 말레이 반도에는 일본의 산업 경제에 필요한 원료(주석·고무·석유)가 있었다. 일본이 이 지역을 빼앗아 일본 제국에 병합할 수 있다면 사실상 경제 자립을 이룩할 수 있고, 그리하여 태평양의 지배세력이 될 수 있다고 판단한 것이었다.

이런 외적 상황은 일본은 물론 식민지 조선의 종교영역에 있어서도 당연히 영향을 받게 된다. 1935년 일본에서는 소위「국체명징(國體明徵) 운동」[22]이 일어나고, 본국의 황국화는 물론,「내선일체(內鮮一體)」를 앞세워도 식민지 조선에서도「황민화정책」을 시행하게 된다. 이 과정에서 국가신도의 공식화를 선언하고, 이외의 종교들은 모두 국가신도에 종속시키는 정책을 시행하여, 모든 종교들이 국가통제 하에 두고, 이것을 신사참배라는 형식으로 각 면 단위까지, 그리고 모든 학교에까지 강요[23]한 것이다. 1931년 제6대 총독 우가키 가즈시케(宇桓一成)는 내선융화정책을 통해서 1932년부터「정신교화운동」을, 1935년부터는「심전개발운동」을 전개하였다. 천황숭배를 위해 신사참배는 더욱 강화되었다. 1936년부터 제7대 총독에 임명된 미나미 지로(南 次郞) 또한 황민화정책을 더욱 밀어 붙였다. 1936년 8월 1일「천황」의 칙령에 따라서 조선신사제도를 전면 개정, 강화하여 모든 신사(神社) 및 신사(神祠)가 사격(社格)에 따라 도부읍면(道府邑面)으로부터「신찬폐백료공진(神饌幣帛料供進)」[24]을 받을 수 있도록 하고, 경성신사 부산 용두산신사 등 일부 신사에 대해서는 사격을 높여 신사의 관공립적 성격을 더욱 강화하였다.[25]

---

22) 이것은 일제헌법에 따라서 확립된 천황기관설(통치권은 국가에 있으며, 천황을 그 최고기관으로 행사권을 가진다)에 대해서, 군부와 일단의 학자들이 비판과 반박을 한 천황주권설의 논리이다. 즉 천황기관설에서 제시하는 천황이 하나의 통치기구의 기관이란 설에 대해서, 천황이 통치의 주체이며, 일본은 천황이 통치하는 국가라는 것을 선언한 것이다.

23) 1910년대부터는 관공립학교, 1920년대는 사립학교에까지 신사참배가 강요되지만, 강한 반발이 있어났다. 그러나 전시체제에 돌입하고「국가총동원령」(1939년)을 선포한 후에는 신사참배를 우상숭배로 여기는 기독교계 학교까지 강제화하였다.

24) 메이지 이후 패전시기에 있어, 천황의 칙령에 따라서 행정부 관리가 신사의 행사마다 공물을 바치는 것을 말한다.

25) 김승태(2007)「조선총독부의 종교정책과 신사(神社)」『한국기독교역사연구소소식』79호, 한국기독교역사연구소, pp.66-67, 재인용

이 시기의 이런 외적 정치적 변화에 직면해 있던 당시 조선의 종교적 상황은 1945년 패전에 이르기까지 국가신도(황도신도)에 의해서 완전하게 장악되었고, 종교지형에서 지배종교의 위상을 가지고 있던 조선기독교와 조선불교는 신자수에 있어서는 다소의 증가 추세를 보이고 있으나, 그 영향력은 급감하였다. 또 민족계열 종교들은 극심한 탄압을 받아서 국외로 나가는 세력이 많았고, 국내에서는 명맥만 유지하는 정도였다. 반면 교파신도나 일본불교는 1937년 중일전쟁, 1939년 「국가총동원령」이 선포되어 완전히 황국화되기 이전까지는 증가 추세를 보여주었다. 그러나 그 후 태평양전쟁에 돌입하여, 전시체제가 되자, 조선에서는 일본종교 뿐만 아니라 조선불교와 기독교도 명목적 형식과 외형을 유지하고 있었을 뿐, 실제로는 국가신도의 신앙체계 속에 완전히 편입된 상태에 처하게 된다.

〈표 4〉 전시체제기(1931~1945) 일본종교와 국내종교의 신자분포

(단위 : 명)

			1932	1933	1934	1935	1936	1937	1938
일본종교	불교	일본인	214,539	233,474	258,378	270,284	271,675	288,472	294,426
		조선인	7,601	8,276	9,594	14,703	13,949	15,429	15,304
		외국인	29	58	51	37	16	7	10
		계	222,160	241,808	267,972	285,148	285,640	303,908	309,740
	신도	일본인	68,663	72,403	82,629	91,471	90,385	75,257	74,933
		조선인	15,470	15,817	18,648	21,754	19,980	16,450	21,034
		외국인	122	19	18	15	16	16	24
		계	84,255	88,239	101,295	113,240	110,381	91,723	95,991
	기독교	일본인	4,134	4,755	4,452	4,494	3,932	4,682	3,660
		조선인	1,446	1,403	1,282	2,965	2,334	112	929
		외국인	3	8	7	18	1	2	0
		계	5,583	6,121	5,747	7,447	6,267	4,796	4,589

			1932	1933	1934	1935	1936	1937	1938
조선	불교	조선인	118,497	128,035	146,727	167,730	175,491	193,967	194,633
		일본인	20	13	0	161	221	210	243
		외국인	8	0	0	0	0	0	0
		계	118,525	128,048	146,727	167,891	175,712	194,177	194,876
	기독교	조선인	265,417	413,239	432,487	456,464	480,163	491,991	492,880
		일본인	2,185	2,867	2,909	4,922	2,989	2,337	2,923
		외국인	342	308	282	379	207	199	450
		계	267,944	416,414	435,678	461,386	483,358	494,527	496,253

1938년까지의 총독부 통계자료를 보면, 조선에서의 종교지형은 이전 문화통치 시기와는 다른 상태를 보여준다. 이전 종교지형에서 지배적인 위치를 차지하고 있던 조선기독교가 1933년을 기점으로 증가하여 그 수에 있어서는 가장 많았으나, 상대적으로 신도와 일본불교가 급증하여, 둘을 합한 숫자가 기독교의 4분의 3에 이르게 된다. 한편 유사종교로 간주되어 자료에는 나타나지 않는 민족계열 종교들이 해외에서 활발한 활동을 전개하던 시기이기도 한다.

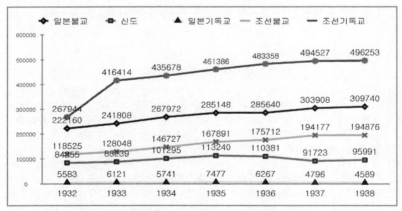

〈그림 3〉 전시체제기 국내 신자규모의 변화

한편, 이 시기에는 일본에서 발생한 신종교들도 활발하게 활동을 하거나, 새로 유입되고 있었다. 1934년 영우회(靈友會)[26], 1939년에는 생장의 가(生長の家)[27], 1942년에는 세계구세교(世界救世敎)[28]가 조선에 진출하여 활동을 시작한 상태였다. 이런 신자 규모 상으로 본 당시 종교지형을 다음과 같다. 국내에서 일본 불교와 신도가 급성장하여 조선기독교와 대립하는 한 축으로 등장하게 되고, 민족계열종교들은 국외로 그 영역을 펼쳐가면서 독립운동세력으로 자리 잡게 된다. 한편으로 일본 신종교세력들이 국내에서 성장하게 되고, 또 일본서 발생한 새로운 신종교들도 앞 다투어 국내로 진출하게 된다.

4) 일제강점기 종교지형에서의 일본종교의 위상 변화

이상에서 일제강점기의 조선의 종교지형은 시기적으로 크게 3부분으로 나누어서 논하였는데, 각 시기에 일본종교가 당시 국내 종교지형에 미치는 영향력은 어떠하였는지를, 일본종교(신도, 불교)가 확보한 신자들 중 조선인 신자 수의 비율을 통해서 평가해보고자 한다.

---

26) 영우회는 1934년 조선에서 활동하여 조선인 신자도 확보하고 있었다고 하지만, 정확한 기록은 남아있지 않다. 井上順孝他(1999)『新宗教事典』弘文堂, p.613
27) 생장의 가 교조인 타니구찌마사하루(谷口雅春)는 1939년에 조선을 거쳐 만주에까지 진출하여 만주국으로부터 정식교화단체로 공인받았다. 이원범·남춘모(2008), 앞의 책, pp.105-106
28) 세계구세교의 최초 국내 활동은, 1942년에 마산과 진해를 중심으로 일본교단에서 일본인들이 들어와 활동을 시작하였다고 한다. 당시 진해 일본군 해군장교의 부인이 소개하였고, 그 소개를 받아서 세계구세교에 접하게 된 몇 사람은 해방과 함께 신앙생활을 하지 못하고 있었으나, 1966년 이후에 세계구세교가 부산에서 활동하는 것으로 알고 합류하여 다시 신앙생활을 하였다고 한다. 위의 책, p.90

(1) 한일합방 전후(1907~1915) 일본종교(불교, 신도)의 일본인 신자와
조선인 신자수 대비

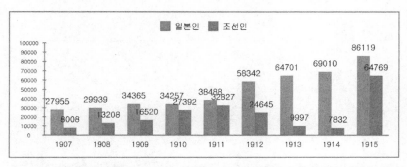

〈그림 4〉 한일합방 전후(1907~1915) 일본불교의 일본인 신자와 조선인 신자수 대비

이 시기에 일본불교는 일제의 종용과 비호에 의해서 그 교세가 점차
확산되기 시작하던 시기이다.

1907년 일본불교 신자 중 조선인 신자의 비율은 28.65%(8,008명)이
었으나, 한일합방 전후인 1910년과 1911년 조선인 신자가 차지하는 비
율은 각 44.43%(27,392명)와 46.00%(32,827명)으로 급증하게 된다. 이
것은 한일합방 이후 일본불교에 대한 조선인들의 관심과 관여가 높아
졌다는 것을 보여주는데, 거기에는 일제의 지원 하에 일본불교의 적극
적인 조선인에 대한 포교활동에 의한 것이겠지만, 한편 조선을 장악한
일본의 종교에 대해서 조선인들은 자발적으로 관심을 보이게 되었다는
것과, 또 한편으로는 강압적으로 관여를 할 수 밖에 없던 조선인들이
증가하였기 때문이라고 할 수 있다. 그러나 그 후 1912, 1913, 1914년
일본불교는 성장하지만, 조선인 신자 수는 점차 줄어들게 되다가, 1915
년에는 150,890명 중에 조선인 신자가 42.92%(64,769명)를 차지하게

된다. 그러나 그 이후 일본불교 세력은 점차 확장되어가지만, 1918년에 이르러 갑자기 조선인 신자 수가 급감하여 1918년에는 전체 신자 수 124,458명 중에 겨우 6.68%(7,790명)를 차지하는데 그쳤다.[29]

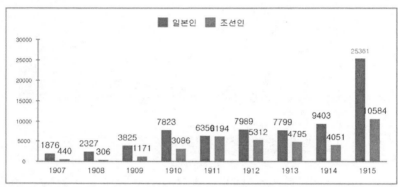

〈그림 5〉한일합방 전후(1907~1915) 신도의 일본인 신자와 조선인 신자 수 대비

일본불교에 비해서, 교파신도는 신자 수도 상대적으로 매우 적었을 뿐만 아니라, 이 시기에 조선인들에게는 생소한 왜색종교로 그려졌을 것이기 때문에 조선인 신자 수는 적었고, 1915년 교파신도 수가 급증하였을 때에 이르러서야 조선인 신자 수가 차지하는 비율도 29.44% (10,584명)으로 높아지게 된다.

---

29) 이런 현상 즉 일본종교에 대한 조선인들의 입교자가 1917년에 급증하여 오히려 일본인을 능가한 현상, 그리고 1918년에 오히려 일본불교의 조선인 신자 수가 급감한 현상에 대해서는 뚜렷한 원인을 찾기가 어렵다. 조선인 신자 수의 급증은 다이쇼(大正)데모크라시의 일시적인 영향이나, 혹은 1917년에 다른 사건에 기인한 것으로 생각되며, 그 원인을 추적하는 것은 차후의 과제로 한다.

(2) 문화통치기(1919~1931) 일본종교(불교, 신도)의 일본인 신자와 조선인 신자수 대비

일본불교는 점차 그 세력을 확산시켜 가는데, 3.1독립만세운동이 일어나기 2년 전인 1917년에는 전체 신자는 234,613명에 이르게 되는데, 이 해에 조선인 신자가 차지하는 비율은 52.57%(123,347명)으로 오히려 일본인 신자들보다 많았다. 그러나 그 다음해인 1918년에는 전체 신자 수가 124,458명으로 급감하는데, 여기에는 조선인 신자 수가 1917년에는 123,347명이었으나, 1918년에는 7,790명으로 급감한 것 때문이다. 문화통치기에 들어와서도 일본불교는 그 세력을 크게 넓혀 가게 된다. 한일합방 이듬해 약 3만 명이던 일본불교 신자는 1931년에 이르러서는 30여만 명에 이르게 된다. 그러나 이런 일본불교의 조선에서의 교세 확산에도 불구하고 조선인 신자 수는 1만여 명을 넘지 못하고, 1931년 30여 만 명의 일본불교 신자 중에 조선인 신자는 겨우 2.55%(6,836명)에 지나지 않았다.

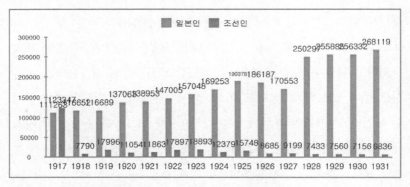

〈그림 6〉문화통치기(1919~1931) 일본 불교의 일본인과 조선인 신자 수 대비

결국 이 시기 조선에서는 조선불교의 위상과 영향력이 민중들에게 상당히 작용하고 있었으며, 1917년의 조선인 일본불교 신자 수의 급증은 어떤 요인에 의해서 일시적이었던 것이었다는 것을 반증하는 것이다.

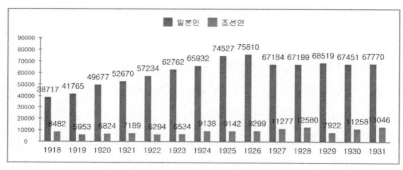

〈그림 7〉 문화통치기(1919~1931) 일본 신도의 일본인과 조선인 신자 수 대비

한편 문화통치기에 신도 역시 서서히 그 규모가 확산되어갔는데, 거기에 따라서 조선인 신자 수도 완만하긴 하지만 증가하는 추세를 보여주었다. 1918년 전체 신자 수 47,199명 중에 조선인은 17.97%(8,482명)를 차지하고 있었고, 1931년에 이르러서는 전체 80,879명 중 13.92%(11,258명)로서 이 시기에 신도의 조선인 신자들은 15% 전후를 계속 유지하고 있었다. 그런데 이런 조선인 신도 신자들의 점유율에는 교파 신도 중에서도 특히 「천리교」의 조선인 신자들이 차지하는 비율이 매우 높았다. 천리교의 경우, 1918년 전체 신자 22,545명 중 조선인 신자들이 34.44%(7,764명)였고, 그 이후 천리교 교세가 점차 확산되면서 조선인 신자 수도 증가하여, 1928년에는 전체 41,022명 중 29.35%(12,042명),

그리고 1938년에는 전체 53,785명 중 37.78%(20,318명)가 조선인 신자였다. 즉 이 시기 교파신도의 신자 수 증가에는 천리교가 그 선두에 있었고, 또 조선인 신자의 증가도 이 천리교의 조선인 신자들의 증가에 의한 것이었다.

(3) 전시체제기(1931~1945) 일본종교(불교, 신도)의 일본인 신자와 조선인 신자수 대비

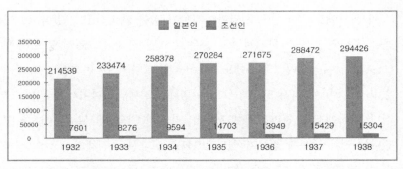

〈그림 8〉 전시체제기(1931~1945) 일본 불교의 일본인과 조선인 신자 수 대비

전시체제에 돌입하고 나서 일본불교는 완만하지만 지속적으로 성장하고 있었다. 그러나 조선인 신자 수는 1만 명 전후에 머물고 있었으며, 1932년에는 전체 신자 226,169명 중에 3.36%(7,601명)에 지나지 않았으며, 이런 추세는 계속 이어져서 1938년에도 전체 신자 309,740명 중 조선인 신자는 4.94%(15,304명)였다. 이것은 결국 이 시기에 조선에서 활동하던 일본불교 각 종파들의 조선인 포교에서는 그다지 성과가 없었고, 오직 재조선일본인들의 입교자 수의 증가만 있었다는 것을 보여주는 것이다.

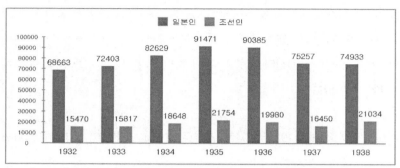

〈그림 9〉 전시체제기(1931~1945) 일본 신도의 일본인과 조선인 신자 수 대비

이 시기에도 교파신도도 완만하지만 성장을 계속하고 있었다. 그 가운데 조선인 신자가 차지하는 비율은 1932년 전체 84,255명 중 18.36% (15,470명)이었으며, 그 후에도 이 비율은 그다지 큰 변화없이 유지되었고, 1938년에 와서 21.91%(21,034명)로 20%대를 넘어서게 된다. 그러나 여기에서도 천리교의 조선인 신자들이 거의 대부분을 차지하고 있다는 점에 주목할 필요가 있다. 1938년 교파신도 전체의 조선인 신자수 21,034명 중 96.59%가 천리교 신자(20,318명)였고, 그 외의 교파신도는 미미한 정도에 지나지 않았다.

5) 개항기부터 일제강점기에 있어 국내 종교지형 변화와 일본 종교의 위상

이상에서 살펴 본 일제강점기에 조선의 종교지형의 변화를 요약 정리하면 다음과 같다.

첫째, 일제강점기에 일본정부의 식민지 종교정책과 그에 따른 조선총독부의 방책에 의해서 일본종교들은 조선포교에 힘을 기울이게 되었고, 따라서 일본종교들은 조선의 종교지형에서 점차 그 세력을 넓혀

간 것은 분명한 사실이다. 그리고 이 시기에 일어난 조선종교에 대한 통제정책이나 역사적 사건들이 일본종교의 조선에서의 세력 변화에도 영향을 주었다는 점도 명백한 사실이다.

둘째, 그러나 일제강점기 조선의 종교지형에서 가장 강력한 위치를 점하고 그 정치적, 사회적 영향력을 행사한 종교는 조선의 기독교(천주교, 개신교)였다. 이 시기 기독교는 신앙적 목적과 함께, 한편으로는 민중계몽의 주도적 역할을 하였고, 또 반일, 항일운동의 주체로서의 정치적 기능도 수행하고 있었다.

셋째, 이 시기에 잠재적이며 표면 하에서는 민족계열종교들도 활발하게 활동을 하였다는 점이다. 국내에서의 일제탄압에 의해서 점차 국외로 그 활동영역을 넓혀가면서도, 한반도의 종교지형에 상당한 부분을 차지하고 있었다. 처음에 서학(기독교)에 대한 대항적인 민족신앙체계로 한말부터 형성되기 시작한 민족계열종교들도 비록 대부분이 유사종교로 간주되어서 총독부 통계자료에는 나타나지 않지만, 종교지형에서 보면, 표면 하에서 상당한 세력과 영향력을 가지고 있었으며, 특히 이 민족계열종교들은 독립운동단체로서 그 존재목적을 전환시켜 1919년 3.1독립만세운동을 기점으로 항일투쟁의 주요 핵심단체로 국내외적으로 활동하게 된다.

넷째, 교파신도는 이 시기에 상대적으로 조선기독교나 일본불교에 비해서 그다지 크게 세력을 확산하지는 못하였다. 그러나 이 교파신도 중에 천리교는 일제말기에 이르러서는 약 40%가 조선인 신자들이었다. 이런 천리교의 조선인에 대한 영향력으로 인해서, 해방 후 일본불교와 교파신도, 그 외 모든 일본종교가 철수하고 난 이후에도, 한국에서 그 맥을 이어가게 되는 것이다.[30]

---

30) 일제강점기에 교세로 보면 매우 미미하지만, 조선인만을 대상으로 포교활동을 한

3 해방이후 일본종교의 존재방식과 종교지형

1) 해방후 한일국교 정상화 전후에 있어 국내 종교지형과 일본 종교의 위상

해방과 함께 국내에 있던 일본종교는 일본인들의 귀국과 함께 대다
수 철수하게 된다. 1945년 9월 11일 미군정청이 발족되자 모든 국내의
일본종교에 대해 해산 통고를 하고, 따라서 국내의 모든 일본인 종교와
관련인들은 일본으로 돌아가고, 그리고 모든 일본인 재산은 「미군정청
포고 33호(1945년 12월 6일)」에 의해 군정청으로 귀속된다. 이후 군정
청은 모든 일본종교 교단 재산을 기독교 교회로 넘겨버리게 된다. 그
때까지 조선에서 활동하던 일본종교들이 대다수 철수하면서, 원래 일
본인들이 주 신자를 구성하고 있던 일본종교 교단들도 포교사나 승려,
그리고 신자인 일본인들도 귀국해버리고, 그 소유 재산은 군정청에 의
해 처리됨으로써 국내에서 완전히 자취를 감추게 된다. 일본불교의 경
우 진종계열과 조동종을 비롯한 거의 모든 교단이 철수하였고, 일련종
도 철수하였지만, 일련법화종계열 중 본문불립강(本門仏立講)[31]과 교
파신도 중 유일하게 2만 이상의 조선인 신자들을 확보하고 있던 천리교
는 명맥을 유지하고 있었다.

해방 후 「모스크바 3상 회의」에서 결정에 따라서 「미소공동위원」가

독특한 종교가 있다. 그것은 일본기독교계열 신종교인 기독동신회이다. 기독동신
회의 일제강점기 활동에 관해서는 이원범·남춘모(2008), 앞의 책, pp.187-188, 참조
31) 당시 주지였던 일본인 오카노닛싱(岡野日真)은 해방이 되자 학송사를 강일성(2003
년 사망)에게 인수하였고, 강일성은 후에 観世音菩薩会에 가입하였다고 한다.
이원범외 4인 『한국속 일본계종교운동의 이해』 앞의 책, p.126

설치되고, 38선을 경계로 미국과 소련에 의한 신탁통치 결정과 그에 따른 반대운동으로 인해서 해방된 조선은 남북으로 분단의 길로 들어서게 된다. 미군정 기간을 거쳐 1948년 제 1 공화국이 건립된 후 이승만 정부는 강력한 반공정책을 실시하게 되며, 사회적으로도 36년간의 일제통치에서 경험한 억압과 치욕으로 인한 반일, 배일적인 감정이 강하게 남아있었다. 정치적으로 좌우 이념 충돌과 혼란 속에서 가난과 생계유지라는 물질적 부족이란 이중적 고통 속에서 살고 있던 일반 민중들에게 사실 종교나 신앙이 관심의 대상이 될 여지는 없었다. 이런 상황 속에서 대다수 패전과 함께 일본으로 돌아가고, 그나마 한국인들에 의해서 잔존하던 일본종교들의 흔적은 수면 하로 잠적하게 된다. 한편 미군정이 실시되자, 군정청은 소비에트 사회주의를 채택한 북한에 대항하기 위해서 남한체제의 이념적 지향으로서 반공 이데올로기로 무장하지 않을 수 없었다. 이런 이념적 체제 구축에 가장 적합한 집단은 기독교 집단이었다. 특히 당시 기독교는, 먼저 해방 정국의 불안한 정정 속에서 사회 안정을 해칠 수도 있는 통일운동에 주력하기 보다는, 분단현실을 수용하면서도 실질적 지배자인 군정과 그리고 직접적으로 미국과 인적교류의 통로를 갖고 있는 군정으로서는 믿을 만한 집단이었다. 또한 기독교에는 범미주의(pax Americana)에 따른 세계질서 재편을 꿈꾸는 미국에서 교육받은 신학자들이 상대적으로 많았을 뿐 아니라, 서구식 교육을 받은 서구 민주주의 수용에 주역이 될 수 있는 인재들도 많았다. 여기에 새로운 인재와 새로운 국가 이념을 확대 재생하는데 필요한 교육기관도 상대적으로 많이 갖고 있었다.[32]

일제강점기부터 한반도의 종교지형에 있어서, 가장 많은 신자들을

32) 박승길(2008)『현대한국사회와 SGI─한국SGI와 대승불교운동의 사회학─』태일사, p.27

가지고, 독립운동과 같은 저항운동세력으로서도 가장 영향력이 컸던 기독교계열의 위상은 미군정이 실시되면서 더욱 그 영향력이 확대되고 있었다. 개신교에 대해서 신자이면서 미군정 책임자이던 맥아더와 개신교 목사 출신인 한국 초대대통령 이승만은, 소비에트식 사회주의 국가를 건립한 북한에 대한 대항적 이데올로기로서 반공이념의 토대를 개신교에서 구한 것은 당연한 일이었다.

군정기부터 한국사회에서 기독교는 군정의 비호 아래 사회 전반에 걸친 지배 헤게모니를 장악하기 시작한 것이다. 기독교 교회는 국기에 대한 경례 조차 우상숭배로 시비하면서 목례로 바꾸도록 하고, 군목제도의 실시, 국가의식의 기독교화 추진을 통해 사실상의 국교적 지위에 버금가는 지배 헤게모니를 장악하게 된다. 군정 이후에도 이런 기독교의 지배종교로서의 지위는 이어진다. 1949년 9월 25일에는 사주관상(四柱觀相)을 미신으로 간주하여 단속한다는 정부의 발표가 나오고, 이듬해 1월에는 사회부 장관인 이윤영 목사가 「무녀(巫女)금지령 준비」에 관한 담화를 발표하는 등, 기독교의 예외적 특권화는 가속화되어 간다.[33]

이런 시대적 상황 속에서, 한국의 종교지형은, 규모적으로는 가장 큰 불교, 그리고 규모적으로는 두 번째이면서도 정치적, 사회적 영향력이 가장 강력한 기독교계열 종교들이 양분하고 있는 상태였다. 그 외 일제강점기에 일본제국주의에 대한 대항 이데올로기로서, 그리고 독립운동이란 실천적 활동을 하여 조선민중에게는 가장 강력한 영향력을 가지고 있던 민족계열 종교들은 군정기와 제 1, 2공화국을 거치면서 그 위상은 점차 약해지기 시작하였다. 헌법에서는 「신앙의 자유」를 보장하였

---

33) 위의 책, p.28

으나, 실제적으로는 특권화 되어가는 기독교와는 반대로, 지배권력으로부터 기독교 교리에는 위배되는 탐탁지 않은 신앙체계로 간주되었던 것이다. 이런 상황 속에서 일본종교들은 당연히 국내에서 자취를 감추었으며, 천리교나 기독동신회처럼 몇몇 신자들에 의한 비밀결사체처럼 잠재적으로만 잔존하고 있었던 것이다.

2) 한일관계 정체기에 있어 종교지형과 일본종교의 위상

군사쿠데타로 집권한 제3공화국이 당면한 과제는 경제발전이었다. 제1, 2공화국을 거치면서 내부 정치적 혼란과 한국전쟁으로 인해서 민중생활은 피폐해졌고, 한편으로는 상대적으로 경제적 성장을 이룬 북한 공산주의에 대한 위협이란 양면적 위기상황을 극복하지 않으면 안되었다. 1960년 3.15부정선거와 4.19혁명으로 인해 탄생한 제2공화국의 무능함은 결국 군사정권의 탄생으로 이어졌다. 제1공화국 시절에 권력의 비호를 받던 개신교나 제2공화국 가톨릭 신자였던 장면 정부의 붕괴는, 종교지형에 있어서는 범기독교 세력의 약화를 초래하게 된다. 사회전반적인 개혁을 추진한 제3공화국 군사정권은 이런 새로운 시도를 위해서 인적 물적 자원을 동원하고 조직할 필요가 있었고, 그런 자원동원과 조직화를 뒷받침할 이념적 지향으로서, 이전부터 한국의 존재이유로서 이전 정권들이 지향해왔던 「반공 이데올로기」를 계승하면서도, 다른 한편으로는 기독교 대신 민중의식의 기반이 될 새로운 이념을 필요로 하고 있었다.

역사적으로 보면, 원래 사회변혁기에 있어 종교는 이전과는 다른 새로운 이상과 자아정체감을 민중들에게 제공함으로써, 새로운 사회의 정당성과 새로운 지배체제의 헤게모니를 확보하는 수단으로서 기능하는 것이, 종교의 주요한 기능적인 측면이다.[34] 제3공화국은 해방 이후 개신교 국가 미국의 비호 아래서 한국 종교지형에서 주류적 위치를 점하고 있던 기독교를 대신할 이념을 제시하여, 스스로의 정당성을 확보하기 위한 인적 물적 자원을 동원하고 조직할 필요가 있었다. 그럼에도 불구하고 일제강점기부터 지배적 종교로서 자리 잡아온 기존의 기독교 세력은 남북분단과 그에 따른 미국의 존재로 인해서 지배종교이념으로 존재하고 있었고, 따라서 종교지형에서의 주류종교로서 기독교를 대신할 새로운 종교적 이념이 등장할 여지도 없었고, 불교와 같은 기성 주류 종교는 애초부터 새로운 정권의 목적에 이용될 정치적 역량이나 가치도 없었다.

이런 격변기에는 개인들에게 있어서도 사회변화에 상응하는 변화를 강요하게 된다. 즉 변화된 사회적 환경 속에서 스스로의 자아정체성을 재확립하거나, 새로운 환경에 적응하기 위한 자기변화의 필요성을 느끼게 한다. 즉 새로운 정권이 지향하는 경제성장은 개개인에게는 가난이나 갈등 그리고 질병과 같은 당면한 현실적인 고통을 극복할 수 있는 방안이며, 따라서 개인들도 이전과는 다른 스스로의 자아정체성을 확립하고 삶과 존재목적을 재설정하여야 한다는 심리적 압박을 받게 되는 것이다. 이처럼 제3공화국 건립 이후 종교영역에서는 개인들의 이러한 종교적 욕구를 수용해 줄 새로운 종교적 이념이 필요한 시기였기도 하였다.

60년대부터 민족계열종교의 재확산이나, 새롭게 발생한 신종교들은

---

34) 우리의 경우를 보더라도, 불교이념의 고려와는 다른 유교라는 새로운 이념체계를 제시하면서 건국한 조선도 마찬가지이다.

이런 당시의 종교적 수요와 욕구에 대한 반응이라고 할 수 있다.[35] 특히 이 시기에 기독교계열 신종교의 창교 및 확산이 두드러지는 것은, 제3공화국 수립 이후 종교지형에서 기존 지배 이데올로기로서 그 지위가 약해진 기독교이지만, 그럼에도 불구하고 종교지형의 근간에서 기독교가 주류 헤게모니로 작용하고 있었던 것을 반영한다. 이런 상황 속에서 그동안 수면 하에 잠재하고 있던 천리교와 같은 일본종교가 다시 일어나기 시작하고, 또 창가학회(일련정종)와 같은 새로운 일본의 신종교들이 비공식적 루트를 통해서 국내에 들어와서 그 세력을 확산[36]하고 있었다. 즉 60~70년대에 국내의 정치적, 사회적 상황에 의해서 일본종교가 다시 활동을 개시하게 된 것이다. 이런 60~70년대에 국내에서 활동하고 있던 일본종교들의 현황을 보면 다음과 같다.

---

35) 예를 들면, 70년대 초에 1970년대 초에 박정희 대통령의 지원을 받고, 용담정을 복고하고, 수운회관도 세운 천도교의 재건이나, 1974년을 기점으로 대전을 중심으로 급속하게 세력을 확산한 증산도, 1969년 증산도에서 분파되어 확산되기 시작한 대순진리회는, 이 시기에 있어 기존의 신종교의 부활을 보여주며, 한편 1954년 창건되어 60년대 후반부터 급속하게 확산된 기독교계 신종교인 통일교나 1964년 4월에 설립된 기독교계 신종교인「하나님의 교회」, 그리고 1973년 창교「한국기독교 에덴성회」, 그리고 1962년 사회적 물의를 일으킨 불교계 신종교인「용화교」는 이런 시대적 요구를 반영한 것이라고 볼 수 있다.

36) 이케다다이사쿠(池田大作)의『신·인간혁명』제8권에는 1963년의 한국 포교상황에 대해서「서울을 중심으로 경기도·강원도·충청북도·충청남도에 107세대, 대구와 그 주변지역에 167세대, 부산과 울산 그리고 그 주변까지 포함하여 524세대, 광주 등 전라남도와 전라북도에 105세대, 제주도에 45세대, 합계 948세대이며 그 후에도 대구 등에서 회원은 급증하는 추세이다.」라고 전한다. 박승길(2008), 앞의 책, p.49, 재인용

〈표 5〉1960~1970년대 국내 일본종교 현황

	단체명	규모	최초 유입시기	계열
기존종교	천리교	교회수 : 158개소 신자규모 : 36,616명 (*1960년 12월 현재)	▶ 1893년 10월 19일	민간 신앙계
	본문불립종	사원수 : 5개소 신자규모 : 미상 (*1973년 현재)	▶ 1912년	불교계
	기독동신회	교회수 : 2개소 신자규모 : 100여명 (*1970년 현재)	▶ 1896년	기독교계
새로유입된종교	일련정종 (창가학회 포함)	사원수 : 미상 신자규모 : 2,800여 세대 (*1964~65년 현재)	▶ 1963년	불교계
	세계구세교	교회수 : 1개소(세계구세 교 부산교회) 신자규모 : 100여명 (*1966년 현재)	▶ 1964년	민간 신앙계
	영우회	교회수 : 3개소(서울, 부 산, 제주) 회원규모 : 3,000여명 (*1974년 현재)	▶ 1970년	도덕 수양계
	야마기시회	사원수 : 1개소(수원) 회원규모 : 수십명 (*1974년 현재)	▶ 1966년	민간 신앙계
	모랄로지 (도덕과학 연구회)	사원수 : 1개소(서울) 회원규모 : 미상 (*1970년대)	▶ 1968년	도덕 수양계
	광명사상보급회 (生長の家)	사원수 : 1개소(대구) 회원규모 : 50여명 (*1975년 현재)	▶ 1970년	도덕 수양계
	예수어령교회 (イエスの御靈)	교회수 : 1개소(서울) 신자규모 : 50여명 (*1974~1975년 현재)	▶ 1968년	기독교계

한편 국가재건을 위해 「경제개발 5개년 계획」이란 슬로건을 내 세운
제3공화국 정권은 경제개발을 위한 재원을 확보하기 위해서 1964년부
터 일본과의 국교 정상화를 위한 협상을 하게 된다. 주 목적은 일본으로

부터 청구권과 차관을 받아 경제발전을 위한 재원으로 사용하기 위한 것이지만, 일반국민들에게는 일본과의 국가차원에서의 일종의 화해를 추진하는 것과 같은 의미를 가진 것으로 받아들여졌다. 그래서 이 협상 진행 자체는 사회적으로는 잠재되어있던 반일정서를 자극하는 하나의 기폭제가 되었다. 국내에서는 굴욕외교라는 반대여론이 일어났으며, 1964년 6월 3일에 「한일협상 반대운동」이 학생들을 중심으로 일어나서 사회적으로 반일 캠페인 바람이 불고 있었다.

이런 와중에, 1963년 7월 24일자 동아일보 사회면에서, 창가학회의 국내 포교활동에 대한 최초 보도37)를 하였고, 이어서 1964년 1월에 들어와서는 다른 언론들도 앞 다투어 창가학회에 대한 보도38)를 하게 된다. 이런 언론보도로 새로이 국내에 유입된 일련정종(=창가학회)에 대

---

37) 이날 동아일보 사회면에는 「한국진출 꿈꾸는 일본 창가학회(創價學會) ; 내한한 재일교포 박상보(朴相輔)씨 등 앞장 서」라는 제하의 기사에서, 「일본에서 3백여만 세대의 회원(신자)을 갖고 참의원에 열다섯의 의석을 갖는 등 정치세력화하여 큰 관심을 모으고 있는 「창가학회」가 우리나라에도 번져올 계기가 마련되어 가고 있다. 동회 회원으로 지난 13일 내한하여 시내 S호텔에 투숙하고 있는 재일교포 박상보(53=名古屋富士鐵工會社社長)씨는 내한 목적에 상용(商用)과 가사정리라는 표면적 이유 외에 고국에서의 창가학회 지부 결성준비도 들어있음을 시인하면서 한편으로 이 같은 노력이 어디까지나 자신의 성의와 개인적 입장에서 추진되고 있는 것임을 강조했다.」

38) 당시 언론들의 보도를 보면, 『조선일보(1.11)』「패전의 쓰라림 속에서 허덕이는 국민들을 영도하기 위해 불교교리를 앞세우고 『제3의 문명』을 일으킨다는 것을 목적을 가진 일련종」, 『한국일보(1.15)』「일본말로 「나무묘호렌게교」(南無妙法蓮華經)를 외고 일본이 위치한 동쪽을 향해 절하는 이른바 「동방요배(東方遙拜)」를 하는 가 하면, 「가미다나(神棚)」 속에 「아마테라스오미가미(天照大神)」 등 일본 귀신부적을 모시는 일본의 「니찌렌(日蓮)」종에 근원을 둔 창가학회」, 『동아일보(1.14, 1.17)』「남무묘법연화경을 꼭 일본말로 「남무묘호렝게교」라고 외우며 「행복의 제조기」라는 본존(本尊)앞에 꿇어 앉아 소원성취와 만병통치를 비는 창가학회」, 「괴상한 종교적 행동대, 붉은 종교, 종교적 팟쇼」(1.17.), 『경향신문(1.10)』「일본의 국수주의 종교」, 「해방 20년, 연합군의 승리와 함께 쫓겨 간 「게다짝」 소리가 이제 또 우리의 귓전을 울리려 하고 있다」, 『매일신문(1.15)』「종교인지 정당인지 본바닥 일본에서 마저 알쏭달쏭한 존재인 왜색 신흥종교」, 박승길(2010), 앞의 책, pp.20-21, 재인용

해서 「왜색 사이비 종교」라는 낙인이 찍히게 되고, 사회적으로 배척되었을 뿐만 아니라, 법적으로 제재를 받게 된다. 일련정종(창가학회)에 대해서 1963년부터 단체의 조직·목표·포교방법 등이 정치성을 띠고 있다고 해서 국내에서 말썽이 일어나기 시작하였고, 그 후 1964년 1월 17일에 종교계·학계·언론계·인사 22명으로 구성된 종교심의회의에서 포교금지를 천명하게 된다. 그 금지사유는 「창가학회는 일본천황과 황실을 숭상하고 동방요배를 하는 등 일본의 국수주의적 경향이 짙으며, 정치적 사상으로 보아 명백히 침략성을 띠었다」고 하여 반민족적·반국가적 종교로 낙인찍힌 것이다. 이에 정부는 종교심의회의 판단에 따라 1964년 1월 포교금지조치를 내렸다. 이에 대해 일련정종교단에서는 행정소송으로 대처하여 결국 각하판결을 받음으로써 활동에 대한 법적 제재로부터 벗어나게 된다.[39] 그러나 이런 일련의 사태는 일련정종(창가학회)뿐 만이 아니라 다른 일본종교들에게도 영향을 미치게 되어서, 그 후로 일본종교들은 「반일정서」의 주요 공격대상으로 된 것이다.

이처럼 60년대 중반에 들어와서부터 국내 종교지형에서 일본종교들이 다시금 조금씩 자리잡기 시작하는데, 여기에 결정적인 역할을 한 것은 재일동포들이다. 1965년 한일협정 이후 고국을 방문하는 재일교포들은 고향사람들에게는 선망과 동경의 대상이었다. 경제성장을 시작할 당시에 국내 일반 민중들의 생활은 아직도 가난, 질병 그리고 갈등과 다툼으로 얼룩져 있었다. 4.19혁명, 한국전쟁 그리고 군사쿠데타와 같은 혼란과 격변 속에 살아온 이들에게 부유한 재일동포는 스스로가 바라는 롤 모델과 같은 존재였고, 그들이 신봉하는 종교는 그것이 왜색이든 사이비이든 간에, 그들처럼 된다면 쉽게 받아들일 수 있는 것이었

39) 남춘모·이원범(2008), 앞의 책, p.100

다. 이렇게 60년대 중반 이후 국내에서 일본종교들의 재생 혹은 도입에는 재일동포의 존재가 결정적이었고, 이렇게 도입된 일본종교들은 70년대와 80년대를 거치면서 국내에서 그 세력을 점차 확산하여 가게 된다.

70년대 후반부터 고도경제성장기에 돌입하게 되고 80년대에 들어와서부터, 일반서민들은 이제 가난과 질병이라는 후진국형 고통, 고난에서 점점 벗어나기 시작한다. 또한 정치적으로도 비록 박정희 정권의 독재체제가 이어졌으나, 이전 제 1,2공화국 시절에 비해서는 상대적으로 안정 상태를 유지하게 되었다. 일본과의 관계에 있어서도, 박정희 정권은 이전 이승만 정권과는 달리 경제적 지원과 의존을 위한 한정적인 우호관계를 유지하려고 노력하게 된다. 한일 상호 방문이 법적으로 자유로워지고, 따라서 일본종교계 인물들의 한국방문도 이 시기에 증가하게 된다. 이 시기에 국내에 들어와서 포교의 계기가 된 각 종교별 일본종교 관계자들을 보면 다음과 같다.

〈표 6〉 1960~1980년대 방한한 일본종교 관계자들과 방문목적

일본종교 단체명	방문자	방문목적	방문시기
일련정종	나카이준꼬(中井順子, 한국 명 이순자)외 본부간부들	• 한국총지부 결성준비	1964년 1월 15일
	이즈미사토루(和泉覺, 창가 학회 부회장, 국제센터 이 사장)	• 한국지도장 부임 • 조직통합 목적	1973년 12월
		• 한국일련정종불교회 결성	1976년 5월 27일
천리교	나카다다케히코(中田武彦)	• 한국전도청장 취임	1975년 7월 26일

일본종교단체명	방문자	방문목적	방문시기
영우회	이토우마사카즈(伊藤正一) : 제6지부장	• 조직결성 및 포교	1969년
	이노우에타로우(井上太郎) : 제2지부장	• 문화공보부 차관을 방문하여 한국포교에 대한 사전 허락 • 한국연락사무소 개설(7월1일)	1972년 6월
		• 연락사무소 결정, 포교	1972년 8월 3일
	니시야토시히로(西谷年弘)	• 한국지국장에 임명되어 입국	1977년 7월 1일
한국광명사상보급회	구스모토가미노(楠本加美野) : 본부 연성국장	• 국내 시찰을 겸한 순회 강연	1983년
	구스모토(楠本加美野) : 이사 츠루다마사요(鶴田昌世), 이나타겐죠(稲田賢三) : 본부강사	• '제1회 신성개발 일반연성회' 개최	1983년 9월 24일
입정교성회	다키구찌 후미오(龍口文夫=昌弘)	• 서대문구 연희동 81-1에 '입불식(점안식) 거행 • 한국연락소 개소, 책임자 취임	1979년 2월 25일
예수어령교회	사사베(笹部) 마쓰오(松) :	• 교회 이전 기념 집회	1971년 12월
	이마이(今井), 곤노(今野), 키무라(木村), 쿠니모토(国本) 목사	• 대부성회 개최	1983년
선린교	리키히사탓사이(力久辰齋) : 교조	• 한국의 수행장 방문	1971년 5월 20일
태양회	다카하시고쥰(高橋公純) : 원래 일련정종 주직	• 국내 정착 창교	1981년 2월 19일

이런 각 종교교단 일본본부 관계자들의 방한은 한일관계 완화와 다소
수그러진 사회적 반일감정이란 분위기 속에서 국내에서의 포교와 지부
설립이 주목적이었다. 이렇게 한일 간 대립과 갈등이 조용해지자, 사회
적 반일정서도 가라앉기 시작하였고, 그 대신 국내에서는 학생들을 중심
으로 반독재민주화운동이 일어나기 시작한다. 1972년 「10월 유신」 이후
민주화 시위와 그에 대한 탄압이 계속되었으나, 민주화운동은 학생을
중심으로 한 소수집단에 의해서 한정적으로 일어났다. 70년대 후반의
경제성장과 그에 따른 물질적 풍요로움으로 인해서 일반서민들은 이런

정치적인 문제에 대해 무관심하게 된다. 또한 경제적 성장으로 인해서 물질적 욕구가 충족되기 시작하자, 정신적 신앙적 문제에 관심을 가지는 경향이 나타난다. 경제적으로 안정되었지만, 일부 지식층과 학생들의 정치적 이념투쟁이란 분위기는 일반 민중들에게는 새로운 정신적, 신앙적 욕구를 채워줄 대상이 필요했을 지도 모른다. 이런 상황은 일반 민중에게 현실의 문제에 적응할 수 있는 새로운 자아정체성 확립을 요구하게 되는데, 지금까지 종교지형에서 중심부를 차지하고, 정치적 영향력을 발휘하고 있던 기독교는 이미 제1, 2공화국의 몰락으로 정당성이 약화되어있었고, 또 원래 내세지향적인 불교는 더 이상 이런 개인의 정신적, 영적 문제에 대한 해법을 제공해 주지 않는다고 느끼게 된 것이다. 당시 국내에서 이런 일반 민중들은 기성종교의 정당성에 대한 회의와, 경제적 풍요 위에서 일어나는 이념적 혼란을 해결할 수 있는 정신적 지주의 부재라는 틈새를 파고 든 것이 일본종교와 국내 신종교라고 할 수 있다.

일본종교 중에는 천리교처럼 해방후 거의 사라졌다가 80년대 초반에는 20여만 명의 신자를 가진 대규모 교단으로 성장한 경우도 있고, 한편 이 시기에 도입되어서 반일의 공격대상이 되었고, 법적으로 인정[40]까지 받게 된 창가학회는 80년대 후반에 거의 80여만 명의 회원을 확보하게 된다. 즉 이 시기에 들어와서 국내 종교지형에서 일본종교들은 규모상 반중심부 종교로서 위치를 가지게 된 것이었다.

---

40) 1964년 1월 17일에 종교계·학계·언론계·인사 22명으로 구성된 종교심의회의에서 창가학회(=일련정종)포교금지를 천명한 바 있다. 그 금지사유는 「창가학회는 일본 천황과 황실을 숭상하고 동방요배를 하는 등 일본의 국수주의적 경향이 짙으며, 정치적 사상으로 보아 명백히 침략성을 띠었다」는 규정에 따라 반민족적·반국가적 종교로 낙인찍힌 것이다. 이에 정부는 종교심의회의 판단에 따라 1964년 1월 포교금지조치를 내렸다. 이에 대해 일련정종교단에서는 행정소송으로 대처하여 결국 각하판결을 받음으로써 활동에 대한 법적 제재로부터 벗어나게 된다. 남춘모·이원범(2008), 위의 책, pp.99-100

〈표 7〉 1985년, 1995년 종교인구수[41]

	계	종교있음	불교	기독교	천주교	유교	원불교	천도교	대종교	기타	대순진리회	종교없음	미상
1985	40,419,652	17,203,296	8,059,624	6,489,282	1,865,397	483,366	92,302	26,818	11,030	175,477		23,216,356	
1995	44,553,710	22,597,824	10,321,012	8,760,336	2,950,730	210,927	86,823	28,184	7,603	170,153	62,056	21,953,315	2,571

그럼에도 불구하고 사회 전반적으로는 반일정서, 배일정서가 압도적으로 강하였고, 따라서 일본종교들은 법적으로는 신교의 자유에 의해서 그 존재와 포교활동이 보장되어있었으나, 표면적으로 스스로를 내세우지도 못하였으며, 신자들도 자신의 종교를 주위에 밝히지 못하는 분위기였다. 통계자료에서도 일본종교신자의 범주는 없고, 따라서 이들 신자들은 「기타종교」에 해당되거나 불교계 일본종교는 「불교」, 기독교계는 「기독교」에 포함되었을 것이다. 정치, 사회적으로 강력하게 영향력을 미치고 있던 기독교 세력과, 규모 상 가장 많은 불교가 종교지형의 주류종교로 자리 잡고 있었고, 일본종교는 비록 다시 규모적으로 증가하고, 또 새로운 종교들이 도입되고 있었지만, 국내 종교지형에서는 주변종교의 위치에 머무르고 있었다.

3) 문화다원주의 도래 이후 국내 종교지형과 일본종교의 위상

1988년 서울올림픽과 2002년 한일월드컵 개최는 한국을 세계에 알리게 되는 계기임과 동시에, 한일 간에는 유래없는 인적, 물적, 문화적 교류가 이루어지게 된다. 경제적 급성장과 더불어 국내의 정치적 상황도 어느 정도 안정적이게 되었고, 일본과도 우호적인 관계를 가지게

41) 통계포털(http://kosis.kr/statHtml/) 행정구역 성 연령별 종교인구 1995와 1985

된다. 한일국교 정상화 40주년이 되던 2005년을 「한일우정의 해」로 정하고, 학술, 문화 등 다방면에 걸쳐서 교류를 추진하게 된다. 이런 한일 간의 관계 개선에 따라서 종교영역에 있어서도 80년대 후반부터 일본 종교들이 국내에서 확장되고, 또 새로운 신종교들도 속속 유입되기 시작하였다. 이처럼 국내에서 일본종교가 확산된 것은 이전 60~70년대의 일본이란 존재를 경제적 측면에서의 「동경, 선망」의 대상으로서 받아들인 것과는 달리, 일본문화 특히 일본의 생활문화와 대중문화는 새로운 문화적 욕구에 목말라 있던 청장년층에 여과 없이 수용되어가는 형편이었다.

그러나 이 시기 중에도 반복되는 일본 정치인들의 일제의 만행에 대한 망언, 그리고 독도문제, 우익보수의 역사인식 문제 등으로 인해서, 정부차원에서의 우호적인 관계추진에도 불구하고, 국내에서의 반일정서는 반복해서 분출하였고, 따라서 일본종교단체와 국내 신자들의 태도와 활동도 조심스러울 수밖에 없었다. 물론 반일 정서는 우리의 민족주의와 관련 되어있지만, 그러나 한국의 반일 정서는, 2차 세계대전 후의 신생독립국에서 나타난 식민지 종주국에 대한 적대감과는 다른 차이점이 있다. 그것은 첫째로는, 우리의 반일 정서는 식민지 경험을 갖고 있는 신생국가들의 식민지 모국에 대한 단순한 민족주의적 저항, 대립과는 다르다는 점이다. 즉 우리들의 의식 속에서 역사적으로 형성되어 온 일본이란 존재에 대한 이미지는, 근대적인 제도와 과학적 기술에 앞세워서 문화적으로 열악한 식민지를 지배, 착취하던 서구 제국주의 국가와는 달리, 어디까지나 문화 후진국이며, 미개한 민족이란 점이다. 따라서 우리보다 앞선 근대화를 통한 일본의 근대적 제도, 과학기술 그 자체도, 열등한 민족이 억압과 통치를 하기 위해 장착한 부정한 수단으로 간주된다. 둘째, 반일 정서가 뿌리 깊게 형성된 근저에는, 일제의 식민지 통치는 자신들의 황국사상과 같은 종교적 이념까지도 강제적으로 이식시켜서 우리의 민족정신까지 말살하려고 했다는 점에서, 다른 서구 제국주의의 통치와는 질적으로 다르다는 인식이 자리 잡고 있다. 물론 이런 한국의 반일 정서가 역사적 사실에 기초한 정당성을 가지고 있다는 것을 부정할 수 없다.[42]

따라서 사회적으로도 일본종교뿐 만이 아니라 일본문화 전반에 대한 왜색의 낙인은 잠재적으로 강하게 남아있었고, 따라서 다른 주변종교들보다 월등하게 많은 신자를 확보하고 있었음에도 불구하고, 일본종교는 공식적으로 인정받지 못하였다. 예를 들면, 1995년도 한국SGI(창가학회)의 내부 자료에 의하면, 총 회원 수는 986,526명[43]으로 되어있다. 그러나 1995년도 통계청의 「인구조사」에서 「종교인구」를 보면, 이보다 훨씬 수가 적은 「유교(210,927명)」, 「원불교(86,823명)」, 「천도교(28,184명)」, 「대종교(7,603명)」, 「대순진리회(62,056명)」[44]는 통계대상에 들어있으나 이보다 훨씬 많은 신자를 가지고 있는 「한국SGI」나 「천리교(36,616명)」는 제외되어있다.

그러나 이런 반일정서, 왜색종교라는 낙인에도 불구하고, 2000년대 이후 국내에서 일본종교들은 새로운 전환기를 맞이하게 된다. 세계화의 거대한 흐름이 경제, 정치, 문화만이 아니라 종교영역에 있어서도 탈-경계(borderless), 탈-중심(centerless) 현상으로 이어지게 되고,

---

42) 남춘모(2012) 「일본 정신문화의 한국 유입과 정착 : 국내 일본계 종교의 탈-일본화와 친일 콤플렉스의 극복 과정을 중심으로」『아태연구』제19권 2호, 경희대국제지역연구원, p.173
43) 이 수치는 논자가 2005년 조사에서 한국SGI 홍보국으로부터 수집한 자료에 의한 것이다. 남춘모·이원범(2008), 앞의 책, 136쪽 참조
44) 통계포털(http://kosis.kr/statHtml/) 행정구역 성 연령별 종교인구 1995

그것은 종교다원주의(religious pluralism)를 일상적이고 보편적인 것으로 받아들이게 하였다. 종교 다원주의란 오늘날 모든 국가, 민족, 사회에 다양한 종교가 공존하고 있다는 현실을 인식하고 인정하는 정도를 넘어서서, 상호 수용하는 태도나 자세를 말한다. 즉 타 종교가 가지고 있는 세계관, 가치, 도덕 등을 단순히 인정하는 관용적인 입장을 넘어서서 그것을 적극적으로 받아들이는 가치 의식을 갖추는 것이다.45) 이런 종교다원주의의 영향은, 일본종교에 대한 우리들의 인식과 태도에 있어서도 변화를 가져오게 하였다. 특히 일제강점기를 직접 겪어보지 못한 세대들, 더욱이 경제적으로 부유하게 된 80년대 이후 신세대들에게 있어서, 일본은 더 이상 배타적 타자(exclusive other)가 아니며, 문화 특히 신세대 대중문화라는 점에 있어서는 수용하고 향유하고 싶은 동경의 대상이었다. 이런 대일관의 변화는, 종교에 있어서도 일본종교가 더 이상 경계하고 배척해야 할 대상이 아니라, 상호인정과 수용을 할 수 있는 대상으로 바뀌어 간다는 것을 의미하며, 그것이 종교다원주의 시대에 부합하는 인식과 태도인 것으로 받아들여진 것이었다.

60년대 중반 이후부터 일본종교들이 다시금 국내에서 재생되고 수용된 중요한 이유 중 하나가 부와 선진문화를 향유하는 재일교포의 존재였다는 것은 전술한 바와 같다. 고향을 찾은 부유하고 세련된 재일동포

---

45) 물론 다원주의는 원래 철학적 인식론적 의미로서 존재와 대상을 인식하는 시각이 다수 존재하며, 보편타당성을 지닌 진리를 인식할 수 있는 절대적 객관적 시각은 존재할 수 없다는 것이다. 즉 인식 주체의 관점과 경험, 그리고 그가 처한 시공적 상황에 의해 인간은 존재와 대상에 대해 다르게 인식한다는 것이다. 따라서 다원주의는 사회과학의 인간의 사고와 행위에 대한 인식과 판단에 있어서의 상대주의(relativism)와도 불가분의 관계에 있으며, 현대 사상에 있어 거스를 수 없는 패러다임으로 자리 잡고 있다고 할 수 있다.

친척의 존재는, 가난과 고통 속에 살고 있던 고향사람들에게는 선망과 동경의 대상으로서, 일종의 동일시(identification)[46]와 같은 심리적 기제로 작용하였고, 따라서 그들의 종교도 당연히 수용할 대상이었다. 이런 상황과 함께, 당시 일본에서는 소위 신신종교(New-new Religion)[47]라고 불리는 신종교운동(New Religious Movement)이 활발하게 전개되고 있었고, 이들 중에는 한국에 교세를 확산하려는 시도를 하는 교단들[48]도 있었다. 이런 교단들이 제시하는 교리와 그들의 수행방식과 목표는 기성종교들의 형식주의의 부패함에 질려있던 사람들에게는 새로운 신앙적 호기심을 자극하기에 충분하였다. 즉 이들 신신종교는 물론 일본종교들은 일본특유의 습합(syncretism)의 전통과 함께, 변화하는 환경에 적응하기 위한 서구식 합리화(rationalization)를 보여주고 있었다. 즉 세계화에 부응하는 이념의 전환으로서, 평화, 환경보호, 문화예술과 같은 보편적 가치를 내 세우고, 그것을 위한 실천활동을 종교적 활동으로 전환시켰다. 또한 신앙목표로도 기존의 현실지향성에다가 개인의 정신적 평온과 자기완성을 지향하고, 수행방식과 절차의 단

---

46) 이것은 물론 프로이트(S. Freud)가 제시한 자아방어기제 중 하나인 동일시를 말한다. 가난, 질병, 갈등과 같은 상황에 처한 사람들에게, 성공한 재일교포의 존재는 마치 그와 정서적으로 결합함으로써, 스스로가 그와 같은 태도를 취하게 하는 존재인 것이다.

47) 이 개념은 1970년대 후반 일본에서 니시야마 시게루(西山茂)를 비롯한 종교사회학자들이 제시한 것으로서, 그 계기는 70년대 당시 일본의 신종교들에 이전 신종교들과는 다른 새로운 흐름이 있다고 판단한 것이다. 이 용어를 사용한 대표적인 종교사회학자인 니시야마는, 1979년 『역사공론(歷史公論)』에 「신종교의 현황(新宗教の現況)」이란 논문을 발표하는데, 여기서 그는 신신종교에 대해서 「대규모 교단으로 성장한 신종교가 사회적 적응을 할 때, 이전에는 부담이 되어서 포기하였던 유산, 유물들을 과감하게 펼쳐감으로써, 소규모이면서도 급속하게 교세를 확대해가는 종교」라고 정의하고 있다. 西山茂(1979)「新宗教の現況」『歷史公』5(7), p.19

48) 한국에 진출한 신신종교로는 「신요엔(真如苑)」, 「야마기시카이(山岸会)」, 「벤텐슈(辯天宗)」, 「모랄로지(モラロジー)」가 있다.

순함을 추구하였다. 이런 것들은 기존의 국내 기성종교와는 차별성을
가지고 있었으며, 따라서 개인들에게는 바쁜 일상생활 속에서도 신앙
생활을 할 수 있고, 또 사회적으로도 공감하고 인정받는 보편적 가치
를 지향하는 종교적 실천활동을 한다는 자긍심을 심어줄 수 있었던
것이다.

이런 외적 상황과 개인들의 종교관의 변화로 인해서, 1990년대부터
2000년대 초반 국내에서 일본종교들은 급성장하게 된 것이다. 2005년
도 「인구총조사」에서의 국내의 종교인구와 비공식적으로 집계한 일본
종교 인구 규모를 비교해 보면 다음과 같다. 우선 2005년도 조사에서도
일본종교는 통계대상에서 제외되어 있다.

〈표 8〉 2005년도 종교인구(명)

내국인	종교 있음	불교	개신교	천주교	유교	원불교	증산교	천도교	대종교	기타	종교 없음	미상
47,041,434	24,970,766	10,726,463	8,616,438	5,146,147	104,575	129,907	34,550	45,835	3,766	163,085	21,865,160	205,508

출처 : 통계포털(http://kosis.kr/statHtml/) 행정구역 성 연령별 종교인구 1995

2005년 현재 국내 종교인구 규모에서도 이전과 마찬가지로 기존의
국내 신종교(민족종교)들은 규모 상 10여만명 정도이지만 통계수치는
제시되어있다. 한편 2005년 당시 국내에서 활동하는 주요 일본종교들
의 신자 규모[49]를 보면 다음과 같다.

---

49) 일본종교 각 교단의 상세한 신자규모에 대해서는 남춘모·이원범(2008), 앞의 책,
참조

〈표 9〉 국내 주요 일본종교 신자규모

	한국SGI	천리교	일련정종	영우회	세계구세교	광명사상보급회	입정교성회	기독동신회
신자규모	1,496,915*	대한천리교 30000여명 / 한국천리교 154,816*	20000여명	3,588*	세계메시야교 3,000여명 / 동방의 빛 150여명 / 세계구세교 한국본부 4001*	113,000*	300여명	900명
계	1,496,915	약18만여명	약 2만여명	3,588	약 7천여명	113,000	약 3백여명	약 9백여명
연도	2005년	2005년	2004년	2005년	2005년	2005년	2005년	2004년

*표시는 교단이 직접 수집한 통계치이며, 나머지는 교단 추정 수치이다.

이 수치는 교단으로부터 제공받은 수치이기 때문에 실제로 신자로서 규칙적인 활동을 하는 신자수와는 다소 차이가 있을 수 있지만, 이 수치에 나타나는 국내 일본종교 신자의 규모는 거의 180여 만 명에 육박하고 있다. 일본종교들을 하나의 범주로 묶어 보면, 우리 종교지형에서 그 규모는 천주교에 이어 네 번째에 해당된다. 그러나 이 수치는 「인구총조사」에서는 잡혀있지 않아서, 「인구총조사」의 카테고리에서는 「기타종교」나 「미상」에 해당될 수 있을 것이다. 또 한편으로는 일본종교 중에서 불교계 신종교에 속하는 「일련정종」이나 「한국SGI(창가학회)」, 「입정교성회」 신자들의 경우에는 「불교」에 응답하였을 가능성도 있다.

이처럼 1990년대부터 국내에서 일본종교가 이렇게 규모가 확산되는 데에는, 한국 기성종교와는 차별화되는 일본신종교가 가지고 있는 몇 가지 특징이 있다. 첫째는, 포교방법에 있어서의 차별성이다. 많은 신종교에서는 신자 한 사람이라도 더 늘리려는 시도를 한다. 이것을 「확대재생산형」 포교하고 하는데, 이것은 기성종교의 「단순재생산형」과는 비교된다. 단순재생산형은 혈연, 지연 원리에 의존하는데 비해서, 확대재생산형은 혈연, 지연만이 아니라, 직업관련 인맥이나, 학연 등 모든 사회적 관계 네트워크를 다 활용하며, 더욱이 거리포교나 가정방문을 통한 포교로 한다는 점이다. 이와 같은 포교활동은 단순한 개인의 종교적 믿음만으로 행하기는 어려운데, 이런 활동의 주요 동기로 작용하는 것은 모든 신자가 스스로 포교자라는 의식 즉 「만인포교자주의(萬人布教者主義)」라는 원리이다.

둘째, 일본신종교의 가르침에 있어서의 차별성으로서, 기성종교가 대체적으로 교학과 정신적인 면을 중시하며, 시대 변화에 무관심하고, 교리 내용은 난해하다고 한다면, 상대적으로 일본신종교는 「생활에 밀착되고」, 「시대 적응적」이며, 또 「시대적 영향을 많이 받은 가르침」, 그리고 「가르침 내용의 단순화」라는 성격을 가지고 있다.

셋째, 조직 구성에 있어서의 차별성으로서, 일본신종교는 조직 전체가 유연한 구조를 가지고 있는 경우가 많다는 점이다. 신종교의 조직 확산은, 종선(縱線)과 횡선(橫線)이 유기적으로 결합한 형태에 의해서 이루어지는데, 종선은 그 종교로 인도한 사람과의 관계를 기본으로 한다. 즉 인도한 사람과 인도당한 사람은 「의사부자(擬似父子)의 관계(오야꼬=親子)」를 맺는 형식을 취하게 되며, 한 사람이 인도한 피인도자의 규모가 커지면, 앞서 논한 만인포교자주의에 의해서, 인도당한 사람이 다시 다른 사람을 인도하여 의사부자 관계를 맺는 형식으로 확대되어 간다. 이렇게 하여 본부지부, 그리고 하부조직이라는 수직적 관계가 형성된다. 횡선은 지역별 연대와 비슷한 것으로서, 지역이나 지부 간의 동등한 연대관계, 그리고 기능적으로 분화된 세부조직 간에 수평적 연대를 형성하는 것을 말한다. 대체로 교단 규모가 커지면 이 횡선적 조직원리가 도입된다. 이처럼 일본신종교 조직은 의사 부자관계의 수직적 위계와, 지역 혹은 구역별 연대라는 수평적 관계가 복합적으로 작용하는 조직구조로 되어있다. 이런 조직구조를 가진 일본종교들은 상대적으로 구성원들의 응집력이 기성종교들보다 훨씬 강할 것으로 추정된다.[50)]

　이상이 일본신종교가 가지고 있는 기성종교와의 차별성이지만, 한국에서의 일본신종교가 확산, 정착하게 된 이유로는 전략적 차원에서의 세 가지 요인이 추가될 수 있다. 그 하나는 앞서 지적한 바와 같이, 일본신종교가 국내에 유입될 때, 우선적으로 내세운 것이 「현세 이익적 구제재」라는 점이다. 이것 M, 베버가 지적한 바[51)]와 같이, 일본 신도(神道)신앙에 있어서도 마찬가지이지만, 대체로 신도와 관련을 가지고 있는 일본신종교는, 주술적 현세이익을 인정하고, 신심의 증거로서 현세이익이 실현된다는 것 즉 현증(顯證)을 제시함으로써, 국내 신자들에게 다가갔다는 점이다. 또 한 가지는 「지역과의 밀착성」을 들 수 있는데, 이것은 현재 활동하고 있는 일본신종교 중에 이 지역과의 밀착성 정도에 따라서 교세의 차이가 발생한다고도 볼 수 있는 점이다. 예를 들면, 가장 규모가 큰 한국SGI의 경우에는 적극적으로 지역사회와의 문화적

---

50) 종교활동 참여횟수에 대한 2003년도 통계청 자료(통계포털, http://kosis.kr/statHtml/)를 보면, '주 2회 이상', 「주 1회」, 「월1~2회」, 「년5~6회」, 「년3~4회」, 「년1~2회」, 「참여않음」의 범주에 있어서, 「주 2회 이상」이 「기타종교」가 32.6%로 가장 높은 것으로 나타났고, 그 다음으로 「개신교」가 31.4%, 「천주교」 13.4%, 「원불교」 6.0%로 나타났다. 여기서 「기타종교」 범주 속에는 적어도 150만 명의 회원 수를 가진 한국SGI나 5만여 명으로 추정되는 천리교가 포함되었을 것으로 판단되는데, 그럴 경우 일본종교 신자들이 상대적으로 불교나 천주교에 비해서 신자들의 종교활동 참여 횟수는 훨씬 높고, 따라서 신자들의 응집력도 높을 것으로 추정되는 것이다.

51) 베버는, 「일본에서 불교는 내세에서의 응보와 구제라는 원리를 가지고 있었으나, 다른 한편 이 외래종교 원리와는 반대로, 신도(神道)라고 불리는 고대의 종교(카미라는 지역 신)는, 고대의 모든 의식 심지어 조상숭배 의식까지도 현세 이익을 위해 이용하였다」고 논한다. Weber, M. (trans.&ed. by Gerth, H. H. & Martindale, D.)(1967), *The Religion of India : the sociology of Hinduism and Buddhism,* New York : The Free Press, p.276, p.281

인적 교류를 행하고 있다. 마지막으로, 조직구성과 운영의 차별성을 들수 있다. 앞서 논한 것처럼, 일본신종교는 조직상 수직적 관계와 수평적 연대가 복합적으로 작동되는 유연한 구조를 가지고 있는 것과 함께, 「신앙적 소집단(faith small group)」을 구성하여 매우 효율적으로 운영하고 있다는 점이다. 예를 들면, 한국SGI의 「좌담회」[52]는 10~30여명으로 구성되는 소집단으로서, 기성종교의 종교적 집단 활동과는 달리, 형식주의로부터 탈피한 실질주의를 지향하여 개인문제와 같은 일상사의 해결까지 추구하고, 또 참가성원들이 모두 평등하게 참여하는 방식으로 운영되고 있다.

이런 일본종교의 차별성과 함께 한일 간 상호 우호적인 관계개선이라는 외적 분위기로 인해서 일본종교들은 90년대 후반부터 급성장하게된 것이다. 80년대 후반부터 일본종교들이 국내에서 다시 활동하여 성장하였고, 또 새로운 종교들이 국내에 들어오는 현상은, 일본종교가 가지고 있는 종교적 이념, 구제재, 조직 및 운영에 있어서의 특성에 기인한 것이지만, 한편으로 한국의 상황과 환경이라는 측면에서도 설명할수 있을 것이다. 이런 국내의 상황과 환경적 요인으로서는 외부 환경적변화, 내적 의식적 변화, 국내 기성종교의 한계와 문제점, 그리고 종교시장으로서 한국이라는 4가지 측면에서 설명할 수 있을 것이다. 첫째, 외부 환경적 변화로는, 한국을 둘러싼 국제 정치, 경제 질서에서의 일본의 위상 변화를 들 수 있다. 북한과 관련하여 일본의 국제적 입장과 역할의 중요성이 강조되고 있고, 또 중국이라는 거대한 시장을 둘러싼 동북아 경제 질서 속에서 일본과의 관계 중요성 대두, 그리고 한국 대중문화산업에 있어서의 일본시장이 차지하는 중요성 및 증가하는 인적

---

52) 한국SGI의 좌담회에 대해서는 이원범외(2007), 앞의 책, pp.278-303, 참조

교류 등은 실리적인 측면에서 일본을 재평가하는 것이다.

둘째, 이런 외부 환경적 변화는 한국인의 대일관의 변화라는 내적 의식적 변화를 야기하고 있다는 점이다. 한국인 특히 청년층들에게 일본은 더 이상 공존할 수 없는 배타적인 타자만이 아니다. 즉 일본에 대해 일시적이고 감정적인 반일보다는 실리적 효율적인 대응이 필요하며, 반일이 아니라 지일이 필요하다는 인식 변화를 보여주고 있는 것이다. 이것은 일본의 문화 수용 특히 정신문화로서 의 일본종교의 수용에 있어서도 맹목적인 거부만을 하지 않는다는 유연한 태도를 가지게 하는 것이다.

셋째, 이런 일본종교의 국내 수용은 역설적으로 국내 기성종교가 가지고 있는 문제점과 한계를 말해 주는 것이기도 하다는 점이다. 국내 기성종교들의 보수주의적 경향, 사제중심주의적 교권체제, 현실 적응력의 도태 등은 일본종교들의 국내 수용의 틈새를 제공하고 있다는 점이다.

마지막으로 일본종교의 확산과 국내 진출은 그들에게 종교시장으로서 한국이 매력이 있을 것이라는 점이다. 한국인들의 정신세계는 일본인과 다른 점도 있지만, 역사적 문화적으로 볼 때 상당히 유사한 점이 많다. 따라서 일본에서 성공한 종교들은 한국인의 종교적 신앙적 욕구와 수요에도 부응할 여지가 많다. 전술한 일본신종교의 종교적 이념, 구제재의 성격은 이런 한국인의 종교적 욕구에 상당히 적합한 것으로 보인다. 또한 종교법인법이 없고, 종교인의 수입에 대한 과세법규도 없는 한국의 종교법과 제도도 종교 시장으로서 한국이 갖는 또 다른 매력일수 있을 것이다.

이런 상황과 환경 속에서 급성장한 일본종교는 신자 규모라는 측면에서 보면, 우리의 종교지형에서 더 이상 주변종교가 아니라 주류종교로 편입될 가능성을 가지게 되었다고 있다고 볼 수 있다. 그러나 우리사회에서 역사적으로 형성된 일본종교의 이미지는 일본종교의 영향력 확산에는 장애물이었으며, 따라서 국내 종교지형에서의 그 위상이 높아지는 데에는 한계를 가질 수밖에 없었다. 즉 한국인에게 있어 일본종교는 특별한 의미를 가지고 있다. 어떤 종교이던 일본종교의 교리나 사상을 일본제국주의가 우리 민족의 정신문화를 말살하기 위해서 동원했던 천황제국가 이데올로기의 근원으로서, 한국인에게는 철저하게 배척해야 할 안티-테제였던 것이다.[53] 이런 우리민족에게 역사적으로 형성된 배타적 타자로서 일본종교는, 2000년대에 들어와서 규모 상 급증하였다고 해도, 아직도 쉽게 수용할 수 있는 정신문화는 아니었다.

종교지형에서 차지하는 위치는 그 규모에 의해서만 판단할 수는 없으며, 해당 종교가 사회적, 정치적, 문화적 영역에서 어느 정도의 영향력을 가지고 있는가를 살펴보지 않으면 안될 것이다. 이런 영향력이란 측면에서 보면, 일본종교 자체는 반일정서의 공격 대상의 하나였으며, 따라서 국내에 진출한 일본종교들 중에서 특히 규모 상 급성장한 대교단은 이런 반일정서는 애초부터 극복해야 할 당면과제였던 것이다. 이에 주요 교단 중에서 「탈-일본화」를 추구하는 시도를 해방 후부터 계속 시도하여왔다. 가장 오래된 역사를 가지고 있었고, 해방 후에도 국내 신자들에 의해서 잔존해왔던 천리교의 경우[54]에서도 나타나듯이, 탈-

---

53) 韓晳曦(1988), 앞의 책, pp.14-15
54) 천리교가 「탈-일본화」를 시도한 대표적인 현상으로는, 1956년 1월 26일 춘계대제에서의 탈-일본화 의식을 행한 것이라고 할 수 있다. 당시 집행 내용에는 국민의례로 애국가 봉창, 국군장병 위령고사, 그리고 진흥실천요강(振興実践要綱)으로서 「신앙으로 뭉쳐 조국에 봉사하자」, 「청소작업으로 국토미화에 이바지 하자」, 「국군장병의 영을 적극 봉상하자」 하는 구호를 제창하고, 이어서 만세삼창으로 「대한

일본화는 한국에서의 생존을 위해서 넘어서야 할 최대의 과제였던 것이다. 또 규모면에서 가장 많은 회원을 가지고 있는 한국SGI도 교단차원에서 「탈 — 일본화」를 추구하는 행사나 활동[55]을 하여왔다. 이런 움직임은 지금까지의 왜색종교라는 사회적 낙인으로부터 벗어나 스스로의 공공성을 표방하는 것이기도 했다.

한편 국내의 일본종교 신자차원에서는, 반일정서에서 비롯된 왜색종교라는 부정적 낙인에서 벗어나서 스스로의 신앙적 정당성을 확보할 필요가 있다. 이 정당성을 얻기 위해서는 일본종교인은 「친일(pro-Japanese)」이라는 사회적 낙인에서 벗어나는 길이라고 할 수 있다. 한국에서의 친일이라는 용어는, 한말부터 일제강점기를 거치면서, 직접 일본제국주의에 종사하여 그에 대한 반대급부를 얻거나, 일본이 역사적으로 우리에게 가한 고통과 시련은 고려하지 않고서, 정치적, 사상적 그리고 문화적으로 일본에 동조하거나 동경하는 사람이나 집단을 가리키는 의미로 사용되어왔다.[56] 사회학적 관점에서 보면, 친일이란 반일 정서를 가진

민국 만세 삼창」, 「이승만대통령 만세 삼창」, 「대한천리교 만세삼창」을 하였으며, 또한 의식 진행시 교직자의 교복을 한국식 도포와 같은 옷으로 바꾸고, 일반신자도 두루마기와 같은 옷을 입고, 주악도 한국의 전통적인 아악으로 바꾸었으며, 교통 (천리교 대표교직자 명칭) 역시 도복을 입었다고 한다. 이것은 당시 천리교가 일본 적 색채를 벗어나려고 한 노력이지만 이런 의식 진행에 대해 불만을 가진 사람들이 많았으며, 결국 이후에는 원래의 의식 방식으로 되돌아갔다. 이원범외(2007), 앞의 책, pp.42-42, 참조

55) 1996년 9월 1일 충북 진천, 경남 울산, 경북 상주, 강원도 강릉 등지의 저수지와 유원지에서 2만 여명이 참석한 「국토대청결운동」을 벌린데 이어, 8일에는 서울에서 같은 행사를 벌리고 환경선언문 채택과 수재민돕기 성금 모금운동을 벌리는 등, 사회적인 활동을 본격적으로 전개하였고, 독도 문제나 역사교과서 왜곡 논란이 일어났을 때 반일시위를 하였고, 2005년 5월에 대규모 회원이 참석하여 열린 「나라 사랑 대잔치」에서는 독도가 한국 영토임을 공포하는 이벤트도 개최하였다. 위의 책, pp.172-173, 그리고 pp.387-388, 참조

56) 그러나 한편 이 친일이란 용어를 친미(親美)와 연계시켜서, 극단적 보수주의의 정치성향을 지칭하는 의미로도 사용되고 있다. 반일이 이데올로기로서 하나의 정

다수가, 일본에 대해 분개(resentment)하거나 비판적인 성향을 보여주지 않고, 일본과 관련하여 우리민족의 긍지(dignity)를 훼손하는 태도나 입장을 취하는 소수에게 부여하는 부정적인 사회적 낙인(social stigma)을 의미한다. 「일본종교신자=친일」이라는 도식은, 국내 일본종교 신자들에게 있어서는, 하나의 콤플렉스로서 해방 후부터 현재까지도 지니고 있는 하나의 콤플렉스임에 분명한 것이다. 반일정서라는 것이 우리 사회에서 고정관념(stereotype)화된 하나의 사회적 규범이며, 따라서 친일적인 성향과 태도 및 행동은, 반일이란 일반화된 규범을 위반한 것으로 간주된다. 즉 친일이란 낙인을 부여하고, 그에 따른 사회적 제재를 가하게 되는데, 그것은 친일 낙인을 받은 개인이나 집단을 정상을 벗어난 아웃사이더(outsider)로 취급하는 것이다.

국내에서 활동하는 일본종교들 그 중에서도 대규모 교단으로 성장한 교단의 신자들은 이런 친일 콤플렉스(Pro-Japanese Complex)[57]를 가질 수 밖에 없었고, 교세가 확산됨에 따라서 이것을 극복할 수 있는 방안을 교단차원에서 마련하고 시행하여왔다. 국내 주요 일본종교들을 보면, 이런 극복방안으로서, 첫째, 교학차원에 있어서 「교리, 교의의 보편성을 통한 탈-일본화」, 둘째, 의례 의식 차원에서의 「종교적 상징의 탈-왜색화」, 셋째 역사적 차원에서의 교단의 반일반제(反日反帝)의 활동과,

---

치적 지배수단으로 이용되었다면, 이 친일도 마찬가지로 정치적 지배관계에서 나타나는 하나의 정치적 이데올로기의 성격을 가지고 있다고 볼 수 있다. 남춘모 (2012), 앞의 논문, p.180

57) 한국사회에서 다수의 반일 정서와, 그것에 의한 친일에 대한 사회적 제재는, 친일 낙인을 받은 소수 개인과 집단을 한국사회에서 일종의 한계인(marginal man)으로 위치지우고, 또한 친일로 낙인찍힌 그들은 거대한 반일 정서에 대해 심리적 두려움과 공포를 느끼는 친일 콤플렉스를 가지게 되는 것이다. 물론 이 용어는, 논자가 국내 일본계 종교 교단과 신자들이 가지고 있는 심리적 갈등 즉 민족의식과 종교의식 간의 갈등을 설명하기 위해서 만든 「분석적 이념형(an ideal type for analysis)」이다.

교단 자신들도 한국이 겪은 일제로부터 받은 억압, 고통의 경험이 유사하다는 「동류의식(a consciousness of having the same experience)의 형성」, 마지막으로 종교적 수행 차원에서 의 「주술적 종교성(magic religiosity)」에서 훈련된 종교성(trained religiosity)으로의 신자들의 종교성 전환 전략을 취하고 있다.

먼저 교리, 교의의 보편성을 통한 탈-일본화를 보면, 우선 일본신종교들은, 종교적 세계관으로서 「만교귀일(萬教歸一)」 혹은 「만교동근(萬教同根)」 사상을 제시한다. 이것은 모든 종교는 결국 유일한 근원자인 초월신(超越神)으로 귀일한다는 것을 가리킨다. 즉 근원자인 제 1의 원인으로부터 만물, 만상이 유출된다는 영적 관념을 말하며, 우주전체가 초월 신으로부터 비롯된다는 것이다.[58] 이런 만교귀일 사상은 종교를 지역, 민족, 국가를 초월하는 세계성을 가지고 있는 것으로 상정하며, 따라서 국내 일본계 종교들도 이런 교리 해석에 있어서의 탈-일본화라는 논리에 의해서, 자신들의 종교가 일본이란 지역성, 민족성으로부터 벗어나 있다는 것을 한국 신자들에게 설함으로써, 그들이 친일이란 심리적 굴레에서 벗어날 통로를 제공하는 것이다. 이것 외에도 교단에 따라서는 자신들의 교리에 대한 재해석을 통해서 탈-일본화 내지는 지역토착화에 대한 정당성을 주장하는 경우가 있는데, 예를 들면 한국 SGI는 자신들의 교리 중 수방비니(隨方毘尼)[59]30)의 원칙을 통해서, 한

---

58) 이 만교귀일 사상은, 원래 밀교의 「일대만타라(一大曼陀羅)」, 인도의 「불이일원(不二一元)」 철학의 중심 사상이기도 하다. 이것은 지상에 무수히 많은 종교가 있다 할지라도, 그 각각의 종교가 본래의 궁극적인 진리를 파악해서 그것을 가르친다고 한다면, 결국 그것은 근원의 제 1원인으로 귀일한다는 것이다. 남춘모·이원범(2007), 앞의 책, p.364

59) 수방비니의 수방(隨方)이란 「지방에 따른다.」 그리고 비니(毘尼)는 범어(梵語)로 계율을 의미한다. 그래서 불교의 정신이 대강(大綱)에 있어서 반하지 않는 한, 다소 형식이나 습관, 정세(情勢)에 따라도 무방하다는 의미로 사용된다.

국의 풍습이나 문화를 받아들이는 것을 당연시하고 있다.[60]

다음으로 종교적 상징의 탈－왜색화에 있어서는, 의례, 의식에 이용되는 종교적 상징물들로부터 일본적 요소를 제거하는 것을 말한다. 일본적인 즉 왜색적인 종교적 상징물로 신전, 복장, 그리고 경전이 있는데, 신전의 경우 교단마다 차이는 있으나, 한국SGI의 경우를 보면, 본존을 모신 신전은 의식 때만 노출시키고, 평상시에는 막을 내려서 가리고 각종 행사를 치르는 장소로 사용하고 있다.

세 번째, 일제로부터 받은 억압, 고통의 경험이 유사하다는 동류의식의 형성을 통한 탈－일본화를 보면, 자신들 종교의 활동 역사 속에서 천황제 국가주의에 반대하거나, 일본제국주의의 탄압을 받았던 경험을 내세워서, 한국과 마찬가지로 일제의 피해자라는 동류의식을 형성함으로써, 신자들에게 해당 종교에 대한 심리적 친화성(psychologic affinity)을 가지게 하는 것이다. 그 대표적인 사례로는 창가학회를 들 수 있다. 창가학회의 경우, 일제 강점기 때 천황제국가 이데올로기에 저항하여 정부로부터 탄압을 받았고, 결국 2대 회장인 도다 조세이(戸田城聖)가 옥사하였다는 역사적 사실[33]을 근거로 하여, 스스로가 일제 탄압의 대상자이며, 저항의 주체였다는 점을 강조하고 있다. 즉 한국과 자신들은 일본 제국주의로부터 탄압을 받고 저항을 하였다는 경험의 공유성을 내세워서, 스스로가 친일 혹은 종일(從日) 집단이 아니라는 점을 강조한다.

마지막으로, 신자들이 가지는 종교성의 전환 전략을 통해서 친일－콤플렉스를 극복하려는 전략이다. 국내의 일본종교들은, 일본신종교가 가지고 있는 빈 병 쟁의 해소를 구제재로 내세웠고, 그것을 위해서는

---

60) 구체적인 것에 대해서는, 남춘모(2012), 앞의 논문, pp.186-188, 참조

교리에 따른 신앙심 고취와 자기완성, 그리고 그와 함께 주술적 의식[61] 도 하나의 방식으로 제시하였다. 이처럼 일본신종교 신자들은, 통상적인 인간의 힘을 넘어선 주술적 능력을 통한 신앙적 목적을 추구하며, 여기에서는 주술적 능력이 신앙의 대용품이 되는 주술적 종교성(magic religiosity)이 나타나는 것이다. 이처럼 일본신종교 신자들은, 통상적인 인간의 힘을 넘어선 주술적 능력을 통한 신앙적 목적을 추구하며, 여기에서는 주술적 능력이 신앙의 대용품이 되는 주술적 종교성이 나타나는 것이다. 이런 주술성을 가지고 있는 것으로 인해서, 「왜색」에다가 「사이비」라는 수식어까지 붙어서 배척당하였다. 이런 배척과 비난에 대해서 교단은 신자들의 종교성의 전환을 시도하는데, 그것 역시 자신들의 교리, 교의에 대한 재해석을 통해서 이루어진다.

한국SGI의 예를 보면, 법화경의 「방편품(方便品)」에 나오는 「정직사방편(正直捨方便)」[62]의 해석을 통해서, 신심을 통해서 얻게 되는 현세이익은 방편에 불과하며, 대어본존을 전제로 한 창제(나무묘호렌게교)의 공덕을 통해서 민간혁명, 숙명전환의 달성하고, 절복을 통해서 불법의 세계화를 달성하여 인류의 평화와 생명운동에 기여하기 주장한다. 이런 보편적인 가치의 실현을 위해서는, 개개인의 현세이익 보다도, 체

---

61) 주술의식은 생득적으로 비범한 자질을 가진 카리스마의 소유자가 행하는 것이다. 베버에 의하면, 「천부적 재능으로서 카리스마의 소유」와 「비일상적 경험을 통한 카리스마의 후천적인 획득」이란 두 가지 유형이 있는데, 국내에서 활동하는 일본 신종교의 경우, 주술적 카리스마의 소유자는 대다수가 이 두 번째 유형에 속한다. Weber, M.(trans. by Fischoff, E.)(1964) *The Sociology of Religion,* Boston : Beacon Press, p.151

62) 원래 방편은 석가의 법화경 강의에서 등장하는 것으로서, 석가는, 지금까지 가르쳐 왔던 40여년 간의 모든 경들을 임시방편으로서 바로 버리라고 하고, 지금까지 모든 부처와 경에서 설해진 공덕은 법화경을 위해 준비된 것일 뿐이기에 법화경 하나만으로도 충분하다는 논리를 말한다. 박승길(2009), 앞의 책, pp.118-124

계적인 교학과 종교적 실천 활동을 할 수 있는 능력과 자격을 갖추는 것이 필요하게 된다. 이에 따라 한국SGI는 「좌담회」와 같은 집합의식 공동체를 효율적으로 운영하여 개인들의 체계적인 교학 활동을 하도록 하고, 또 평화, 인권, 환경 운동과 같은 사회적 실천 활동을 함으로써, 회원들의 의식 속에서 스스로 주술적 종교성으로부터 탈피하게 하는 말하자면 「훈련된 종교성(trained religiosity)」을 갖추게 하는 것이다. 이런 종교성의 전환은, 회원들에게 보다 보편적인 가치의 함양과 실천을 신앙의 목표로 삼게 함으로써, 회원들에게 있어 지역적이고 편협한 일본이란 것을 의식하는 것 그 자체가 무의미하게 된다. 즉 훈련된 종교성을 통한 탈−일본화는 일본이란 존재 그 자체를 무의미하게 만드는 것이므로, 친일−콤플렉스는 애당초부터 신자들의 심리 속에 생성될 여지가 없게 하는 것이다.[63] 이런 교단차원에서의 친일−콤플렉스 극복 방안과 함께, 개개인 신자들이 가지고 있을 친일−콤플렉스도 극복하지 않으면 안 될 과제이다. 그러나 신자들이 「친일−콤플렉스」를 가지고 있는지 아닌지를 확인하는 것은, 그것이 개인의 심리적 상황이며, 사생활과 관련되어있기 때문에 매우 어려운 일이다. 그러나 자신이 「스스로 주변에 일본종교 신자임을 밝히는지 아닌지」, 또 「그런 종교 활동을 수행하는 데에 있어 주변을 의식하는지 아닌지」를 확인하는 것이, 친일−콤플렉스를 가지고 있는지 아닌지를 평가하는 하나의 척도가 될 수 있을 것이다.

---

[63] 위의 네 가지 노력은, 직접 사례를 제시한 교단 이외의 다른 일본계 종교들도 해왔다고 볼 수 있지만, 특히 일본을 직접적으로 비판하는 반일 혹은 반일제(反日帝) 행사를 하는 경우도 있다. 예를 들면, 한국SGI는 매년 다양한 한국관련 문화행사와 국토사랑 행사를 하고 있으나, 특히 2005년 4월 「2005 나라사랑 대축제」라는 이벤트를 통해서 「나라사랑 독도사랑」이란 캠페인을 벌리는 것과 함께 「일본정부의 망언을 강력히 규탄한다」는 입장을 천명하기도 하였다.

국내 일본종교 신자를 대상으로 2005년도와 2009년도에 실시한 설문조사 결과에 의하면, 5년 사이에 「스스로 주변에 신자임을 밝힌다」고 응답한 비율이 「세계구세교」 신자들의 경우 24.2% 상승하였고, 「광명사상보급회」의 경우에는 무려 55.2%나 상승한 것을 보여주었다.[64] 주변사람들에게 스스로 일본종교 신자임을 밝힌다는 것은, 한국사회의 반일정서로부터 그들에게 부여되는 사회적 낙인의 강도와 의미가 약화되었다는 외적 요인도 작용하였겠지만, 한편으로는 신자들 스스로가 그런 사회적 낙인과 그에 따른 제재를 내면적으로 극복하는 심리적 메커니즘을 형성해서 작동시키고 있다는 내적 요인도 작용하였다고 볼 수 있다. 이 수치 상의 감소는, 신자들이 심리적으로 가지고 있는 친일－콤플렉스의 정도가 어떤 심리적 요인에 의해서 5년 사이에 크게 감소하였다는 것을 의미하는 것이다.[65]

이런 교단차원에서의 「탈－일본화」나, 신자차원에서의 「친일 콤플렉스 극복」을 위한 노력에도 불구하고, 국내 일본종교의 종교지형에서의 위상은 그 규모에 비해서 타 종교에 비해서는 상대적으로 낮은 것이 현실이라고 할 수 있다. 이것은 종교지형에서의 위치라라고 할 때, 해당 종교의 규모(신자 수, 조직 수나 형태 등)상의 위치만이 아니라, 그 종교가 가지고 있는 사회적 역할이나 기능이란 측면을 고려하여 판단해야 하기 때문이다. 종교는 물적 토대인 경제영역, 지배권력 구조인 정치영역과 불가분의 관계에 있다는 점은 마르크스주의나 베버에게 있어 공통되는 부분이다. 따라서 종교지형이란 것은, 공간적 차원에서의 종교

---

64) 2009년과 2005년의 구체적인 통계조사 내용에 대해서는, 남춘모(2010), 앞의 논문과, 남춘모·이원범(2008), 앞의 책, 참조
65) 남춘모(2012), 앞의 논문, p.191

별 분포를 말하는 것이 아니다. 물론 신자 수나 조직의 규모와 같은 물적 토대가 기반이 되겠지만, 종교지형이라고 할 때는, 물적 토대를 바탕으로 한 인문지리적 차원을 포함하며, 따라서 해당 종교가 정치영역만이 아니라, 문화예술, 교육, 의료 및 복지, 그리고 시민운동 영역 등에서 어떤 영향력을 가지고 있는가에 따라서 종교지형에서의 위치 및 위상을 판단하는 것이다.

2000년대 이후 규모 상 종교인구 중에 네 번째일 정도로 급성장한 국내의 일본종교들이지만, 종교지형이란 관점에서 보면, 규모에 비해서 그 위상은 매우 낮다고 볼 수 있다. 그 중 한국SGI의 경우, 일본종교 중 단일교단으로서 유일하게 약 180여 만 명의 회원을 가진 규모 상 천주교에 이어서 네 번째에 해당될 정도로 거대교단으로 성장하였다. 그리고 나름대로 국내 정착을 위해서 탈-일본화나 친일-콤플렉스 극복을 위한 여러 가지 방안을 세워서 활동하여 왔으나, 일본종교가 한국에서 가지고 있는 태생적 한계로부터 벗어날 수는 없었다. 그러나 2000년대 전후부터 한국SGI는 한국 종교지형에서의 중심부로 서서히 이동하려는 시도를 한 것으로 보인다.

한국SGI는 자료[66]에 의하면 1990년대 후반부터 2000년도까지 회원이 약 50만명이 증가한 것으로 나타난다.

---

66) 이 자료는 한국SGI의 내부 집계자료로 홍보국으로부터 입수한 것이다.

<표 10> 한국SGI 조직과 회원수 변화

연도	방면수	권수	지역수	지부수	총등록회원수
1995	23	76	312	1,174	986,526명
1996	24	78	318	1,183	1,010,169명
1997	24	83	329	1,196	1,112,083명
1998	25	85	336	1,203	1,240,315명
1999	26	92	347	1,218	1,435,993명
2000	28	96	357	1,236	1,453,993명
2001	28	101	362	1,265	1,464,859명
2002	29	103	372	1,296	1,477,146명
2003	30	107	383	1,316	1,485,013명
2004	31	108	383	1,322	1,492,438명
2005	35	112	396	1,354	1,496,915명
2006	36	114	402	1,368	1,498,412명
2007	37	118	406	1,382	1,511,382명

이런 규모의 증가와 함께 한국SGI는 한국의 종교지형에서 중심부로 이동할 수 있는 여러 가지 시도도 전개하여왔다. 한국SGI는 한국에서의 반일정서에 대처하는 시도로서 국내에서는 정치활동은 하지 않는다는 것을 선언하였고, 일련정종 니치렌(日蓮)의 불법에 기초한 평화, 문화, 교육 분야에서의 활동을 주요 실천 활동으로 삼고 있다. 이런 실천 활동이 이루어지는 중심은 전국 360여 곳의 문화회관과 연수센터 및 자연학습관 그리고 유치원이다. 이중 개인회관으로 분류되는 곳이 총 106개소(지역 38, 지부 68)이고, 문화회관은 41개 방면과 118개권에 총 248개소(권 113, 지역 76, 지부 59개소)이다. 문화회관 이외에도 연수원 및 학습원, 유치원, 납골공원을 개원하여 운영하고 있다.

이런 기존의 시설을 활용하면서 종교단체로서 사회적 영향력을 미칠 수 있는 사회활동도 전개해왔다. 주요 활동내용은 다음과 같다.

〈표 11〉 한국SGI의 사회활동

사회적 활동	내용	활동 주체
평화의 문화와 비폭력을 위한 선언	• 폭력과 전쟁을 부정하는 평화운동과 소외계층에 대한 인권운동	대학(생)부
평화의 문화전	• 엠파워먼트(empowerment)운동[67]	대학(생)부
문화운동의 실천	• 예술의 전당에서의 정기적 연주회 • 푸른 환경예술제 • 문화예술제 • 해돋이 음악여행 • 평화·사랑·환경 등과 관련한 전시회·음악회	문화본부
교육활동	• 학교 도서기증 • 대학장학사업, 문화활동지원사업, 해외학술교류사업, 교육 상담사업	교육부 부인부
환경보호활동	• 국토대청결운동 • 환경관련 심포지엄, 세미나, 전시회, 예술제, 콘서트 개최 • 환경 르네상스관 운영 • 환경동산(울산광역시) 운영	문화본부
자원봉사활동	• 헌혈운동, 수재민돕기, 독거노인 자원봉사, 불우 이웃돕기, 바자회, 대학부 봉사활동, 성금 기탁 • 「어린이가 행복한 나라 만들기 후원의 밤」 • 「가락문화축제」, 「안동국제탈춤 페스티벌」 후원	자원봉사단
후원활동	• 소년소녀가장 후원활동	문화본부

이처럼 한국SGI는 SGI의 기본정신인 니치렌 대성인의 불법에 기초한 평화·문화·교육운동을 전개하면서 「생활 속의 행복」이라는 가치를 창조하고 지향하는 사회활동에 주력한다. 규모상 조직과 신자들이 우리사회 전체로 확산됨과 함께, 비정치적인 사회복지 사업과 시민운동적 성격을 가지고 있는 이런 활동이 사회적으로 확대되는 것은, 종교

---

67) 이것은 인간 누구나 본래 가지고 있는 무한한 가능성과 힘을 최대로 끄집어 내어 사람들과 적극적으로 관계를 맺고, 생명과 생명의 촉발작업을 되풀이하는 가운데 자타와 함께 평화와 행복을 실현해 가는 것이다.

지형에 있어서 그 영향력이 강화되어 주변부로부터 중심부로 접근해간다는 것을 의미한다. 물론 현재 한국에서 활동하고 있는 모든 일본종교들이 이처럼 종교지형에서 차지하는 위상이 높아지는 것은 아니다. 현재 18개 이상의 교단, 교파가 국내에서 활동하고 있는 것으로 추정되는데, 그 중에 신자 규모가 20여 만 명이라는 천리교(교단 제공 자료)의 경우를 보더라도, 실제로는 3~4만 명 정도가 신앙생활을 하고 있는 것으로 보이며, 사회활동도 매우 위축되어있는 실정이다. 또 현재는 1만여 명 이하의 신자를 가지고 있는 세계구세교의 경우에는, 현재로는 사회적 활동도 자원봉사나 유기농 농업 보급 등과 같이 제한적인 활동을 하고 있으나, 환경보호나 유기농 농산물을 선호하는 현대인들에게 금후 점차 어필하여 그 사회적 영향력을 확대할 가능성을 가지고 있는 일본종교 교단이라고 할 수 있다.

그러나 아직까지 국내에서 활동하는 일본종교들과 그 신자들이 종교지형에 있어 중심부로 진입할 가능성은 그다지 높아 보이지 않는다. 그 이유로는 무엇보다도 국내의 반일정서가 최대 장애물이다. 오늘날 한국이 처한 내, 외적 조건과 환경, 그리고 국내 기성종교문화의 문제점, 그리고 종교시장으로서의 매력을 고려해볼 때 앞으로 일본종교들이 국내에서 성장하고, 그리고 새로운 종교가 유입될 가능성은 높다고 볼 수 있다. 그러나 한일 간의 뿌리 깊은 역사적 질곡은 일본종교들의 국내에서의 더 이상의 성장과 유입을 가로 막는 장애물로 언제든지 등장할 수 있으며, 규모나 세력이 한국 기성종교를 위협할 정도라고 인식된다면, 이전처럼 또 다시 배척해야할 왜색 정신문화로 사회적 배척과 억압을 되풀이해서 받을 것이다.

물론 이런 가능성을 국내에서 활동하는 일본종교들은 이미 숙지하고 있으며, 스스로의 종교를 일본 민족적 정체성과 분리시키고, 민족과 국가의 경계를 초월하는 순수한 종교적 정체성의 확립에 노력하고 있는 교단도 있다. 이것은 세계화, 그리고 종교 다원주의라는 세계사적 흐름에도 불구하고 아직 한일 간에는 갈등과 반목, 지배와 종속이라는 역사적 굴곡의 늪을 충분히 극복할 수 있을 정도의 민족 간의 감정적 화합이 이루어지지 못하고 있고, 또 상호 간의 민족, 문화에 대한 상대주의적 의식조차도 갖추고 있지 못한 상태에 있기 때문이다.[68]

4) 해방 이후 현재까지 종교지형에서의 일본종교의 위상 변화

이상에서 해방 이후 현재까지 국내에서 일본종교들의 외적 변화와, 거기에 따른 종교지형에서 일본종교의 위상변화를, 시기적으로 「해방 직후부터 한일국교정상화 전후까지(1945~1970년대)」, 「한일관계 정체기(1970년대~1990년대)」, 「문화다원주의 도래 이후(1990년대~현재)」로 나누어서 살펴보았다. 그 시기적 특징을 요약하면 다음과 같다.

---

68) 이원범외(2007), 앞의 책, p.387

〈표 12〉 해방이후 국내 종교지형 변화와 일본종교의 위상

	외적 규모 변화	사회적 분위기	종교지형의 변화와 일본종교의 위상
해방~ 국교정상화 (1945 ~1970년대)	⬇일본종교 소멸 ⬇잔존 일본종교 잠재 ⬇잔존 일본종교 재생 ⬇일본신종교의유입 시작	· 반공 이데올로기 · 한일협정후 반일정서 · 반공=반일도식 형성 · 반일정서의 극대화	●종교지형 변화 · 지배적 종교로서 기독교 중심화 · 불교의 정체 · 민족종교의 성장 ◆일본종교의위상=주변종교 · 소멸 - 대다수일본종교 소멸 · 잔존 일본종교 재생 - 천리교 · 신종교 유입 - 창가학회, 세계구세교
한일관계 정체기 (1970년대 ~1990년대)	⬇재생, 유입 및 성장 ⬇기성종교의 성장 ⬇일본종교 신자수 증가	· 한일관계 완화 · 경제성장과 종교욕구 · 반일정서의 잠재화	●종교지형 변화 · 지배종교로서 기독교계 · 서민종교로서 불교 · 천주교의 성장 · 국내 신종교 성장 ◆일본종교의 위상= 주변종교 · 규모적 확산 · 반일을 의식한 잠재화
문화다원주의 시대이후 (2000년대 ~현재)	⬇규모 상 4번째로 성장	· 문화다원주의=종교 다원주의 · 한일대중문화교류 증대 · 한일관계완화/ 악화 반복	●종교지형 변화 · 전체종교인구의 증가 · 종교다원주의에 의한 상호 인정 및 수용 ◆일본종교의 위상=중심부로 이동시작(*한국SGI 중심) · 보편적 가치 지향 · 사회적 활동 확대 · 지역과의밀착, 접근추진

4 일본종교의 현재와 미래 전망

근대 전환기에 들어서면서, 국제사회의 환경이 바뀌고 일본의 정치적, 군사적 성장에 따라 한일 간의 종교문화 교류도 일본에서 한국으로 전래되는 역전 현상이 일어난다. 개항기 그리고 일본강점기에 많은 일본종교가 일본정부와 총독부의 비호 아래에 조선으로 경쟁적으로 진출하게 된 것이다. 이들 종교 중에 유일하게 조선인에게 포교하여 상당한 수의 신자들을 확보한 것은 천리교이다. 해방 후 모든 일본종교가 물러가고 난 후에도 천리교만이 국내신자들을 통해서 명맥을 이어왔다.

그 후에 한일 국교수립 이후 양국관계가 개선됨에 따라 일본의 신종교들이 차례로 한국에 들어오게 된다. 그 과정 중에 역사적으로 형성된 「반일정서」를 극복해가는 노력을 하게 되며, 그런 노력 중에는 왜색탈피는 물론, 한국인의 민족의식과의 충돌을 피하고, 심지어 사회활동을 통해서 한국사회에 동화하려는 시도도 하게 된다. 이런 시도에는 자신들의 특정교리나 포교활동에 연연하지 않고 인류의 보편적인 가치를 내세우고, 한국인 모두와 공감하는 활동을 함으로써 한국 종교문화 속에 침투하는 것이다. 즉 현재 국내 일본종교들은, 한일 간의 특수한 역사적 관계 속에 형성된 반일정서를 「보편적 가치와 공통적인 이해관심을 통해서 극복(the overcoming of Anti-Japan sentiment through the presentation of universal values and common interests)」하고 있는 것이다. 이렇게 해서 그 중에는 한국SGI처럼 주요 종교로 성장하여 정착한 경우도 있고, 세계구세교처럼 성장하여 향후에 한국 종교문화 지형 속에 한 부분으로 자리 잡은 가능성을 가진 종교도 있다.

「전후 70주년, 한일수교 50주년」을 맞이하는 2015년은 한국과 일본에게는 중요한 의미를 가지고 있다. 거기에는 일제 침략과 같은 부정적인 관계에서 공식적으로 교류하는 긍정적인 관계로 전환하는 국가 간 법적 합의를 맺은 지 반세기가 지났다는 의미를 가지고 있는 반면, 그럼에도 불구하고 70년 동안 양국 관계는 우호적 측면과 배척하는 측면을 오가면서 지내 온 불편한 관계가 아직도 지속되고 있다는 의미도 담고 있다. 그 불편한 관계의 근저에는 양국 간 교류에 관한 역사인식의 차이 특히 식민지 시대의 일제활동에 대한 양극화된 인식의 차이가 자리 잡고 있다. 이런 문제에 대해서 이전에 정부 수뇌 간의 합의에 의해서 2002년 3월 「한일역사공동연구위원회」[69]가 설치되어 두 차례에 걸쳐 양국 역사학자들의 연구와 발표가 있었다. 이런 양측 간의 합의에 의한 노력에도 불구하고, 한일 간의 상호배척의 의식은 지워지지 않았다. 특히 한국의 반일정서만이 아니라, 한류 붐에 의해서 잠시 동안 일본인의 한국에 대한 인식이 우호적이던 일본사회에서도, 2010년대 전후부터 오히려 「혐한류」라는 안티체제가 형성되어서 현재 양측 모두가 상대에 대해서 부정적인 낙인을 가하는 극한 대립과 갈등의 상태에 처해있다. 이런 양국 간의 상호인식에 있어서의 반복되는 대립과 배척의 상황은, 당연히 국내 일본종교들의 활동에도 결정적인 영향을 미치게 된다. 해방 이후부터 되풀이 되어 온 국내의 반일정서가 잠시 동안 수그러들었

---

69) 2001년 10월에 김대중 대통령과 고이즈미 총리 간에 역사공동연구위원회 설치를 합의하고, 2002년 3월부터 「제1차 한일역사공동연구위원회」가 발족되어서 1년간 발표와 토론을 통해서 2005년 3월 그 결과를 발표하였다. 이어서 2007년 6월부터 2년9개월에 걸친 2기 위원회를 실시하여, 그 결과를 2010년 발표하였다. 그러나 고대사에서부터 양측 학자들 간에 의견차이만 확인(특히 임나본부설 부분)했을 뿐이라는 그 평가에 대해서는 부정적인 견해가 압도적으로 많았고, 그 후 이 연구위원회는 계속되지 못하였다.

을 때인 90년대 후반부터 2000년대 중반까지 일본종교는 급속하게 확산되어서 한국 종교지형에서 더 이상 주변부가 아닌 중심부로 이동하기 시작하는 것 같이 보일 때도 있었다. 그러나 역사문제, 독도문제 등 한일 사이에 해결할 수 없는 역사적 대립, 갈등의 불씨는 이후에도 한일 간 관계완화와 악화의 굴레를 되풀이하게 할 것이다. 이 역사적 갈등, 대립의 불씨가 반일정서와 혐한류 확산에 불을 붙이고, 그에 따라서 상호배척을 할 것이고, 또 양측의 이해관계에 따라서는 또 상호수용과 인정을 하기도 하는 순환은 앞으로도 반복될 것이다. 대부분 세계종교의 이념은 역사적으로 민족, 국경, 인종을 뛰어넘어 확산되고, 상호수용되어왔다. 그러나 이런 일반적인 종교수용과 확산은 한일 간 특수한 역사적 흔적으로 인해서, 한일관계에서는 나타나지 않은 가능성이 매우 크다.

이런 한일 간의 역사적 상황과 현실을 고려한다면, 앞으로도 국내에서 일본종교들이 최근 20년간처럼 급속한 성장을 지속할 수는 없을 것이다. 교단에 따라서는 교세를 확장하려는 노력을 하겠지만, 한편으로는 한국의 기성종교에 위협이 될 정도로 성장하는 것은 바라지 않는 교단도 있을 것이다. 왜냐하면 그렇게 된다면 한국의 정신문화를 왜색으로 물들인다는 반일정서를 다시금 자극할 것이고, 따라서 그 과녁이 되어 사회적 편견과 반격을 집중적으로 받을 것을 두려워하기 때문이다. 따라서 앞으로 국내에서 일본종교는 한국 종교문화의 무대 전면에 앞장서서 나서지 않고 조용히 그리고 서서히 성장할 것이라고 생각된다. 그리고 이런 규모 상으로 더 성장하더라도, 한국 종교문화지형에서 그 위상이 높아지는 데에는 근본적인 한계가 있을 것이다. 따라서 국내에서 일본종교의 조심스런 활동은, 한국인들이 일본의 종교들을 더 이상 「왜색 종교」라 부르지 않고, 더 나아가서 그들의 종교 명칭 앞에 「일본」이란 수식어를 붙이지 않을 때까지 지속될 것이다. 이후에 만일 일본종교들이 왜색, 일본계라는 수식어 없이 우리사회에서 불리게 되는 날이 왔을 때, 비로소 국내에서 일본종교들은 민족 혹은 국가 정체성이란 한일 간의 편협한 경계지음의 담론에서 벗어나서 보편 종교로서의 한국 종교지형에서 주요 종교의 위치에 다가갈 수 있을 것이다.

제3부 : 상호인식 편

동아시아 각국의 상호인식과 남겨진 과제

동아시아연구총서 제3권
전후 70주년, 한일수교 50주년

일본의 「법적 쿠데타」와 동아시아의 평화
－전후 70년, 한일수교 50년의 현황과 과제－

마키노 에이지(牧野英二)

호세이대학 대학원에서 문학박사 학위를 받았으며 현재 호세이대학 철학과 교수로 재직 중이다. 일본칸트협회 회장, 일본딜타이협회 회장 등을 역임했고 호세이대학 서스테이너빌리티연구교육기구 연구원으로도 활동하고 있다. 안중근의 동양평화론에 지대한 관심을 가지고 있으며 동일본 대지진 및 후쿠시마 원전 사고의 수습에 대한 인문사회학적 해결 방안을 제안하고 있다. 『칸트의 순수이성비판 연구』『칸트읽기－포스트모더니즘 이후의 비판철학－』『칸트의 생애와 학설』를 비롯한 다수의 저역서가 있다.

번역 : 임상민 (동의대학교 일어일문학과 조교수)

1 들어가며 : 동아시아 위기의 원흉

이 글의 목적은 다음과 같은 네 가지 질문에 대답하는 것에 있다. 첫째, 제2차 세계대전 패전으로부터 70년이 경과한 지금, 일본정부 및 국민은 무엇을 배우고, 무엇을 취해 왔는가. 달리 말하자면, 제2차 세계대전 패전 후의 일본은 무엇을 상실했는가. 둘째, 일본정부는 한일 및 중일의 국교정상화에 노력했으며, 그것에 성공했는가. 달리 말하자면, 일본은 국내외적으로 평화 실현에 노력하며, 국제·국내법적으로도 법적 정의를 실현했는가. 셋째, 일본 정부는 일본·한국·중국에서 생활하고 있는 시민의 「올바른 삶」(bios)의 실현을 위해서 노력했는가. 달리 말하자면, 일본정부는 동아시아의 평화와 안정에 필요한 정의 실현을 위해서 노력해왔는가. 넷째, 현대 사회가 추진하고 있는 과학 기술은 한중일 국민의 「올바른 삶」에 상응하는 「희망의 권리」를 보장할 수 있는가. 일본정부와 국민은 과거 식민지주의와 제2차 세계대전의 만행에 대한 반성을 토대로, 동아시아의 국민에 대해서 평등하게 인간적인 삶을 실현할 수 있도록 노력해 왔는가이다.

결론부터 말하자면, 이상과 같은 질문에 대한 필자의 대답은 유감스럽게도 모두 부정적이다.

첫째로, 현재 일본에서는 제2차 세계대전의 패배를 통해서 확립한 평화헌법에 적합한 민주적인 정치가 이루어지지 않고 있다. 국민은 노력을 통해서 획득한 민주주의·입헌정치를 상실했다. 둘째로, 전후 70년에 해당하는 2015년, 한일국교정상화 50주년을 맞이하면서 한일관계는 최악의 상황에 빠져 있다.

셋째로, 아베정권의 성립 후, 일본의 정치는 붕괴상태에 빠져 있고, 「헐벗은 삶」(zoe)이 적나라하게 드러났다. 아베정권의 동아시아 정책은 미사여구와는 반대로 한국이나 중국과의 국제관계의 정상화를 추진하지 않고, 오히려 한국이나 중국과의 긴장관계를 고조시키는 결과를 초래했다. 금융면에서도 마찬가지이다. 2016년 1월 16일에 아시아인프라투자은행(Asian Infrastructure Investment Bank, AIIB)이 창설 참가국 57개국에 의해서 정식으로 발족했다. 아시아에서는 중국과 한국 등의 19개국, 유럽에서는 독일, 프랑스, 영국 등의 17개국이 참가했지만, 일본은 중국으로부터의 참가 요청을 거부하고 미국과 함께 참가를 보류했다.

넷째로, 2015년 8월 14일의 수상 담화에 대한 평가에서 확인할 수 있듯이, 전후세대에게 과거 만행에 대한 반성의 기반을 소거하는 자세를 명확하게 했다. 아베정권은 세대간 윤리의식에 반하는 언행을 내외적으로 표출시킨 것이다. 2015년 12월 28일의 한일 양국 정부 합의에 의한 「종군위안부 문제의 해결」은 국제적·국내적으로 양국의 정상화를 향한 전진이라고 해석되고 있다. 하지만 이러한 합의에 의문을 가지고 반대하는 사람들이 한국과 일본 이외에서도 목소리를 높이고 있다. 더욱이 동 「해결」의 합의 교섭을 배후에서 강력하게 추진한 것은 여전히 미국이었다. 일본은 미국을 예외로 해서 국제적인 불신감을 강화시키고 있고, 여전히 동아시아로부터 고립되고 있는 상황에는 큰 변화가 없다. 필자는 오히려 동 「해결」에 의한 동아시아 각국에 새로운 분쟁의 불씨를 확산시켰다고 하는 염려를 금치 못한다. 그 이유에 대해서는 본고의 제6절에서 후술하도록 하겠다. 그렇다면, 일본은 어떻게 하면 이웃 국가들로부터 신뢰를 얻고, 동아시아의 안정과 평화에 기여할 수 있을까.

따라서 다음으로 필자는 이와 같은 절실한 문제에 대한 해결의 실마리를 탐구한다. 첫째로, 「7·1 쿠데타」이후, 일본이 직면하고 있는 정치적 문제를 인간의 「삶」의 양의성과 관련해서 해독한다. 둘째로, 현대 정치의 붕괴와 그에 따라 발생한 「헐벗은 삶」의 여러 문제들을 밝히고자 한다[1]. 셋째로, 필자는 「7·1 쿠데타」가 상징하는 일본의 「정치 붕괴」에 의해서 적나라하게 노출된 「헐벗은 삶」의 상황에 대해서, 정치의 본래 모습을 탐구하기 위한 「올바른 삶」의 의의를 규명한다. 넷째로, 「정치 붕괴」는 아베정권이 목표로 하는 분쟁의 해결 방법이 「자율형 무기」의 활용을 촉진시키고, 「7·1 쿠데타」의 최종 국면으로서 「헐벗은 삶」에 의한 인간의 「올바른 삶」을 위기에 노출시키는 리스크를 고찰한다. 다섯째로, 한일 양국 정부에 의한 전격적인 『종군위안부 문제의 해결』이 동아시아의 안정과 평화에 마이너스적인 새로운 요인이 되고 있음을 밝힌다. 마지막으로, 전후 정치의 붕괴에 가담하고 작년말의 「종군위안부 문제의 해결」을 주도한 「미국 예외주의」의 공죄를 지적하고, 바람직한 시대의 도래를 위한 방향성을 전망하고자 한다.

---

1) 「올바른 삶」(bios)과 「헐벗은 삶」(zoe)의 구분에 대해서는 한나 아렌트(Hannah Arendt)의 『인간의 조건』(The Human Condition, Chicago/London 1958)을 토대로 하고 있지만, 본고에서는 동 견해를 소개한 조르조 아감벤의 삶에 대한 두 가지 구분을 따르고 있다. 아렌트는 전체주의 지배의 실험장으로 타락한 강제 수용소가 「헐벗은 삶」의 공간이라고 파악했다. 간단하게 말하자면, 「헐벗은 삶」이란 정치에 의해서 법적 보호의 울타리 밖으로 내던져진 인간 삶의 모습을 의미한다. 다만, 필자는 아감벤의 견해를 전면적으로 긍정하고 있는 것은 아니다. 본고에서는 아렌트가 주장하는 본래의 정치가 실현을 목적으로 하는 「올바른 삶」이 아니라, 약자를 소외하고 이질적 타자를 폭력적으로 배제하는 현 정권이 「헐벗은 삶」을 적나라하게 노출시킨 「7·1 쿠데타」를 상징적으로 표현하는 개념으로 사용한다.(Cf. Giorgio Aganben, Homo Sacer, Torino, 1995. 다카쿠와 가즈미(2003.10) 『호모·사케르』이분사, pp.18-20)

2 「7·1 쿠데타」에 의한 전후 정치의 붕괴

먼저, 일본 국내에서도 명확하게 밝혀지지 않은 「7·1 쿠데타」의 진의에 대해서 설명하자면, 2015년 7월 15일에 일본정부는 「안전보장관련법안」, 별칭 「전쟁법안」을 중의원에서 강행 채결했다. 정치학자 고바야시 마사야(小林正弥) 지바대학 교수는 동 사태를 「헌법 쿠데타」라고 부르며 정부를 비판했다[2]. 하지만 동 쿠데타는 일반적으로 이해하고 있는 쿠데타, 즉 무력에 의한 기습공격으로 정권을 탈취하는 군사 쿠데타와는 다르다. 이러한 이유에서 「안보관련법안」을 중의원에서 강행 채결한 것이 「헌법 쿠데타」라고 비판하는 주장은 일반 대중들에게는 이해하기 힘들다.

필자의 견해에 따르면 동 쿠데타는 정부 최초의 헌법 위반의 폭거가 아니라, 헌법주의에 반하는 일련의 쿠데타 집대성으로 이해해야 한다. 2015년 8월 27일, 전 최고재판소 판사와 전 내각법제국 장관들을 포함한 다수의 변호사 등, 법조계의 중진과 100여명을 넘는 대학 대표가 한곳에 모여 「안보법안」을 위헌이고, 즉각 폐안할 것을 요구했다. 그러나 아베정권은 당초 의도한 대로 다수의 여론을 무시하고 9월 19일에 「안보법안」을 정의에 반하는 방식으로 성립시킨 것이다.

---

2) WebRonza(2005.7.16), 『아사히신문 DEGITAL』(2015.7.28) 은 204명의 일본 대학에 재직하고 있는 헌법학자가 「안보관련법안」의 강행 채결에 항의하며 그 폐안을 요구했다. 법안 반대의 주된 이유는 첫째, 법안 책정에 이르는 절차가 입헌주의, 국민주권, 의회제 민주주의에 반한다는 것. 둘째, 법안의 내용이 헌법 9조 그 밖의 헌법 규범에 반하기 때문이었다. 이와 같은 논점은 모두 본문에서 필자가 기술한 내용과 일치하지만, 「7·1 쿠데타」설과 관련된 심각한 문제들에 대해서는 언급하고 있지 않다.

사실, 2014년 7월 1일에 일본 정부는 2015년 8월 현재, 헌법학자 95%가 위헌이라고 판정한 집단적 자위권 행사를 인정하는 각의결정을 강행했다. 이것은 일본국 헌법 제9조에 기초한 역대 내각이 준수해 온 개별적 자위권을 뛰어넘은 「해석개헌」에 의한 「법학적 쿠데타」이며, 명백한 「법의 파괴」이다. 이점에 대해서는 헌법학자 이시카와 겐지(石川健治) 도쿄대학 교수도 지적했다. 이시카와 교수에 의하면, 「정부가 국민이나 외국에 대해서 약속한 것을 깨기 위해서는 보다 상위의 규범을 원칙으로 하는 적법한 절차에 의한 것이 아니면 안 됩니다. 국민투표나 그것에 상응하는 절차가 필요했습니다. 그런데 그것을 일반적인 각의 결정으로 정해버렸습니다. 법학적으로는 『법의 파괴』가 이루어졌다고 합니다. 쿠데타란 『법의 파괴』의 한 종류인 것입니다」[3].

여기에서 필자가 강조하고 싶은 것은 다음과 같다. 첫째, 중의원에서의 강행채결에 의한 「헌법 쿠데타」가 일어나기 1년여 전에, 이미 각의 결정에 의한 「법학적인 쿠데타」가 일어나고 있었다는 사실이다. 중참양원에 의한 국회에서의 논의와 채택을 거치지 않고, 각의 결정에 의한 「해석개헌」에 의한 국가의 근간에 관련된 기본방침을 결정하는 것은 법적 절차를 무시하는 명백한 입헌주의의 파괴이다. 이와 같은 일이 일상화되면 국회는 불필요해지기 때문이다. 이것은 과거 자민당 정권에서는 찾아볼 수 없는 일이었다.

둘째, 이와 같은 쿠데타가 자위대의 해외 파병의 길을 열었을 뿐 아니라, 군비력 강화와 군사 산업화 및 무기 수출의 추진, 핵개발과 연동된 원자력발전소 재가동, 군사산업이나 방위성과 대학과의 공동연구를 추진하는 경향을 강화시켜, 해외의 군사기업에 대한 매수를 인정하게

---

3) 『도쿄신문』(2015.7.22), 사설·논설실

되었다. 2015년 12월에 정부가 발표한 보정예산에 의하면, 일본의 국방비는 처음으로 5조 엔 대를 돌파했다. 이와 같은 사실로부터도 정부의도는 확실하게 실현되고 있는 셈이다. 평화헌법에 반하는 중요한 변경은 「법률개정은 하지 않고, 해석을 바꾸는 것으로 현재의 원칙 금지 규제를 변경할」[4]방침이다. 현재 교섭 중에 있는 일본이 호주의 잠수함 수주에 성공할 경우, 2014년 기준 세계 3위의 무기 수출국이 될 가능성이 높아졌다. 이러한 사태는 일본 경제의 활성화로 이어지는 한편, 일본이 「죽음의 상인 국가」가 될 가능성 역시 높기 때문에 신중함이 요구되는 이유이다[5].

셋째, 「정치의 붕괴」는 일본 사회의 지역 붕괴, 노동자의 고용차별과 연금제도의 실질적인 붕괴, 일본은행의 독립성 붕괴 등과도 불가분의 관계에 있다. 일본에서는 제2차 세계대전 패배 후에 처음으로 비정규 노동자의 수가 전체 취업자의 40퍼센트에 다다랐다. 일본의 노동 조건은 점점 악화되고 있다. 그런데 대기업 우선의 경감세율 역시 각의 결정되었다. 일본경제와 아베노믹스의 실체는 국민 대다수를 점유하고 있는 일반시민의 생활과 노동자의 정확한 확보보다도 일부 대기업과 주주 우선 정책에 경도되어 있다는 것은 극히 명백한 사실이다.

넷째, 이와 같은 「정치의 붕괴」는 최근 현저하게 나타나고 있는 표현의 자유에 대한 제한이나 매스컴에 의한 권력 폭주의 감시와 체크 기능의 붕괴와도 연동되어 있다. 경감세율 적용을 요구하는 대형 신문이나

---

4) 『도쿄신문』(2015.8.2.), 1면 기사
5) 『도쿄신문』(2016.1.20.)「잠수함 구매, 아시아 격화」라는 제목의 기사. 참고로, 세계 무기 수출 랭킹은 1위 미국, 2위 러시아, 3위 프랑스의 순이다. 남중국해 제국의 구입 계획은 태국이 중국 등에서 3척, 필리핀이 독일 등으로부터 1척, 인도네시아 가 러시아 등으로부터 2척, 호주가 일본 등으로부터 12척의 구입 계획 중이다(2016 년 1월 집계).

그 밖의 매스컴은 그러한 대가로써 정부 비판을 멈추고, 정부와 여당의 코멘트를 무비판적으로 유포시키고 있다. 뿐만 아니라, 총리 관저의 압력에 의해서 2015년 이후부터 2016년에 들어서면서는 더더욱 아베정권에 비판적인 언론인과 코멘테이터가 연이어 텔레비전을 비롯한 매스컴에서 의도적으로 방출당하고 있다.

다섯째, 최근 문부과학성이 추진하고 있는 대학의 인문사회과학계 강좌의 축소 재편 등의 문교정책과도 연동되어 있다는 점이 우려스럽다. 일본의 많은 학자·연구자는 대학의 조직 재편의 동향이 코스트주의와 슈퍼·글로벌화의 방침에 따른 문교정책의 레벨에서 비판하고 있지만, 일련의 쿠데타가 노리는 목적이나 진상을 아직 충분히 파악하고 있지는 못하다. 모든 일본 정치는 입헌주의에 기초한 민주적 정치 시스템을 붕괴로 이끌고 있는 것이다. 이것은 극히 위태로운 생활을 시민들에게 강요하는 사태를 초래하고 있다.

여섯째, 2016년 1월 16일자 『도쿄신문』에 의하면, 아베수상에 의한 헌법 개정의 시비를 묻는 2016년 여름의 참의원 선거(중참 양원의 같은 날 선거를 예측하는 미디어도 있다)에는 「민주당의 오카다 대표가 15일의 BS 프로그램 수록에서 아베신조 수상이 개헌의 중요한 테마라고 평가하는 긴급사태조항이 신설된다면, 국회에서 법률을 만들지 않아도 수상이 권력 행사를 할 수 있게 된다고 하면서, 이는 전전의 독일에서 나치스가 독재정권을 수립했던 수법과 흡사하다고 비판했다」라는 발언을 전하고 있다. 「긴급사태조항」이란 대규모 재해나 테러 등이 발생한 경우에 수상의 권한 강화를 규정한 것인데, 오카다 대표가 염려하고 있듯이 무엇이 긴급사태에 해당되는지를 판단하는 것 역시 수상이고, 히틀러가 전권위임법을 독일 연방회의에서 성립시키며 독재 권력을 장악했던 프로세스와 매우 닮아 있다. 즉, 현재 일본의 정치적 상황은 「헐 벗은 삶」을 용인하는 사회로 급속하게 변모를 거듭해 왔다고도 해석할 수 있다.

3 「정치 붕괴」와 「헐벗은 삶」

2015년, 패전 70주년을 맞이하면서 일본사회에는 「헐벗은 삶」이 여 러 곳에서 노정되어 왔다. 따라서 본고에서는 「헐벗은 삶」의 다양한 형태에 대해서 살펴보고자 한다.

첫째, 상기의 「법적 쿠데타」가 절차상·내용상으로도 정의에 반하는 이유를 확인해 두도록 하자. 2015년, 제2차 세계대전 패전 70주년을 맞 이하여, 과거 식민지주의와 군국주의에 대한 반성이 높아지기는커녕, 오히려 새로운 전쟁의 불씨가 확산되고 있다. 2015년에 한일국교정상 화 50주년을 맞이하면서, 양국 간에는 정상화를 곤란하게 만드는 상황 들이 새롭게 발생하고 있다. 오랜 기간 동안 주요 현안의 하나였던 종군 위안부(정확하게는 성노예(sex slaves)로 표기해야 한다) 문제는 12월 26일, 일본정부가 위안부문제의 최종 해결을 목적으로 한국 측에 새로 운 제안을 제시했고, 한국정부도 그러한 안에 합의했다. 이러한 사실관 계와 과제에 대해서는 제6절에서 후술하도록 하겠지만, 문제는 종군위 안부의 진정한 해결은 일본정부가 법적 책임을 인정하지 않겠다는 전 제에 기초하고 있다는 점에서 문제적이다. 중일관계에 있어서도 사정 은 같다. 이러한 상황들은 아베 수상에 의한 헌법의 해석 개정, 그리고 이를 통한 군비 강화와 타국에 대한 군대 파견의 정책, 또한 앞서 설명한 헌법 개정과 긴급사태조항에 대한 실현과도 불가분의 관계에 있다.

일본 정부는 6월 4일, 국회심의회의 집단적 자위권의 정당성을 국민에게 보여 주기 위해서, 안보법제심사회에서 3명의 헌법학자의 의견을 참고인으로 해서 청취한 결과, 전원으로부터 집단적 자위권을 포함한 정부의 해석 변경은 헌법 위반이라는 지적을 받았다. 그러나 정부는 전문가를 포함한 의견이 다른 사람들의 목소리에 귀기울이려는 의지가 없었다.

참고로, 민주당이 기대했던 헌법학자 하세베 야스오(長谷部泰男) 와세다대학 교수는 자위대 합헌론자임에도 불구하고, 안보법제심사회에서는 집단적 자위권을 포함한 정부의 해석 변경은 헌법 위반이라고 주장했다. 일본국헌법 제98조는 「이 헌법은 국가의 최고 법규이며, 그 조항에 반하는 법률은 (중략)그 효력을 갖지 않는다」라고 명기되어 있는 이상, 헌법에 위반하는 법률을 만들고자 하는 정부의 논리적 파탄은 명백하다. 여기에도 일본 정부에 의한 해외 파병과 호전국가로 변모해 가는 「헐벗은 삶」을 소비하려는 의도가 적나라하게 노출되어 있다.

둘째, 필자는 권력에 의한 표현의 자유와 관련된 억압에 대해서, 다음과 같은 사실 관계를 지적해 두고자 한다. 2015년 6월 25일에는 자민당 젊은 의원이 주최하는 「문화예술간담회」에서 주최자 의원들과의 담화에서, 작가 햐쿠타 나오키(百田尚樹)가 「침략전쟁은 하지 않는다는 조건으로 개헌해야 한다」, 정부의 방침에 반대하는 보도를 하고 있는 「오키나와의 두 신문은 없애버리지 않으면 안 된다」라고 주장했다. 이것은 명백히 언론의 자유를 부정하는 것이며, 『오키나와 타임즈(沖縄タイムス)』와 『류큐신보(琉球新報)』를 포함한 다방면에서 심한 비판이

일어났다. 아베 수상을 추종하는 의원과 친구 햐쿠타는 본인의 생각과 다른 매스컴을 없애고, 그 구체적인 안을 제시한다고 하는 민주주의를 부정하는 발언을 반복하고 있고, 중의원에서 강행 채결이라고 하는 폭거에도 가담했다. 여기에도 「헐벗은 삶」이 정치 본래의 역할과는 반대되는 형태로 적나라하게 노출되고 있다. 이와 같은 사태는 과거 전후 정치에서는 볼 수 없었던 것이고, 동 사태는 「정치의 열화(劣化)」라는 말로도 표현 불가능하다. 오히려 전통적인 국가상이 추구해 온 「올바른 삶」과 모순·대립되는 「헐벗은 삶」이 지금의 정치 세계에서 현저하게 나타나고 있고, 민주정치를 붕괴시키고 있다고 봐야 할 것이다.

셋째, 정부와 재계의 연계에 의한 위협은 일본경제신문사가 영국의 유력 경제지 『파이낸셜 타임스(FT)』를 매수한 사건에서도 찾아볼 수 있다. 일본경제신문의 기타 즈네오(喜多恒雄) 회장에 의하면, 동 매수의 목적은 성장을 계속해 가기 위해서는 디지털과 글로벌을 중심으로 추진하지 않으면 안 되며, 『FT』를 매수함으로써 글로벌한 보도를 충족시킬 수 있기 때문이라고 설명했다[6]. 하지만, 일본경제신문의 『FT』매수의 진정한 의도는 『FT』의 편집권에 대한 독립성을 빼앗고, 일본정부와 일본경제에게 유리한 정보를 세계에 발신하려는 전략에 있다. 이것 또한 「7·1 쿠데타」를 정당화하기 위한 선전전의 세계침략의 표출이며, 아베정권과 연계된 기업전략의 일환인 것이다. 실제로 그러한 효과는 서서히 나타나기 시작하고 있다.

넷째, 빈곤 문제 해결의 수단으로 「경제적 징병제」 정책이 은밀하게 실현을 위해 움직이기 시작하고 있다는 점을 지적하지 않을 수 없다. 2015년 7월 30일, 참의원에서도 야당으로부터 징병제를 의도하고 있는

---

6) 『NHK NEWS web』(2015.7.28.)

것은 아닌가라는 질문에 대해서, 아베 수상은 징병제를 생각하고 있지 않다고 답변했다. 하지만, 실제로는 징병제에 대한 포석이 깔려 있다. 문부과학성은 2014년 8월 말, 대학생의 경제 지원에 대한 보고서를 정리했다. 『도쿄신문』은 졸업 후에 취직하지 못하고 장학금 상환에 힘들어하는 사람들에 대해서, 유식자회의(有識者会議) 멤버의 한 명이 「방위성에서 인턴십(취업체험)을 시키면 어떠한가」라고 발언한 사실을 보도하며, 젊은 빈곤층을 군인의 길로 부추기는 것은 「경제적 징병제」가 아니냐는 염려를 표명했다[7]. 사실, 이와 같은 사례는 이미 미국에서 현저하게 나타나고 있다. 실제로 고액의 장학금과 쌓여가는 체납금의 변재에 쫓기는 젊은이들의 빈곤은 큰 사회 문제가 되고 있다[8]. 「경제적 징병제」의 실현 조건은 충분히 갖추어졌다고 말할 수 있다. 더욱이 노동자의 노출된 「헐벗은 삶」의 단적인 예로는 「노동자 파견법」의 개정 문제가 있다. 이것 역시 「전쟁법안」에 대한 논의의 그늘에 가려져 있지만, 분명히 「법적 쿠데타」의 한 측면의 표출이다. 동 법안의 취지는 노동자 고용과 파견에 대해서 고용주 측의 이익에 맞는 일회용 합법화이지만, 문제는 이것만이 아니다.

다섯째, 동 「노동자 파견법」의 개정이 실현되면, 저출산 고령화 사회에 살고 있는 젊은이가 일회용 노동력의 싼 임금을 버티지 못하고, 결국

---

7) 『도쿄신문』(2014.9.3.), 특보부 기사, 2014년 9월 3일. 사실 이와 같은 사례는 이미 미국에서 현저하게 나타나고 있다.

8) 『도쿄신문』(2016.1.3.)의 사회면에서는 「신빈곤이야기」라는 제목으로 연재를 시작했다. 그곳에서는 「슬픈 장학금」이라는 제목과 함께, 「배우는 대가, 빚 1000만 엔」이라 하며 「사회에 진출할 때 변재 20년의 부담」에 숨이 막힐 것 같은 학생들의 가혹한 상황이 소개되어 있다. 또한 「신빈곤이야기」 연재 2회째에서는 「일을 하고 있는데도 갚을 수 없는 사회인의 실태를 취재하고, 「증가하는 체납금, 줄어들지 않는 원금」이라는 소제목에서 「학생지원기구」에의한 상환금 독촉에 의해 수입이 적은 노동자의 「체납금 지옥」의 부당한 현실을 전하고 있다.(『도쿄신문』(2016.1.4.), 사회면)

자위대에 입대하지 않을 수 없는 사태가 발생하는 것에 끝나지 않는다. 여기에도 「법적 쿠데타」의 피해자가 「헐벗은 삶」의 폭력성을 발휘하는 군대의 첨병으로서 가해자로 전환된다. 하지만, 본래 정치의 역할은 국민의 안심·안전을 지키고, 국제사회와 협조하여 세계 평화를 위해 노력하는 것에 있다. 일본국 헌법은 그것을 위해서 존재한다. 하지만, 현재의 정치 상황은 국민의 「올바른 삶」(bios)을 지키는 것보다도, 헌법학자들이 위헌이라고 판정한 집단적 자위권을 포함한 「안보관련법안」의 실현에 있다. 이를 통해 일본 국민뿐만 아니라 이웃국가 한국·중국을 비롯한 타국민을 「헐벗은 삶」에 노출시키는 사태를 초래했다고 볼 수 있다.

여섯째, 필자가 위기감을 갖는 것은 이와 같은 정치 비판을 수행하고 있는 사람에 대한 표현의 자유를 제한하는 상황이 일반 사회뿐 아니라, 대학에서도 만연하고 있다는 점에 있다. 또 한편으로 시민 사회에서는 헤이트 스피치가 확산되면서 재일 한국인·조선인·중국인에 대한 인격을 부정하는 「재특회」의 「헐벗은 삶」을 상징하는 헌법 위반 활동은 현재, 아이누 민족과 후쿠시마 현민, 생활보호대상 가정에 대해서도 공격의 칼날을 들이대고 있고, 정부도 이와 같은 폭력을 법 제도에 따라서 규제하지 않고 방치시키고 있다[9]. 2015년 12월 22일, 법무성은 처음으로 재일 한국인·조선인에 대한 헤이트 스피치를 각지에서 전개하고 있

---

9) 「재특회」를 중심으로 한 헤이트 스피치의 전국적 규모의 확산 상태, 또는 재일한국·조선인·중국인에 대한 인격을 부정하는 「헐벗은 삶」의 야만적 현상에 대해서는 「다문화관계학회·후쿠시마 대회」(2014년11월9일)에서 필자의 기조강연(본 학회 홈페이지에서 전문 공개 중)을 참조하길 바란다. 더욱이, 여당은 2015년 8월 27일 시점에서 헤이트 스피치의 규제 법안을 본 국회에서 채결하지 않겠다고 결정했다. 국내외의 비판을 무마시키기 위해서 아베정권이 생각해낸 임시방편적인 수법이 본문에서 언급한 법무성에 의한 권고이다.

는 「재특회」의 전 회장·사쿠라이 마코토(桜井誠)에 대해서, 앞으로 동일한 행위를 하지 않도록 권고했다. 하지만 동 권고에는 법적 구속력이 없고, 이러한 권고에 따르지 않는 경우의 벌칙 규정 역시 없다. 따라서 이러한 권고의 유효성에는 의문이 제시되고 있고, 조속한 법제화가 필요한 상황이다.

또한 다른 한편, 국립대학의 국기게양에 대한 강요와 수업 중에 반정부적인 발언을 한 교원을 징계 처분하는 등의 권력의 폭력성은 멈출 줄을 모른다. 「헐벗은 삶」이 학문의 영역에도 적나라하게 노출되고 있다. 인문사회과학 경시 정책은 그 단적인 표출이다. 「올바른 삶」을 말하고 역사의 기억을 말하며, 헌법의 준수를 주장하는 학자는 인문사회과학의 담당자이다. 비판정신을 학문의 영역에서 헌법학자에 한정하지 않고, 모든 비판과 다른 의견을 주장할 가능성이 있는 학문 연구를 통째로 삼켜버리려고 하는 「헐벗은 삶」의 권력에 의한 「약육강식」이 대학을 뒤엎기 시작하고 있다. 대학인은 이러한 현실을 회피해서는 안 된다.

4 군사적인 「헐벗은 삶」의 노정

다음으로 본고에서는 정부가 집단적 자위권을 실현시켜야 한하고 하며, 그 이유로 꼽은 「국민의 생명과 생활을 지키기 위해」라고 하는 경우의 「국민의 생명과 생활」이라는 말의 진의에 대해서 고찰하도록 한다.

첫째로, 일본의 많은 시민들은 젊은이를 포함해서 자신들의 「올바른 삶」을 위해서 집단적 자위권이 필요하다고 생각하고 있지 않고, 오히려

고용 대책과 고령화 대책, 빈부격차의 확대를 바로잡을 수 있는 적절한 정책을 바라고 있다. 하지만 정부와 야당 정치가, 국민의 대부분이 정치가 말하는 「국민의 생명과 생활」이라는 말의 의미를 오해하고 있다. 중요한 것은 「국민의 생명과 생활」이라고 하는 말의 진정한 의미를 정확하게 이해하는 것이다. 이것은 「생명과 삶」의 양의성을 분절화해서, 역사의 망각으로부터 인간의 「삶」(bios)의 기억을 구제하는 것에 있다. 일본국 헌법은 국민의 생존권과 문화적 생활의 권리를 보장하고 있다.

하지만, 일련의 「법적 쿠데타」의 프로세스에서 헌법에서 보장하고 있는 여러 권리를 빼앗고, 인간으로서 살아가는(bios) 권리, 「희망의 권리」[10]를 빼앗기고 있다. 예를 들면, 자위대가 해외에서 후방지원을 수행하다가 포로로 잡혔다고 해도, 자위대원은 포로로 취급받지 못하고, 타국의 형법에 의해서 범죄자로 처벌받게 된다[11]. 일본의 자위대는 「제네바조약(Geneva conventions)」의 보호대상에서 제외되어, 테러리스트 대우를 받게 되는 것이다. 이것은 다른 나라의 국군 병사에게는 상상할 수도 없는 일이다. 이것은 앞서 설명한 「해석개헌」에 의해 발생한 부당한 귀결이라고 할 수 있다.

---

10) 인간으로서 살아가는(bios) 권리, 「희망의 권리」에 대해서는 마키노 에이지 「희망의 원리로서의 최고선」(일본칸트협회편(2015.7)『일본칸트연구』No.16, pp.23-37, 지센서관)을 참조하길 바란다.

11) 『도쿄신문』(2015.8.24)에 의하면, 7월 1일의 중의원 평화안전법제특별위원회에서 야당 측의 질문에 대해서 기시다 후미오(岸田文雄) 외무대신은 「제네바 제조약상의 포로란 분쟁 당사국의 군대 구성원 등으로 적의 권력내로 포함된 경우를 말한다. 자위대의 후방지원은 무력행사에 해당하지 않는 범위에서 수행되기 때문에 적용되지 않는다」라고 답변했다. 즉, 후방지원을 수행하는 자위대는 포로의 인도적 대우를 의무화한 제네바조약의 「포로」에 해당되지 않으며, 체포한 나라의 법률에 의해 재판될 가능성이 높다. 그 이유에 대해서는 한다 시게루(半田滋) 논설위원이 지적한 바와 같이, 「자위대에게 군대와 같은 활동을 시키려고 하는 [안보]법안 자체에 무리가 있」기 때문이다.

둘째로, 정부 주도의 과학기술의 진보 발전은 생활자의 삶의 모습을 급속도로 변화시키고 있다. 실제로 과학기술의 「눈부신 참혹함」은 후쿠시마 원자력 발전소 사고 때의 제어 불가능한 사태에서 단적으로 나타나고 있다. 2015년은 무더위 속에서도 원전에 의한 전력은 제로 상태에서 전력이 부족하지는 않았다. 그럼에도 불구하고, 아베정권은 원전 재가동을 강행했다. 원자력의 평화 이용이라고 하는 아름다운 말을 슬로건으로 추진된 원자력발전정책의 배후에는 원자력의 군사 목적에 대한 전용이라는 숨은 의도가 있기 때문이다.

후쿠시마 원전 사고 이후, 탈원전파와 대립하는 형태로 공론화된 것은 군사 목적으로 전용 가능하기 때문이야 말로 원전은 추진해야 한다고 하는 핵무장론의 재등장이다. 핵무장론의 표면적인 주장은 원전 사고의 재발을 방지하기 위한 대책을 적절히 강구한다면 원전을 추진하는 것은 국책상 바람직하며, 많은 외국에 적극적으로 원전 건설 기술을 수출해야 한다고 하는 점에 있다. 이것은 아베수상의 기본 정책이기도 하다. 이 정책은 전후 일본 정권을 이끌어 온 자유민주당의 나카소네 야스히로(中曾根康弘) 수상 시절에 실현되었다. 나카소네 전 수상은 일찍이 일본의 재군비와 핵무장을 주장한 인물이다. 원전 건설 정책을 적극적으로 추진하고, 「원전의 안전성」에 대한 여론 만들기에 성공한 나카소네 전 수상에 의해서 일본은 미국의 승인 하에, 핵무기에 사용되는 플루토늄을 대량 보유하는 나라가 되었다[12]. 이와 같은 핵무장론이 전

---

12) 핵확산금지조약(NPT)의 체제하에서 핵연료 재사용이 승인된 국가는 유엔안보이사국의 상임이사국을 제외하면 일본뿐이다. 1987년 9월, 일미수뇌회담에서 나카소네 수상은 레이건 대통령에게 일미원자력협정을 둘러싼 개정을 요구해서 그 의도를 관철시켰다. 그 결과, 일본은 2018년까지 플루토늄을 대량으로 보유할 자격을 얻게 되었다(『아사히신문』 2011년7월21일). 하지만 아베정권의 재군비화를 염려하는 오바마 대통령은 2014년에 일본의 플루토늄 보유에 제한을 두어야 한다는 코멘

쟁 당시의 원폭개발에 관여한 「후쿠시마의 기억」과 불가분한 「역사의 기억」을 상기시켰다. 원자력의 평화 이용, 에네르기 기본 계획이라는 말은 비핵보유 12개 나라에 의한 「히로시마선언」(2014년4월12일)과 함께 이와 같은 사실을 은폐하고, 간단하게 군사상의 약자가 강자로 변모하기 위한 최강의 폭력 장치를 손에 넣는 것을 가능케 한다. 또한, 일본 정부가 인도정부에게 원자력발전소 판매 전략에 성공한 결과, 중국 등의 주변국과의 긴장감을 고조시키고 동아시아의 평화 실현을 곤란하게 하는 사태를 초래했다. 특히, 염려스러운 점은 현재, 인도가 북한 등과 같이 「핵확산방지협정」(Treaty on the Non-Proliferation of Nuclear Weapons)에 가맹하고 있지 않다는 것이다. 베트남에 이어 인도에 대한 원자력발전소의 판매 전략의 배후에는 분명히 미국 주도의 중국정책이 있다. 아베정권에 의한 원자력발전소 비즈니스를 계기로, 동아시아의 핵 확산과 핵개발 경쟁이 매우 우려스럽다.

셋째로, 더욱 주의해야 할 점이 있다. 일본정부의 문교정책에 의한 인문사회과학 분야의 축소·재편이 추진되는 한편, 정부와 산업계, 그리고 대학에서는 로봇 개발에 방대한 개발비를 투입되고 있다. 매스컴 등을 통해, 인간에게 로봇의 존재가 중요한 역할을 수행하고 있다는 사실이 대대적으로 보도되고 있다. 물론, 노동 현장에서의 가혹하고 위험한 작업을 인간을 대신해서 수행하는 산업형 로봇은 최근에는 의료와 간

트를 발표했다. 『아사히신문』(2014.4.13.)에 의하면, 일본은 수 천 발의 핵무기에 상당하는 플루토늄 44톤을 보유하고 있다. 실제로 나가사키에 투하된 원자폭탄을 제조하려고 하면, 4000발 이상이 가능하다고 한다.
2016년 1월 5일의 공동통신의 보도에 의하면, 미국 등으로부터 연구용으로 일본에 제공되었던 플루토늄 331킬로가 미국으로 이송 조치되었다. 동 플로토늄은 오바마 정권이 2014년에 일본에 반환을 요구한 것으로, 「고농도로 군사 이용에 적합한 「병기급」이 대부분을 차지한다」. 또한 이것은 「핵무기 40-50발에 상응한다」.

병 현장에서도 활약하고 있다. 그 때문에 「인간과 공생하는 로봇 개발」이라고 하는 캐치프레이즈에도 많은 사람들은 의문을 갖지 않고, 공감하고 있는 것이 현실이다[13].

그러나 현실은 가속화하고 있는 로봇 개발의 이면에서 무장형 살인 로봇과 같은 「자율형 무기」의 위험성과 그것에 대한 대책도 요구되고 있다. 동 분야에서는 고액의 공적 연구비가 투입되고 있고, 이미 위험성을 경고하고 천체물리학자 스티븐 호킹(Stephen Hawking) 박사와 언어학자 노엄 촘스키(Noam Chomsky) 등이 서명한 서간에서 「주요한 군사대국에서 AI 무기 개발을 추진하는 나라가 있다면, 세계적으로 개발 경쟁이 일어나는 것을 불가피한 상황이며, 이와 같은 기술 진보의 결말은 분명하다. 자율형 무기는 내일의 칼라슈니코프총(자동소총)이 된다」라고 경고했다. 전문가들은 자율형 무기의 대비는 수 년 후가 될지 모른다고 경고하고 있다[14]. 실제로 「적십자국제위원회(ICRC)」에서도 2014년 5월의 보고서 안에서 국제인도법의 관점에서 자율형 무기 개발에 염려를 드러내고 있다[15].

「인간과 공생하는 로봇 개발」이라고 하는 아름다운 말의 배후에 「헐벗은 삶」의 폭주는 이미 시작되고 있다. 일본은 로봇 선진국이라고도 불리지만, 자율형 무기의 개발 선진국이기도 하다. 참고로 일본학술회의 기계공학위원회 로봇학 분과회는 2014년 9월 29일에 발표된 제언의 요지에서 「로봇의 사회 활용을 진속하고 고도로 추진하기 위해서는 종

---

13) 예를 들면, 만화나 애니메이션에 등장하는? 철완 아톰?이라고 하는 인형 로봇에 대한 친근감은 그 선구적인 형태이다.

14) The Wall Street Journal(2015.7.28.)

15) Cf. Report of the ICRC Expert Meeting on 'Autonomous weapon systems : technical, military, legal and humanitarian aspects', 26-28 March 2014, Geneva 9 May 2014.

래의 연구 개발 제도의 한계를 뛰어넘을 필요가 있고, 첨단 연구와 실사회 응용을 일체화한 새로운 오픈 이노베이션 장치인 「사회공창로보텍스」를 채용해야 한다,16)라고 말하고, 일본의 로봇 공학과 로봇 산업의 우위성을 유지하는 이유의 중요성을 강조하면서, 선진국과의 경쟁에서 뒤처지고 있다는 위기감을 표출시켰다. 물론 동 프로젝트에는 「7·1 쿠데타」를 지탱하는 첨단 기술의 성과가 보기 좋게 결실을 맺고 있다. 하지만 여기에도 마음과 양심은 무용하고, 헌법과 인도법 그리고 인륜에 반하는 규범은 무용하다. 여기서 문제가 되는 것은 「로봇 활용에 의한 사회적 과제 해결과 사회 변혁을 실현하기 위함」이라는 미사여구에 의해 수식된 빛나는 미래의 전망만이 강조되어, 무장형 살인 로봇과 같은 「자율형 무기」의 위험성과 그것에 대한 대책은 자각되지 않고 있는 것이다.

위에서 기술한 바와 같이, 로봇의 연구 개발이 목표로 하는 것은 살인 무기의 효율성과 살상 능력의 성능 향상에 있다. 아베정권이 2014년 4월 1일, 무기 수출을 금지하는 3원칙(여기에도 미국은 예외였다)을 철폐하고, 「방위장비이전 3원칙」을 각의 결정한 이유는 이것을 노리고 있었던

---

16) 일본학술회의기계공학위원회 로봇학분과회편, 2014년 9월 29일에 발표된 제언의 요지(ⅲ 이하)를 참조. 요지의 「2 현황 및 문제점」에서는 「우리나라의 로봇학 연구는 과거에는 매우 선구적인 성과를 세계적으로 리드해왔지만, 최근 재난 대응, 의료복지, 가정용 제품 등의 실용화, 사업화에서 유럽에 선두자리를 내어주고 있다. 이것은 틀림없이 우리나라가 직면하고 있는 긴급한 사회 과제 해결에 불가결한 응용 분야이다. 또한 선진국이 최근 로봇 연구 개발과 산업 육성을 전략적으로 중점적으로 추진한 결과, 우리나라의 로봇학 및 로봇 산업의 국제적 우위성도 급속히 하락하고 있다,(ibid,)고 명기하고 있다. 독자는 여기서 말하는 「연구 개발과 산업 육성」이라는 표면적인 문구에 현혹되어서는 안 된다. 동 요지는 「사회에서의 로봇 이용 및 활용의 장해가 되고 있는 규제 등의 개선」이 필요하다고 제언하고 있지만, 이러한 제언은 분명히 군사적 개발과 활용에 장해가 되는 규제의 철폐를 요구하고 있고, 아베수상에 의한 무기 수출의 철폐와 호응하고 있다는 점에 주의해야 한다.

것이다. 이와 같은 일본정부에 의한 쿠데타는 자민당·아베정권에 의한 「전후 70년의 총결산」이며, 그 배후에는 미국의 「예외주의(American exceptionalism)」[17]에 의한 영향이 있다. 그것은 과거 한일국교정상화 교섭뿐만 아니라, 앞으로의 한일관계에 있어서도 큰 부의 유산의 원흉이 되었다.

5 일본의 대미종속과 미국 예외주의 불식의 필요성

한일 양국은 1965년 6월 22일에 기본조약을 체결한 이래, 2015년에 50주년을 맞이했다. 하지만 현재 양국은 국교정상화의 행보 속에서 최악의 국면을 맞이하고 있다. 양국의 국민은 관계 개선을 바라고 있고, 많은 외국들도 현재의 상태를 우려하며 한일정상의 직접 대화의 필요성을 호소하고 있다. 한일 학자 사이에서도 이와 같은 상황에 대해서 강한 위기감을 공유하고 있다. 더욱이 2015년 12월 28일의 「종군위안부 문제의 해결」합의는 유감스럽게도 반드시 양국 정부 및 양국 국민

---

17) 우에무라 다이조(植村泰三) 「미국 예외주의에 대한 일고찰―기독교와 미국사의 관점에서」(와세다대학법학회편 87권 3호, 2012년, p.257ff.)를 참조. 본 논문에서는 우에무라의 논문이 분석하지 않고 있는 전후 70년간의 정치적 레벨에 나타난 미국 중심주의와 「팍스·아메리카나(Pax Americana)」를 추진한 특권적 미국 예외주의에 착목해서 고찰했다. 일미지위협정에 따라 일본 국내의 미군기지에 있는 미국병사의 사고·범죄 관련 법적 지위는 사실상 일본이 조사권과 재판권 등의 주권을 행사할 수 없는 치외 법권 상태이다. 이와 같은 불평등협정은 1960년에 체결된 이후 개정되지 않고 있고, 기지 주변 주민과 지자체의 오랜 요청에도 불구하고 일본정부 역시 재검토를 요구하고 있지 않다. 여기에도 미국 예외주의의 폐해를 찾아볼 수 있다.

사이의 관계 개선을 달성했다고는 말할 수 없다. 이 점에 대해서는 다음 절에서 고찰하도록 한다.

2015년 5월, 한국에서 개최된 국제학술 심포지엄에서 한국의 법학자는 「한일 과거청산, 지금 무엇이 필요한가」라고 하는 문제제기와 관련해서 다음과 같은 문제점을 제시했다[18]. 첫째, 양국 견해의 가장 큰 차이점은 일본이 한국·조선 반도를 식민지지배를 했는지에 대한 인식의 차이와 보상의 유무에 있다. 둘째, 기본조약 체결에 이르기까지의 프로세스와 조약의 내용 및 해석의 차이도 그곳에 수렴된다. 셋째, 1965년 체제는 무엇을 해결했는가. 그리고 결론에 대해서 동 발표자는 ①한국은 기본조약이 전쟁책임 문제를 해결하지 못했다고 주장하고 있다. ② 한편, 일본은 기본조약이 전쟁책임 문제를 해결했다고 판단하고 있다. 그러나 실제로 ③법적으로도 도의적으로도 노동자의 강제연행, 종군위안부 등의 개인보상과 청구권문제, 영토문제, 찬탈당한 문화재의 반환문제 등을 청산하지 않았다는 문제가 발생했다. 따라서 발표자는 ④그러한 문제를 남긴 이유와 과거를 청산하기 위해서 필요한 과제를 제시했다.

필자에 의한 응답과 해결의 실마리는 한국의 법학자가 언급하지 않은 두 가지 점에 집중되었다. 첫째, 기본조약 체결까지의 한일교섭의 중개 역할을 한 미국의 역할을 재조명할 필요가 있다. 한일국교정상화 교섭은 미국이 시종일관 주도적인 역할을 수행했기 때문이다. 미국은 동서 냉전과 베트남 전쟁의 악화를 우려해서 기존의 무배상주의에서

---

18) 김창록(2015.5.9.) 「한일 과거청산, 지금 무엇이 필요한가－「법적」인 관점에서의 접근」, 『한국일본근대학회 제31회 국제학술대회요지집』, pp.16-21 참조. 다만, 지정토론자로 참가한 필자의 질문과 응답은 구두로 이루어졌기 때문에, 본 요지집에는 게재되어 있지 않다.

배상주의로 대일정책을 전환시켰다. 그것은 한국 입장에서 보면 매우 불충분한 배상안이었고, 일본의 경제부흥 중심의 대일정책에 의한 한국과의 교섭에 유리한 측면이 있었다. 미국은 한국 국민의 입장을 무시한 채, 국가적 보상의 실현에 따른 한일교섭 조기타결을 위해 노골적으로 개입한 것이다.

둘째, 미국에 의한 카이로선언과 포츠담선언의 이행 절차에 따른 문제점이다. 일본의 영토문제나 재군비의 포기와 관련된 문제는 1943년 11월 27일에 열린 카이로선언에 포함되어 있고, 포츠담선언에서도 계승되었다. 포츠담선언을 수락한 일본정부는 영토문제, 배상문제를 이행할 의무를 지게 되었지만, 두 선언 책정에 관여한 미국의 자의적인 정책변경에 따라, 또는 일본정부의 한국합병에 대한 유리한 법해석을 통해 국교정상화를 실현시켜야 하는 기본조약에서도 군인·군속·노무자로 소집·징용된 자의 유가족에게 지불된 개인보상금은 사망자 한 명당 30만원으로, 무상협력금 총액의 약 5%에 해당된다. 종전 후, 사망자의 유가족, 상이군인, 피폭자, 재일코리안, 재사할린 등의 재외코리안, 위안부들은 보상대상에서 제외되었다. 당시의 한국정부는 미국의 압력으로 대일청구권을 포기하고, 개별청구권 문제도 해결되었다고 해석했다. 이와 같은 과정을 통해서 기본조약은 체결되었지만, 이 때문에 식민지 청산의 기회는 사라졌고, 인도적으로도 국제법상으로도 큰 과제를 남기며 오늘날에 이르렀다.

필자는 한일 국교정상화 50년이 경과했지만 실제로는 여전히 진정한 의미에서의 정상화가 실현되지 않은 근본적인 원인은 위에서 기술한 문제들 때문이라고 생각한다.

6 「종군위안부 문제의 해결」과 동아시아의 평화 리스크

이상에서 기술한 바와 같이, 2015년 12월 28일에 한일 양국 정부는 「종군위안부 문제의 해결」에 합의했다. 기시다 외무대신은 합의 후의 기자회견에서 「합의 자체는 역사적이며 획기적인 성과. 한일관계는 미래지향적인 새로운 시대로 발전한다」라고 강조했다[19]. 이것은 다른 측면에서 생각하면, 양국 사이에서 오랜 시간 최대 현안문제였던 전후배상 문제의 해결과 정상화를 위한 전진으로 평가된다. 동 합의가 양국 국민에게 진정한 국교의 정상화에 도움이 된다면, 이는 당연히 반가운 소식이 아닐 수 없다.

하지만 동 합의 교섭 과정에서 피해자인 전 종군위안부 당사자들에 대한 의견 청취는 없었고, 국민에 대한 사전 설명 역시 없었다. 더욱 주의해야 할 점은 이와 같은 「해결」교섭을 배후에서 강력하게 추진한 것이 다름 아닌 미국이었다는 것이다. 미국의 아시아 정책에 있어서 한일 양국 정부가 동 문제에서 개선의 실마리조차 찾지 못한 채 해를 넘기는 것은 한국의 중국과의 우호적 접근 현상과 북한의 군사적 도발을 걱정하는 미국의 중국 정책 측면에서 생각해도 우려스러운 사태이며, 중국과 북한의 봉쇄정책을 효과적으로 실현시키기 위해서는 미국은 반드시 「종군위안부 문제의 해결」을 실현시킬 필요가 있었다. 미국 정부가 한일 양국 정부에게 강력한 압력을 가했다는 사실은 이미 잘 알려진 사실이다(미국 정부의 고관은 2015년 12월 28일 이전에 북한의 핵실험에 대한 사전 정보를 입수하고 있었다는 사실을 1월에 공표했다). 또한

---

19) 『아사히신문』(2015.12.29.), 1면

박근혜 대통령에 의한 연내 해결 공약과 북한 도발에 대한 염려 역시, 한국 측의 교섭력 약화의 원인이 되었다.

2016년 1월 단계에서 일본 국내의 반응은 다소 기묘한 상태라고 할 수 있다. 2016년 1월 6일 『도쿄신문』에 의하면, 「위안부 문제의 한일 합의. 국내 반응 뒤틀림. 보수층 반발, 공산당은 평가」라는 제목 아래에, 「당신(아베수상)을 지지하는 보수층을 배신하는 것과 같은 대응은 용납할 수 없다」라는 비판과 자민당 의원 내에서도 「외교관계만 개선한다면 원칙론은 묻지 않겠다는 식의 해결 방법은 과연 국제관계에 도움이 되는가」라는 지적이 실려 있다. 한편, 공산당은 합의 당일 「문제 해결을 위한 전진이라고 평가할 수 있다」라는 담화를 발표하고, 1월 4일의 「중의원 본회의에서 외교 보고를 한 아베수상에 대해서, 한일 합의에는 야유는 들리지 않았다」는 모습을 전하고 있다. 어쨌든 2016년 1월 현재, 일본에서는 「위안부 문제의 한일 합의」는 해결된 과거의 문제로 생각하는 국민이 많다. 실제로 아베정권의 지지율은 급속도로 상승했다.

여기에서 필자가 지적하고 싶은 것은 이번 「종군위안부 문제의 해결」은 바람직한 종군위안부 문제의 해결은 아니라는 점에 있다. 따라서 필자의 「합의」에 대한 위구·염려에 대해서 자세하게 설명하고자 한다.

첫째로, 필자가 우려하는 점은 아베정권이 자발적으로 종래의 역사 인식의 잘못을 인정하고, 진정한 반성에 기초한 종래의 정책을 변경한 후에 법적 보상을 실시한 것이 아니라, 전 위안부 당사자들에 대해서 직접 사죄한 것도 아니었다는 것이다. 오히려 아베수상은 미국으로부터의 압력을 이용해서, 이번 기회에 예전부터 주장해 온 역사수정주의 견해를 교묘하게 이용했다. 실제로 일본정부는 50년간 주장해 온 법적 청구권 포기라고 하는 견해에는 변경이 없다는 점을 한국정부에게 인정시킨 결과가 되었다. 일본정부는 「종군위안부 문제의 해결」에 의해서 동 문제와 관련된 개인보상에 대한 법적 책임으로부터 해방된 것이다. 실제로 기시다 외무대신은 기자단 앞에서 10억 엔 정도의 재단에 대한 지출은 「보상은 아니다」라고 강조했다. 이 점에서도 한국정부와 전 위안부 피해자의 의향은 무시되고 있다.

둘째로, 일본정부는 종군위안부 문제에 대해서는 미해결이라는 한국정부의 주장을 역으로 이용해서 「최종적이고 불가역적으로(irrevesible) 해결된 것을 확인」한 것을 양국의 외무대신이 표명했다. 이를 통해서 일본정부는 종군위안부 문제에서도 독일과 같은 직접적으로 법적인 책임에 의한 개인보상에 응하려 하지 않고, 앞으로 새로운 사실이 밝혀질 경우에도 동 문제를 재논의하지 않고 위안부 문제는 미래 영구적으로 해결됐다고 하는 견해를 한국정부에게 인정시켰다. 아베수상은 교섭과정에서 기시다 외무대신에게 「최종적이고 불가역적으로」라는 문구가 들어가지 않으면, 교섭을 중지하도록 지시했다는 사실 역시 밝혀졌다. 실제로 12월 28일 저녁, 아베수상은 외상 회담의 합의를 연락 받은 후 기자단에게 「자식과 손자 세대에게 계속해서 사죄하게 만드는 숙명을 계승시킬 수는 없다. 그러한 결의를 실행에 옮기기 위한 합의이다」[20]라고 말했다. 동 담화는 8월의 아베수상에 의한 70년 담화와

---

20) 『도쿄신문』(2015.12.29.), 1면. 또한 동 인용 부분의 「그 해결을 실행에 옮기기 위한 합의이다」라는 발언은 『아사히신문』에서는 삭제되어 있고, 그 대신 「앞으로 한일관계 새로운 시대를 맞이한다」라는 표현으로 되어 있다. 이러한 차이는 아베수상에 의한 이번 합의의 진의가 어디에 있는지를 판단하는 데 중요하다. 그러한 의미에서 『아사히신문』의 기사에는 아베수상에 의한 국가나 정부의 법적 책임의 소재와 국민의 도의적 책임과의 구별을 애매하게 만들어, 양자 모두에게 면죄부를 부여하려고 하는 의도가 느껴진다.

모두 같은 내용이다. 이와 같은 말은 일본의 과거 식민지지배의 야만적인 범죄와 전쟁 중에 발생한 일련의 전쟁 범죄에 대해서 일본정부와 일본국민은 더 이상 사죄할 필요가 없다는 선언이다. 실제로 일본 국회의원이나 국민 대부분은 이 같은 발표에 환영의 뜻을 나타냈다. 여기에서도 일본정부는 북한의 핵실험에 위기감을 느끼는 미국이 한일 연계를 단기간에 실현코자 협력에 압력을 가한 기회를 이용해서, 북한에 대한 도발에 위기감을 느끼는 한국정부에 대해서 외교상의 승리를 거둔 것이다. 이 점에서도 일본정부의 전후 처리 방식은 독일과는 전혀 다르다.

셋째로, 일본정부는 한국정부에 요구한 서울의 일본대사관 앞에 설치되어 있는 소녀상 이전을 둘러싸고, 「적절한 이전이 이루어질 것이다」고 말하고, 실질적으로 소녀상의 이전·철거가 합의 사항 실시의 조건이라고 하는 입장을 확실히 했다. 이 점에서도 「합의내용」은 강제적 피해자로서의 종군위안부 당사자의 입장이나 심정을 무시하고, 그 지원 단체의 의견 역시 고려하지 않는 일방적인 내용이다. 실제로 한국정부는 소녀상 철거는 「적절히 해결되도록 노력한다」는 의미의 노력 목표인데 반해, 일본정부는 합의의 「명확한 조건」으로 간주하고 있고, 양국의 확실한 합의가 아니라는 것이 현실이다. 더욱이 동 합의는 정식 문서로 공표된 것이 아니다. 따라서 앞으로 이러한 과제에 대해서 국민적 레벨의 합의가 형성될지의 여부는 아직 불투명하다. 냉정하게 판단한다면, 합의 내용은 방심할 수 없는 미해결 과제이다. 아베수상이 자랑스럽게 강조한 바와 같이 「앞으로 한일관계는 새로운 시대를 맞이한다」는 보장 역시 없다. 더욱이 동 합의에 따라 앞으로의 양국 관계는 점점 착종될 위험성이 크다.

    실제로, 전 종군위안부 당사자 및 그 지원단체로부터는 동 합의를
인정하지 않는다는 강력한 반발의 목소리가 나고 있다. 2016년 1월 9일
『요미우리신문』에 의하면, 「여론조사기관『한국갤럽』은 8일, 위안부
문제를 둘러싼 한일 합의를 재교섭해야 한다고 하는 회답이 58%로 상
승했다고 발표했다. (중략)소녀상 이전에 대해서도 일본의 합의 이행에
관계없이 반대한다는 회답이 72%나 상승했다」. 일본국내에서도 오키
나와 미디어는 한일 합의에 대한 혹독한 비판을 소개했다. 「일본정부는
공적 장소에서 당사자의 목소리를 듣지 않고 있다.『위안부』가 어떠한
시스템이었는지도 명확히 하지 않은 채 해결하는 것은 여성의 인권에
대한 모독에 지나지 않는다」라는 비판과 「일본정부가 저지른 최대의
인권 범죄를 얄팍한 지원책으로 감추려고 하는 것은 또 다른 범죄일
수밖에 없다」, 「한국정부에도 실망스럽다」라는 분노의 목소리를 전하
고 있다[21].

    넷째로, 이번 한일 양국에 의한 「종군위안부 문제의 해결」은 당연한
일이지만 중국·대만, 필리핀, 북한 등에서도 똑같이 「종군위안부 문제
의 해결」에 대한 요구가 있었다[22]. 이러한 요구에 대해서 일본정부는
어떻게 대응할 것인가. 동아시아의 안정과 평화 유지를 위해서는 일본

---

21) 『오키나와 타임즈』(2015.12.30.)
22) 예를 들면, 『아사히신문』(2016.1.1) 기사에 의하면, 대만의 마잉주 총통이 대만인
    전 위안부와 면회를 한 후, 「정식 사죄와 배상을 하고, 위안부의 존엄을 회복할
    수 있도록 일본정부에게 요구하겠다고 약속했다」. 또한 이에 앞서 『시사통신』
    (2015.12.29) 발신 기사에 의하면, 중국 외무성의 루캉 보도국장이 정례 기자회견
    에서 위안부 문제를 둘러싼 한일 합의 소식을 듣고, 중국인 전 위안부에 대해서
    「일본의 군국주의는 중국 각지에서 (여성에게)위안부가 될 것을 강요한 중대한
    인도적 문제에 반하는 죄를 저질렀다. 일본이 성실히 책임을 지고, 피해자의 염려
    를 존중할 것을 촉구한다」라고 말하며, 일본 측에 「적절한 해결」을 요구했다. 하지
    만 이상하게도 연말연시의 대형 신문사 등은 대만의 동향을 제외하고는 이러한
    보도를 언급하고 있지 않다.

정부는 중국을 비롯한 대만, 필리핀 등의 동아시아 각국에 대해서도 한국정부와 동일한 해결책을 제시할 것인가. 2016년 1월 14일자 『도쿄신문』은 토론토대학 교수·요네야마 리사(米山リサ)의 위안부 문제의 한일 합의에 대한 비판적인 코멘트를 게재했다. 「여성국제전범법정(2000년)에서 중국의 전 위안부 여성이 「일본에게 용서를 바라고 싶다」고 호소했다. 일본정부는 「용서해 달라」고 말한 적이 있는가」라고 요네야마 교수는 일본정부의 자세를 비판하고 있다. 한국의 전 위안부 당사자들도 같은 마음일 것이다. 한일 양국에 의한 「종군위안부 문제의 해결」은 동아시아 각국에 대해서도 이와 같은 복잡하고 곤란한 과제를 제기하고 있다. 아베수상은 한국에 대한 합의 이행과 함께 동아시아 각국에 대해서도 동일한 합의를 이끌어낼 의사가 있는 것일까. 그렇지 않으면 미국의 압력이 없으면 아베정권은 과거 한국에 대한 대응과 같이, 「종군위안부 문제」는 존재하지 않는다는 자세를 취할 것인가. 그 대응 방식에 따라서는 중국을 비롯한 동아시아 각국에 대해서 정의 실현이라고 하는 무거운 국제적 과제 해결에 착수하지 않으면 안 될 것이다.

결과적으로, 식민지지배와 전쟁 행위라고 하는 「헐벗은 삶」속에서 이루어진 살인, 강제연행·강제노동, 종군위안부 피해 등의 비인간적인 죄업은 전후 71년, 한일 국교정상화 51년에 접어든 올해에 이르기까지 아직 많은 사람들의 「올바른 삶」을 회복할 수 없게 만든다. 이와 같은 상황의 최대 원인은 아베정권에 의한 「법적 쿠데타」에 있다고 필자는 생각한다.

7 결론

이상에서 기술한 바와 같이, 한일국교정상화 기본조약이 식민지지배의 청산에 있어 적절하게 기능하지 못했던 이유에는 일본의 한국에 대한 과거 식민지지배에 대해서 미국이 애매한 입장을 취하고, 그것을 일본은 교묘하게 이용한 측면이 크다. 2015년 12월 28일에 양국에서 합의된 「종군위안부 문제의 해결」안에 대해서도 상황은 동일하다. 여기에도 「미국 예외주의」의 부의 영향이 확인된다. 오늘날 실질적으로 국군화된 자위대의 창설 역시 미국의 의향에 따른 것이다. 이와 같은 문제는 「7·1 쿠데타」 이후, 해결의 실마리가 한층 곤란해졌다. 왜냐하면, 그곳에는 그것과는 별개의 곤란한 과제가 개입되어 있기 때문이며, 그것은 다름 아닌 일본에게 대량 플루토늄의 보유를 인정한 「미국 예외주의」라고 하는 뒤틀린 대미 종속을 추진해 온 전후 일본의 정치적 문제와 연동되어 있기 때문이다.

필자는 동아시아의 안정과 평화를 위해서 일본·한국·중국의 삼국 연계가 중요하며, 지금도 여전히 예외주의의 입장을 고수하며 더블 스탠더드의 국제 정치를 전개하고 있는 미국과는 우호적으로 적절한 거리를 두고, EU(유럽연합)와 밀접하게 협력하는 것이 중요하다고 생각한다. 일본정부는 국민의 생명과 재산을 지키기 위해서 한국·중국과의 신뢰관계를 회복하는 데 노력해야 하며, 독일의 역사인식과 전쟁책임의 청산 방법을 모델로 해서 미국의 예외주의가 초래한 부의 역할과 함께 한일 교섭 과정에 대해서도 재검토를 해야 한다.

그것을 실현시키기 위해서, 시민들은 「7·1 쿠데타」에 의해서 발생한 수많은 「헐벗은 삶」을 「올바른 삶」으로 전환하는 노력이 필요하다. 「헐벗은 삶」은 일본 국내뿐 아니라, 외국 시민과의 연계를 폭력적으로 단절시켰으며, 또한 그것은 지금의 정치가 현저하게 보여 주고 있듯이, 「법적 쿠데타」에 의한 정의에 반하는 사태를 초래했다. 따라서 그것에 대항해서 평화헌법에 기초한 입헌정치를 회복하기 위해서는 현재 국회의 울타리 밖에서 겨우 연명하고 있는 민주주의 담당자이기도 한 시민들의 힘을 통해서, 국회 안에서도 민주주의를 회복하는 것이 필요하다. 이를 위해서는 2016년 여름으로 예상되는 참의원 선거를 위한 야당 통일 후보 옹립의 성패가 결정적인 열쇠가 된다. 아베정권에 의한 「법적 쿠데타」와 그들의 헌법 파괴의 폭주를 저지하기 위해서는 일본 국민의 폭넓은 연계뿐 아니라, 한일 연구자를 비롯한 국내외의 사람들과 학문적인 대화와 연계는 반드시 필수적이다.

한일 양국 간의 영토문제에 대한 상호인식
―독도문제 해결의 가능성 모색을 중심으로―

최장근(崔長根)

일본 도쿄외국어대학에서 2년간의 연구생과정을 거친 후, 일본 쥬오대학에서 법학연구과에서 일본정치 전공으로 석·박사 과정을 졸업했다. 석사학위에서는 메이지정부의 영토확장정책 측면에서 독도를 일본의 시마네현에 편입한 과정을 고찰하였고, 박사학위에서는 근대일본의 영토정책사적 측면에서 일본이 한청국경획정(간도)문제에 개입하여 간도지역을 청국영토로 인정해버린 과정을 고찰했다. 그 후 일본의 영토문제, 특히 독도와 간도문제에 관심을 갖고 연구하고 있다. 주요 단행본으로는 『한중국경문제연구』,『왜곡의 역사와 한일관』,『일본의 영토분쟁』,『간도영토의 운명』,『독도의 영토학』,『독도문제의 본질과 일본의 영토분쟁 정치학』 등이 있다. 현재 대구대학교 일본어일본학과에 재직하고 있다.

1 들어가면서

일본은 1952년 대일평화조약이 조인된 이후 독도에 대해 영유권을 주장하였지만, 1965년 한일협정을 계기로 독도 영유권 주장에 소극적으로 변화되었다. 1998년 신 한일어업협정이 체결되고 서서히 우익계를 중심으로 독도 영유권 주장을 하기 시작했는데, 2005년 시마네현이 「죽도의 날」 조례를 제정하면서 본격화되었다.

한국은 역사적 근거와 전후의 정치사적 과정을 통해 독도를 실효적으로 관리하고 있다.[1] 그런데 일본이 이에 대해 이의를 제기하면서 독도가 일본영토라고 영유권을 주장하고 있다.[2] 섬은 분명이 하나인데 두 나라가 서로 자신의 영토라고 주장한다면 두 나라 간에는 반드시 영유권에 대한 인식의 차이가 존재한다. 한국정부는 고유영토론을 주장하고 있고, 일본은 고유영토이지만 다시 영토편입조치를 취하여 확립한 「새로운 영토」라고 주장하고 있다.[3]

현재 일본정부는 일본영토인 「다케시마(竹島)」를 한국이 무력으로

---

1) 대표적인 연구로서, 이한기(1969)『한국의 영토』 서울대학교출판부, 内藤正中・金柄烈(2007)『史的検証竹島・独島』岩波書店, 内藤正中・朴炳渉(2007)『竹島=独島論争』新幹社, 송병기(1999)『鬱陵島와 獨島』단국대학교출한부, 송병기(2004)『독도영유권 자료선』자료총서34, 한림대학교 아시아문화연구소, 신용하(1196)『독도의 민족영토사연구』지식산업사 등이 있다.

2) 가장 오래된 논리로서, 奥原碧雲(1906)『竹島及鬱陵島』松江：報光社, 奥原碧雲(1906)『竹島経営者中井養三郎氏立志伝』, 奥原碧雲(1907)「竹島沿革考」『歴史地理』第8巻 第6号, 川上健三(1966)『竹島の歴史地理学的研究』古今書院, 川上健三(1953)『竹島の領有』日本外務省条約局, 田村清三郎(1954)『島根県竹島の 研究』島根県, 최근 보완된 논리로서, 대표적으로 下条正男(2005)『'竹島' その歴史と領土問題』竹島・北方領土返還要求運動島根県民会議 등이 있다.

3) 「竹島問題」일본외무성(검색일 : 2009.5.10.)
http://www.mofa.go.jp/mofaj/area/takeshima/(검색일 ; 2015.8.30)

불법점령하고 있다고 주장한다.[4] 이런 인식은 타당한가? 이런 인식은 어떻게 생겨났을까? 현재 울릉군의 독도박물관에는 독도관련 사료가 대략 600여점이 전시되어 있다.[5] 이들 사료를 영유권적 관점에서 분석하면 일본영토로서 근거가 되는 것은 전혀 없고, 모두가 한국영토로서의 근거이다. 그런데 일본은 이들 사료 모두가 한국영토인 독도의 영유권적 근거가 되지 못한다고 주장한다.[6] 그 이유는 바로 일본이 「다케시마」 영유권을 주장하는 근거가 「무주지(無主地)를 〈다케시마(竹島)〉라는 이름으로 선점한다」고 하는 시마네현(島根県)고시40호 때문이다. 이 시마네현 고시40호는 1905년 2월 22일에 고시된 것으로 조선영토를 침략한다는 열강의 비난을 각오해야한다는 내무성의 지적[7]이 있었음에도 불구하고 외무성이 주도하여 러일전쟁[8]의 혼란한 틈을 타서 은밀한 각료회의를 거쳐 독도의 침략을 결정한 것이다.[9] 「신영토(新領土)」[10]로서 편입했다고 하는 시마네현 고시40호의 합법성을 주장하려면, 1905년 이전에 독도가 무주지였음을 주장해야만 하는 것이다. 그래서 일본은 한국영토로서의 근거인 독도박물관에 존재하는 600여점의 독도관련 사료를 모두 부정해야만 했다. 이를 위해서는 일본이 주관적

4) 상동
5) 「독도박물관」, http://www.dokdomuseum.go.kr/page.htm?mnu_uid=536&(검색일 ; 2015.9.30)
6) 「竹島問題研究會(島根県)」
   http://www.pref.shimane.lg.jp/soumu/web-takeshima/(검색일 ; 2015.8.30)
7) 김수희(2015.10.8.) 「일본의 독도무주지 선점론의 계보와 그 형성과정」『일본아베 정권의 독도침탈정책 강화 추세와 한국의 독도영유권의 명증』 독도학회·독도연구 보전협회 주관역사박물관」, pp.1-15
8) 일본이 한국영토를 노리고 한반도와 동해, 그리고 만주를 전장터로 하여 러시아를 침략한 전쟁
9) 川上健三(1966) 『竹島の歴史地理学的研究』 古今書院 참조
10) 김수희(2015.10.8.) 「일본의 독도무주지 선점론의 계보와 그 형성과정」『일본아베 정권의 독도침탈정책 강화 추세와 한국의 독도영유권의 명증』, pp.1-15

인 해석으로 억지논리를 펴지 않으면 불가능하기 때문이다. 이러한 입장은 일본의 지금이나 과거 정권도 동일하지만, 과거 정권들은 자신들의 논리에 문제가 있다는 사실을 많이 인식하고 있었기 때문에 독도에 대한 적극적인 영토정책을 펴지 못했다. 그런데 현 아베정권은 아주 도발적으로 독도 영유권을 주장하고 있다. 그 이유는 독도의 본질을 이해하는 것보다는 국익을 위해 독도를 일본영토화해야 한다는 생각이 앞서기 때문이다. 이로 인해 현재 한일 양국 사이에는 독도의 영유권을 둘러싸고 팽팽히 대립되고 있다.

본 연구의 목적은 이러한 문제점에 입각하여 현 아베정권의 독도정책의 정당성여부를 고증하는 것이다. 더 나아가 선행연구11)에서 다루어지지 않은 독도문제에 대한 한일 양국의 상호 인식을 검토함으로써 양국의 우호관계를 위한 방향성을 모색한다. 이를 위한 연구방법으로는 우선적으로 한일 양국의 독도에 대한 영토인식의 차이를 명확히 분석한다. 그리고 한일 양국의 역대정권들이 독도에 대해 어떻게 대처해 왔는가를 고찰하려고 한다. 한일 양국의 역대 정권들 중에는 적극적이었던 정권도 있었고 소극적이었던 정권도 있었다. 이들 정권들의 독도정책의 배경과 원인에 관해 규명한다.

한일 양국의 화해는 양국을 넘어 동아시아의 안정과 번영, 더 나아가 국제사회에까지 미치는 영향이 크다. 따라서 한일 양국이 독도문제에 있어서 상호 이해 없이 서로 자신의 입장만 주장한다면, 지금의 대립관계는 미래에도 지속될 것이다. 독도문제는 정치적 타협에 의한 무분별한 양보보다는 본질에 의거한 해결이 가장 바람직하다.

---

11) 독도에 관한 연구는 역사적 법적 연구가 주류를 이루지만, 본 연구는 선행연구에서 다룬 적이 없다. 본고는 2014년 5월 17일 한국일본근대학회의 심포지엄에서 발표한 내용을 보완 정리한 논문임.

2 한국의 독도 영토인식

1) 한국영토로서의 독도의 역사적 근거

국가가 성립하려면 영토와 국민과 주권이 있어야한다. 고유영토라고 하는 것은 국가가 성립될 당시부터 존재했던 영토를 말한다. 한국이 독도를 한국영토로서 관리해온 것은 독도가 한국의 고유영토라는 인식을 갖고 있었기 때문이다. 한국이 생각하는 독도영토에 대한 역사적으로 보는 영토적 권원은 다음과 같다.

일본은 1905년 독도를 「무주지」라는 명목으로 일본영토에 편입 조치하였다고 주장하지만, 사실상 당시의 독도는 한국의 영토로서 주인이 있는 섬이었다. 신라시대는 동해 바다에 울릉도에 우산국이 있었다. 울릉도를 본거지로 하는 우산국 사람들은 바라보이는 거리에 있는 독도를 타국의 영토라고 생각했을까? 기록이 없기 때문에 상상에 맡긴다. 고려시대에도 울릉도는 울릉성주가 다스리는 고려국의 한 성이었다. 울릉성의 사람들도 가시거리에 있는 독도의 존재를 모르지는 않았을 것이다. 고려사지리지에 동해에 우산 무릉 2개의 섬이 존재한다고 기록하고 있다.[12] 이러한 인식을 조선시대로 이어졌다. 고려 말에 왜구들이 울릉도에 들어와 노략질을 하여 울릉도를 비우기로 결정했다.[13] 조선

---

12) 1451년, 울진현조에 「울릉도(鬱陵島)는 현의 정동쪽 바다가운데 있다. … 일설에는 우산(于山) 무릉(武陵)은 원래 두개의 섬으로 서로 거리가 멀지 않아 날씨가 맑으면 바라볼 수 있다고 한다」(『高麗史』권58 地理3 東界 蔚珍縣條), 「독도박물관」 http://www.dokdomuseum.go.kr/page.htm?mnu_uid=342&(검색일 ; 2015.9.30)

13) 1379년, 「倭가 무릉도(武陵島)에 들어와 보름동안 머물다가 물러감」(『高麗史』권134 叛逆 6 辛禑 1), 「독도박물관」자료 인용

국이 1403년 쇄환정책으로 섬을 비워서 관리하기 이전까지는 울릉도에 울릉도민이 살고 있었다. 울릉도민은 울릉도에서 보이는 거리에 있는 독도의 존재를 인식하고 있었다. 반면 일본에서는 독도가 보이지 않기 때문에 환경적으로 영토인식이 자생할 수 없었다. 그러나 울릉도에 사람이 거주했던 신라, 고려, 조선 초기에는 울릉도에서 독도가 보이는 거리에 있었고, 한국영토인 울릉도사람들의 생활근거로 사용되어왔기 때문에 울릉도 사람들에게는 독도가 울릉도의 일부라는 인식이 자생할 수 있었다. 이는 삼국사기, 삼국유사, 세종실록지리지, 고려사지리지, 증보동국여지승람 등의 기록으로 확인된다. 반면 일본에서 독도에 가장 가까운 오키 섬에서는 독도가 보이지 않는다. 일본의 중앙정부가 독도를 일본영토로서 인식했다는 기록이 없다. 오히려 1696년 막부는 울릉도를 조선영토로 인정하고 일본어부들에게 울릉도도해 금지령을 내려서 울릉도와 독도[14] 방면으로 출어를 금지했다. 이렇게 근대이전 역사로 볼 때 일본이 독도를 영토로 인식한 적이 없었다.

일본은 근대 국민국가가 되면서 조선의 문호를 강제로 개방했고, 이로 인해 일본어부들이 울릉도, 독도 근해에 출몰하게 되었다. 급기야 일본정부는 러일전쟁의 혼란기를 틈타 독도를 한국영토로 인식하고 몰래 강치잡이를 하고 있던 어부 나카이 요사부로(中井養三郎)를 이용하여 은밀하게 각료회의로 거쳐 「다케시마」라는 이름으로 영토편입을 결정하고 시마네현 고시40호로 독도를 침탈하려했다.

대한제국측(심흥택군수)이 일본의 독도 편입 사실을 처음 알게 된 것은 1906년 3월28일이었다. 그 시점은 러일전쟁이 끝나고 1905년 9월

---

14) 돗토리번과 막부 사이에 질의 응답한 7개 조항에서 울릉도와 독도가 일본영토가 아니라고 결론을 내렸다. 즉 독도를 한국영토로 인식했다는 것이다.

포츠머스조약으로 강화조약이 조인되고 그 결과 한국 경성에 일제 통감부가 설치되고 난 이후였다. 일본은 시마네현 관리를 통해 울릉도를 방문하여 독도가 일본의 신영토가 되었다고 구두로 통보했다.[15] 이에 대해 울도군의 관할구역으로서 독도를 행정적으로 관할하고 있던 심흥택 군수는 시마네현 관리의 진술을 바로 다음날 1906년 3월28일 긴급으로 대한제국정부에 보고했다.[16] 이를 접수한 총리대신과 내부대신은 독도가 한국영토임을 단정하고 일본정부의 독도침탈사실을 1906년 5월1일자로「대한매일신보(大韓每日申報)」를 통해 대내외에 알리고 이를 인정하지 않았다.[17] 이를 볼 때 대한제국은 독도를 한국영토로 인식하고 관리하고 있었는데 일본제국이 대륙침략의 일환으로 독도를 침탈하려고 했던 것이다. 일제의 대한제국 영토침탈은 계속되어 그 5년 후인 1910년 대한제국의 영토를 강제적으로 편입하는 조치를 취했다. 다시 말하면 일본이 독도를 강제로 자국의 영토에 편입조치를 취하고 그다음 순서로 한국 전체를 병탄한 것이다. 그러나 1905년 편입조치를 취한 것에 대해 한국은 인정하지 않았기 때문에 일방적인 영토조치로서 불법조치이다. 한국은 36년간 일본의 식민지 지배를 받았다. 일본의 식민지정책은 1945년 패전으로 막을 내렸다. 일본은 연합국이 요구한 카이로선언과 포츠담선언의 내용을 전적으로 수용하겠다고 약속했다. 한국은 이러한 관점에서 일본으로부터 침략당한 모든 영토를 수복하기를 원했다. 심지어는 임진왜란을 계기로 일본 중앙정부 관할 하의 일본 영토가 된 대마도에 대해서도 영유권을 주장할 정도로 영토의식이 고

---

15) 신용하(2011)『독도영유권에 대한 일본주장 비판』서울대학교출판문화원, pp.221-234
16) 상동
17) 상동

취되어 있었다. 작은 암초에 불과한 두 섬, 파랑도와 독도이지만, 일본에게 넘겨서는 안 된다는 강한 영토 의식을 갖고 있었다. 그런데 이러한 영토인식은 1946년 연합국의 정책에 의해 파랑도와 대마도는 일단 제외되었지만, SCAPIN 677호에 의해 울릉도, 제주도, 독도까지를 한국영토로 인정을 받게 되었다. 그런데 일본이 대일평화조약에서 독도에 대한 영유권을 주장함으로써 연합국은 「SCAPIN 677호에서의 한국영토 독도」라는 결정을 바탕으로 독도 영유권에 관해 무인도라는 점에서 시급한 문제가 아니라는 입장에서 지위 결정을 피했던 것이다.[18] 그러나 연합국이 결정한 CAPIN 677호에 의해 한국이 통치권과 관할권을 갖고 있었기 때문에 일본의회에 제출된 「일본영역참고도」(해상보안청 제작)를 보더라도 독도는 한국영토로서 결정된 것이나 다름없다.

2) 한국의 실효적 독도 관할 통치와 영토인식

실제로 울릉도에서 한일 양국의 어민이 충돌한 것은 문헌상으로 1692년이다. 한일 간에 독도영토문제가 본격화된 것은 1693년 안용복이 1차로 일본에 도항하여 울릉도와 더불어 독도의 영유권을 주장한 것이다.[19] 1696년 2차도일 때에는 「조선지팔도(朝鮮之八道)」의 강원도 소속으로 「죽도(竹島, 울릉도)와 송도(松島, 독도)」가 있다는 것을 일본

---

18) 대일평화조약에서는 지위결정을 하지 않았지만, 한국이 실효적 지배 상황을 중단하지 않았으므로 한국영토로 인정한 결과가 된다. 그 사실은 「일본영역참고도」(1952)나 「일본영역도」(1952)가 증명한다. 정태만(2015.10.8.) 「일본영역참고도와 연합국의 대일평화조약」『일본 아베정권의 독도침략정책 강화 추세와 한국의 독도 영유권 명증』독도연구보전협회 2015년도 학술대회, pp.55-70. 每日新聞社編(1952) 『対日平和条約』每日新聞社刊 참조

19) 『肅宗實錄』卷30, 肅宗22年(丙子,1696年)9月 戊寅(25日)條

측에 제시하여 울릉도와 더불어 독도가 한국영토임을 주장했다.[20] 그 때문에 일본 막부는 1696년 이에 대해 이의를 제기하지 않고 울릉도와 독도가 한국영토임을 인정하여 「죽도」(울릉도)의 도해허가증을 갖고 있는 일본어부의 울릉도 도해를 금하는 금지령을 내렸다.[21] 이로 인해 일본인들은 독도와 울릉도가 위치한 오키섬 서북쪽으로 도항할 수 없게 되었다.[22] 독도에 대해서는 「송도도해면허」라는 것이 없었기 때문에 독도에 대한 도해면허를 취소할 리가 없다.[23] 일본 영토론자들의 주장으로는 막부가 독도에 대한 도해면허를 취소하지 않았기 때문에 독도는 계속적으로 일본영토였다는 것이다.[24] 그것은 옳지 않다. 왜냐하면 중앙정부의 영유권 인식 없이 영토가 될 수 없기 때문이다.[25] 당시 일본의 중앙정부가 독도를 영토로서 인식하여 관리했다는 증거가 없기 때문이다.

그 다음으로는, 1906년 3월 28일 시마네현 관리들이 독도를 시찰하고 돌아가는 길에 울릉도를 방문하여 편입조치한 일본의 신영토로서 「다케시마」의 존재사실을 알렸다. 이 사실을 전달받은 심흥택 군수는 뜻밖의 어이없는 일이 생겨 바로 이튿날인 1906년 2월 29일 이를 조선

---

20) 권오엽·大西俊輝註釈(2009) 『독도의 원초기록 원록각서』 제이앤씨, p.44
21) 돗토리번 심문서 7개 조항, 송도는 호키번과 이나바번 두 번 어느 쪽의 소속도 아니다.
22) 도항금지 푯말을 설치했다. 「일본이 필사적으로 반출을 막으려한 독도 팻말의 비밀」『조선일보』(2010.3.6)
23) 가와카미 겐조(竹島の歷史地理学的研究)는 1656년 송도도해면허를 취득했다고 주장하지만, 근거없는 주장이라는 것이 밝혀졌다. 池内敏(1998)『近世日本と朝鮮漂流民』臨川書店, 참조
24) 外務省(2008) 「竹島問題」「パンフレット'竹島問題を理解するための10のポイント'」 참조
25) 국가를 이루고 있는 것이 영토, 주권, 국민이고, 국가가 영토를 확장하고 축소할 수 있기 때문에 영토취득은 중앙정부만 가능하다.

조정에 보고했다.[26] 조선조정의 내부(內部)는 한국영토였던 독도에 대해 일본이 러일전쟁 중이었던 1905년 2월 22일에 침략적인 방법으로 「시마네현(島根県)고시40호」로 독도가 「무주지(無主地)」라고 하여 시마네현에 편입하여 새로운 영토를 취득했다고 하는 주장을 듣고 통감부에 항의했다.[27] 그때에 통감부는 1900년 조선조정이 「칙령41호」로 정식으로 「울도군」을 설치하여 「석도(독도)」에 대해 행정적 관할조치를 취하였다는 사실을 확인하고 독도가 한국영토라고 주장하는 조선조정의 항의에 대해 아무런 반론을 하지 않았다.[28] 그것은 독도가 조선영토임을 인정한 것이었다. 한국정부는 러일전쟁 종료 이후 1905년 9월 4일(포츠머스강화조약)부터 1910년 일본에 병탄될 때까지 독도영토를 일본영토로서 인정했거나, 무력으로 굴복당한 적이 없었다. 따라서 1905년의 시마네현 고시40호는 일본정부의 일방적으로 취한 행위이다. 국제사회가 일본정부의 조치를 인정한 것도 아니었다. 오히려 상대국인 대한제국은 이를 부인하였기 때문에 시마네현 고시로 인해 일본에 독도를 침탈당했다고 하는 표현은 잘못된 것이다.[29] 실제로 독도가 일본의 지배하에 들어간 것은 1910년 8월 한국이 일본에 병탄되어 일본의 식민지지배를 받게 된 때부터이다.

그리고 1945년 일본이 연합국에 의해 패망당하고 한국은 독립과 더

---

26) 신용하(2011)『독도영유권에 대한 일본주장 비판』서울대학교출판문화원, pp. 221-234
27) 「울도군배치전말」『황성신문』(1906.7.13)
28) 통감부에 항의했다는 사실은 「울도군배치전말」로 확인되지만, 통감부가 반론했다는 증거자료는 없다.
29) 한국 외교통상부 홈페이지에 제3대 외교부장관 변영태 장관의 말을 빌려 시마네현 고시로 침탈당했다고 기술하고 있다. 반드시 수정되어야한다. 「아름다운 대한민국 영토, 독도」 https://www.youtube.com/watch?v=muB4_LNZ2Rk&feature=youtu.be (검색일 ; 2015.9.30)

불어, 청일전쟁이후 일본이 침략한 모든 영토가 원래의 나라에 반환된다고 하는 포츠담선언의 정신에 입각하여 연합국 최고사령부 각서인 SCAPIN 677호위 조치에 의해 최종적 영토 결정이 내려지는 대일평화조약이 체결될 때까지 독도를 실효적으로 관리하고 통치하게 되었다.[30] 그래서 일본은 대일평화조약에서 독도의 통치권을 강탈하려고 냉전이라는 동아시아체제 속에서 일본에 우호적이었던 미국에 기대어 갖은 수단을 동원하여「다케시마 영토화」를 노렸다.[31] 그러나 대일평화조약에서는 미국의 관료 중에 일부[32]가 일본의 입장을 지지하는 자도 있었다. 결국 영연방국가의 이의제기로 연합국이 합의한 견해는 무인도로서 영토분쟁지역에 대해서는 개입하지 않고 당사자 간의 해결에 맡긴다고 하는 원칙[33]을 세웠다. 이로 인해 당초 일본은 자신이 의도한 대로 독도를 일본영토로서 조약에 명기하지 못했다.[34] 오히려 한국이 1946년1월 18일 SCAPIN 677호에 의해 독도를 실효적으로 관리 통치하고 있었으므로 연합국이 이를 부정하지 않았다.[35] 한국정부는 더 나아가 이승만대통령이 평화선을 선언하여 SCAPIN 677호에 의한 독도영유권 조치를 더욱 강화했다.[36] 당시 국제법은 영해나 배타적 경제수역에

---

30) 신용하(2011)『독도영유권에 대한 일본주장 비판』서울대학교출판문화원, pp.249-264
31) 시볼트를 통해 대일평화조약에서 독도를 탈취하려고 했다. 신용하(2011)『독도영유권에 대한 일본주장 비판』서울대학교출판문화원, pp.283
32) 시볼트, 딘 러스크, 벤 플리트 등 이들은 일본의 로비가 닿은 자들임.
33) 최장근(2005)『일본의 영토분쟁』백산자료원, p.75
34) 오카자키 카쓰오 외무대신은 대일평화조약에서 연합국에서는 독도를 한국영토로 해석할 수도 있다고 발언했다. 국무대신 오카자키 카쓰오 발언,「지방행정위원회-4호, 1953년 11월 5일」, 동북아역사재단편『일본국회 독도관련 기록 모음집 1』제1부, p.196
35) 한국의 실효적 지배 상황을 중지하는 아무런 조치도 취하지 않았다. 오히려 주일공군의 독도폭격연습장 지정을 철회를 요구한 한국의 입장을 받아들여 철회했다.
36) 대일평화조약에서 한국이 실효적 지배를 하고 있는 독도에 대해 최종적인 지위를 결정하지 않았기 때문에 평화선 조치는 677호를 계승한 자위행위에 해당된다.

대해 명확한 규정이 없었기 때문에[37) 한국의 평화선에 대해 일부 국가가 호의적으로 보지 않은 경우는 있어도,[38) 평화선 자체가 불법이라고 저지하려했던 국가는 없었다. 단지 일본만이 독도가 자국의 영토라고 주장하면서 평화선을 인정하지 않으려고 했을 뿐이다.[39) 1948년 주일 미군이 독도를 공군폭격연습장으로 지정하여 오폭사고로 한국어민 30여명이 희생당하는 사건이 있었다. 이에 대해 한국정부가 항의하여 폭격연습을 중지함과 동시에 미국의 사과를 받았다.[40) 그 후 대일평화조약이 체결된 이후 일본은 미국으로부터 대일평화조약에 의해 독도가 자국의 영토가 되었음을 인정받기 위해 다시 독도를 주일 미 공군의 폭격연습지로 지정하도록 선동했다.[41) 이로 인해 미일행정협정의 미일 합동위원회에서 독도를 다시 주일미공군의 폭격연습지로 지정하였지만, 한국 산악회가 독도를 방문했을 때 공군의 폭격훈련중인 사실을 확인하고 항의했다. 이에 대해 미국은 한국의 요청을 받아들여 다시 미 공군의 폭격연습장 지정을 철회했다. 이처럼 미국도 한국의 독도에 대한 실효적 관할통치를 인정했던 것이다. 연합국에 소속된 국가들 중에서 한국이 실효적으로 관할통치하는 독도에 대해 이의를 제기한 적이 없었다.

---

37) 12해리 영해와 200해리 배타적 경제수역 개념은 1982년에 유엔해양법협약에서 채택되었다.
38) 1952년 1월 평화선을 획선했을 때는 문제시하지 않다가, 딘 러스크의 1953년과 54년의 밴 플리트가 평화선에 대해 언급한 경우이기 때문에 연합국 소속국가의 견해가 아니고 개인적인 견해로 보는 것이 타당하다.
「竹島問題」일본외무성(검색일 : 2009.5.10)
http://www.mofa.go.jp/mofaj/area/takeshima/(검색일 ; 2015.6.30)
39) 일본은 이승만대통령이 불법으로 선언한 경계선이라고 하여 「이승만 라인」이라고 부른다.
40) 정병준(2010) 『독도 1947』 돌배개, p.191
41) 신용하(2011) 『독도영유권에 대한 일본주장 비판』 서울대학교출판문화원, pp.305-308

한국정부는 평화선을 대외적으로 선언하여 독도가 한국영토라는 영토인식을 분명히 했고, 그 후의 한일협정[42])과 대륙붕협정이 체결되었을 때도 독도가 한국영토라는 확고한 영토인식을 갖고 있었기 때문에 일본정부는 이를 차단하지 못했다.

현재 한국의 독도에 대한 영토인식은 1905년 일본의 영토 편입 조치에 대한 영유권 주장을 부정하고 있기 때문에 독도영토는 512년 신라가 우산국을 복속한 시점으로부터 지금까지 고유영토로서 관할통치하고 있다는 것이다. 조선시대 내내 울릉도와 더불어 동해에 존재하는 또 하나의 섬, 즉 독도에 대한 영토주권을 한 번도 포기한 적이 없었다.[43]) 그래서 한국은 이를 바탕으로 그 연장선상에서 독도가 한국의 고유영토라고 인식하고 있다. 이러한 인식은 미래에도 변함이 없을 것으로 본다. 잃어버린 간도 영토를 보더라도 영토주권은 지키지 않으면 타국의 영토가 된다는 사실을 기억해야할 것이다.

---

42) 1953년 11월 5일 외무대신 오카자키 가스오(岡崎勝男)는 한일회담에서의 독도문제 해결 가능성에 대해, 「이 문제는 별도로 해결하는 것이 낫다」고 하여 대일평화조약에서 일본영토로 결정되지 않았고, 오히려 한국이 실효적으로 관할 통치하고 있는 독도를 일본영토로 한일협정에서 변경하는 것은 불가능하다는 입장이었다.

43) 우리 선조들은 신라시대에 울릉도(독도포함)를 영토로 하는 우산국을 편입하였고, 고려에는 우산성으로 행정 조치하여 울릉도(독도포함)를 관리하였고, 조선시대에는 수토정책으로 울릉도(독도포함)를 관리했으며, 대한제국 시기에는 일본의 도발에 대응하여 칙령41호로 울릉도와 독도를 영토로서 굳건히 수호해왔다. 그러나 일제 침략기에는 국제질서에 편승하지 못하여 영토와 국민과 주권을 송두리째 일본에 빼앗기어 국가 잃은 수모를 겪었다. 일제 강점기의 우리 선조들은 목숨 걸고 국가 독립을 위해 투쟁했고, 제2차 대전에서 연합국이 승리함으로써 한국의 독립 의지를 인정받아 영토, 국민, 주권을 수복하여 국가를 되찾았다. 연합국은 히로시마, 나가사키에 원폭을 투하하고 일본에게 무조건적으로 「침략한 영토를 모두 포기」하도록 하여 전쟁을 종결시켰다. 연합국은 포츠담선언에 의거하여 SCAPIN 677호로 독도를 포함한 한국영토의 범위를 명확히 했다. 그때 한국은 실제로 독도를 관할했다. 연합국은 1951년 대일평화조약에서 한국영토를 최종적으로 확정했다. 그런데 독도에 대해서는 아무런 조치가 내리지지 않았다. 미국은 일본을 자유진영에 편입하려고 일본의 로비를 적극적으로 거절하지 못했던 것이다.

3) 역대 한국정부의 독도 영토정책의 실태

한국의 역대 대통령은 모두 영토주권을 잘 수호했다고 생각하기 쉽다. 왜냐하면 그 나라를 책임지고 있는 최고의 통수권자이기 때문이다. 그런데 반드시 그렇지만 않은 것 같다. 대한민국은 1945년 일본으로부터 독립되었으나 미군의 신탁통치를 받고 있다가 1948년 대한민국이 건국되었다. 대한민국은 독도를 경상북도의 행정구역에 포함시켜 한국영토로 관할 통치하였다.[44]

이승만 정권에서는 대일평화조약이 체결되고, 평화선을 설치했고, 독도에서의 실효적 지배를 강화했다. 독도는 SCAPIN 677호에 의해 해방과 더불어 한국이 실효적 지배를 했다. 대일평화조약에서는 한국영토인 독도에 대해 「독도」라는 명칭을 명확히 하지 않았다. 이승만대통령은 1952년 일본이 이를 빌미로 독도 침탈 가능성을 고려하여 신속하게 평화선을 선언하여 일본의 침입을 차단했다. 독도에 등대를 설치하고 무장한 경찰을 주둔시켜 영토화를 공고히 했다. 그 결과 오늘날 한국경찰이 독도에 상주하고 있다. 일본의 독도 침탈 의도는 이승만 정권 내내 계속되었다.

박정희 정권에서는 한일협정과 대륙붕협정이 체결되었다. 박정희 대통령은 1965년 한일협정에서 일본의 독도침탈의도를 견제하여 단호하게 「독도는 한국영토로서 영토문제는 존재하지 않는다」는 입장을 관찰시켰다. 이것이 지켜지지 않을 경우 한일협정을 체결하지 않겠다는 입

---

44) 6월 8일 당시 경상북도지사 曹在千의 참석 하에 독도폭격사건으로 사망한 어민들을 위해서 「독도조난어민위령비」를 건립함. 독도박물관,
  http://www.dokdomuseum.go.kr/page.htm?mnu_uid=342&(검색일 ; 2015.6.30)

장을 일본정부에 명확히 했고 이를 실천했다. 일본은 박정희 정부의 독도 영토에 대한 의지를 꺾지 못했다. 박정희 정부의 이러한 입장은 1974년 대륙붕협정까지 이어져서 독도가 한국영토라는 것을 전제로 북부대륙붕경계선을 설정하여 한일 양국이 공동개발을 시작했다. 일본은 박정희 정권의 독도 영토주권에 대한 강한 의지를 인정하지 않을 수 없었다. 그 이후 일본정부의 독도정책은 소극적으로 전환되었다. 다만 박정희 정권은 한일협정에서 「독도밀약」 같은 구두약속으로 「서로의 입장을 존중한다」고 하는 약속을 하기도 했지만,[45] 이는 일본의 독도침탈을 막기 위한 하나의 방어책으로 채택한 것이지, 그것이 법적 구속력을 갖는 것이 아니기 때문에 독도영유권을 조금도 훼손하지 않았다.

전두환, 노태우 두 정권은 한일 양국의 우호관계를 발전시킨다는 이유로 일본의 요구에 의해 독도에서의 실효적 조치를 강화하지 않고 현상을 유지하는데 노력했다. 두 정권의 소극적인 독도정책은 일본에게 한국의 독도영토주권을 간섭할 수 있는 빌미를 제공했다.

김영삼 정권은 전 정권의 소극적인 독도정책을 변경하고 1997년 한국 국민이 독도에 입도할 수 있는 기반시설인 선착장을 확충하는 적극적인 정책으로 전환했다. 일본의 강한 반발을 샀지만, 오늘날 우리 국민이 자유롭게 독도에 들어갈 수 있는 계기를 마련했던 것이다.

김대중 정권에서는 신 한일어업협정이 체결되었다. 1997년의 한국의 금융위기상황에서 일본은 이웃나라의 불행을 행복으로 생각하듯이 일방적으로 구 한일어업협정을 파기하고 1년 기한을 정한 뒤 신 한일어업협정을 강요하여 독도를 중간수역에 포함시켰다. 독도가 한국영토이기 때문에 독도의 영토주권과 12해리의 영해주권은 훼손되지 않았지만,

---

45) 「42년 전 한일 독도밀약의 실체는....」『중앙일보』(2007.3.19)

200해리의 배타적 경제수역이 훼손되었다. 신 한일어업협정에 의해 200해리의 배타적 경제수역이 공동적으로 관리하는 잠정합의수역이 되어버렸다. 그 폐해는 계속되어 일본의 우익성향의 인사들은 이를 확대해석하여 심지어 독도를 공동으로 관리하기로 합의했다고 주장하기도 했다. 한 정권의 순간 방심으로 일본의 침략적인 독도도발에 영토주권이 위협받기도 한다. 김대중 정권에서는 「무대응의 상책」이라는 방침으로 매년 몇 번씩 도발하는 일본의 영유권 주장에 적극적으로 대응하지 않았다. 소극적인 독도정책의 부작용은 노무현정부에서 더 적나라하게 나타났다.

노무현 정권에서는 일본의 측량선이 독도를 조사한다고 하여 독도 12해리 내에 진입을 시도하여 한일 양국의 공선이 대체하는 상황이 연출되었다. 즉, 2006년 한국이 독도근해 해산의 이름을 지어 국제수로기구에 등재하려고 계획했다. 일본은 이를 막기 위해 측량선을 독도에 파견하여 양국이 정면으로 충돌하는 사건이 발생했다. 결국 노무현 정권은 해산명칭의 등재를 유보했다. 이를 계기로 노무현 정권은 적극적인 독도정책으로 전환했다. 김대중 전 정권은 소극적인 정책으로 배타적 경제수역의 「울릉도기점」을 선언하고 있었다. 노무현 정권은 이를 포기하고 「독도기점」을 선언했고, 또한 독도에 관광객들의 입도를 허가했다.

이명박 정권에서는 역대 처음으로 대통령이 독도를 방문했다. 이명박 대통령은 취임 직후 2008년 우호적인 한일관계를 위해 독도문제를 거론하지 않겠다는 방침을 표명하고 소극적인 독도정책을 추진했다. 임기 말에는 소극적인 독도정책을 변경하여 2012년 역대 대통령으로서 처음으로 독도에 입도했다. 이로써 대통령이 현지에서 독도가 한국영토임을 대외적으로 천명한 것이 된다.

　이처럼 역대 정권들이 독도의 영토주권에 어떻게 대처했느냐에 따라 「매국」과 「애국」 정권으로 구분된다. 박근혜 대통령은 어떤 형태의 「애국」 대통령으로 남을지 궁금하다. 물론 반드시 독도를 방문하지 않더라도 일본과 조약을 체결하여 독도의 주권을 훼손하지만 않아도 매국의 대통령은 아닌 것이다. 미래의 대통령은 모두 영토주권을 지키는데 있어서는 애국적 대통령이 되어야한다.

3 일본의 「다케시마」 영토 인식

1) 일본이 주장하는 「다케시마」의 역사적 근거

　일본은 「다케시마」가 역사적으로도 일본영토라고 주장한다. 그렇다면 일본이 주장하는 역사적 근거는 어떠한 것들이 있을까? 17세기에 「다케시마」의 영유권을 확립했다고 주장한다. 일본의 두 가문의 어부가 70여 년간 울릉도를 내왕하였을 때, 독도를 기항지로 삼았고, 강치잡이도 했다고 하여 일본영토로서 관리해왔다고 주장한다. 그렇다면 이를 확인할 증거가 있을까?

　일본이 독도와의 인연은 1667년에 제작된『은주시청합기』에 의하면 일본에서 독도에 가장 가까운 오키섬의 서북쪽에 송도(독도)와 죽도(울릉도)가 있다는 사실을 알게 되었다. 그런데 이『은주시청합기』에서는 당시 조선과 일본의 경계를 오키섬으로 보고 있었기 때문에 일본은 송도가 일본영토라는 인식이 아니고, 조선영토라는 인식을 갖고 있다. 그것은 1696년 일본의 두 가문의 어부가 70여 년간 울릉도를 내왕했을 때 울릉도에서 우연히 조선인 안용복을 만나서 울릉도와 독도를 둘러싼 영유권 분쟁이 발생했고, 그것은 다시 막부가 울릉도와 독도의 소속을 조사하여 돗토리번으로부터 「울릉도와 독도가 일본과 무관하다」고 하는 답변서를 받고 조선영토로 인정했던 것으로도 알 수 있다.

그 후 일본이 근대국민국가로 변신하면서 국경선을 명확히 한다는 명목 아래 영토를 확장했다. 그 일환으로 일본정부는 외무성관리를 부산에 파견하여 왜 울릉도와 독도가 조선의 소속이 되었는지를 조사했다.[46] 그때에 이를 조사한 외무성관리는 울릉도는 조선의 소속임이 명문화되어 있는 것을 확인했지만, 독도에 대해서는 「소속이 명확하지 않다」라고 하는 보고서를 메이지정부에 올렸다.[47] 그렇지만 독도는 2개의 암초로 된 무인도이었기에 당장 영토적 가치를 발견하지 못했기 때문에 영토 확장의 대상으로서는 관심 밖의 일이었다. 메이지 신정부가 지적을 편찬하는 과정에서 1877년 태정관은 울릉도와 독도가 일본영토가 아니라는 책자를 발간하였다. 이렇게 볼 때, 1905년 러일전쟁이 발발하기 전까지는 일본정부는 독도에 대해 영토로서 편입하겠다는 생각조차 존재하지 않았다.[48] 1903년 울릉도, 독도 주변에서 강치잡이를 하던 어부 나카이 요사부로도 독도를 한국영토로 인식하고 몰래 독도

---

46) 「울릉도와 독도가 조선 소속이 된 시말」『日本外交文書』第3卷, 事項6, 文書番號 87(1870.4.15.)

47) 상동

48) 하지만 「흑룡회 등에서는 독도를 무주지로 간주하여 무주지 선점으로 영토로서 편입해야한다는 움직임이 있었다.」 전게의 김수희 연구 참조

에서 강치잡이를 하고 있었다. 나카이는 독도에서 조업자가 늘어나는 것을 염려하여 강치를 독점하기 위해 한국정부로부터 독점권을 취득하려고 일본정부에 문의하였다. 그때가 마침 러일전쟁 중이라서 일본외무성의 정무국정 야마좌 앤지로는 내무성이 일본의 침략성이 열강에 노출되는 것을 우려하여 이를 만류하였음에도 불구하고,[49] 러일전쟁에 필요한 전략기지로 활용하기 위해 나카이를 이용하여 독도침탈을 적극적으로 추진했다. 나카이로 하여금 독도 편입 대하원을 제출하도록 하여 편입조치를 취하고 그 독점권을 주겠다는 것이었다. 이렇게 해서 메이지정부가 은밀히 각료회의에서 독도를 무주지라는 명목으로 시마네현 소속으로 편입한다고 결정했다. 그것이 바로 시마네현 고시40호이다. 이것은 당시 일본이 유럽으로부터 수용한 국제법에 의한 영토취득 방법을 악용한 것이다. 당시 일본은 주변국가, 혹은 그 영토의 일부를 분할하는데 국제법을 적극적으로 악용했다. 독도도 일본이 국제법을 악용하여 한국영토를 침탈하려했던 것이다. 그런데 독도는 이미 실제로 1900년에 칙령 41호에 의해 울도군이 관할구역으로 지정하여 관할하고 있는 곳이었다. 이처럼 일본이 독도에 대해 국제법의 영토취득 이론인 무주지 선점론을 적용하여 영토편입조치를 단행한 것을 당시 대한제국정부는 인정하지 않았다.[50]

일본정부는 1905년 2월 22일로 독도의 편입조치를 취하고, 1905년 11월 17일에는 한국의 외교권을 강제로 접수했다. 이것 또한 국제법을 악용하여 한국으로 하여금 스스로 동의한 것처럼 조약체결을 강요한

---

49) 「1877年3月17日條, 日本海內竹島外一島地籍編纂方伺」, 日本政府編『公文錄』內務省之部1, 日本國立公文書館所藏
50) 신용하(2011)『독도영유권에 대한 일본주장 비판』서울대학교출판문화원, pp.221-234

것이다. 한국의 외교권을 강탈한 일본은 한성에 일본통감부를 설치하여 일본제국의 한국통치기관으로서 한국내정을 간섭했다. 이러한 상황에 일본은 은밀히 러일전쟁 중에 독도편입조치를 취하고 1년이 지난 후 1906년 2월 시마네현 관리가 울릉도를 방문하여 독도의 편입사실을 울도군을 통해 간접적으로 대한제국의 중앙정부에 전달했다. 통감부는 한국의 내부대신으로부터 일본의 독도편입조치에 대해 항의를 받고, 일본보다 한국이 먼저 1900년 울도군을 설치하여 독도를 영토로서 관리하고 있다는 사실을 확인했다. 그러나 통감부의 설치 목적이 조선 침략을 위해 내정을 간섭하는 것이었기 때문에 내부대신의 항의를 묵살하였다. 이러한 과정을 통해 1910년 일본이 양국이 동등한 지위로 통합한다고 하는 「한일합방」의 명목으로 한국을 강제로 접수함으로써 독도를 포함한 한국영토가 일본영토에 흡수되었던 것이다. 일본이 한국을 통치하는 과정에 제2차 세계대전이 일어났고, 결국 일본은 연합국이 투하한 원자폭탄의 세례를 받고 무조건적인 항복을 선언했다. 이로 인해 연합국이 요구한 카이로선언과 포츠담선언을 전적으로 수용했다. 그 결과 청일전쟁이후에 일본이 침략한 모든 영토는 일본영토에서 분리되어 원래의 국가에 반환되었다. 독도도 일본이 1905년에 편입했다고 하는 곳이므로 청일전쟁 이전에 침탈한 영토에 포함된다. 그래서 연합국최고사령부는 종전과 더불어 SCAPIN 677호로 해방 한국의 영토로서 독도를 일본영토에서 분리하는 잠정적 조치를 내렸다. 일본정부는 패전으로 연합국의 중심국이었던 미국의 점령통치를 받고 있었다. 일본정부는 침략한 영토라고 하더라도 미국을 움직여서 대일평화조약에서 최대한 일본영토로서 잔류시키려고 노력했다. 독도도 그 대상이었다. 일본은 일부 미국 관료의 마음을 움직여 독도를 일본영토로 인식하도록 하였지만, 최종적으로 미국정부 전체의 인식으로 승화시키지는 못했고, 영국, 호주, 뉴질랜드 등 영연방국가들이 미국의 조치에 이의를 제기함으로써 대일평화조약이라는 국제법적 조약을 이용하여 독도를 탈취하려고 했던 일본의 의도는 달성되지 못했다.51) 결국 한국이 SCAPIN 677호로 실효적으로 관할 통치하고 있던 독도의 영유권을 변경하지 못했다. 연합국도 한국이 실효적으로 관할통치하고 있는 독도에 대해 중단조치를 취한 적이 없었고, 오히려 SCAPIN 677호에 의한 관할통치권만 존재했다. 이를 토대로 이승만대통령은 국제사회를 향해 평화선을 선언하여 국제사회의 여론을 활용하여 일본의 독도도발을 막았다. 일본은 한국전쟁 중에는 독도에 상륙하여 일본영토라는 푯말을 세우고 독도상륙을 시도했지만, 독도의용수비대의 활동으로 저지되었고, 한국전쟁 이후 1954년부터는 독도에 주재하고 있던 울릉도경비대에 의해 독도상륙이 저지되고, 해군에 의해 독도근해의 진입이 차단되었다. 이에 대해 일본은 「이승만라인」이 국제법을 어긴 불법조치52)라고 하여 한국이 일본영토 「다케시마」를 불법적으로 점령하고 있다고 한국정부에 공식적인 항의문서를 보내며,53) 일본 국내는 물론이고 국

---

51) 해양보안청이 1952년에 작성한 「일본영역참고도」에서는 독도를 한국영토로 표기했다. 해양보안청은 대일평화조약 이후의 해양질서를 위해 작성한 것이다. 이것은 대일평화조약 비준국회에서 일본 중의원에 배포되었다.

52) 오카자키 외무대신은 독도의 역사적 권원에 대해, 「1953년 12월 8일 죽도영유권에 대해, 평화조약에 일본이 권리, 권원 등을 포기하는 지역은 명백하게 쓰여 있습니다. 그 이외의 일본의 영토였던 것은 당연히 일본의 영토가 되는 것입니다. 그래서 만일 논의가 있다고 하면, 죽도가 평화조약 즉 전쟁 전 혹은 훨씬 전 옛날부터 일본의 영토였는지 아닌지를 밝히면 될 것으로 생각합니다. 일본은 죽도는 메이지 이후는 물론이거니와 그 전에도 쭉 일본의 영토로서 취급해오고 있었고, 사람이 살지 않기 때문에 조금 평온무사하게 점거했지만, 강치번식사업을 한 사람도 잇습니다. 문헌 등을 봐도 일본영토였다는 것은 틀림없는 것 같기 때문에 평화조약의 특수의 규정이 없으면 계속해서 저네 일본의 영토였던 것은 당연히 일본의 영토가 되는 것이고 따라서 일본의 영토라는 이런 해석을 취하는 것입니다.」라는 주장이다.

제사회의 여론몰이를 시작했다. 한국정부는 일본의 독도영유권 주장을 전적으로 부정했다. 1965년의 한일협정과 1974년의 대륙붕협정에서도 독도영토문제는 존재하지 않는다는 한국의 입장을 전적으로 관철시켰다. 일본정부가 이러한 조약에서 한국의 입장을 변경하지 못했다는 것은 표면적으로 영유권을 주장하고 있지만, 실질적으로는 일본영토로서의 입장을 포기한 것이나 다름없었다. 이러한 입장은 1998년 신 한일어업협정이 체결될 때까지 지속되었다. 그런데 일본은 1997년 한국에 금융위기상황이 도래하자 일방적으로 1965년의 어업협정을 파기하고 자신들에게 유리한 새로운 어업협정을 요구했다. 한국정부는 한일관계의 진전으로 금융위기 상황을 탈출하기 위해 독도 영토주권을 훼손하지 않는 한도 내에서 어업협정을 체결했다. 일본정부는 독도주변을 공동으로 관리하는 점정합의수역을 요구하였다. 한국은 독도는 한국영토이고 독도주변 12해리는 한국의 영해이기 때문에 신 한일어업협정에서 제외되는 지역이라는 입장이었다. 조약의 당사자였던 일본정부는 어업문제에 한정한다는 단서조항으로 한국의 입장을 전적으로 수용했다. 그런데 「다케시마」 일본영토론자들은 이를 확대해석하여 「다케시마」가 일본영토이기 때문에 「다케시마」기점의 12해리 영해도 일본영해라

---

53) 1953년 7월 15일 국무대신 오카자키 가쓰오(岡崎勝男)는 일본영토로서의 증거에 대해, 「죽도가 일본영토라는 증거를 말씀드리면 이것은 이미 말씀드린바와 같이 역사적 사실로도 분명히 알 수 있는 것이고, 또 그 후 여러 사령부 등의 조치를 보더라도 이점에 대해 어떠한 의혹도 가질만한 점이 없습니다. 원래 총사령부의 지령은 영토의 변경 등을 다룰 수 없는 것으로 점령 중의 일시적인 조치를 정해 놓은 것에 지나지 않습니다. 또 평화조약 안에서 일본의 권리와 권원을 포기한다고 한 지역은 명료하게 쓰여 있는 것으로 그 이외의 것은 당연히 일본의 영토인 것이며, 또한 이른바 맥아더라인 등도 영토의 변경과 같은 근본적인 문제를 처리하는 것은 불가능하기 때문에 사실(史實)로 말해도 국제법적으로 말해도 일본영토라고 하는 것에는 문제가 없는 것입니다.」라는 주장이었다.

고 하여 한국에게 불법 점유당하고 있다고 주장한다. 이러한 인식은 협정체결 당사자가 가장 정확하게 잘 알고 있다. 그런데 시간이 지나면 지날수록 사실관계가 왜곡되어 표면적이고 영토내셔널리즘적인 해석으로 변질되어 한국이 관할 통치하고 있는 독도의 영유권을 양보하였다고 주장한다. 이런 현상은 아베정권에 들어와서는 특히 심화되었다고 하겠다.

2) 「다케시마」의 영토편입과 영유권 주장의 경과

일본정부가 독도에 대해 영토적 야심을 갖게 된 것은 러일전쟁 때였다. 그 계기는 나카이 요사부로라는 어부가 일본정부에 대해 한국정부로부터 강치잡이의 독점권을 취득하려고 문의했던 것이다. 나카이는 1903년부터 독도에서 강치잡이를 하고 있었고, 그때 나카이는 독도를 한국영토로 인식하고 있었다. 나카이는 다른 어부들도 독도에서 강치 조업을 시작하려고 했기 때문에 독점권을 확보하기 위해 일본정부에 타진했다. 그때 처음으로 일본정부는 독도의 가치를 발견하고 영토적 관심을 갖게 되었다. 그 이전에 중앙정부가 독도를 일본영토로서 인식한 적은 한 번도 없었다. 오히려 17세기의 「죽도일건」때나, 메이지 신정부도 울릉도와 더불어 독도를 한국영토로 인식하고 있었다. 그런데 1904년시점의 일본정부는 나카이의 타진에 편승하여 외무성 야마좌 엔지로 정무국장이 시국상의 필요성에 따라 신영토로서 편입하여 대여해 주겠다고 했다. 이미 이 영토는 나카이도 언급했고, 당시 내무성도 한국영토로 인식하고 있었다. 그런데 당시의 한국은 국력이 거의 소진되어 있는 상태였기 때문에 일본은 러시아의 간섭만 없으면 한국영토를 침탈하는 것은 시간문제였다. 그래서 러시아를 조선에서 배척하기 위해 러시아를 침략하여 전쟁을 일으켰다. 일본이 러일전쟁을 일으킨 목적이 한국 침탈에 있었기 때문에 혼란한 러일전쟁 상황에 독도가 한국이 관할하고 있는 섬인 줄 알면서도 「무주지」라고 하여 은밀한 방법으로 편입조치를 취한다. 이러한 사실을 러시아가 알 리도 없었겠지만, 알게 되었다고 하더라고 전쟁 중이라 간섭할 수 없었다. 일본은 전쟁 중이라서 독도를 취할 수 있는 절호의 기회라고 판단했다.

이를 볼 때 일본의 독도 편입 의도는 애초부터 타국의 영토에 대한 침략적인 의도를 갖고 있었다. 일본은 은밀한 방법으로 독도를 편입한 후 그 5년 뒤 1910년 한국을 강제로 일본영토에 병합하는 형태로 한국(영토)을 침략했다. 당시 일본의 영토인식은 타국의 영토라고 하더라도 힘의 논리로 영토를 확장할 수 있다는 것을 기정사실로 받아들이고 있었다.54) 결국 일본의 과도한 영토야욕은 연합국의 견제로 히로시마, 나가사키에 원자폭탄의 세례를 받게 되어 침략한 영토는 모두 몰수 조치되어야 했다.

일본은 애당초 연합국의 요구를 전적으로 수용하였기 때문에 연합국의 결정에 따라 일본영토의 범위가 정해지게 되었다. 연합국은 1946년 1월 18일 SCAPIN 677호로 제주도, 울릉도, 독도를 일본영토에서 분리하여 한국영토의 범위를 명확히 했다. 그렇다고 해서 일본은 연합국이

---

54) 일본은 1868년 근대일본을 건국하고 나서 바로 이듬해 우선적으로 아이누민족을 말살하여 그들의 영지를 일본에 병합했고, 1871년에는 유구국을 강제로 일본에 병합했다. 계속해서 조선에 대해서는 1876년 강화도조약, 1894년 청일전쟁, 1904년 러일전쟁을 일으켰고, 1904년 한일의정서. 같은 해 제1차 한일협약, 1905년 2차 한일협약, 1907년 3차 한일협약, 1910년 한일 강제합병조약을 강요했다. 그리고 1914년 제1차 세계대전, 1931년 만주사변과 1941년 진주만 공격으로 이어지는 태평양전쟁을 일으켰다.

과도하게 일본의 영토범위를 축소할 수도 있다고 생각했기 때문에 연합국의 결정을 무조건적으로 따를 수는 없었다. 그래서 일본은 연합국에게 의견을 최대한으로 개진하여 일본의 주장을 반영시키려고 노력했다. 마침 대일평화조약을 체결하는 과정에서는 영, 미의 자유진영과 대립되고 있던 소련을 중심으로 하는 공산진영이 탈퇴함으로써 미국은 패전국 일본을 자유진영으로 편입시키려는 의도로 일본의 요구사항을 전적으로 부정할 수 없었다. 특히 영토조항에서 일본은 포츠담선언에 의해 침략한 모든 지역이 일본영토에서 박탈되어야 마땅하지만, 최대한 영토주권을 잔존시키려고 노력했다. 독도에 대해서도 일본영토로 잔류시키려고 했다. 독도가 일본영토로 잔류되어야하는 근거로서, 1905년 일본정부가 독도를 국제법의 무주지 선점이론에 근거하여 편입하여 일본의 신영토가 되었다는 것이다. 일본정부는 한국이 이미 일본이 편입하기 이전에 독도를 한국영토로서 인식하고 관리해왔다는 점을 인정하려하지 않았다. 그것을 인정하게 되면 1905년의 편입조치가 불법이 되기 때문이다. 일본의 영토인식은 제국주의적인 방법으로 영토를 확장했기 때문에 영토팽창의식을 갖고 있다. 한국은 타국의 영토를 침략한 것이 아니라 고유의 영토라는 의미에서 고유영토론을 갖고 있다. 결국 미국은 일본의 요구를 수용하려는 입장이었으나 영국, 호주, 뉴질랜드 등의 영연방국가 소속의 연합국들이 반대하여 대일평화조약에서 일본은 독도에 대한 영토적 지위를 취득하지 못했다. SCAPIN(연합국최고사령부명령) 677호에 의해 한국이 실효적으로 관할통치하고 있던 독도의 지위를 변경하지 못했다. 한국의 이승만대통령은 이런 상태를 명확히 하기 위해 평화선을 선언하여 일본의 침입을 사전에 차단했다. 이에 대해 일본은 한국이 독도를 불법으로 점령하고 있다고 주장하기 시작했다. 그것은 대일평화조약에서 독도가 일본영토로서 지위가 결정되었다는 주장이다. 이는 옳지 않다. 대일평화조약에서는 한국이 실효적으로 관리하고 있는 독도의 영토적 지위에 대해 아무런 언급이 없었다고 하는 것은 즉 독도가 한국영토라는 것을 인정했다는 것이 된다.[55] 실제로 대일평화조약의 초안을 작성하는 과정을 보면, 미국 초안은 5차까지는 한국영토로 결정했고, 6차 초안은 일본영토, 7차 이후는 독도의 지위에 관해 언급이 없어졌다.[56] 최종적으로는 연합국은 「독도와 같은 무인도에 대한 영토분쟁지역은 다루지 않고, 오키나와와 같은 유인도에 대한 영토분쟁지역은 신탁통치한다」라고 하는 방침을 세웠던 것이다.[57]

따라서 영토팽창론을 정당하다고 생각하는 일본의 입장에서 보더라도 대일평화조약에서 일본영토로서 지위가 결정이 되지 않았기 때문에 독도는 일본영토가 될 수 없던 것이다.

대일평화조약 이후, 일본의 역대정권들도 한일관계를 개선하기 위해서는 이러한 사실을 부정할 수 없었다. 결국 한일협정이나, 대륙붕협정에서 한국의 실효적 지배 상황을 묵인하는 입장을 취했다. 그럼에도 불구하고 역대정권들도 표면적으로는 대일평화조약에서 독도가 일본영토로 결정되었다는 주장은 포기하지 않았다. 그리고 한국이 이승만대통령이 「이승만라인」을 설정하여 일본의 영토인 「다케시마」를 무력으로 불법 점령하였다는 주장도 포기하지 않았다.[58] 그러면서도 한편으

---

55) 일본영토로 귀속될 섬으로서 구체적으로 언급되지 않은 섬은 일본영토가 아니라는 것이다.

56) 김병렬(1998) 「대일강화조약에서 독도가 누락된 전말」『독도영유권과 영해와 해양주권』 독도연구보전협회, pp.165-195 참조, 초안의 명칭에 대해서는 정병진, 이석우 등의 여러 가지 설이 있음.

57) 최장근(2005) 『일본의 영토분쟁』 백산자료원, p.75

로는 분쟁지역이라고 주장한다.59) 한국정부는 이러한 일본의 주장을 전적으로 부정했다. 이러한 상황에서 일본정부의 일차적인 목표는 한국정부로부터 독도가 분쟁지역이라는 것을 인정받는 것이었다. 이를 위해 일본정부는 한국정부에 대해 무주지선점론을 주장하는 시마네현 고시 40호가 합당하다고 하여 국제사법재판소에서 독도문제를 해결하자고 제안하고 있다. 이것은 독도가 분쟁지역으로 비추어지도록 하기 위한 의도이다. 오늘날 일본의 독도 영유권 주장은 20세기 초반의 제국주의적 영토취득논리인 영토팽창론에 의한 것이다. 일본이 아무리 독도에 대해 영유권을 주장하더라도 현행 국제법이 침략적인 영토조치를 불법으로 다루고 있기 때문에 독도는 더욱 일본영토가 될 수 없다.

3) 일본 역대정권의 독도 영토정책의 실태

요시다 시게루는 미군이 점령통치 기간과 대일평화조약체결을 전후해서 일본총리를 역임했다. 요시다 시게루 정권60)은 대일평화조약에서 독도를 일본영토로 변경하려고 노력했으나 성과를 거두지 못했기 때문

---

58) 일본 외무대신 오카자키 가쓰오(岡崎勝男)는 1953년 11월 5일 독도에 대한 한국의 역사적 권원에 대해, 「그들은 그들대로 조선의 문헌 등을 인용해서 죽도가 옛날부터 조선의 영토였다고 일단 주장하고 있기 때문에 아마 이승만 라인과는 관계가 없이 그런 것이 생기기 훨씬 이전 즉 몇 백 년 전부터 조선의 영토였다는 주장입니다.」라고 언급하면서도 「다케시마」가 일본영토라는 주장은 모순적이다.

59) 오카자키 외무대신은 「일종의 국제분쟁이라고 보고 있습니다. 과거에 죽도라는 이름이 울릉도를 지칭했던 적도 있는 등 혼란스러운 부분도 있습니다만, 한국 측에서는 옛날부터 한국의 영토라고 주장하고 있어 분쟁지역이 되고 있습니다. 하지만 이곳은 명백한 우리의 땅이기 때문에 국제분쟁으로 채택할 이유가 없다고 봅니다.」라고 하여 독도가 일본영토라는 입장은 일찍이 포기한 듯하다.

60) 요시다 시게루(吉田茂)는 1946년~1947년, 1948년~1954년까지 일본의 민주자유당 의원으로서 제 45, 48, 49, 50, 51대 총리를 역임했다.

에 대일평화조약 이후의 독도문제해결에 아무런 성과를 내지 못했다. 그 결과 독도에 대한 영토의식도 결여되어있었다.

대일평화조약은 요시다 정권에서 체결되었는데, 외무대신 오카자키 가쓰오(岡崎勝男)는 다음과 같이 진술했다. 즉 「(죽도문제는) 평화조약의 내용에 일본영토에서 제외되는 지역이 명시되어 있습니다. 여기에 명시되어 있지 않은 영토는 일본 고유영토로 그대로 일본에 귀속되는 것으로 저는 해석하고 있습니다. 따라서 죽도는 당연히 일본영토인 것입니다. 그러나 이 조약에 대해 연합국 측의 해석이 다를 수도 있기 때문」[61]라고 하여 국무대신 자신은 일본의 외무대신이기 때문에 국익을 위해서라도 「다케시마」가 일본영토라고 해석하지만, 조약안을 만든 연합국 측은 한국영토로 해석했을 가능성이 있다고 하여 실제로는 대일평화조약에서 독도가 한국영토로서 결정되었다는 것을 간접적으로 시인했다.

한국정부가 주일 미 공군이 독도를 공군 폭격연습장으로 사용하는 것을 확인하고 중지를 요청했을 때 미극동군사령관이 독도를 한국영토임을 인정했다. 이 사실을 한국국방부가 성명을 내었을 때, 외무대신 오카자키는 1953년 3월 5일 「지금까지 공문서 등으로 우리는 우리의 태도를 명확히 했습니다. 이 이상 더 명확히 할 방법은 없다는 것입니다. 따라서 예를 들어 상대방으로부터 정식으로 제의가 들어오는 경우는 당연히 대응하지 않으면 안 될 것입니다만, 그렇지 않고 애드벌룬 띄우듯 하는 성명에 대해서 일일이 상대해 다투는 것은 오히려 이상하지 않은가하고 현재는 생각하고 있습니다.」[62]라고 하여 상투적인 공문

---

61) 오카자키 가쓰오(岡崎勝男) 외무대신 발언 「지방행정위원회4호, 1953년 11월 5일」, 동북아역사재단편(2009) 『일본국회 독도관련 기록 모음집 1』제1부, p.196

서로 항의하는 수준에 그쳤다. 그것은 대일평화조약에서 독도가 일본 영토로 결정된 것이 아님을 알고 있었기 때문이다.

단 이노 전문위원이 외무대신의 공문서 항의에 대해,「한국 측이 이승만 라인의 안쪽에서의 어업에 관해 추가로 제한을 두어 그냥 일본어선이 여기에 들어오는 것을 허가하지 않는다는 성명을 내고 실제로 나포된 일본어선에 대해서 이승만라인 안으로 침입했기 때문에 나포했다는 식으로 성명을 내고 있습니다. 이처럼 이승만라인이라고 하는 것은 일방적인 선언입니다만, 그러는 사이 한국은 이미 이라인을 기정사실로 여기고 행동으로 옮기고 있는 것입니다. 그렇게 해서 이 시마네현(島根県)에 속한 리앙쿠르암이라 불리는 죽도가 일본의 영유임에도 불구하고 이것이 이승만라인 내에 위치해 있고 게다가 일본어선의 자유로운 항해를 막는 행위가 현실적으로 존재할 때 이것은 일본의 주권이 가진 영토에 제약을 가하는 것이며, 일본영유권 혹은 주권을 침해하는 것이라고 생각됩니다. 그 점에 대해 지금 외무대신께서는 단지 하나의 성명에 불과하다고 하여 이것을 문제 삼지 않겠다고 하셨습니다.」[63]라고 비판하자, 오카자키 외무대신은 1953년 3월 5일「죽도로 가는 배가 방해를 받았다는 얘기를 듣지 못했습니다만 그런 일이 있다면 물론 그에 대한 조치를 하겠습니다.」[64]라고 하여 애당초부터 독도에 대한 적극

---

62) 국무총리 오카자키 가쓰오의 발언「참의원－외무·법무위원회연합심의……1호 (1953년 3월 5일)」, 동북아역사재단 편(2009)『일본국회 독도관련 기록 모음집』제1부 1948-1976년, 동북아역사재단, p.63

63) 단 이노의 발언「참의원－외무·법무위원회연합심의……1호(1953년 3월 5일)」, 동북아역사재단 편(2009)『일본국회 독도관련 기록 모음집』제1부 1948~1976년, 동북아역사재단, pp.63-64

64) 국무총리 오카자키 가쓰오의 발언「참의원－외무·법무위원회연합심의……1호 (1953년 3월 5일)」, 동북아역사재단 편(2009)『일본국회 독도관련 기록 모음집』제1부 1948~1976년, 동북아역사재단, p.64

적인 정책을 포기하였음을 알 수 있다.

일본정부는 대일평화조약에서 독도가 일본영토로 결정되지 않았다는 사실을 잘 알고 있었다. 이러한 상황에서 한국이 평화선을 선언하여 실제로 독도를 점유하고 있는 상태를 변경할 방법이 없었다. 일본정부는 국민들의 비난을 피하기 위해 1954년 독도문제를 국제사법재판소에서 해결하자도 한국정부에 제안했다. 당연히 한국이 응할 리가 없다. 그럼에도 불구하고 이런 제안한 것은 일본국민들의 불만을 의식한 것에 불과하다. 실제의 독도정책은 아주 소극적이었다.

대일평화조약 체결 이후 한일협정을 체결할 때까지 하토야마 이치로(鳩山一郎, 1954~1956)정권, 이시바시 단잔(石橋湛山, 1956~1957)정권, 기시 노부스케(岸信介, 195~1960)정권, 이케다 하야토(池田勇人, 1960~1964)정권, 사토 에이사쿠(佐藤榮作, 1964~1972)[65]정권 모두가 대일평화조약에서 독도가 일본영토로 결정되었다고 생각하지 않았다. 그래서 소극적인 방법으로 영유권을 주장하면서 한국정부에 항의서를 보내는 정도였다.

한일협정체결 이후부터 대륙붕협정체결까지의 영토정책은 다음과 같다. 즉, 1965년 한일협정을 체결하게 되었는데, 이때에도 일본정부는 독도가 일본영토로서 해결되어야한다는 생각보다는, 한국으로부터 분쟁지역으로서 인정받고 싶어 했다. 그러나 결국 독도가 한국영토라고 하는 한국의 입장을 부정하지 못했다. 일본정부는 한일협정을 체결할 때에도 한국이 독도영유권을 포기할 의사가 없다는 것을 확인하고 그다지 적극적이지 않았다. 한일협정 이후부터 1998년 신 한일어업협정

---

65) 사토 수상은 기시 노부스케(岸信介)의 친동생이고, 1974년 노벨평화상을 수상하고 한일조약을 체결했다.

이 체결될 때까지 일본의 독도정책은 소극적이었다. 소극적인 정권들은 대체로 다음과 같다. 즉, 다나카 가쿠에이(田中角榮, 1972~1974), 미키 다케오(三木武夫, 1974~1976), 후쿠다 다케오(福田赳夫, 1976~1978), 오히라 마사요시(大平正芳, 1978~1980), 스즈키 젠코(鈴木善幸, 1980~1982), 나카소네 야스히로(中曾根康弘, 1982~1987), 특히 시마네현(島根縣) 출신인 다케시타 노보루(竹下登, 1987~1989)도 그랬고, 우에노 소스케(宇野宗佑, 1989~1989), 가이후 도시키(海部俊樹, 1989~1991), 미야자와 기이치(宮澤喜一, 1991~1993), 55체제를 종언한 비자민당의 일본신당 출신인 호소가와 모리히로(細川護熙, 1993~1994), 신생당 출신의 하타 쓰토무(羽田孜, 1994~1994), 사회당 출신인 무라야마 도미이치(村山富市, 1994~1996) 등도 영유권을 주장하면서 한국의 실효적 관할통치에 대해 항의하는데 그쳤다. 그런데 다시 자유민주당이 집권한 하시모토 류타로(橋本龍太郎, 1996~1998)정권은 1997년 한국이 국제통화기금으로부터 금융지원을 받게 되어 경제적 어려움에 처하게 되었을 때 1965년에 체결한 한일어업협정을 일방적으로 파기하고 1년이란 기한을 주면서 일본이 제시한 안에 동의를 요구했다. 오부치 게이조(小淵惠三, 1998~2000)정권은 잠정적으로 한일공동관리수역을 결정한 신 한일어업협정을 체결했다. 그 이후의 모리 요시로(森喜郞, 2000~2001), 고이즈미 준이치로(小泉純一郎, 2001~2006) 정권에서도 독도에 대한 정책적인 큰 변화는 없었다.

고이즈미 준이치로(小泉純一郎) 총리와 이케다 유키히코(池田行彦) 외상은 「독도 문제」를 ICJ에 넘기려면 한국이 ICJ의 관할권을 인정하는 선언을 해야 하고 양국이 독도를 재판에 회부하는 것에 관한 특별합의를 해야 한다는 것을 알고 있었기 때문에 한국이 응하지 않기 때문

에 독도 영유권에 관해 ICJ에 제소하는 것이 불가능하다고 언급했던 것이다.[66]

「일본 외무성 조약국 법규과, "일한교섭관계법률문제조서집"(1962년 7월 작성)」[67]

그런데 시모조 마사오 등의 우익인사들이 시마네현을 움직여 죽도문제연구회를 만들고, 시마네현과 현의회를 선동하여 시마네현 조례로 「죽도의 날」을 제정했다. 그후 이들은 시마네현의 자민당 출신의 국회의원을 통해 자민당의원을 움직이고 일본 외무성을 움직이려고 노력했다. 결국 아베정권은 일본정부의 내각관방부에 영토문제 대책 기획조정실을 설치하고 독도문제를 포함하여 영토문제를 전담하게 했다.

신 한일어업협정 체결부터 「죽도의 날」 조례제정까지 일본의 영토정책은 다음과 같다. 일본정부는 신 한일어업협정을 체결하기 위해 일방

---

66) 일본 외무성 조약국법규과가 1962년 7월 작성한 「일한교섭관계법률문제 조서집」에서 다루었음. 「한국, ICJ강제관할권 인정안해…일본 관할권도 적용시점 제약」 『연합뉴스』(2014.6.10)
67) 『연합뉴스』(2014.6.10)

적으로 1965년의 어업협정파기를 선언했다. 이는 1997년 김영삼 대통령의 독도 선착장 건립에 대응하기 위한 조치였다고 하겠다. 결국 신한일어업협정은 공동관리 수역으로 해석되는 수역에 독도가 포함되었다. 이 때의 일본정부의 독도정책은 아주 도발적이었다. 2005년 시마네현이 「죽도의 날」 조례를 제정하여 강력하게 영유권을 주장했다. 이를 계기로 일본정부도 독도정책을 적극적으로 추진하게 되었다. 2012년 이명박 대통령이 독도를 방문하였을 때는 통산 3번째로 국제사법재판소에서 독도문제를 해결하자고 한국정부에 제안했다. 그러나 한국정부는 독도가 한국영토라고 하는데 한 치의 의심도 없다고 하여 거절했다.

 ## 4 한일 양국의 영토인식 차와 해결가능성

한국과 일본사이에는 서로가 양보할 수 없는 영토인식의 차이를 갖고 있다. 그것은 영토를 침략한 나라와 영토를 침략당한 나라이기 때문이다.

일본이 한일합병조약처럼 강제적인 방법으로 침략을 했다면 포츠담선언에 의해 일본영토에서 명확히 분리시키는 데 이의를 제기할 수 없다. 그런데 독도의 경우는 한국병탄 이전에 일방적으로 편입조치를 취하여 일본의 신영토가 되었다고 한다. 이것은 방법은 다르지만 모두 일본은 독도에 대해 영토팽창론에 입각하여 침략적인 방법으로 일본영토에 편입한 것이다. 그것은 한국정부가 합법적으로 인정한 것이 아니고 은밀한 방법이었다. 그런데 일본은 무주지를 일본영토로 편입했다고 주장한다. 한국영토를 편입한 것이 아니라고 한다. 그런데 1905년 이전에 한국영토라는 많은 증거가 존재한다. 일본은 이를 부정한다.

첫 번째 독도문제의 해결가능성으로는 1905년에 무주지 선점으로 일본영토가 되었다고 주장하는 것이 침략적이고 모순적인 것임을 증명하기 위해 1905년 이전에 한국영토로서 관리해왔다는 것을 일본이 인정할 때까지 근거를 찾아내어 일본을 납득시키는 방법이다.

둘째로는 일본의 전향적인 자세가 필요하다. 지금까지처럼 무조건 일본의 국익을 위해서라도 일본영토가 되어야하거나, 아니면, 최소한 얼마라도 일본의 권익을 인정받아야한다는 모순적인 생각을 버리고 문제를 본질적으로 해결한다는 생각을 가져야한다. 독도문제의 근본 요인은 먼저 편입당시에도 영토팽창의식에 의한 것이고, 일제 강점기를 거쳐 일본의 패전과 더불어 전후 포츠담선언에 의거하여 일본제국이 침략하여 팽창한 영토에 해당하는 독도에 대해 일본이 영유권을 포기해야 문제가 해결된다. 만일 일본이 포기하지 않으면 한국이 포기한다고 할 때 한국은 고유영토를 포기하는 것이다. 현재 국제사회의 조류는 과거의 잘못을 반성하고 청산해가는 것이다. 독도 영토문제를 본질적으로 해결하는 방법은 일본이 과거 침략적인 방법에 의한 영토팽창을 반성하고 독도 영유권 주장에 대해 포기해야할 것이다.

셋째로는 독도문제를 둘러싸고 지금처럼 서로의 입장을 주장하여 그 사이에 본질적이든 정치적이든 해결방법을 모색하는 것이다. 단지 최대한 독도문제로 물리적인 분쟁은 절대로 있어서는 안 되고, 외교적으로도 서로가 국익에 손해를 가져오는 소원한 관계는 최대한 생기지 않도록 해야 할 것이다. 이를 위해서는 성급한 영토문제 해결을 하려고 해서는 안된다.

5 맺으면서

본 연구는 궁극적으로는 독도문제 해결을 위해 한일 양국 간에 영토 문제에 대한 상호인식을 분석하고 영토문제의 해결가능성을 전망한 것이다. 이를 정리하면 다음과 같다.

첫째로, 한국은 고유영토론을 주장하고 있고, 일본은 무주지 선점론으로 1905년 독도편입이 정당하다고 주장한다. 한국은 유사 이래 독도를 영토로서 관리했다는 문헌적 기록이 있다. 반면, 일본은 유사 이래 독도를 관리했다는 문헌적 기록이 없다. 단지 러일전쟁 중에 무주지 선점이론으로 편입했다고 하는 내용만 존재한다. 이처럼 오늘날 양국이 영토취득 방법의 차이로 인해 서로 대립되고 있다.

둘째로, 한국은 일본에 대해 과거나 지금이나 독도 영유권에 아무런 문제가 없다는 입장을 관철했다. 그러면서도 영토정책에 있어서는 소극적인 정권도 있었고 적극적인 정권도 있었다. 반면 일본정부는 종래 독도에 대해 영유권을 주장하면서도 대일평화조약, 한일협정, 대륙붕 협정 등에 있어서 소극적인 방법으로 독도문제에 대처했다. 그런데 최근에 와서 과거정권이 왜 소극적일 수밖에 없었는가에 대해서는 무시하고 아베정권이 우경화 일색으로 「다케시마」의 영유권을 도발적으로 주장하고 있다.

셋째로, 전후 일본의 독도에 대한 영토정책은 한국의 실효적 조치에 대항하는 차원에서 이루어졌다. 그런데 갑자기 2005년에 측량선을 독도에 파견하려고 시도했던 것은 시마네현이 「죽도의 날」의 조례를 제정하고 그 여세를 몰아 선동했기 때문이다.

넷째로, 한일 양국은 독도문제에 대한 상호인식이 필요하다. 일방의 인식을 일방적으로 주장한다면 분쟁이 격화될 뿐이다. 상호이해를 통해 독도문제 해결의 해법을 모색하는 것이 중요하다. 일본은 우선적으로 세계보편적인 가치관을 갖는 것이 중요하다. 일본은 천황제에 매몰된 일본문화의 내적인 부분이 존재하기 때문에 한국에서 극단인 요구만 계속해서는 안 된다. 일본의 내적인 부분을 고려하여 한국의 독도정책에 있어서 강약을 조절할 필요가 있다고 본다.

마지막으로 독도 영유권문제는 제2차 세계대전의 종전처리와 깊은 관계를 갖고 있다. 일본은 제2차 세계대전의 종전처리를 완전히 청산하는 것을 거부하고 있다. 분명히 도쿄국제재판은 일본을 전범국가로 판결했다. 그렇다면 일본은 미래 사회를 위해서라도 지금쯤 전적으로 그것을 수용하여 문제해결의 실마리를 찾아야한다. 그런데 일본은 세계보편적 인식을 뒤로 하고 자신들의 입장을 내세워서 자신들의 주장을 반영한 유리한 해결을 노리고 있다. 그 때문에 일본을 둘러싼 전후처리는 항상 분쟁 속에 존재하고 있다. 독도문제도 같은 맥락의 문제이다.

이 글은 「한일 양국간의 영토문제에 대한 상호인식」(『일본근대학연구』제50집, 2015를 수정 가필한 글이다.

한국 일간지가 바라보는 일본의 「혐한」

─1993년부터 2015년까지의 조선일보를 중심으로─

다와라기 하루미(俵木はるみ)

일본 쓰다주쿠대학(津田塾大学) 국제관계학과를 졸업하고 한림대학교 국제대학원에서 일본학 석사학위를 받았으며 현재 광운대학교 광운한림원 조교수로 재직중이다. 한국과 일본의 역사인식문제에 관심을 갖고 「2001년도 교과서문제를 둘러싼 한일역사인식에 관한 고찰」, 「일본군 '위안부'문제의 고노담화를 둘러싼 쟁점에 관한 고찰─일본국내 부정하는 쪽과 긍정하는 쪽의 논점을 중심으로─」, 「일본 신문에 나타난 『혐한』언설의 의미 고찰─1992년부터 2015년까지의 아사히신문과 산케이신문을 중심으로─」 등의 논문이 있다. 현재 한국에 와 있는 일본유학생들과 한일교류의 역사를 공부하는 모임 등에서 적극적인 활동을 하고 있다

1 머리말

　1965년의 한일 수교 이후 50년간, 양국을 둘러싼 국제적 환경 그리고 일본사회와 한국사회는 크게 변화하였다. 양국의 교역규모는 1965년 2억2000만 달러에서 2014년 859억 5000만 달러로 390배 증가했고, 이제 양국은 경제적으로 거의 대등한 입장에서 경쟁·협력하는 관계가 되었다. 그러나 2015년도에 들어 한국의 대일(對日)수출이 작년 동기(1～5월)에 대비해 18.4% 급감함에 따라 전체 수출 대상국 순위에서 일본이 1965년 이후 50년 만에 처음으로 3위권 밖으로 밀려났다.[1] 조선일보는 그 첫 번째 이유로 엔화 약세에 따른 가격 경쟁력 약화, 두 번째로는 일본 내 「혐한」정서 확산을 꼽았다.[2]

　일본의 「혐한」 감정은 언제부터 시작되었을까? 전 주한일본대사였던 무토(武藤)는 「1992년 1월 16일의 미야자와(宮沢)총리의 방한 때였다」고 말하고 있다.[3] 1991년 12월의 전 일본군 위안부 피해자 3명이 동경지방재판소에 제소한 사건에 대해서, 총리 방한 시에 현안으로 하지 않도록 사전에 한국측에 제의했지만, 방한 직전에 아사히신문(朝日新聞)이 「군의 관여를 증명하는 새로운 자료 발견」이라는 기사가 게재되었기 때문에, 정상회담에서는 「일본을 추궁하는 듯한 느낌이었으며, (중략) 그러한 무례한 내용에 대해서 당연히 (무토는) 항의했다」고 말한다. 귀국 후, 「특히, 이전까지 한일우호를 위해 노력해

---

1)「대일 수출액 급감…50년 만에 5위로」『조선일보』(2015.6.17.)
2)「과거사 논란·독도 분쟁 갈등 속 양국 교역 규모390배로 늘어나」『조선일보』(2015.6.22.)
3) 武藤正敏(2015)「韓日対立の真相」悟空出版, pp.117-119

온 일본의 정·재계 및 지식인들로부터 일제히 반발의 목소리가 들려왔고, 그들을 크게 실망시켰다」고 한다. 그것이 다름 아닌 현재 한국측이 말하고 있는 「일본측의 보수적 언동」의 발단이 되었다고 지적하고 있다.

무토가 지적하고 있듯이, 최초로 신문지상에 「혐한」언설이 등장한 것은 1992년이며, 아사히신문은 8월 12일자 사설에서, 산케이신문은 10월 29일자 기사에서 비롯된다. 아사히신문은 「「혐한」이나 「반한」이라는 말이 일본의 매스컴에 등장하고 있다」라고 전하면서, 그 원인에 대해서 「이미 관계가 정상화되어 천황과 수상이 몇 번이나 사죄를 했는데, 한국은 여전히 과거에 집착하고 있다는 불만이 일본에게 남아있기 때문」이라고 논했다.[4] 또한 산케이신문(産経新聞)은 「한국이 과거에 얽매여, 끊임없이 사죄와 반성을 요구하고 있는 것에 대해서, 「혐한」, 「염한」 등의 말로 표현될 정도로 일본에서의 대한(対韓) 감정이 악화되고 있다」고 논평하고 있다.[5] 아사히신문과 산케이신문이 모두 「혐한」을 한국이 「과거」에 집착하면서 끊임없이 사죄를 요구하는 것에 대한 일본의 「불만」 또는 「악화되고 있는 대한감정」이라고 분석하고 있다.

그로부터 20년 가까운 세월이 흘렀는데도 2013년부터는 일본 서점에 혐한서적이 쌓이고 베스트셀러가 되기도 했다. 그들 서적의 제목을 보면, 「악(悪), 매(呆), 범(犯), 치(恥), 광기(狂気), 이질(異質), 거짓투성이(嘘だらけ)」라고 하는 말들이 한국을 표현하는 수식어로 사용되고 있는

---

4) 「한일상호의 혐오를 우려한다」,『아사히신문』(1992.8.12.)
5) 「황실외교·선택은 한국. 사라지는 거부감정, 본격화되는 방문 시기」,『산케이신문』(1992.10.29.)

것이다. 한국에서도 1994년에 『슬픈 일본인』, 『빈곤한 일본』 등, 일본 비판 서적이 베스트셀러가 되었는데, 「한국 미디어는 (그 당시) 일본을 이용한 「반일상업주의」가 있었지만, 이제는 반일감정을 부추기는 기사는 장사가 되지 않는다」고 동아일보 논설주간인 황과택은 아사히신문의 대담 기사에서 말하고 있다.[6] 일본에서는 왜 그런 현상이 일어나는 것일까? 그것은 1992년부터 2014년까지의 외교에 대한 여론조사,[7] 「한국에 대한 친근감」 조사를 보면 그 이유를 찾을 수 있다. 〈표 1〉의 「한국에 대한 친근감」 조사를 보면, 한국에 대해 친근감을 「느끼지 않는다」와 「느낀다」의 교차점이 1998년과 2012년의 2번 있다. 첫 번째 교차점인 1998년에는 「한일공동선언」이 발표되어 한국과 일본이 동등한 관계로서의 파트너십을 선언한 것이 계기가 되어 한일 간의 교류가 활발하게 이루어짐에 따라 「친근감을 느낀다」가 「느끼지 않는다」보다 상승하였다. 두 번째 교차점을 보면, 2011년에 친근감을 「느낀다」가 62.2%였던 것이 2012년에는 39.2%로 급감한다. 급감한 이유는 2012년 8월 이명박 대통령의 독도방문이 계기가 되어 일본에서 「혐한」 감정이 급속도로 악화되어 버렸기 때문이다.

---

6) 「(대담) 한일 긴장, 미디어의 역할－아사히신문·오오노 히로토(大野博人) × 동아일보－황과택－」 『아사히신문』(2014.6.24.)

7) 내각부대신관방정부공보실 「외교에 대한 여론조사」(2014.10), 2014년 12월 22일 (갱신일), http://survey.gov-online.go.jp/h26gaiko/zh/zll.html(2015.6.30 검색)

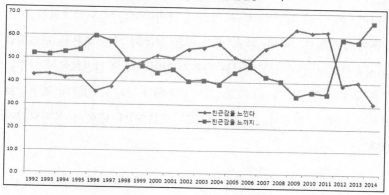

〈표 1〉「한국에 대한 친근감」조사

사실인즉 이명박 전 대통령의 독도방문이 계기가 되었지만, 어떤 과정으로 인해서 일본의 「혐한」현상이 일반사회에까지 확산되는 결과를 초래한 것일까? 이를 알기 위해서 1992년부터 2015년까지의 신문에서 「혐한」을 키워드로 검색한 기사를 통해 알아보고자 한다. 여기에서 신문을 고찰의 대상으로 선정한 이유는 2015년 아사히신문과 한국의 동아일보가 공동여론조사를 실시한 결과, 가장 주목할 점은 최근 5년 동안 상대국의 「이미지가 나빠졌다」고 대답한 사람이 일본 54%, 한국 59%, 상대국에 대한 이미지에 가장 영향을 준 것으로는 일본 78%, 한국 65%의 사람들이 「미디어」를 선택했기 때문이다.[8] 따라서 양국에서는 신문이 여론에 미치는 영향이 매우 크다고 판단되며, 일본의 5대 신문 (요미우리, 아사히, 마이미치, 니혼케이자이, 산케이) 중에서 비교적 리버럴한 아사히신문과 보수적인 산케이신문을, 한국 신문 중에서 가장 발행부수가 많은 조선일보[9]를 분석 대상으로 선정하고 일본의 「혐한」

---

8) 「관계개선, 양국 모두 희망한다. 아사히신문·동아일보, 공동여론조사 한일국교정상화 50주년」『아사히신문』(2015.6.22.)

을 어떻게 보도했는지 살펴보기로 한다.

　다만, 이 글의 목적이 한국 일간지가 바라보는 일본의 「혐한」이기 때문에 조선일보 기사를 주로 하고 일본 신문의 기사 내용은 보조자료로 사용하면서 일본 신문에서는 다루지 않았는데 조선일보에서 다루는 것은 무엇이 있었는지, 그리고 일본 신문에서 다루고 있는데 조선일보에서는 다루고 있지 않은 것은 무엇이 있는지에 대해서 살펴보고자 한다.

2 　한국과 일본의 신문을 통해서 본 「혐한」현상

　1992년부터 2015년까지 「혐한」을 키워드로 검색한 결과, 「혐한」에 대한 기사가 조선일보에는 180건, 산케이신문에는 135건, 아사히신문에는 120건이 있었다. 본 연구에서는 이를 각각 3기로 구분해 살펴보도록 한다. 제1기는 일본군 위안부 문제의 외교 문제화로부터 「한일공동선언」까지(1992~1998), 제2기는 한일관계 완화기에서 한류의 절정기까지(1999~2011), 제3기는 이명박 대통령의 독도(다케시마) 방문에서 혐한서적의 출판시기까지(2012~2015)이다.

---

9) 한국갤럽이 실시한 「신문 이용 행태 조사」(2013)에 의하면, 전국 19세 이상 2,024명의 43.5%가 「영향력이 가장 큰 신문」이라고 답했다. 「본지 열독률 19.5%, 2위 신문은 11.9%」『조선일보』(2013.10.21.)

1) 일본군 위안부 문제의 외교 문제화로부터 「한일공동선언」까지(1992~
   1998)

〈표 2〉 조선일보와 일본 일간지의 「혐한」 기사 건수의 비교(1992~1998)

신문 \ 연도	92	93	94	95	96	97	98	합계
조선일보	0	5	0	0	1	0	1	7
산케이신문	5	13	4	4	2	6	20	54
아사히신문	4	2	2	2	4	2	4	20

〈표 2〉를 보면, 1992년부터 일본군 위안부 문제로 일본에 「혐한」 감정이 시작되었는데, 조선일보는 1993년에 처음으로 「혐한」 감정에 대해서 언급한다. 1996년에는 한일 월드컵 공동개최가 결정된 전후를 둘러싸고 일본에서는 「혐한」과 「반일」논쟁이 활발했는데, 조선일보는 이에 대해서는 전혀 기사가 없다. 1998년 산케이신문이 20건이나 되는 이유는 김영삼 정부의 대일외교에 대한 비판과 새로 출범한 김대중 정부에 대한 우려와 기대가 교차하면서 「한일공동선언」을 발표한 후에는 평가와 기대로 이어진 결과이다.

(1) 아사히신문과 산케이신문의 기사내용

이 「혐한」이라는 언설은 1992년 당시 일본군 위안부 문제를 둘러싼 한일관계에 있어서, 한국이 「과거」에 집착해서 끊임없이 사죄를 요구하는 것에 대해서, 일본측의 정·재계 및 지식인들 사이에서 한국을 기피하는 분위기가 형성되었는데, 이에 대해 매스컴은 「혐한」 감정이라고 기술했다.[10] 당시, 한국인이 일본에 대해서 관심을 갖는 것에 비해, 일

10) 다와라기 하루미(2015)「일본 신문에 나타난 「혐한」 언설의 의미 고찰―1992년부

반 일본인의 한국에 대한 관심은 거의 없었고, 「혐한」감정은 이전까지의 한일관계에 노력해 온 일부 사람들 사이에 한정된 것이었다고 말할 수 있다.

1998년 김대중 전 대통령과 오부치 게이죠(小渕恵三) 전 총리는 「21세기의 새로운 한일 파트너십 공동선언」을 발표했다. 산케이신문은 「김대통령은 이번에 한국의 대일(対日) 외교를 획기적으로 전환시켰다」[11]고 평가했다. 그리고 김대중 대통령이 1965년 국교정상화 이후의 일본의 대한(対韓) 경제지원 등을 높이 평가한 것에 대해서, 「일본국민의 「혐한」감정에 대한 배려가 느껴짐과 동시에 한국국민에게 뿌리 깊게 자리 잡은 콤플렉스의 대일(対日)불신 심리로부터의 탈피를 바라는 의도도 있다」[12]고 논평했다. 아사히신문은 지금까지도 일본이 몇 번이나 사죄했음에도 불구하고,[13] 이번 「한일공동선언」에서도 다시 사죄가 포함된 것에 대해서 「한일관계가 역사인식을 둘러싸고 엉클어진 것은 일본측에 책임이 있다」고 전하면서, 「식민지 지배를 긍정하는 관료들의 발언이 끊이지 않고, 한국의 강한 반발을 사게 되었으며 반일감정이 고조되어, 이에 대한 「혐한」감정이 증폭되었다」고 분석했다.

터 2015년까지의 아사히신문과 산케이신문을 중심으로 ─」『일본근대학연구』제50집, 한국일본근대학회, pp.125-136

11) 「한일정상회담 김대통령 「새로운 협력관계」 중시 대일외교, 획기적인 전환」『산케이신문』(1998.10.9.)

12) 「한일정상회담 수상 「통절한 반성과 사과」 과거 탈피의 계기로」『산케이신문』(1998.10.8.)

13) 1990년에 노태우 대통령이 방일했을 당시, 천황이 「통석의 염(痛惜の念)」을, 1993년에는 호소카와 모리히로(細川護熙) 수상이 「식민지 지배에 대해서 반성과 사죄」를, 그리고 1995년에는 무라야마 도미이치(村山富市) 수상이 「식민지 지배와 침략에 대해서 반성과 사죄」를 표명한 바 있다.

(2) 조선일보의 기사내용

조선일보는 1993년 5월에 처음으로 「혐한」이라는 신조어가 생겨났다고 소개하면서 「지금까지 한국에 대해 상당히 호의적이던 지한론자(知韓論者)들마저 한국과 한국인에 대한 비판론을 이야기해야 언론출판계에 먹히는 게 요즘 분위기다」[14]라고 전하고 있다. 호소카와 모리히로(細川護熙) 총리가 방한 2주 전에 서울에서 열린 한일 언론인 세미나에서 일본 언론인들이 입을 모아 주장한 것이 있었다. 그것은 「정상회의가 있을 때마다 일본의 과거 식민지 지배에 대한 사죄문제가 대화를 시작하는 전제조건 같은 모양새로 제기되어 왔으며, 이것이 일본 내에 강한 「혐한」감정을 일으켜 왔다. 이것이야말로 고색창연한 양국관계가 초래하고 있는 한일 간의 최대의 손실」이라는 것이었다. 한국의 지식인들이 그 당시에 과거에 대한 일본의 진정한 사죄를 요구하는 민족적 자긍과 명분을 더 중시할 것인지, 아니면 과거보다는 경제통상, 과학기술의 협력이라는 실리를 택할 것인지에 대해 많은 논쟁을 벌여왔다. 그러나 이제 과거에 집착하기 보다는 경제 기술면에서의 실리를 택할 것을 한국정부의 기본방침으로 결론을 내려야 한다고 조선일보는 논평했다. 그래서 「과거를 접어두는 까닭」이라는 기사에서 「진정한 사과를 할 도덕적 인식도 생각도 없는 일본에게 반복해서 과거문제를 꺼내는 것은 아무런 소득도 없을 뿐만 아니라 한국을 피곤하게 만들 것」이기 때문이라고 비평했다.[15]

---

14) 「〈기사수첩〉 일본 탤런트 다케시」『조선일보』(1993.5.30.)
15) 「과거를 접어두는 까닭」『조선일보』(1993.11.7.)

2) 한일관계 완화기에서 한류의 절정기까지(1999~2011)

〈표 3〉 조선일보와 일본 일간지의「혐한」기사 건수의 비교(1999~2011)

신문 \ 연도	99	00	01	02	03	04	05	06	07	08	09	10	11	계
조선일보	1	0	0	3	0	0	2	2	2	4	4	2	9	29
산케이신문	1	1	4	4	2	1	5	1	2	2	1	1	1	26
아사히신문	0	0	4	3	0	1	2	3	3	2	0	0	3	21

2001년에 일본의 역사교과서문제가 한일 간의 외교문제가 되어「혐한」감정에 관한 기사가 일본 신문은 4건씩이 있는데 조선일보는 하나도 없는 것을 보면, 그 당시에 일본에서 일어난「혐한」감정에 대한 관심이 없었던 것으로 보인다. 2005년부터 2008년까지 각 신문의 기사가 2~5건 증가했는데 2006년에 노무현대통령의「특별담화」를 계기로 한일관계가 악화되었다. 2009년부터 2011년까지 조선일보에 15건의 기사가 있는데, 일본에서 한류가 젊은 층까지 확산됨에 따라 K-pop 스타들에 대한 기사나 만화가「혐한」적인 관점에서 기술됐다는 내용이다.

(1) 아사히신문과 산케이신문의 기사내용
① 감정적으로 대응하는 한국

「한일공동선언」에 의해 열린 양국의 교류는 지방자치단체와 민간단체까지 확산되어 갔다. 그러나 2000년에 한일 간의 외교문제가 된 교과서문제로 산케이신문에 다음과 같은「독자의 목소리」가 게재되었다. 한국의 자매도시와의 소년 축구 우호친선경기를 시작한지 3년째, 한국측으로부터 교과서 문제를 이유로 경기를 보류하겠다는 연락이 방일 2일 전에 전해졌다. 연락을 받은 다음 날, 급히 한국을 방문해서 행정

담당자와 축구협회 회장을 만났지만, 결국 국내 분위기가 냉담하기 때문에 방일할 수 있는 상황이 아니었다. 극히 감정적인 태도로 한일의 연결고리를 단절시켜 버리는 것에 심한 분노를 느끼며, 정치와 민간 외교와의 차이를 인식하지 못하는 전근대적인 사고와 아직 선진국가가 될 수 없는 한국의 모습을 목격했다.[16] 이와 같은 풀뿌리 교류를 일시적인 감정으로 차단함으로써, 모처럼의 우호를 쌓을 수 있는 기회를 놓치게 되었으며, 역으로 일반 국민들에게 「혐한」감정을 갖게 하는 결과를 초래한 것이다.

② 인터넷 공간의 「혐한」현상에 대해 언급한지 않은 기존 미디어

그 후에 「혐한」감정은 2002년의 월드컵과 북한의 납치문제를 계기로 인터넷 공간에서 표출되었고, 그러한 「혐한」언설들이 2005년에 출판된 만화 『혐한류(嫌韓流)』[17]를 통해서 일반 사회로 유출되었다. 그런데 아사히신문도 산케이신문도 이 만화에 대해서 거의 언급하지 않았고 2014년이 되어서야 산케이신문이 처음으로 언급했다. 저자인 야마노 샤린(山野車輪)에 의하면, 인터넷 공간에서의 「혐한」현상의 발단은 「한국 비판을 터브시하는 기존 미디어의 풍조에 대한 반발」이었다고 한다. 인터넷 공간에서는 기존 미디어에 대한 불신감을 가지고 있는 반면에 기존 미디어들은 그러한 인터넷공간의 움직임에 대해서 어떻게 보고 있을까? 조선일보의 기사에서 만화 『혐한류』에 대해 「일본의 주요 일간

---

16) 「〈담화실〉 한일교류 중지·재고 요구했지만」, 『산케이신문』(2001.8.6.)
17) 『혐한류』는 첫머리에서 동 월드컵에 대해서 설명하고 있는데, 한국 선수의 계속되는 거친 플레이가 반칙 판정을 받지 않거나, 한국 응원단이 독일팀을 「히틀러의 자손」이라고 매도하는 일탈행위 등을 문제시하지 않는 일본의 미디어에 의문을 제기한다. 「한일관계(1) 혐한 분출, 칭찬 뒤에 팽창하는 위화감」, 『산케이신문』 (2014.1.11.)

지는 과격하고 편파적인 이 만화책의 내용을 문제 삼아 광고 게재를 거절했다,[18]고 전했다. 이것은 그 당시의 인터넷공간의 「혐한」현상에 대한 일본의 기존 미디어들의 태도를 나타내고 있는 것이다.

2002년 9월 일조(日朝)정상회담에서 북한에 의한 납치사건[19]으로 피해자 8명이 사망했고, 5명이 생존해 있다는 사실이 밝혀졌다. 일본에서는 그 회담 이후의 모든 매스컴에서 연일 북한을 비판하며 증오를 부추기는 보도가 이어졌고,[20] 조선학교 학생들이 폭언·폭행을 당하는 사건이 속출했다.[21] 2007년에는 「재특회」[22]가 결성되었는데, 2009년 12월 4일 오후 1시경, 교토(京都)조선제일초등학교 정문 앞에서 1시간에 걸쳐 확성기를 사용한 헤이트 스피치(증오발언)[23]가 재특회에 의해서 전개되었다. 재특회는 납치문제로 발생한 북한에 대한 증오·적의를 재일(在日) 코리안에 대한 공격으로 전환시켜갔다. 이와 같이, 월드컵과 북한의 납치문제가 인터넷 공간의 「혐한」현상을 폭발시키는 발단이 된 것이다.

그러나 일본 신문에는 인터넷 공간에서의 「혐한」현상과 재특회에 대

---

18) 「한국인이 더럽게 만든 월드컵 축구사」,『조선일보』(2005.8.2.)
19) 북한은 오랫동안 사건에 대한 관여를 부정해 왔지만, 2002년에 평양에서 개최된 일조정상회담에서 일본인의 납치를 인정하고, 사죄 및 재발 방지를 약속했다. 일본정부가 인정한 납치사건은 12건, 납치 피해자는 17명이지만, 북한정부 측은 이들 중 13명에 대해서 납치를 공식적으로 인정하고 있고, 현재 5명이 일본으로 귀국했지만 나머지 12명에 대해서는 「8명은 사망, 4명은 입북하지 않았다」고 주장하고 있다.
20) 북한 납치 피해자 관련 뉴스 보도는 방대하며, 2002년부터 2005년까지 4년 동안 와이드쇼에서의 방송시간은 1위 또는 2위를 차지했다. 石田佐恵子(2007)「韓流ブームのさまざまな語り手たち」『ポスト韓流のメディア社会学』 ミネルバ書房, pp.16-18
21) 師岡康子(2013)『ヘイト・スピーチとは何か』岩波新書, p.27, p.57
22) 재특회는 「재일 특권을 용서하지 않는 시민의 모임」의 약칭이고 인터넷을 통해서 전국적으로 13,000명 정도의 회원이 있다고 한다.(2013년)
23) 「조선학교를 일본에서 추방하라」, 「북한 스파이 양성기관」, 「범죄자 조선인」, 「조선학교, 이런 건 학교가 아니다」 등.

한 기사가 거의 없었는데, 다음 기사에서 문제 제기를 했다. 2007년 아사히신문은 한중일 합동 심포지엄 「한중일 신세대와 동북아시아의 미래」가 인터넷 공간에서 내셔널리즘이 강화되고 있다는 문제의식 아래에서 개최되었다고 전했다. 인터넷 공간에 표출된 내셔널리즘은 각국모두 우려해야 할 수준이며, 영토분쟁 및 역사인식을 둘러싸고 대립하고 있다는 사실을 소개하면서, 이러한 현상이 일어나는 것에 대한 학문적인 분석이 필요하다고 지적했다.[24] 이러한 「혐한」현상의 의미에 대해서 히구치(樋口, 2014)는 다음과 같이 설명하고 있다.[25] 재특회를 비롯한 인터넷 공간의 「혐한」언설들은 한국, 북한, 재일코리안의 본질을 「반일(反日)」이라고 규정하고, 일본을 위협하는 존재로 인식하고 있으며, 그 논리에는 식민지 지배의 청산이 이루어지지 않았다는 역사적문맥이 결여되어 있다고 한다.

2011년 9월 후지TV 방송국 앞에서 한류 드라마나 K-pop을 방영해온 후지TV[26]를 「편향」이라고 비판하는 수 천 명의 시민들이 「혐한」시위에 참가했다고 한다. 아사히신문은 이와 같은 「기묘한 현상」의 배경에는 「사람들과 미디어의 관계를 결정적으로 바꾼 동일본대지진의 영향이 있다」라는 견해를 내놓았다. 즉, 대지진 당시, 정부와 기존의 미디어가 발신하는 정보가 전부가 아니라는 인식을 가지게 된 사람들은 「인터넷 사회에서 서로 지혜를 제공하고, 정보를 보충하며, 수취한 사람이확산시키는 습관이 자리를 잡고 있다」고 했다. 하지만 「일부에서는 인

24) 「합동심포지엄 『한중일 신세대와 동북아시아의 미래』」『아사히신문』2007.5.30
25) 樋口直人(2014)『日本型排外主義』名古屋大学出版会, pp.203-204
26) 2011년 7월의 방송 시간표(관동지방판)에 의하면, 한국 드라마의 지상파 방송시간은 후지TV는 매월 약 38시간, TBS는 19시간, TV도쿄는 12시간, NHK는 4시간, 그리고 일본TV와 TV아사히는 방영하지 않았다. (프리백과사전 Wikipedia : https://ja.Wikipedia.org. 2015.10.27 검색)

터넷을 만능으로 생각하고, 기존의 미디어를 부정하는 냉정함이 결여된 논의도 있다」라고 인터넷 정보의 위험성도 지적했다.[27]

(2) 조선일보의 기사내용

2002년 조선일보 기사에서 월드컵 때 해외동포들의 희망적인 목소리를 전해주는 반면에 거류민단 조직국장의 「연일 재일 한국인 집회가 일본 언론을 타는 것은 장기적으로 부작용을 낳고 「혐한」감정을 낳을 수 있다」[28]라는 우려의 목소리를 전했는데 그 후에 그것이 실제로 전개되는 상황이 벌어졌다.

① 민간에서는 한류, 정부 간에서는 갈등

한국을 방문하는 일본인이 2000년 244만 명에서 계속 늘어나면서 2009년에 300만 명을 넘어서고 2012년에는 352만 명까지 달했다. 이처럼 민간에서는 한류로 인적교류가 활발해지는 반면에 양국 정부의 관계가 경직되기 시작하는 기사가 있다. 조선일보는 국교정상화 40주년 다음 해인 2006년 양국의 정부 간의 갈등이 심해지는 상황이 벌어졌다고 전했다. 4월 6일자로 일본 외무성이 노무현 대통령의 한일관계 대처 방식을 비판한 내부 보고서를 공개했다[29]고 전하면서 그것을 공개한 배경을 다음과 같이 추측했다. 그것을 한국 국민에게 알게 해 반일 감정을 부추기고, 그 반작용으로 일본 내에서의 「혐한」감정을 끌어내는 방법으로 독도문제를 국제 분쟁화시키려는 전략일 수 도 있다는 것이다.

---

27) 「후지TV・데모, 지진으로 생긴 각성과 열병」『아사히신문』(2011.10.5.)
28) 「〈2020 미래로〉 꿈은 이룰 수 있다. ①해외동포들은 말한다」『조선일보』(2002.7.1.)
29) 「日 외무성 내부보고서 「파문」…韓日관계 아슬아슬」『조선일보』(2006.4.6.)

4월 25일 노무현 대통령이 발표한「특별담화」[30]에서 일본을 격렬하게 비판했는데, 그것이 많은 일본 국민들에게 충격으로 다가왔다고 한다. 한국의 네티즌들은 담화가 통쾌하다면서 일본인을 비방하는 한편, 일본 네티즌들은 그 담화를 비판하면서「혐한」적 표현을 격하게 사용하는 응수가 난무했다고 논평했다.

② 인터넷 공간의「혐한」현상을 자세히 보도

2005년에는「일본에서「한류를 혐오(嫌惡)한다」는 뜻의 만화『혐한류(嫌韓流)』가 출판되어 일본 독자들에게 인기를 끌고 있다」[31]고 내용과 과격한 표현까지 자세히 설명했다. 예를 들면, 안중근 의사를「어리석은 테러리스트」로 묘사하고 유일하게 한국을 이해한 이토 히로부미(伊藤博文)를 암살한 것은 한국의 이익에 반하는 행동이었다고 주장하는 것을 봐도 한일역사를 왜곡한 것이라고 논평했다.

인터넷 공간에서는 위와 같은「혐한」현상이 계속 이어지면서 한일 네티즌 간의「사이버 전쟁」이 벌어졌다고 한다.[32] 조선일보는『한중일 인터넷 세대가 서로 미워하는 진짜 이유』(다카하라 모토아키, 高原基彰)라는 책을 소개하면서[33] 동아시아 젊은이들 사이에서 유행하는 반

---

30)「특별담화」의 내용은 독도는 1905년에 러일전쟁 때 전쟁수행을 목적으로 일본이 편입하고 점령했던 땅이고「역사의 땅」이라고 규정했다. 그러므로 일본이 독도에 대한 권리를 주장하는 것은 한국의 완전한 해방과 독립을 부정하는 행위이며 40년에 걸친 수탈과 고문, 투옥, 강제징용, 위안부까지 동원했던 그 범죄 역사에 대한 정당성을 주장하는 행위라고 지적하고 결코 용납할 수 없다고 한 것이다.
31)「한국인이 더럽게 만든 월드컵 축구사」『조선일보』(2005.8.2.)
32) 투채널은 한국의 디시인사이드와 같은 초대형 커뮤니티로 주요 공격대상은 투채널 내 대표적인 혐한게시판으로 알려진「니다 게시판」(love6.2ch.net/nida)이다.「니다」는 한국어의 어미「~니다」에서 유래한 것으로 일부 일본 네티즌들 사이에서는 한국인을 비하하는 말로 사용되고 있다.
33)「88만원 시대의 항변」『조선일보』(2007.11.16.)

일(反日), 혐한(嫌韓), 배중(排中) 의식의 뿌리에 대해서는 고용불안과 불투명한 미래가 놓여 있다고 말하고 자신들의 불만을 인터넷을 통해 분출하고 때로는 이웃 나라에 칼날을 겨눈다고 지적하고 있다고 전했다.

2009년부터 2011년까지의 기사 대부분은 K-pop 가수들에 관한 것이다. 가수들의 소속사 마케팅 담당자에 따르면, 「해외 네티즌이 인터넷 기사와 그 밑에 달린 댓글까지 모두 가져가 해석하고 풀이하고 있다」면서 「이 과정에서 무분별한 악플이 공공연한 사실로 전해지고 있다」[34]고 했다. 즉 한국 내 악플들이 「혐한」세력에 힘을 보태주는 결과가 된다고 비평했다.

2011년 9월 후지TV에 대한 「혐한」시위가 있었던 2개월 전의 기사에 「日 네티즌, 한류의 TV 지배, 짜증 난다」[35]라는 것이 있다. 유튜브에 올린 「이상할 정도로 한국을 끄집어내는 일본의 TV 채널」이라는 제목의 애니메이션을 소개하면서 한일 네티즌들의 관심을 끌고 있다고 했다. 그 내용은 TV를 틀어 채널을 돌릴 때마다 「한류, 김치, 한국음악, 소녀시대, 불고기, 막걸리」 등의 단어가 쏟아지고 애니메이션의 댓글에는 「한국이 정부 주도로 일본에 대한 문화 침략에 나서고 있으며, 일본의 미디어 기업이 여기에 영합하고 있다」는 식의 음모론을 잇 따라 올리고 있는 것이다. 그리고 여기서 활동하는 네티즌들은 일본 주류 여론과는 동떨어진 극우·반한 성향을 보이고 현지에서는 「넷 우익」, 「넷 혐한」이라고 인식하고 있다고 전했다. 이렇게 조선일보는 일본 일간지가 전혀 언급하지 않은 인터넷 공간의 네티즌들의 「혐한」활동과 그들만의 과격한 표현과 왜곡된 내용까지도 비중을 두어 다루고 있는 것이다.

---

34) 「한국 연예인 왜곡 콘텐츠, 우리 악플에 뿌리」『조선일보』(2011.1.14.)
35) 「日 네티즌, 한류의 TV 지배, 짜증 난다」『조선일보』(2011.7.13.)

3) 이명박 대통령의 독도(다케시마)방문에서 혐한서적의 출판시기까지 (2012~2015)

〈표 4〉 조선일보와 일본 일간지의 「혐한」기사 건수의 비교(2012~2015)

신문＼연도	2012	2013	2014	2015	합 계
조선일보	8	40	56	40	144
산케이신문	5	10	22	18	55
아사히신문	1	4	37	37	79

〈표 4〉를 살펴보면, 2013년부터 양국의 기사 건수가 급증하기 때문에 자세히 내용별로 분석할 필요가 있어서 다음과 같이 4개로 분류하여 살펴보기로 한다. 첫 번째는「혐한」현상과「反혐한」현상, 두 번째는「혐한」으로 인한 폐해 및「혐한」속 한류, 세 번째는 자기반성 및「혐한」에 대한 대처, 네 번째는「혐한」을 보는 시각 등으로 분류하여 살펴본다. 그리고 조선일보의 기사와 일본 신문의 내용과 겹치는 것도 많기 때문에 조선일보의 기사 내용을 중심으로 살펴보면서 무엇이 다른지, 같은 사건에 대해서는 다른 관점에서 보도되는 것이 무엇인지를 살펴보기로 한다.

(1)「혐한」현상과「反혐한」현상

〈표 5〉「혐한」현상과「反혐한」현상에 관한 기사 건수(2012~2015)

신문＼연도	2012년 혐한현상	2012년 反혐한현상	2013년 혐한현상	2013년 反혐한현상	2014년 혐한현상	2014년 反혐한현상	2015년 혐한현상	2015년 反혐한현상	합계 혐한현상	합계 反혐한현상
조선일보	8	0	19	7	22	7	15	5	64	19
산케이신문	1	0	7	0	20	1	12	0	40	0
아사히신문	0	0	1	0	4	5	4	8	9	13

〈표 5〉를 보면 조선일보가 2012년부터 2015년까지 합계 144건 중 「혐한」현상 64건으로 가장 많았고, 다음으로 산케이신문은 합계 55건 중 40건이며 「反혐한」현상은 전혀 없는 것이 특징이다. 그러면 산케이신문의 「혐한」현상 기사는 어떤 것일까? 2013년 7건 중 3건은 박근혜 정권에 대한 비판, 2건은 대마도에서 한국절도단에 의해 도난을 당한 불상을 한국 정부가 반환하지 않는 것에 대한 비판 등이다. 2014년 20건 중 7건은 「혐한」서적을 소개하는 글, 4건은 한류도 K-pop도 시들해가고 있다고 비평하는 것, 3건은 한국 미디어에 대한 비판 등이다. 2015년 12건 중 6건은 한국정부에 대한 비판이고 「혐한」서적 소개와 한국미디어 비판이 각각 3건씩 있다. 산케이신문은 시종일관 한국 미디어에 대해 불만적인 논조로 「한국 미디어는 일본인이 왜 분노하고, 일종의 「한국 탈피」 현상이 일어나는지 한국사회에 거의 보도하고 있지 않다」[36]고 논평하고 있다.

아사히신문은 「혐한」현상(9건)보다 「反혐한」현상(13건)이 많은 것이 특징이고 「혐한」시위에 관한 단독기사는 없고 「反혐한」시위의 기사 속에 기술되어 있다. 「反혐한」현상의 내용을 보면, 2014년 5건 중 2건은 「헤이트 스피치」에 대한 규제를 요청하는 것, 2건은 관동대지진으로부터 91년이 흘러, 당시 발생한 조선인 학살에 대해서 정리한 서적 『9월, 도쿄의 거리에서(九月、東京の路上で)』에 관한 것[37]이다. 저자인

---

36) 「일본대사가 90도로 허리 굽힘…? 과장·왜곡·선동시키는 한국 미디어」,『산케이신문』(2015.4.12)

37) 가토는 「『우리들이 살고 있는 지금 이 장소에서, 그 때, 학살이 있었다. 도쿄는 학살의 역사를 가진 마을이라고 하는 기억을 공유하지 않았다』라고 생각하게 된 계기는 헤이트 스피치였다」라고 말한다. 가토는 헤이트 스피치가 전개되는 신오오쿠보에서 태어나 자라, 재일코리안 친구 아버지의 가게 앞에서 「바퀴벌레는 썩 나가라(ゴキブリは出ていけ)」라는 등의 규탄을 목격하고 쇼크를 받았다고 한다. 「헤이트 스피치, 91년 전의 비극 떠오르다, 관동대지진 당시의 학살」,『아사히신문』(2014.10.12.)

가토 나오키(加藤直樹)는 헤이트 스피치에 대해서 「역사를 부정하고 타민족을 우리들과 같은 인간으로 보지 않게 되면, 폭력에 대한 죄악감이 감소된다. 관동대지진에서는 그러한 의식이 학살의 토대를 만든 것을 지금의 교훈으로 삼아야 한다」고 말했다. 이와 같은 가토의 말은 헤이트 스피치나 「혐한」서적, 그리고 그들의 모체가 된 인터넷에서의 「혐한」언설에서 비롯되어, 관동대지진 당시의 조선인 학살의 과오를 또다시 반복해서는 안 된다고 주의를 환기시키고 있다. 2015년 8건 중 3건은 「反혐한」시위에 관한 것이고 2건은 「反혐한」단체 결성 소식 등이다. 다음으로 2012년부터 2015년까지 연도별로 조선일보의 「혐한」현상과 「反혐한」현상에 관한 기사를 살펴본다.

〈2012년〉

조선일보의 기사 8건 모두가 일본 내 「혐한」보도에 관한 기사인데, K-pop 가수 5건, 야구선수 2건이고 단 1건만 재특회에 의한 「한일국교 단절」을 요구하는 혐한 시위에 관한 것이다. 그 중에서 한일 네티즌들이 충돌하는 논란이 일어난 사건이 있었다. 프랑스 파리의 「재팬 엑스포(Japan Expo)」행사장에 걸린 일장기 앞에서 유럽 청년들이 한국 유명 아이들 가수의 일본어 노랫말에 맞춰 춤을 춘 영상이 인터넷에 올라왔던 것이다. 이에 대한 한국 네티즌들의 반응은 「부끄럽기 짝이 없다. 나라 망신이다」, 「현지화 전략이라면서 K-pop 가수들이 일본어로 노래를 부르니 이런 부작용이 생기는 것이다」 등이었다. 일본 네티즌들의 반응은 「한국인들이 재팬 엑스포에 편승해 돈을 챙기려 한다」고 비난했다.[38]

---

38) 「파리 日행사장에서 빅뱅 음악이 나온 이유」『조선일보』(2012.7.12.)

<2013년>

아사히신문도 산케이신문도 「혐한」시위에 대해서 거의 언급하지 않았으나, 조선일보는 「혐한」현상 19건 중 「혐한」시위 9건, 「혐한」적인 언론보도 및 서적 5건, 우익적인 인물의 언행 5건이다.[39] 한편 「反혐한」현상 10건 중 6건은 「혐한」시위에 항의하는 것인데, 다음 표에서 「혐한」시위와 「反혐한」시위의 흐름을 살펴본다.

<표 6> 조선일보에 게재된 「혐한」시위와 「反혐한」시위(2013)

	「혐한」시위		「反혐한」시위
2/27	일본 경찰, 우익이 위안부 관련 활동 탄압		
4/2	「한국인 대학살하겠다」시위에서 여중생 망언 재특회 오사카 쓰루하시	4/25	교포 3,4세 혐한 시위에 항의 "관동대지진의 역사를 되풀이 될 수 있다"
6/18	反韓시위 벌이던 재특회…인종차별 반대 단체와 충돌		
8/7	우익 위협에 「한국 식품전」중단위기…일본기업 보류 등 反韓감정 절정	6/17	혐한 시위대와 반대파 몸싸움 – 혐한단체 대표 등 8명 체포
8/15	제1회 「위안부 기림일」처음으로 세계에서 연대집회 혐한단체회원 몰려와 욕설	8/12	「야스쿠니 참배 안 된다」日시민단체들 나섰다
8/16	야스쿠니 17만 5천명 참배		
9/8	극우세력 올림픽 유치 결정되자 2개월만에 혐한시위 재개	9/22	「反韓시위 멈춰라」, 「친하게 지내요」日시민 1000여명, 도쿄에서 평화행진
10/29	재특회 집회명 결정 「한일 국교 단교 선언」	9/26	무라야마(村山) 전 총리 등 혐한반대 단체를 결성
10/30	日 혐한시위 3년 만에 10배 「한국 바퀴벌레 죽어라」	10/7	일본의 反혐한 시위대, 그들의 정체를 알아보니

---

39) 5건 중 3건은 오선화(다쿠쇼쿠대하 교수)에 관한 것이다. 「친일 귀화 일본인 오선화, 입국거부는 있을 수 없는 일」『조선일보』(2013.8.1.), 「현대판 이완용 고젠카(오선화) 행적 추적해보니 거짓 투성이」『조선일보』(2013.8.14.)., 「혐한 친일 오선화, 제주도 땅 매입, 한국 비하해 버는 돈으로…」『조선일보』(2013.8.29.)

① 「혐한」시위

경찰이 우익의 폭력을 제지해야 하는데 오히려 그들 편을 들고 인권 활동가를 「탄압」했다는 기사가 있다. 한국정신대문제대책협의회 등 시민단체는 일본군 위안부 문제에 대한 일본 우익의 폭력적 언동과 인권 활동가에 대한 일본경찰의 탄압에 항의했다. 그 이유는 오사카에서 열린 일본군 위안부 피해자 증언집회에서 일본경찰이 재특회 회원들의 신고를 받아들여 인권활동가 4명을 피의자로 지정하고 사무실과 가택 등 7개 장소에 대한 수색을 강행했다[40].

9월 8일 오전에 도쿄가 「2020년 하계 올림픽」 개최지로 선정되자 몇 시간 후에 도쿄 신주쿠 오쿠보(大久保)공원에서 재특회원 등 150명이 반한시위를 2개월 만에 다시 시작했다. 「일본 경찰은 안전을 이유로 재특회에 반대하는 시민, 한국 취재진 등이 재특회의 집회·행진 장소에 근접하지 못하게 차단했다」[41]고 한다. 일본 정부는 「표현의 자유」와 「집회결사의 자유」 등을 이유로 시위를 허가하고 있다고 전했다. 위 기사들을 살펴보면, 일본 정부도 경찰도 재특회에 대해서는 묵인하고 있고 오히려 보호하는 것 같은 인상까지 준다.

재특회가 「혐한」시위한 것이 「오사카 최대의 코리아타운 쓰루하시(鶴橋)에서 대학살 예고」라는 제목으로 유튜브에 올려졌다. 한 여중생이 「안녕하세요」라고 말문을 땐 다음 「저는 지금 여러분(한국인)이 밉고 미워서 견딜 수가 없어요. 어, 정말 죽여버리고 싶어」라며 「끝까지 그렇게 거만하게 군다면 난징대학살이 아니라 「쓰루하시 대학살」을 일으킬 거예요!」라고 소리쳤다. 이 영상을 올린 네티즌은 영상 설명으로

---

40) 「일본 경찰·우익이 위안부 관련 활동 탄압」『조선일보』(2013.2.27.)
41) 「일 극우세력, 혐한 시위 재개, 올림픽 유치 결정되자~」『조선일보』(2013.9.8.)

「이것은 나를 포함한 모든 일본 어른들의 책임이다」라고 덧붙였다.[42]

② 「反혐한」시위

「反혐한」시위를 하는 사람들은 어떤 사람들일까? 그 정체를 살펴보면, 4월 25일자에서는 재일한국청년회의 재일교포 3,4세들로 「(시위대가) 인간으로서 넘어서는 안 될 선을 넘었다」며, 「더 이상은 간과할 수 없어 강력히 항의한다」고 밝혔다.[43] 9월에는 「反韓시위 멈춰라」, 「친하게 지내요」, 「차별 반대」라는 플래카드를 펼쳐 든 日시민 1000명이 「도쿄 평화행진」[44]에 참여했다. 참가한 사쿠라이 노부히데 씨는 「일본인뿐만 아니라 세계 각지에서 온 외국인들이 차별에 반대하는 마음으로 모였다」고 했다.

한편 「혐한」시위대가 시위를 하는 것도 모자라, 각 상점 앞을 지나면서 상인들에게 「바퀴벌레들, 일본을 떠나라」며 위협을 가하고 영업을 방해했다. 특히, 한인타운을 방문한 일본 여성들에게 「여기 있다가 (한국인들에게) 강간 당한다」, 「일본의 수치」라며 머물지 말 것을 촉구했다. 그런 상황을 보고 먼저 행동에 나선 것은 10대 K-pop 팬들이었다. 2013년 1월 재특회 회장인 사쿠라이 마코토(桜井誠)의 트위터 계정에 10대 K-pop 팬들의 혐한 시위 비판 및 항의 트위터가 빗발쳤고, 이는 온라인 상에서 큰 화제가 되었다고 한다. 이를 계기로 혐한 시위를 반대하는 모임이 확정돼 2월부터 혐한시위 현장에서 큰 존재감을 드러내기 시작했다고 한다. 또한 레이시스트 시바키 부대(レイシストをしばき隊)를 주도하

---

42) 「한국인 대학살하겠다, 일본 여중생 망언」『조선일보』(2013.4.2.)
43) 「재일교포 3, 4세들 일본의 혐한 시위에 항의」『조선일보』(2013.4.25.)
44) 「反韓시위 멈춰라, 친하게 지내요, 日시민 1000명 도쿄서 평화행진」『조선일보』(2013.9.23.)

는 음악잡지 부편집장 출신의 노마 야스미치(野間易通)는「2010년부터 재특회 등 배외주의 단체에 반대하는 행동에 나섰지만, 도쿄에서는 인원 수가 그리 많지 않았다. 혐한시위대가 신오쿠보 한인거리에서 통행인에게 시비를 걸며 폭력적으로 나왔을 때 이를 어떻게든 막아야겠다 싶어서 1월부터 인터넷상에서 시바키 부대 참가자를 모집했다」고 한다.[45] 이렇게「反혐한」시위에 참가하는 사람들은 재일교포 3,4세, 양심적인 일본 젊은 세대들, 특히 10대 K-pop 팬들 그리고 외국인들이었다.

이렇게 혐한시위가 집중적으로 벌어졌던 한인타운 신오쿠보는 고객들이 줄어 폐업하는 점포도 늘어나고 있다고 한다. 한 한국인 상인은「시위대가 한인 상가를 출입하는 일본인들에게 모욕을 가하는 등 실질적인 영업방해 행위를 했다」며「이를 경찰이 단속하지 않았기 때문에 고객들이 줄어들면서 이제는 생존을 위협받는 수준이 됐다」고 말했다.[46] 일본정부와 경찰마저도 이런 재특회의 시위를 방치하는 상태였으나 사법계에서 재특회 시위에 대해 위법성을 인정했다. 10월 7일 교토지방재판소가 조선학교 주변에서「헤이트스피치」를 하며 시위를 벌인「재특회」와 회원에 대해 학교 주변 시위 금지와 1226만엔(약 1억 3500만원)의 배상 판결을 내렸다.[47] 조선일보는「일본에서 증오발언과 관련한 시위에 대해 위법성을 인정한 첫 판결」이라고 평가했다.

③「혐한」언론을 주도하는 주간지

조선일보는 도쿄신문을 인용해서 최근 일본 미디어의「한국 때리기」

---

45)「일본의 反 혐한 시위대, 그들의 정체를 알아보니」『조선일보』(2013.10.7.)
46)「일「한국인 추방하자」증오 시위 확산…도쿄 한인타운 매출 급감」『조선일보』(2014.3.1.)
47)「혐한시위는 인종차별, 日서 첫 배상판결」『조선일보』(2013.10.8.)

기사가 급증하는 것은 「일본의 사회적 불만을 외부의 탓으로 돌리려는 분위기 때문」이라고 전했다.[48] 「혐한」기사가 슈칸분슌(週間文春), 슈칸신초(週間新潮), 석간후지(夕刊フジ)등 상당수 잡지로 확산되고 있고, 한 주간지 기자는 「한국을 깎아내리는 제목의 기사가 실릴 경우 판매량이 늘어난다」고 하며 「작년(2012년) 초까지만 해도 한류기사가 유행했다면 최근에는 반한(反韓)기사가 유행」이라고 말했다. 도쿄신문은 반한기사에 대한 관심이 높아지는 배경을 한국 경제발전에 대한 라이벌 의식, 한중의 외교적 접근에 따른 일본의 고립 우려 등이 복합적으로 작용했다고 분석하고, 과거 역사를 모르는 탈(脫)역사 세대들은 아시아 침략과 일본군 강제 동원, 일본군 위안부 피해자 문제 등에 대한 주변국의 비판을 「부당한 것이라고 생각한다」고 논평했다.

조선일보는 일본잡지의 「혐한」보도를 「비난형」, 「조롱형」, 「저주형」의 3가지로 분류하면서 자세히 설명하고 있다.[49] 첫 번째 유형인 「비난형」은 한국정부와 박근혜 대통령을 헐뜯는 것이다. 슈칸분슌(週間文春)은 아베 총리가 한국에 대해 「어리석은 나라」라고 말했다고 보도해 풍파를 일으킨 주간지인데 박대통령에 대해서도 「(일본에 대해) 악담을 퍼뜨리고 다닌다」, 「사랑받은 경험이 적다. 이런 상황을 타개하기 위해서는 남자친구가 필요한 시점」이라는 식으로 기술했다. 일본 출판 관계자는 「일본 기성 언론이 거의 인용하지 않는데 한국 언론이 크게 다루어 주고 정부도 반응하니까 (슈칸분슌이) 신이 난 상황」이라고 지적했다. 두 번째 유형인 「조롱형」은 한국 외교 정책이나 경제·문화를 비

---

48) 「사회 불만을 외부 탓으로 돌리려 反韓기사 급증, 日 언론의 고백」『조선일보』(2013.10.7.)
49) 「혐한·소한…요즘 일본 일부 잡지들의 밥벌이 메뉴」『조선인보』(2013.12.14.)

아냥거리는 것이다. 이것은 독도·위안부 같은 역사문제부터 최근 한국의 대일 외교까지 소재가 다양하다. 「한국은 바보! 일본 수산물 금지하고 중국 맹독 식품에 의지」(슈칸분슌), 「세계에서 반일 발언을 퍼뜨리는 국가는 중국과 한국뿐」(주간포스트) 등이 대표적이다. 셋 번째 유형인 「저주형」은 미래 전망을 빙자하는 것이다. 주간포스트(週間ポスト)는 「한국과 환율 전쟁을 벌이면 한국 수출 산업은 괴멸한다」, 「자위대가 한국군에 협력하지 않으면 북한 폭탄으로 서울이 불바다가 된다」등 황당한 논리를 폈던 것들이다. 이렇게 잡지가 「혐한」여론을 주도한다고 하는 한편에 조선일보는 「서점가에서도 반한·혐한 성향의 책들이 폭발적으로 쏟아져 나오고 있다」[50]고 전하면서 조선일보 기사의 제목 자체도 「日 서점가 휩쓴 嫌韓 서적들…강간천국 한국! 美 매춘녀 25%가 한국 女」처럼 스캔들과 같은 자극적인 표현으로 장식하고 있다.

④ 「혐한」감정이 일반시민들에게까지 스며들고 있는 사례

2012년 8월 이명박 대통령의 독도 방문 이후 재특회 등 「혐한」단체의 활동이 더 과격해지면서 지금까지와의 큰 차이점은 일반시민에게까지도 「혐한」감정이 확산됐다는 것인데, 그것은 다음 기사로도 알 수 있다. 일본 시가현(滋賀県)의 한 고등학교가 1989년부터 매년 학생들을 한국에 수학여행으로 보내왔는데 이번에는 「한국이 위험해서 안 된다」, 「한국은 위생이 불안하다」등으로 학부모들이 반대해서 학교가 고심하고 있다는 것이다.[51]

---

50) 「日 서점가 휩쓴 嫌韓 서적들…강간천국 한국! 美 매춘녀 25%가 한국女」『조선일보』(2013.11.29.)
51) 「日 고교, 한국은 위험한 나라, 수학여행 반대운동 논란』『조선일보』(2013.7.28.)

또한 일본서민들의 생활 속까지 「혐한」이 파고들고 있는 기사가 있다. 그것은 일본의 1~2위 유통업체인 이온(イオン)과 이토요카도(イトーヨーカドー)가 10월 전국의 각 매장에서 개최할 예정이던 「한국식품특별전」이 전면 중단될 위기에 놓였다는 것이다. 이온(157개 쇼핑몰, 598개 마트)은 2000년대 초반부터 김치 등 한국산 식품을 특별 판매하는 「한국 페어」를 매년 10월 전국 매장에서 개최했으나 작년 특별전을 할 때 오사카 지역에서 우익들의 선전 차량이 출몰해 「한국 페어를 중지하라」며 확성기로 소란을 피운 적이 있었다. 게다가 「왜 한국식품을 파느냐」면서 본사로 항의 전화와 편지가 자주 걸려오는 통에 곤란을 겪었다고 했다.52) 이렇게 일반시민들의 생활권까지 「혐한」단체들의 시위로 피해를 입게 되고, 또한 기업체들도 큰 손실을 입게 된 것이다.

그런 상황 속에서도 9월 21일 아베총리의 부인 아키에(昭惠)여사가 도쿄 히비야공원(日比谷公園)에서 열린 「한일 축제 한마당」53) 개회식에 기시다 후미오(岸田文雄) 외무상과 함께 참석했다는 것은 한일관계 개선의 긍정적인 신호로 봐야 한다는 기사가 게재됐다.54) 그리고 그때 아키에 여사가 한국 인사들에게 「내가 한국 관련 행사에 참석하면 나쁘게 말하는 인터넷 댓글이 달려 참 속상하다. 진심을 몰라 준다」고 말했다고 전했다.

---

52) 「日우익 위협에 한국식품전 중단위기…일본기업 보류 등 반한 감정 절정」『조선일보』(2013.8.7.)
53) 한일 국교정상화 40주년을 기념하여 풀뿌리 차원의 교류를 활성화하기 위해 2005년부터 2008년까지 매년 서울에서 개최되었으며, 2009년부터는 양국이 상대국의 수도에서 동시에 개최하게 되었다. 「2015 일본개황」 한국 외교부 http://www.mofa.go.kr/main/index.jsp (2016.3.1. 검색), p.168
54) 「아베 부인, 도쿄 한일축제 참석…관계개선 신호?」『조선일보』(2013.9.22.)

〈2014년〉

조선일보는 22건 중의 내용을 보면 「우경화의 동향」 10건, 「혐한시위」 3건, 그리고 「출판계의 동향」, 「혐한적인 보도」와 「우익적인 언행을 하는 인물」 등이 각각 3건씩 나타났다. 2013년에는 재특회를 중심한 「혐한」시위가 360차례 넘게 벌어졌는데,[55] 2014년의 기사에는 「혐한」시위보다 「우경화」의 동향에 관한 것이 많다. 한편 「反혐한」현상 9건 중 4건은 출판계의 동향이고 2건은 재특회의 「헤이트 스피치」에 대한 배상 판결에 관한 것이다. 2014년 기사에 게재된 「혐한」현상과 「反혐한」현상을 정리하면 다음과 같다.

〈표 7〉 2014년 조선일보에 게재된 「혐한」현상과 「反혐한」현상(일본·한국)

	혐한현상(일본)		反혐한현상(일본·한국)
2/20	「도독 국가 한국은 다케시마를 내놓으라!」일본 젊은이들의 무서운 우경화	5/19	만화로 아베·극우에 저항하는 日 70대 작가
2/22	서점엔 매한론·악한론이 베스트셀러…혐한서적 매대지	5/23	도 넘는 일본의 혐한에 누리꾼들 분노
3/1	「한국인 추방하자」증오시위 확산 韓人 타운 매출 급감	6/9	「혐한을 반성 도서코너」 운동에 … 日서점, 100여곳 참가
4/11	한국인들 자주 가는 日 시코쿠 순례길에 혐한 벽보	6/17	「지금 일본 내의 혐한, 91년전 그때(관동대지진)와 흡사」 『9월, 도쿄의 거리에서』가토 나오키
4/21	극우"히틀러 기리자"나치 旗들고 도쿄시내		
6/19	아베 지지하고 한국 비난하는 「일본의 애국 주부들」[56]	7/9	日혐한시위 단체, 2審에서도 위법 판결
9/26	「한국인 죽이자」는 재특회 시위… 그걸 방치한 아베	10/6	「도 넘은 혐한…日은 지금 심각한 병 걸렸다」
10/3	「한일 국교단절 요구」인터뷰 재특회 회장 사쿠라이 마코토	12/1	한국 국회 외교통일위원회 혐한시위 폭력 범죄 행위 결의안 채택
10/30	日극우 「역사 지우기」 공세에… 매국노로 몰린 日 양심들	12/10	日 최고재판소, 조총련계 초등학교 수업 방해한 재특회에 고액배상 판결
12/20	日, 한국 호감도 역대 최저…일본인 66% 「한국에 친밀감 느끼지 않다」		

---

55) 「한일국교 단절 요구, 일본 재특회의 실체는?」『조선일보』(2014.10.3.)

① 2030의 「일본판 네오파시즘」

요즘 미디어에 자주 등장하는 단어가 「우경화」이다. 야스쿠니신사 참배도 우경화이고, 역사왜곡도 우경화, 반한시위가 벌어지고 혐한 서적이 많이 팔리는 것도 우경화라고 한다. 조선일보는 「이것은 「일본판 네오파시즘」이며, 변화를 대하는 상대적 입장의 차이인 「좌」와 「우」의 문제로 이를 설명하는 것은 문제의 본질을 잘못 짚는 것」이라고도 지적했다[57].

2월 야스쿠니(靖国)신사 앞에서는 극렬한 몸싸움이 벌어졌다. 아베 신조(安倍晋三) 총리의 야스쿠니 참배를 규탄하러 이곳을 찾은 한국 대학생 17명을 일본 경찰이 막아섰기 때문이다. 극우 집단들은 대학생들이 오기 4시간 전부터 곳곳에 집결해 대기하고 있었기 때문에, 이날 경찰에서 100명이 넘는 경비 병력이 투입됐다[58]. 눈에 띄는 우익들 가운데 상당수가 20~30대 청년들이었다는 것이다. 산케이신문 조사에서도 20대는 아베 총리의 야스쿠니 참배에 대해서 「긍정적으로 평가한다」는 응답(43.2%)이 부정적 응답(41.6%)보다 많았다고 했다. 그러한 경향이 2월에 있었던 도쿄도(東京都)지사 선거 결과[59]에서도 나타났다. 일본의 침략전쟁을 옹호하는 극우 후보 다모가미 도시오(田母神俊雄)에 대한 득표율이 20대에서 2위, 30대에서 3위였다고 한다.

---

56) 『조선일보』(2014.6.19.) 전국에 500명 회원이 있는 극우 영성단체 「소요카제」와 남성회원300명을 포함 총840명의 회원을 둔 「하나도케이」가 있는데 그들의 주장은 「일본을 향한 한국과 중국의 비난이 도를 넘었다」, 일본군 위안부문제에 대해서는 「다른 나라도 전시엔 일본과 다르지 않았는데 왜 일본만 과도한 비난을 들어야 하느냐」등 역사인식이 결여된 발언을 하고 있다.

57) 「일본의 '우경화'라는 표현은 잘못됐다」『조선일보』(2014.4.8.)

58) "도독 국가 한국은 다케시마를 내놓으라!", 일본 젊은이들의 무서운 우경화」『조선일보』(2014.2.20.)

59) 「20대 24%가 「대동아전쟁 옹호론자」 찍어…일본 충격」『조선일보』(2014.2.11.)

조선일보는 일본 곳곳에서 「넷 우익」에 의한 「역사 지우기」가 확대되고 있다고 지적했다. 한 사례를 소개하면 홋카이도 사루후쓰(猿仏)마을에서 한반도 강제징용 피해자 추모비 건립이 좌절된 배경에는 「넷 우익」의 과거사 지우기 공세가 있었다고 한다. 사루후쓰 마을은 10년 전부터 지역 주민과 시민단체의 발굴 조사를 통해 강제징용 피해자 유골 39구를 발견했다. 주민들은 「가혹한 노동 끝에 사망한 피해자의 영혼을 위로하자」며 마을 공동묘지에 추모비 설치를 추진했다. 그러나 「넷 우익」[60]들이 「매국 마을의 수산물 불매운동」하자 등 압력을 가해서 결국 공사가 거의 끝나고 제막식만 앞두고 있을 때 행정절차 하자를 이유로 추모비 설치를 불허했다고 한다.[61] 그 소식을 들은 「넷 우익」들은 기뻐하면서 또 다른 공격대상을 찾으려고 힘을 모으고 있다고 한다.

이런 일본의 20~30대 젊은 층의 「일본판 네오파시즘」에 대해 「강한 일본」을 향한 빗나간 열망이 담겨있다는 것이 일본 내 전문가들의 시각이라고 전했다. 조선일보는 시종일관 일본 젊은이들이 「일본판 네오파시즘」이 되는 가장 직접적 요인이 「역사인식의 부족」이라고 지적해 왔다.[62] 기미야 타다시(木宮正史) 도쿄대 교수는 「대체적으로 일본 대학생들이 일본의 식민지배 등에 대해 잘 모른다」고 말하며 독도 관련 기사에 줄을 잇는 「혐한 댓글」이나 일본군 「위안부」의 강제성을 부정하

---

60) 인터넷 우익에 대한 스테레오 타입의 이미지가 존재하는데, 그것은 사회의 저변에서 충족되지 못한 삶을 살면서, 소외감과 축척된 울분을 터트릴 장소를 인터넷에 찾는 사람이라는 것이다. 히구치 나오토(樋口直人, 2014)는 「일본형 배외주의」(나고야대학 출판회)에서 「인터넷 우익에 대해서 저학력·저계층이라 보는 것은 바르지 않으며, 재특회의 배외활동을 소외된 자의 불만·불안의 폭발로 파악하게 되면, 본래 봐야 할 배외주의의 구조를 보지 못하게 된다」라고 말하면서, 그것을 다름 아닌 「동아시아의 지정학적 구조」를 바탕으로 한 배외주의라고 간주하고 있다.
61) 「일 극우 「역사 지우기」 공세에 …매국노로 몰린 일 양심들」『조선일보』(2014.10.30.)
62) 「온라인은 일 젊은이들 우경화 교육장? 혐한 사이트 극장」『조선일보』(2014.1.6.)

는 인터넷 글들은 젊은이들의 이런 역사 인식 부재를 상징적으로 보여준다고 비평했다.

그런 가운데에서 일본 정부의 역사 왜곡을 정면으로 비판하는 젊은 일본 영상작가를 소개했다. 작가 고이즈미 메이로(39)씨는 한·중·일 작가전인 「미묘한 삼각관계」전에 일본대표작가로 출품했다. 「지금 일본은 역사를 외면하고 내셔널리즘이 극한으로 치닫고 있다. 호전적이고 폭력적이었던 역사를 잊는 모습이 너무나 위험해 보인다. 이 시점에서 작가로서 가미카제를 비롯한 일본의 내셔널리즘을 다루지 않으면 반드시 후회할 것 같았다. 진짜 자신의 참모습을 알려면 추한 면부터 알아야 하는데 일본은 그러지 않고 있다」고 말했다."[63]

② **일본출판계의 양심의 행동과 일본 「자화자찬(自画自贊)」 신드롬**

일본 출판계의 혐한기류는 재정난에서 비롯됐다는 것이 일반적인 시각이다. 세계 최대 시장을 자랑하는 일본 출판 업계는 2000년대 이후 위기를 겪으며 지난해 서적·잡지 매출액이 1996년(2조6563억엔, 약27조원)에 비해 1조엔 가량 감소한 1조6823억엔 (약17억엔)에 그쳤다. 이에 불황 탈출 수단으로 혐한·혐중론이 쏟아졌고, 2012년 말 아베 정권이 들어선 이후 일본 사회 우경화로 하나의 출판 트렌드로 자리 잡았다.

많은 「혐한」 서적들이 베스트셀러가 되는 반면에 「혐한」 서적 잡지를 판매하는 서점들이 양심의 행동에 나섰다. 젊은 출판인들이 「헤이트 스피치에 가담하지 않는 출판 관계자 모임」을 결성하고 양서를 통해 저질 서적을 몰아내자는 취지로 서점에 추천 도서코너를 만들자고 제안해서 100곳이 응했다.[64] 이 모임 결성을 주도한 출판인 이와시타 유(岩下結·

---

63) 「역사 잊으려는 일본, 기억시키는 게 내 임무」『조선일보』(2015.3.23.)

35)씨는 인터뷰에서 모임 결성 계기에 대해서 다음과 같이 이야기했다.[65] 「서점 진열대에 민족 차별과 증오를 조장하는 서적이 무수하게 진열됐고 지하철 서적 광고판은 마치 전쟁 전야처럼 선동 문구로 가득 차 있는 것을 보고 뭔가 크게 잘 못되고 있다고 생각했다」. 그리고 한국 출판계와 서점을 조사한 결과 반일을 부추기는 자극적인 책들은 별로 없는 것을 알게 돼서 「일본이 심각한 병을 앓고 있다」고 생각했다고 한다. 이와시타씨처럼 한국의 모습을 보고 자신을 성찰하는 자세가 현재 일본사회에 필요한 것이라고 생각한다.

그런데 한편에서 일본출판계는 또 하나의 모습을 보여준다. 2014년 7월 「한·중에 밀려 초조해진日, 「겸손의 미덕」 잃었다」[66]라는 기사에 혐한·혐중 서적을 쏟아내던 일본 출판계가 『일본은 왜 아름다운가』, 『일본은 세계로부터 존경받는다』, 『일본인으로 태어나 정말 다행이다』 같은 책들을 경쟁적으로 펴내고 있다고 한다. 출판계뿐만이 아니라 방송국에도 「자화자찬(自画自賛)신드롬」 현상이 보인다고 지적했다. NHK는 매주 「쿨 재팬, 발굴 멋있는 일본」이라는 방송을 통해 외국인들의 일본 칭찬 릴레이를 펼치고 있고, 니혼TV, TV아사히는 오락 프로그램에 외국인을 등장시켜 일본이 살기 좋은 나라라는 점을 부각하고 있다. 조선일보는 도쿄신문을 인용하면서 다음과 같은 견해를 소개했다. 「일본이 압도적인 경제력과 기술력을 자랑하던 시절에는 겸허함이 있었지만, 대지진과 원전 사고, 한국과 중국의 대두로 여유가 없어졌고, 한편 일본 자화자찬은 주변국에 대한 숨겨진 우월의식을 드러내는 것」이라고 했다.

---

64) 「「혐한을 반성 도서코너」운동에 …日서점, 100여곳 참가」『조선일보』(2014.6.9.)
65) 「도넘은 혐한…日은 지금 심각한 병 걸렸다」『조선일보』(2014.10.6.)
66) 『조선일보』(2014.7.31.)

〈2015년〉

조선일보는 일본 내 「혐한」현상 15건 중 「혐한」보도가 9건으로 가장 많고, 도쿄에 있는 한국문화원 방화사건에 관한 것이 3건, 「혐한」시위 1건이 있었다. 「反혐한」현상은 5건 중에 나카소네 야수히로(中曾根康弘) 전 일본총리가 일본 종전 70주년 담화를 준비 중인 아베총리에게 「식민지배를 사죄하라」고 충고했다는 기사가 있다.

① 일본 언론의 「혐한」보도

2015년7월5일 일본의 근대산업시설물이 세계문화유산으로 등재됐다. 그러나 「한국 때문에 등재가 늦어졌다」는 「혐한」여론이 확산되고 있다[67]고 한다. 일본 산업혁명 시설물 내 7곳에 수만 명의 한국인이 강제 징용됐다는 사실을 명기하는 것에 양국의 이견이 좁혀지지 않다 심사가 하루 연기되기 때문이다. NHK나 산케이신문 등 주요 언론매체들은 역사적 사실에 대한 정확한 설명 없이 「한국 측의 반대로 심사에 난항을 겪었다」고 보도했고 조선일보는 「마치 한국이 일본의 세계문화유산 등재를 방해한 듯 한 인상을 준 것」이라고 논평했다.

민방 후지 TV가 6월5일 밤9시에 한국 관련 프로그램을 제작하면서 한국인 인터뷰에 엉터리 자막을 달았다. 논란이 커지자, 후지 TV는 29일 자사 홈페이지에 사과문을 게재하고 잘못을 인정했다. 문제의 자막은 서울 거리에서 인터뷰한 시민들 영상에 달린 것인데 다음과 같다.

---

67) 「日세계문화유산 등재 속 혐한여론 확산…한국 때문에 심사 난항」『조선일보』 (2015.7.6.)

<표 8> 후지TV에 방송된 잘못된 자막

	외국인이 한국을 좋아하는 이유는?	잘못된 자막
여고생	문화가 정말 많아요	(일본)싫어요. 왜냐하면 한국을 괴롭혔잖아요.
60대 여성	일본 사람들이 그렇게…. 한국 사람들을 좋아하지 않아….	한국인은 모두 일본인을 혐오해요.

그런데 일본 네티즌이 이 방송내용을 문제로 삼아 서명 운동을 시작했고 「날조하면서까지 한국을 비판하고 싶나?」 「언론으로서 긍지는 있는지 의문이다」 등의 뒷글이 이어졌다고 한다.[68] 조선일보는 이 사건의 관한 장면과 함께 혐한만화의 장면, 혐한의 말들이 춤추는 플래카드 등 23장이나 되는 사진을 「카드뉴스」로 보도했다.

② 「쓴 소리」에 무조건 거부 반응 보이는 일본

독일 앙겔라 메르켈총리가 3월 도쿄에서 열린 강연에서 「(2차 대전 후) 유럽에서 화해가 진전될 수 있었던 것은 (침략을 당한)프랑스의 관용과 (침략한) 독일의 진정한 반성이 있었기 때문에 가능했다」고 하며 「과거를 정리하는 것이 화해를 위한 전제」라고도 말했다고 전했다.[69] 이 메르켈 독일총리의 발언에 대해서 한 달 후에 「연독(煙獨)정서」가 급속히 확산되고 있다는 기사가 나왔다.[70] 일본어로 「게무타가루(煙たがる)」가 「거북하다」「불편하게 여기다」는 뜻인데 「연독」은 그것과 독일을 합쳐 만든 말이다. 그 발언에 대해 상당수 일본인은 발언의 타당성을 가리기 전에 「쓴 소리」에 무조건 거부 반응을 보였다고 한다. 발언

---

68) 「엉터리 한국인 인터뷰 자막…일본 후지TV 결국 사과」, 『조선일보』(2015.6.30.)
69) 「〈사설〉「독일은 역사와 똑바로 마주했다」고 한 메르켈 총리」, 『조선일보』(2015.3.10.)
70) 「반성하지 않는 일본…혐한 혐중 이어 「연독정서」까지」, 『조선일보』(2015.4.20.)

직후 기시다 후미오(岸田文雄) 외무상이 「일본과 독일의 전후처리를 단순 비교하는 것은 부적절하다」고 불쾌감을 표시했고, 보수언론도 연독 정서에 편승해 「독일 때리기」에 나섰다. 산케이신문은 「일본은 나치 독일처럼 조직적으로 특정 인종을 박해하거나 말살하는 행위를 한 적이 없다」고 꼬집었다고 전했다. 이것이 현재 일본사회가 누군가의 말을 듣고 성찰 할 여유가 없는 것을 나타내고 있는 사례라고 생각한다.

(2) 「혐한」으로 인한 폐해 및 「혐한」속 한류

〈표 9〉「혐한」으로 입은 폐해 및 「혐한」속 한류에 관한 기사건수(2012~2015)

	2012년		2013년		2014년		2015년		합 계	
	폐해	한류	폐해	한류	폐해	한류	폐해	한류	폐해	한류
조선일보	0	0	1	3	1	5	3	2	5	10
산케이신문	0	0	0	1	1	0	2	1	3	2
아사히신문	0	0	0	1	0	2	0	2	0	5

〈표 9〉를 보면 폐해에 대한 기사가 아사히신문은 없고 산케이신문 3건 중 1건은 삼성의 스마트폰 「S6」에서 회사명을 지웠다고 전하면서 그것이 일본시장에 한정된 대응이라고 비평했다. 조선일보는 5건 중 3건은 경제적인 손실에 관한 것인데 2013년에는 일본에 대한 투자가 감소했다는 것, 2014년에는 한국음악 저작권협회의 발표에 따르면 일본이 한국에 지불한 한국음악저작권 사용료가 2013년은 전년도보다 40%나 감소했다 것, 그리고 「혐한」시위로 재일 코리안이 입은 피해에 대해서 전했다.

그러한 「혐한」의 거센 바람 속에서도 한류의 불이 꺼지지 않고 있다. 아사히신문은 5건 중 1건은 부산국제영화제 개막식에서 한국 여배우와

일본 배우 와타나베 켄(渡辺謙)이 사회를 맡고 한일협동으로 제작할 영화도 증가하고 있다[71]는 것, 2013년에는 BS, CS 포함한 26 방송국에서 240의 한국 드라마를 일본에서 구입했다는 것, 그리고 한국문화원에서는 30개 정도의 한국어 강좌와 문화강좌가 열리고 있다[72]는 소식을 전했다. 산케이신문의 2건은 한국외식업체「놀부」가「일본에 상륙한다」[73]고 전하면서 현재 한국 기업체에게는 일본에서의 사업 환경이 어려울 것이라고 하고, 일본 최대 파칭코(パチンコ)업체인 마루한(マルハン)이「한류 테마파크」를 조성할 것을 발표했다고 전하면서「한류 붐도 이제 끝나려고 하는 무렵에 승산이 있을까」라고 비평했다.

①「혐한」시위로 입은 피해상황

2014년 12월에는 최고재판소에서 조선학교 주변에서「헤이트 스피치」를 하며 시위를 벌인 재특회와 회원에 대해 위법성을 인정하여 배상 판결이 내려졌다.[74] 5년 전의 사건에 대한 판결이 내려졌지만「혐한」시위에 의한 피해는 눈에 보이는 것만이라도 심각하다. 2015년에는「혐한」시위의 기사는 거의 없었으나 3월 도쿄에 있는 한국문화원에서 일어났던 방화사건[75]에 대해「심각한 것은「혐한」정서가 이제 전문 시위꾼 차원을 넘어 일반인들 사이로까지 퍼져가고 있다는 점」이라고 지적했다.「혐한」시위에 의한 피해는 그 증오 발언의 대상인 재일 코리안

---

71)「일한영화교류, 열매 맺은 부산 정치의 간장을 넘어 교류」『아사히신문』(2014.10.6.)
72)「한류붐 문화에 관심」『아사히신문』(2015.3.14.)
73)「한국외식업체「놀부」일본 상륙」『산케이신문』(2015.7.11.)
74)「日최고재판소, 조총련계 초등학교 수업 방해한「재특회」에 고액배상 판결」『조선일보』(2014.12.10.)
75)「사설 : 도쿄 방화사건, 지금이야말로 일 국민과 대화시잘 할 때」『조선일보』(2015.3.28.)

뿐만 아니라 그것을 보고 듣는 일본 일반시민들에게도 증오감을 전염시켰다는 것이 문제라고 볼 수 있다. 미국이 인권보고서[76]를 통해 우려를 표명할 정도로 일본에서는 「헤이트 스피치 시위」에 위한 외국인 증오현상이 번지고 있다. 그러나 일본 정부는 헤이트 스피치를 「표현의 자유」라는 명목으로 사실상 묵인하고 있는 상황이다. 조선일보는 2014년2월 고배(神戶)의 조선학교에 한 남자가 침입, 무차별로 교원을 철봉으로 때리는 사건을 전하면서 「이제 증오 발언을 넘어 증오 범죄까지 일어나는 상황이 됐다」고 논평했다. 2015년 2월 「혐한」시위에 의한 피해 실태를 확인하기 위해 일본 연립여당 공명당(公明党) 의원들이 지난 2~3년간에 집중적으로 「혐한」시위가 벌어졌던 도쿄의 한인타운 신오쿠보를 찾았다.[77] 한국식당을 17년째 운영하고 있는 감덕호씨는 「손님들이 「무섭다」고 오지 않아 매출이 60%이상 급감해 생계에 큰 타격을 입었다」고 말했다. 또 「마스크로 얼굴을 전부 가린 시위대가 욕설을 퍼붓고 폭력을 휘두르는 모습을 본 아이들이 두려워 거리에 나가지 못한다」며 「제발 모두가 안심하고 살 수 있게 해 달라」고 호소했다. 오영석 신주쿠 한국 상인 연합회 회장은 「시위대가 한인 상가를 출입하는 일본인들에게 모욕을 가하는 등 실질적인 영업방해 행위를 했다」며 「관련 법규가 없어 경찰의 역할에도 한계가 있는 상황」이라고 설명했다.

② 「혐한」 속에서도 여전히 사라지지 않은 한류

일본정부가 실시한 여론조사에서 「한국에 친근감을 느끼지 않다」는 사람은 2011년 36.7%에서 2014년 66.4%로 급증했다고 하지만, 거꾸로

---

76) 「미국 국무부 인권보고서 「혐한시위는 한국인 인종 모욕」」『조선일보』(2014.2.28.)
77) 「도 넘은「혐한」日학생들까지 「조센징 선생 한국에 가라」」『조선일보』(2015.2.7.)

말하면 「한국에 아직도 친근감을 느끼는 사람들」은 33.6%나 있다고 볼 수 있는 것이다.

한류가 일본열도에 상륙한지 10년이 지났을 때 한류도 살리고 신오쿠보도 살려줄 수 있는 좋은 기획들이 이루어졌다. 2013년 10월 「한류 10주년 대상」시상식이 개최됐는데 사전 온라인 투표에 한류팬 20만명이 참여해서 최고의 한류스타를 선정해 시상했다. 대상을 받을 배용준 씨가 도착한 하네다(羽田)공항에 팬 2천명이 몰려 경찰이 긴급 투입됐다고 한다. 조선일보는 닛칸스포츠(日刊スポーツ)를 인용하고 「한·일 갈등 국면에도 욘사마는 여전히 많은 일본 여성의 마음을 사로잡고 있다는 것을 보여줬다」고 전했다.[78] 2014년3월 신오쿠보 상권을 활성화 시키기 위해 「신오쿠보 드라마·영화제」가 열렸다. 한류를 알리겠다는 취지로 한국 영화17편, 드라마 6편이 신오쿠보 일대 공연장과 카페에서 상영되는 것이다. 신오쿠보 상인들과 일본 내 한국 기업들이 재원을 마련했고 주일 한국대사관도 이를 지원했다. 그리고 축제 홍보를 위해 한류에 관심이 많거나 신오쿠보에 사는 일본인 100여명이 자원봉사로 도왔다. 이승민 실행위원회 대표는 「꺼져가는 한류의 불씨를 되살리고 앞으로 10년, 20년 계속 이 행사를 개최하고 싶다」고 말했다[79].

2014년 3월에 일본 사회의 성숙함을 칭찬하는 기사가 있었다.[80] 일본 수영 국가대표선수 세토 다이야(瀬戸大也)는 걸그룹 소녀시대의 노래를 들으며 경기 전 긴장을 풀고 가장 좋아하는 연예인은 소녀시대 멤버 윤아라고 인터뷰에서 밝혔다. 일본 민방 TBS가 세토선수와 소녀

---

78) 「한일관계 식었지만⋯한류는 뜨거웠다」『조선일보』(2013.10.21.)
79) 「「한류 살리자」⋯「한류 성지」일 신오쿠보서 막 올린 드라마 영화제」『조선일보』
    (2014.3.21.)
80) 「일본 국민을 응원합니다」『조선일보』(2014.3.10.)

시대 윤아의 만남을 주선했다. 그 장면을 보면서 조선일보 이한수 문화부 차장은 입가에 흐뭇한 미소가 절로 번졌다고 한다. 그 이유는 「국민 스포츠 스타가 한국 연예인을 좋아한다고 당당하게 밝히고 주요 방송사가 두 사람의 만남 자리를 만들어 전 국민에게 방영한 일본 사회의 성숙함에 감동했고 보통 일본국민들은 두 나라의 우호와 친선을 바라고 있다는 사실을 깨닫게 됐다」고 말했다.

(3) 자기반성 및 「혐한」에 대한 대처

〈표 10〉 자기반성 및 「혐한」에 대한 대처에 관한 기사건수(2012~2015)

연도 신문	2012년		2013년		2014년		2015년		합 계	
	반성	대처	반성	대처	반성	대처	반성	대처	반성	대처
조선일보	0	0	0	1	5	3	6	5	11	9
산케이신문	0	0	0	1	0	0	0	0	0	1
아사히신문	0	0	0	2	1	12	2	10	3	24

〈표 10〉를 보면 산케이신문은 반성하는 기사가 없고 「혐한」에 대한 대처가 1건만 있다. 아사히신문은 반성 3건이고 「혐한」에 대한 대처가 24건인데 그것이 2012년부터 2015년까지의 기사건수 합계 79건의 4분의 1에 해당된다. 내용은 신포지움에서 제안된 것, 교류하고 있는 것, 과거의 경험이나 영화를 통해 제안하는 것 등이다. 2014년 5월, 심포지움 「일·중·한의협조－직면하는 기회와 도전」이 개최되고 3국의 연구자와 미디어 관계자가 모여서 관계개선을 위한 토론을 했다[81]. 환경오염, 재해, 저출산 문제 등 지역에서 문제를 공유할 「비전통적(非伝統的)

---

81) 「환경 재해, 신시대의 협력을 심포지움 「일중한의 협조－직면하는 기회와 도전」」
『아사히신문』 (2014.6.3.)

인 안전보장 분야」에서 협력을 추진하여 관계개선에 노력할 것으로 의견이 모았다고 한다. 국제정상화 50주년 기념 심포지움[82] 「일·한 협력의 미래 비젼」에서 기미야 마사시(木宮正史) 도쿄대 교수는 한일관계에 대해서 「서로가 상대는 변하지 않을 것이라고 포기하고 서로의 단점을 찾아 멸시하고 있는 관계」라고 말했다. 그러면 현재 우리에게 필요한 것은 무엇일까? 그와 반대로 「상대는 변할 것이」라고 믿고 서로의 장점을 찾는 용기라고 생각한다.

아사히신문은 젊은이들이 거리에 나가 「한일(韓日) 우호 Free Hug」를 통해 서로가 가까워지려고 하고 있는 모습을 전했다. 일본 동북대학교(東北大学)를 중심으로 한일(韓日) 교류 동아리 「SIJAK(시작)」이 탄생됐다. 동 대학의 한국 유학생수가 동일본대지진 전에 비해 40% 감소하는 한편 서점에 기면 「혐한」서적이 쌓여있는 것을 보고 「언어도 문화도 비슷하니까 서로 이해할 수 있을 것이다」라고 스즈키 류타로(鈴木隆太郎, 4학년)씨는 생각해서 결성했다고 한다. Face book를 통해 모집해서 회원은 200명, 그 중 60%는 한국유학생이고 한 달에 2번 정도 모임을 가진다. 어느 일요일에 멤버인 유학생들이 센단시(仙台市) 거리에 나가서 「한일(韓日) 우호 Free Hug」를 시도했다[83]고 한다. 서울에서는 한 일본 청년이 「한일(韓日) 우호 Free Hug」를 2011년부터 매년 하고 있고 유튜브에서 40만회 재생됐다는 기사[84]도 있는데 어느 재일교포는 그 동영상을 보면서 「희망이 있다」고 자신을 위로한다고 이야기했다. 이러한 젊은이들의 노력이 한일관계 개선에 힘이 될 것이라고

---

82) 「국제정상화 50주년 기념 심포지움 '일·한 협력의 미래 비젼」『아사히신문』(2015.6.9.)
83) 「근린외교 내정된 관계, 교류에 벽이 있다」『아사히신문』(2014.12.6.)
84) 「거리에서 Hug 일본 청년, 유호를 호소하고 서울에서」『아사히신문』(2014.8.7.)

생각한다.

① 자기 반성

「혐한」현상을 통해 자신의 모습을 반성하는 조선일보의 기사 11건 중 4건은 한국정부 및 한국사회의 행동으로 「혐한 놀음」소재가 되지 않을까라고 우려하는 것이고, 3건은 한국사회가 이제 일본을 비판하는 것보다 자신을 반성하고 성숙된 모습을 갖는 것이 우선이라는 반성과 경고의 메시지이었다.

2012년 한국 절도단이 일본 쓰시마(対馬)섬에서 훔친 불상 반환 문제[85]가 한·일 간 외교 쟁점이 되고 있는 가운데 또 다시 2014년 11월 쓰시마에서 한국인의 불상 절도 사건이 발생했다. 2012년 한국절도단이 훔친 불상 2개 중 하나에 대해 「1330년 서산 부석사에서 만들어진 기록이 있는 약탈 문화재」로 가처분 소송이 제기되어 「약탈당한 것일 수 있는 만큼 일본 유출 경로가 명확해질 때까지 반환을 금지한다」고 법원이 판결을 내렸다. 그것에 대해 일본이 「한국이 도난 문화재를 반환하지 않는 것은 국제법 위반」이라고 비판하면서 양국 간 외교 쟁점으로 부상했다.[86] 조선일보는 한국 정부가 2개 중 하나는 명백한 도난품

---

85) 산케이신문은 대마도시와 한국의 관계는 악화되었고, 결과적으로 매년 8월에 개최되어 온 「이즈하라항(厳原港)축제 대마도 아리랑제」는 「대마도 이즈하라항 축제」로 변경되어 개최되었다고 전했다. 이 축제의 고안자이자 불상을 도난당한 관음사의 다나카 부시코(田中節考)·전 주지스님은 공동 개최에 반대하며 「국가 간에 사이가 악화되어도 지역 레벨의 교류를 통해서 거리를 좁힐 수 있다는 나의 생각이 짧았다」라고 말했다. 이와 관련해서, 산케이는 「한국의 반일행위에 (일반 국민들도)분노를 표출하지 않을 수 없는 혐한의 「지금」을 보여주고 있다」라고 논평했다. 「훔친 불상 「반환하지 않겠다」, 일본의 선의 짓밟는 한국… 결국 민간친선도 주춤해지는 교류, 팽창하는 「혐한」」『산케이신문』(2013.9.9.)
86) 「약탈문화재 논란 속에…日서 불상 훔친 한국인」『조선일보』(2014.11.28.)

인 불상인데도 반환하지 않아 불필요한 마찰을 자초한다고 지적했다.

1998년 일본의 영화·음악 등 대중문화 개방되기 전까지는 그것들은 밀수나 「해적판」 등으로 은밀히 소비되어왔다. 일본 문화개방으로 문화 소비자들의 눈이 날카로워지면서 무작정 일본 것을 베끼는 관행은 사그라들었고 콘텐츠 자생력을 높이는 계기가 됐다. 한류 드라마와 K-pop가수들의 일본 내 활약은 눈부셨고, 3D애니메이션과 웹툰 등에서는 일본을 앞서갔다고 한다. 그런데 이런 상황에서 여전히 일본 만화 불법 복제품이 한국에서 팔린다는 소식을 접하고 「당혹스러움을 넘어 자괴감을 안겨준다」고 비평했다. 한일 수교 50주년을 맞아 「일본은 과거사를 직시하라」는 요구가 국내에서 쏟아지는 시점에서 「우리는 과연 일본에 대해 떳떳할까. 일본 우익들의 「혐한 놀음」소재가 추가되는 건 아닐까」[87]라고 우려된다고 했다.

1975년 일본 월간지 문예춘추(文藝春秋)에 「일본의 자살(自殺)」이란 논문이 실렸다. 필자들은 동서고금 제문명(諸文明)을 분석한 결과 모든 국가가 외적 아닌 내부 요인 때문에 스스로 붕괴한다는 결론을 내렸다. 그들이 찾아낸 「국가 자살」의 공통요인은 이기주의와 포퓰리즘(대중영합)이었다. 지금 진정 걱정해야 할 것은 「일본의 우경화도 중국의 팽창주의도 아니라 우리 안에 있는 집단이기주의와 눈앞의 현재만 달콤하게 속이는 포퓰리즘」[88]이라고 경고하고 있다.

② 「혐한」에 대한 대처

한일국교정상화 50주년을 앞두고 한일관계를 정상화하기 위한 여러

---

87) 「기자의 시각 : 되살아난 '일본 만화 海賊질」『조선일보』(2015.3.23.)
88) 「'빵과 서커스'의 자살 코스」『조선일보』(2015.5.8.)

제안들이 2013년 1건, 2014년 3건, 2015년 5건 있다. 한·일간의 갈등을 이해하는 하나의 방법으로 양국의 문화차이를 통해 문제를 풀어가는 것을 제안하는 마이니치신문의 기사를 소개하고 있다. 일제강점기 징용판결을 내린 한국을 향해 일본은「1965년 한일청구권협정으로 징용자의 청구권을 소멸시키고 다시 배상하라는 한국은 법치국가가 아니다」며 맹비난하고 있다. 이에 대해「한국은「국제합의」보다「정당성」을 우선시한다」고 분석했다. 하지만 규정과 절차를 따지는「메뉴얼 사회」일본은「관리법이 존재하는 한, 법적 판단 영역에 도덕이 개입해선 안 된다」는 논리다. 한국 내에서도「과거 약속을 새로운 잣대로 깨는 것이 정당한가」하는 의문이 있으니 그런 시각은 참고할 만하다고 평가했다[89].

서울대 생명과학부 김선영 교수는「일본의 양심 세력과 연대하자」고 호소하고 있다. 미국 유학생활과 교수생활을 통해 만났던 일본인들은 겸손하고 상대방을 배려하는 사람들이 많았고 1996년 당시에 국내 최초로 학내 벤처 회사를 설립할 때 일본 기관들의 투자가 있었기 때문에 지금 세계적 블록버스터 신약이 나올 수 있었다고 한다. 양국의 상호 보완성 그리고 협력의 상승효과를 직접 경험한 사람으로 양국의 팽배한「내셔널리즘」때문에 양국 관계가 악화되는 것을 안타깝게 생각하고 있다. 그래서 일본 국수주의자들의 망동을 경계하면서 일본의 양심 세력과 교류하고 연대해야한다고 강조했다[90].

도쿄 특파원인 기자가「바바리 맨」대처법을 제안했다.「바바리 맨」

---

89)「법이 먼저인가, 도덕이 먼저인가…징용판결 보는 韓·日의 문화 차이」『조선일보』(2014.2.8.)
90)「일본의 양심 세력과 연대하자」『조선일보』(2014.3.27.)

을 만나면 비명을 지르는 대신 투명인간 취급하며 지나치라는 것이다. 기자가 일본 혐한기사나 현상에 대해서 기사로 써야 하나 말아야 하나 고민에 빠졌을 때 여러 일본인 학자와 언론인들이 「수준 이하의 혐한 논객은 묵살하라」고 했다고 한다.[91] 한국 언론이 일본 기성 언론들이 거의 인용하지 않은 것들을 비중 있게 다뤄주고 한국정부도 반응하니까 「혐한」기사를 쓰는 출판사가 「신이 난 상황」이라는 지적과 또한 「혐한」기사의 정보원은 「한국 일간지의 일본어판」이라는 점을 한국정부와 한국 언론사는 참고해야 할 것이다.

(4) 「혐한」을 보는 시각

〈표 11〉「혐한」을 보는 시각에 관한 기사건수

신문 \ 연도	2012년	2013년	2014년	2015년	합 계
조선일보	0	5	9	1	15
산케이신문	0	1	1	0	2
아사히신문	0	0	6	6	12

조선일보 15건, 아사히신문 11건, 산케이신문 2건이다. 각 신문의 요점을 정리하면 다음과 같다.

① 조선일보

장종섭 서울대 교수는 「혐한」현상에 대해서 중국의 등장과 한국의 발전으로 「일본이 아시아에서 과거의 패권적 지배력을 상실하게 된 상실감과 자국 중심의 자폐적인 고립주의로 빠져들면서 나타난 현상」[92]

---

91) 「'바바리 맨' 대처법」『조선일보』(2015.9.7.)

이라고 말했다.

한편 혐한론이 「한국의 입지를 좁히고 있다」라는 견해를 밝혔다. 중국·일본과의 균형 외교를 통해 활로를 찾아야 하는 한국으로서는 동복아 균형의 한축이 무너지는 결과로 이어질 수 있고 더 큰 문제는 일본의 「혐한론」이 한·미·일 공조는 물론 한·미동맹까지 균열시킬 수 있는 잠재적 위협요인[93]이라고 지적했다.

일본의 「혐한정서」와 한국내의 「반일정서」를 비교해서 가장 큰 차이점은 「반일정서」는 주로 과거사 청산 노력을 거부하는 일부 정치권 인사에 대한 것이고 일본이라는 나라나 일본인 전체를 향한 것은 아니라는 것이다. 따라서 한국에 거주하는 일본인들을 향해 폭언을 퍼붓거나 시위하는 사례는 없다고 한다. 그런데 「혐한정서」는 어떨까? 혐한시위나 혐한서적이나 잡지의 기사는 한국이라는 국가와 한국정부 그리고 한국민족 및 재일 코리안을 향하고 있다. 일본에 뿌리를 내리고 사는 재일 코리안들이 생업에 지장을 받고 심지어는 신변에 위협을 느낄 때도 있다고 호소하고 있다. 그리고 「재특회」는 태극기를 질질 끌고 다니거나 확성기로 재일 코리안에 대해 금언을 퍼붓는 시위를 벌여왔고 그 시위를 반대하는 일본인들을 향해 폭행까지 했다. 그렇게 비교해 봐도 혐한정서의 뿌리는 깊고 악화된 외교 관계 탓으로만 보기에는 상황이 얼마나 심각할지 모른다고 논평했다.[94]

---

92) 「일본의 지도층, 자폐 고립주의에서 벗어나」,『조선일보』(2013.7.15.)
93) 「중국의 조공론, 일본의 혐한론」,『조선일보』(2014.5.15.)
94) 「사설: 日 우익의 재일교포 人種주의 공격, 올림픽 개최국 맞아」,『조선일보』(2015.7.23.)

② 산케이신문

일본사회에 인터넷을 통해서 「혐한」감정이 확산된 원인은 「한국 미디어의 격렬한 반일정보, 반일보도가 유입된 결과」이며 「한국 매스컴은 일본인이 왜 분노하고, 일종의 「한국 탈피」현상이 일어나는지 한국 사회에 거의 보도하고 있지 않다」라고 논평했다.

③ 아사히신문

「한국 미디어는 일본사회가 「우경화」되고 있다고 전하면서, 일본에 대한 부정적인 인식을 증폭시키고 있고, 일본 미디어는 한국의 일본비판과 중국에 대한 접근 등을 「반일」행동이라고 규정하며, 연일 보도하고 있는 것 역시 일본의 「혐한」분위기를 조장하고 있다」고 논평했다[95].

작가인 모리 타쯔야(森達也)는 「혐한」감정을 분석해서 「일본이 아시아의 일부가 되는 것을 인정하고 싶지 않고 계속 품고 왔던 우월의식이나 멸시감정을 해결 못한 채 일본 자체가 자신감을 잃고 내향적인 자세가 「혐한」감정으로 연결된다」[96] 고 말했다.

3 결론

1992년부터 2015년까지의 조선일보의 기사를 중심으로 일본 아사히 신문과 산케이신문을 보조 자료로 「한국이 바라보는 일본의 「혐한」현

---

95) 「한일국교정상화 50년, 비극적 시인의 마을을 가슴 속에」『아사히신문』(2015.3.2.)
96) 「우리는 가해자의 후예이다」『아사히신문』(2014.1.30.)

상」에 대해서 고찰했다. 제1기에서는 일본군 위안부문제가 한·일간의 외교문제로 부상되면서 시작된 「혐한」감정의 원인을 아사히신문과 산케이신문 공히 「한국의 사죄와 반성에 대한 요구가 있었기 때문」이라고 했다. 그러나 조선일보는 과거에 대한 일본의 진정한 사죄를 요구하는 것은 「아무런 소득도 없을 뿐만 아니라 한국을 피곤하게 만들 것」이라 그 당시에 한국이 필요했던 경제적인 기술면의 실리를 택할 것을 주장했다. 일본이 사죄해도 한국이 그것을 「진정한 사죄」로 받아들이지 못하는 이유는 일본 역사왜곡 발언이 계속 일어났기 때문이다. 한국 외교부가 발표한 자료[97]에 있는 「과거사 반성 언급 사례」를 보면, 1965년 2월 20일 시이나(椎名) 외무대신이 「유감의 뜻」을 표현했고 1992년 1월 17일 미야자와(宮沢) 총리까지 13번 과거사에 대한 반성을 표했다. 그러나 「역사 왜곡 언급 사례」를 보면, 1951년 요시다(吉田) 총리가 제1차 한일 회담 직전 국회 연설에서 한 발언부터 1989년 2월 다케시타(竹下)총리까지 21번이나 문제 발언을 해 왔던 것이다. 그래서 조선일보의 주장에는 「사과와 번복을 거듭해온 일본」이라는 일본의 이중성에 대한 불신과 포기의 심리가 갈려 있었을 것이다. 따라서 1992년부터 1998년까지 「혐한」의 기사건수가 7건으로 아사히신문의 3분의 1, 산케이신문의 6분의 1밖에 없었던 것은 한국이 일본의 「혐한」감정에 대해서 관심이 별로 없었던 것으로 보인다.

　제2기에서는 2001년에 한일 간의 외교문제가 된 역사교과서문제로 인하여, 1998년의 「한일공동선언」을 계기로 시작된 풀뿌리 교류가 한국 쪽의 일시적인 감정으로 차단됨으로써 일본의 일반 국민들에게 「혐

---

97) 『2015 일본개황』한국 외교부 http://www.mofa.go.kr/main/index.jsp (2016.3.1.검색)
　　PART 6 한·일관계 6.참고자료 일본의 과거사 반성 역사왜곡 언급 사례, pp.242-250

한」감정을 갖게 하는 결과가 되어버렸다. 그러나 조선일보는 이에 관해서는 전혀 언급이 없었다. 2005년에 만화『혐한류』가 출판되었을 때 일본신문은 그 내용에 대해서 거의 언급하지 않았지만, 조선일보는 자세히 그 내용을 전하면서 그 후에도 인터넷 공간에서의 네티즌들의「혐한」활동들 그리고 재특회의「혐한」시위에 대해서 과격한 표현과 왜곡된 내용까지 그대로 전달하는 경우가 많았다. 이 시기의「혐한」현상은 2002년 월드컵을 계기로 대형 기존미디어 및 한국에 대한 불신으로 싹이 트고 2002년 북한 납치사건 문제로 인해 재일 코리안에 대한 증오감으로 확산되어 갔던 것이다. 그런데 그런 과정이 인터넷 공간을 중심으로 일어났는데 일본 아사히신문과 산케이신문은 거의 언급하지 않았다. 그러나 조선일보는 만화『혐한류』의 내용이나 인터넷공간에서 일어나는「혐한」현상을 자세히 보도했다.

제3기에서는 2012년부터 2015년까지의 조선일보의「혐한」기사 건수는 144건으로 아사히신문(79건)의 2배, 산케이신문(55건)의 3배나 많았다. 산케이신문이 한국미디어는 일본의「혐한」에 대해서「한국사회에 보도하지 않고 있다」고 주장해왔지만 그것은 사실과 다르다는 것이 분명해졌다. 내용을 보면 144건 중「혐한」현상에 관한 것이 64건으로 가장 많았다. 일본신문과의 차이점은 일본 주요 미디어가 다루고 있지 않은 것을 크게 기사화했던 것이다. 그것이 오히려「혐한」현상을 부추기는 것이라는 지적도 나왔고「바바리 맨」이라는 대처방법도 제시되었다. 그러나 조선일보에서는「혐한」현상을 통해서 자신을 되돌아보고 반성하는 기사가 11건이나 있었다. 독일 앙겔라 메르겔 총리의「과거를 정리하는 것이 화해를 위한 전제」라는 발언에 대해 일본 외무상부터 불쾌감을 표시하고 국민들 간에는「연독정서」가 확산됐다는 것을 생각하면 현재 일본은 자신을 성찰할 수 있는 여유가 없고 반대로 말하면 자신감을 상실한 모습을 드러냈다고 볼 수 있다. 이에 비하면 조선일보에 11건이나 반성하는 기사가 나왔다는 것은 한국이 여유가 있는 증거라고 할 수 있다. 독일 총리 발언의 기사 마지막 부분에서 조선일보는 「요즘 일본사회에 광범위하게 퍼져 있는 「혐한」정서의 뿌리가 한국이 「언제까지나 사과하라는 말이냐」라는 여론에 있는 것을 염두에 두어야 한다」고 일본의 「혐한」현상에 대한 이해를 시키면서 「상호 신뢰부터 쌓아야 한다」고 언급하고 있다.

2015년 아사히신문과 동아일보가 공동으로 실시한 여론조사[98]에 의하면 양국관계가 잘 되면 좋겠다고 응답한 사람은 일본 64%, 한국 87%로 국민의 대부분은 양국의 우호를 바라고 있다고 생각한다. 지금은 한국과 일본이 협력하면서 생산적인 관계로 나아가야 할 때이고 양국이 협력하면 그 상승효과가 엄청날 것이라고 모두가 기대하고 있을 것이다. 이를 위해서는 첫째, 상대방을 비난하기 전에 서로의 차이점을 인정해야 하며, 둘째, 일본 국수주의자들의 언행에 대해서는 감정적으로 대하지 말고 냉정과 이성으로 대해야 하며, 셋째, 일본의 양심적인 세력과 계속해서 연대해 나가는 것이 무엇보다 중요하다고 생각한다.

---

98) 「관계개선, 양국 모두 희망한다. 아사히신문·동아일보, 공동여론조사 한일국교정상화 50주년」『아사히신문』(2015.6.22.)

참고문헌

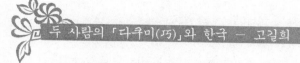

두 사람의 「다쿠미(巧)」와 한국 – 고길희

- 고길희(2005)『하타다 다카시[旗田巍]─마산에서 태어난 일본인 조선사학자─』 지식산업사
- 다카사키 소지 지음, 김순희 옮김(2005)『아사카와 다쿠미 평전─조선의 흙이 되다─』효형출판
- 백조종 편저(2011)『한국을 사랑한 일본인─아사카와 다쿠미의 삶과 사랑─』 부코
- 아사카와 다쿠미 지음, 다카사키 소지 편저, 김순희·이상진 번역(2005)『(아사카와 다쿠미)일기와 서간』山梨県 北杜市
- 한국국립민속박물관도록(2012)『한국을 사랑한 다쿠미 기증 사진집─7080 지나간 우리의 일상─』한국국립민속박물관
- 淺川巧, 高崎宗司 編集(2003)『朝鮮民芸論集』岩波文庫
- 淺川巧(2004)『朝鮮陶磁名考(復刊版)』草風館
- 安倍能成(1932)「淺川巧さんを惜む」『青丘雑記』岩波書店
- 李尚珍(2001)「淺川巧の「朝鮮観」─植民地時代におけるその業績を中心に─」『人間文化論叢』제4호, お茶の水女子大学大学院人間文化研究科
- ＿＿＿＿＿(2003)「キリスト者淺川巧の苦悩─その宗教観を中心に─」『人間文化論叢』제6호
- ＿＿＿＿＿(2006)「日韓文化交流のモデルとなる日本人·淺川巧」『富士ゼロックス株式会社·小林節太郎記念基金2004年度研究助成論文』
- ＿＿＿＿＿(2009)「柳宗悦の朝鮮伝統芸術研究─淺川伯教·巧兄弟との繋がりを中心に─」『山梨英和大学紀要』
- ＿＿＿＿＿(2010)「淺川巧の異文化理解モデルに関する一試論」『山梨英和大学紀要』
- 江宮隆之(1994)『白磁の人』河出書房新社
- 岡山市明誠学院高校社会部(1998.3)「友好の架け橋─国境を越えた人々を訪れる度─」

『アリラン通信』

- 小澤龍一(2012)『道・白磁の人　浅川巧の生涯―民族の壁を超え時代の壁を超えて生きた人―』合同出版
- 高崎宗司(2002)『朝鮮の土となった日本人―浅川巧の生涯―(増補三版)』草風社
- _____(2003)『浅川巧　日記と書簡』草風館
- 高吉嬉(2015.3)「二人の「巧」と韓国：浅川巧と藤本巧を通した日韓相互理解のための序説」『国際理解の視点に立った東アジア交流史の社会科教材開発』과학연구조금(기반연구(C)) 연구성과보고서
- _____(2001)『〈在朝日本人二世〉のアイデンティティ形成―旗田巍と朝鮮・日本―』桐書房
- 椙村彩(2004)『日韓交流のさきがけ―浅川巧―』揺籃社
- 竹中千春(2012)『千春先生の平和授業2011〜2012―未来は子どもたちがつくる―』朝日学生新聞社
- 河正雄(2002)『韓国と日本, 二つの祖国を生きる』明石書店
- 藤本巧(1974)『韓(から)びと　お寺と喪服と古老たち』草土社
- _____(1979)『韓くにの風と人』フィルムアート社
- _____(1982)『韓くに・古き寺』フィルムアート社
- _____(1984)『韓くに幾山河』フィルムアート社
- _____(1997)『韓くに風の旅』筑摩書房
- _____(2006)『韓くに、風と人の記録』フィルムアート社
- _____(2010.4.12)「韓国の自然・人が私の写真の先生(1)」『中央日報』
- _____(1989)『三彩工芸20年の歩み』三彩工芸
- 藤本巧, 鶴見俊輔共著(2005)『風韻 日本人として』フィルムアート社
- 柳宗悦(1942)「浅川巧のこと」『私の念願』不二書房
- _____(1942)「浅川巧著『朝鮮の膳』跋文」『私の念願』不二書房
- _____(1942)「浅川巧著『朝鮮陶磁名考』序」『私の念願』不二書房
- _____(1981)「編輯餘録(『工藝』第五號)」『柳宗悦全集著作篇第六巻』筑摩書房
- _____(1981)「彼の朝鮮行」『柳宗悦全集著作篇第六巻』筑摩書房
- 「友好の架け橋―国境を越えた人々を訪れる旅―」『アリラン通信』(1998.3)
- 早稲田大学アジア研究機構(2009.8.20.〜22)「日韓未来構築フォーラム―誠信学生交

流事業」『「日韓の新たな地平―浅川巧に学ぶ―」活動報告書』
- 「민둥산을 푸르게, 아사카와 다쿠미를 재조명하다 : 국립수목원―대진대―지역 사회, 미래 한일관계 모색」『조경뉴스』(2014.10.7.)
- http://www.lafentgarden.com/inews/news_view.html?news_id=112811
- 영화 「백자의 사람 : 조선의 흙이 되다」(2012)
- 「[화보] 한국을 사랑한 '아사카와 다쿠미' 기리는 청리은하숙세계시민학교 성료 17일 24일, 다쿠미의인류보편적 정신을 계승... 한국 청소년과 소통」『경기인터넷 뉴스』(2015.10.26)

비운의 도시 난징(南京)과 학살의 기억 ― 김형열

- 신승하(1992) 『中國現代史』 대명출판사
- 張憲文(2005) 「중국 난징대학살 연구현황과 평화운동―일본군 난징대학살 연구」『4·3과 역사』5, 제주4·3연구소
- 아이리스 장 저, 윤지환 역(2006) 『역사는 힘있는 자가 쓰는가―난징의 강간, 그 진실의 기록(The Rape of Nanking : The Forgotten Holocaust of World War Ⅱ)』 미다스북스
- 朱寶琴(2005) 「중국 난징대학살과 중국인들의 인식」『4·3과 역사』5, 제주4·3연 구소
- 박강배(2009) 「중국의 박물관(기념관) 현황과 '난징학살기념관'의 변천」『일본의 전쟁기억과 평화기념관』Ⅰ―관동·동북 지역 편, 동북아역사재단
- 안자이 이쿠로(2009) 「평화를 위한 박물관의 조건―중일 양국의 평화적·공생 적 관계 발전을 위하여」『일본의 전쟁기억과 평화기념관』Ⅰ―관동·동북 지역 편, 동북아역사재단
- 김지훈(2011) 「2011년 일본 중학교 역사교과서의 중국근현대사 서술」『中國學 報』63

- 이희준·고희탁(2011) 「'난징대학살' 문제를 둘러싼 기억의 정치와 국제정치학적 딜레마」『일본연구』15, 고려대학교일본학연구센터
- 「程瑞芳日記(一)」『民國檔案』(2004年 第3期)
- 張連紅(2005) 『幸存者的日記與回憶』江蘇人民出版社
- 天濤(2004) 『百年記憶 : 民謠里的中國』山西人民出版社
- 張生(2005) 『外國媒體報道和德國使館報告』江蘇人民出版社
- 楊夏鳴, 張生(2007) 『國際檢察局文書─美國報刊報道』江蘇人民出版社
- 田桓(1996) 『前後中日關係文獻集(1945~1970)』中國社會科學出版社
- 郭必強, 姜良芹(2006) 『日軍罪行調査統計』下冊, 江蘇人民出版社
- 王運來(2004) 『誠眞勤人光裕金陵金陵大學校長陳裕光』山東敎育出版社
- 孫宅巍(2008) 「南京電廠死難工人記念碑的變遷」『檔案與建設』第12期
- 高級中學課本(1958) 『中國歷史』第4冊, 人民敎育出版社
- 「介紹階級敎育的幾種做法」『江蘇敎育』(1963年 第14期)
- 中共中央黨史研究室(1998) 「中國共産黨新時期歷史大事記」中共黨史出版社
- 冷溶, 汪作玲(2004) 『鄧小平年譜 1975~1997』下冊, 中央文獻出版社
- 李隆庚(1986) 『初級中學課本─中國歷史』第4冊, 人民敎育出版社
- 南京市敎學研究室, 中共南京市黨委辦公室(1987) 『南京鄕土史』江蘇敎育出版社
- 吉語諾(河南省實驗小學)(2010.6) 「爲了不能忘却的歷史─參觀侵華日軍南京大屠殺遇難同胞紀念館」『金色少年』
- 「永不宜忘的一日─舊的血債, 新的警惕」『中央日報』(1945.12.13.)
- 朱世明「如何對待日本」『中央日報』(1948.2.8.)
- 「谷壽夫大屠殺案昨開庭調査罪證, 被害人家屬痛述敵暴行」『中央日報』(1947.1.27.)
- 「南京市臨時參議會參議員參加南京大屠殺案調査小組工作」『中央日報』(1946.7.5.)
- 毗盧寺前樂聲哀, 市民洒淚祭忠烈」『中央日報』(1947.12.14.)
- 「艾拉培在大屠殺時救助難民有功, 沈市長愿迎其來京養老」『中央日報』(1947.2.6.)
- 「京市各界定十三日首次公祭殉難忠烈 以後每年是日舉行公祭」『中央日報』(1947.12.11.)
- 「南京工礦企業開展抗美援朝愛國運動的經驗及其收穫」『人民日報』(1951.4.15.)
- 「支持日本三池礦工的鬪爭, 南京三千煤礦工人集會」『人民日報』(1960.5.26.)
- 「絶不容許日本軍國主義者在美國扶植下捲土重來, 南京四十萬人大示威」『人民日報』(1960.5.14.)

- 「評(中國新民主主義革命史)」『人民日報』(1950.4.20.)
- http://news.sina.com.cn/c/2011-07-07/071722771266.shtml 新浪網 2011年 7月 7日 07:17 揚子晚報
- David Askew, *New Research on the Nanjing Incident*, The Asia-Pacific Journal : Japan Focus(http://www.japanfocus.org/-David-Askew/1729, 검색일 : 2011.12.2)

일본의 전쟁기억과 『동아시아사』 교육 - 남영주

- 구정민(2007) 「4.19혁명기록의 현황분석과 통합서비스 방안연구」 한국외국어대학교대학원 정보·기록관리학과
- 국가기록원 기술팀 편(2007) 『(국가기록원 소장기록을 활용한) 중등학생용 교육콘텐츠 개발 방안』 국가기록원
- 권미현(2007) 「강제동원 구술자료의 관리와 활용-일제강점하 강제동원 피해진상규명위원회 소장 구술자료를 중심으로-」 『기록학연구』
- 金裕利·辛聖坤(2014) 「2011년 개정 〈동아시아사〉교과과정의 문제점과 개선방안」 『역사교육』vol.132
- 김민환(2006) 「일본 군국주의와 탈맥락화된 평화 사이에서 : 오키나와 평화기념공원을 통해 본 오키나와전(戰) 기억의 긴장」 『민주주의와 인권』vol.6
- 김은실(2008) 「이용자 유형별 기록정보서비스 제공에 관한 연구 : 민주화운동기념사업회 사료관을 중심으로」 한국외국어대학교대학원 정보·기록관리학과
- 김준섭(2000) 「전후 일본의 평화주의에 관한 고찰」 『국제정치논총』제40집 4호
- 김희경(2009) 「아카이브 활용과 역사교육」 한국외국어대학교 대학원 정보·기록관리학과
- 나눔의 집 역사관 후원회(2002) 『(나눔의 집) 일본군 '위안부' 역사관을 찾아서』 역사비평사

- 동북아역사재단 편(2011)『일본의 전쟁기억과 평화기념관 I ─關東·東北 지역 편』동북아역사재단
- _____(2011)『일본의 전쟁기억과 평화기념관 II ─關西·九州·오키나와 지역 편』동북아역사재단
- 문소희(2009)「역사문화자원 활용 방안 연구─5·18체험관 구상을 중심으로─」전남대학교 대학원 석사학위논문
- 박수경·조관연(2013)「나가사키 하시마(군함섬)를 둘러싼 로컬 기억의 생산과 정치」『일본어문학』vol.61
- 박인환(2012)「사망 기록을 통해 본 하시마(端島)탄광 강제동원 조선인 사망자 피해실태 기초조사」『대일항쟁기강제동원피해조사및국외강제동원희생자등지원위원회 발간 조사보고서』선인
- 비상교육(2012)『고등학교 한국사』
- 삼화출판사(2012)『고등학교 한국사』
- 손승철 외(2014)『고등학교 동아시아사』교학사
- 안병우 외(2014)『고등학교 동아시아사』천재교육
- 황진상 외(2014)『고등학교 동아시아사』비상교육
- 여문환(2008)「동아시아 전쟁기억의 정치와 국가정체성─한·중·일 비교연구」경기대학교 정치전문대학원 박사학위논문
- 오카 마사하루기념 나가사키평화자료관(2010)『피해자들의 아픔을 마음에 새기고, 전후 보상의 실현과 비전(非戰)의 다짐을』평화자료관발간 소개 책자(한글판)
- 전금순(2007)「공공 전문기록관리기관의 교육서비스에 관한 연구─교사와 학생을 중심으로─」공주대학교대학원 석사학위논문
- 조성윤(2011)「전쟁의 기억과 재현: 오키나와 현립 평화기념 자료관을 중심으로」『현상과 인식』35
- 조영헌(2013)「『동아시아사』교과서의 '은 유통망과 교역망'─주제의 설정과 그 의미」『동북아역사논총』39
- 차준호(2010)「역사교육용 기록정보콘텐츠의 서비스 개선방안에 관한 연구 : 사료로 배우는 민주화운동 사례를 중심으로」한성대학교대학원 석사학위논문
- 호사카 히로시(2004)「오키나와전(沖繩戰)의 기억과 기록」『4.3과 역사』vol.4
- 長崎在日朝鮮人の人權を守る會(2012)『軍艦島に耳を澄ませば』

- 千野香織, 박소현 역(2002)「전쟁과 식민지의 전시 : 뮤지엄 속의 일본」『전시의 담론』눈빛
- Cook, Sharon Anne(1997)「Connecting the Archives and the Classroom」Archivaria44
- Osborne, Ken(1986)「Archives in Classroom」Archivaria 23

전후 일본교육의 정체성 - 박균섭

- 강병근(2015)「1965년 한일 협정의 '청구권'의 범위에 관한 연구」『국제법학회논총』60(3)
- 권혁태(2012.4.26.)「일본을 오른쪽으로 메치는 무도교육의 복권」『한겨레21』
- 권혜영(2015)「일본의 히노마루 및 기미가요에 대한 기립·제창 강제와 사상·양심의 자유 : 최고재판소판례를 중심으로」『헌법학연구』21(1)
- 길윤형(2014.4.5.)「"자학사관 버리고 자긍심 고취"…아베, 교과서 우경화 착착 진행」『한겨레』
- 김경호(2009)「시바료타로 문학의 천황상 : 메이지·쇼와천황에 대한 언설분석」『일어일문학연구』69(2)
- 김 당(2014.2.9.)「아베의 역사 왜곡 뿌리는 역사교육 의원모임」『오마이뉴스』
- 김양희(2006)「일본 우익의 사상적 기저로서의 신도 고찰」『일본문화연구』20
- 김우창(2011)『성찰 : 시대의 흐름에 서서』한길사
- 김춘미(1992.4)「일본의 영상세대의 삶과 문화」『문화예술』
- _____(2004)「소설가와 번역」『일본학보』59
- 김태홍(2015)「일본의 '해석개헌' 방식 : 집단적 자위권의 해석개헌을 중심으로」『공법학연구』16(1)
- 나행주(2011)「일본중학교 역사교과서의 역사관과 고대사 서술 : 2011년 검정 통과본의 분석을 중심으로」『동국사학』51

- 남경희·박균섭(2002)『일본『현대사회』교과서의 한국관련 내용변화 분석』한국
  교육개발원
- 민유기(2015)「프랑스의 1960년대 한국 대외정책 인식 : 한일협정을 중심으로」
  『사총』84
- 박균섭(2010)「쇼토쿠태자 독법 : 전쟁, 평화, 교육」『교육사상연구』24(1)
- _____(2013)「47인의 사무라이와 근대일본 : 충군애국 이데올로기의 조립과
  주입」『한국교육사학』35(3)
- 박석원(2015.9.4.)「아베 담화, 그 후 자민당 풍경」『한국일보』
- 박철희(2014)「일본 정치 보수화의 삼중 구조」『일본비평』10
- 서이종(2014)「일본제국군의 세균전 과정에서 731부대의 농안·신징 지역 대규
  모 현장세균실험의 역사적 의의」『사회와역사』103
- 송현숙(2015.2.13.)「광복 70주년 기획 : 우리는 과연 해방됐는가」『경향신문』
- 신주백(2009)「지유샤판 역사교과서의 근대사 서술 분석」『역사교육연구』9
- _____(2009)「지유샤판 중학교 역사교과서의 현대사 인식」『한일관계사연구』
  33
- 심규선(2001.5)「새로운 역사 교과서를 만드는 모임의 정체 : 극우파 지식인들
  의 극수주의 부활 행동대」『신동아』
- 오제연(2015)「언론을 통해 본 한일협정 인식 50년」『역사비평』111
- 이영이(2002.12.2.)「이에나가 교수가 남긴 것」『동아일보』
- 이원홍(2015.8)「전후 70년···실패한 미국의 일본개혁 ⑦」『월간경제풍월』
- 이장희(2009)「도쿄국제군사재판과 뉘른베르크 국제 군사재판에 대한 국제법적
  비교 연구」『동북아역사논총』25
- 이재봉(2010)「한일협정과 미국의 압력」『한국동북아논총』15(1)
- 정미애(2008)「일본의 보수우경화와 시민사회의 구도」『일본연구』37
- 조백기(2011)「일본에 의한 성노예 문제의 국제법적 해결방안 : 한일관계의 과
  거와 현재 그리고 미래」『법학논총』31(1)
- 조홍민(2015.4.12.)「교과서에 거짓말 쓰는 나라」『경향신문』
- 최희식(2012)「나카소네 야스히로의 정치리더십 연구 : 내재화된 변혁적 리더십
  의 성과와 한계」『한국정치학회보』46(5)
- 하지율(2015.8.15.)「아베 담화의 소름 돋는 한 문장 : 일본 총리의 진심이 위험

한 까닭」『오마이뉴스』

- 한용진·박은미(2007)「일본 교육개혁의 보수화 논쟁과 교육재생회의」『한국교육학연구』13(2)
- 사카이 나오키(2000.9.24.)「제국적 민족주의와 부정의 역사기술」『근대성의 충격』국제학술지 〈흔적/痕迹/Traces〉 서울학술대회, 이화여자대학교
- _____(2010.6.13.)「문명의 전이와 식민지 근대성」공개강연, 수유너머 남산강의실1
- 사카이 나오키(2006)「염치없는 국민주의 : 서양과 아시아라는 이항대립의 역사적 역할에 대하여」『일본연구』6
- 야마모토 도시마사(2015.6)「동북아시아의 평화구축을 위하여 : 일본기독교와 기독교인의 역할 그리고 책임」『기독교사상』
- 이데 히로토·후쿠시마 히로유키·이시다 마사하루(2010)「전후 일한의 교과서 문제를 둘러싼 교육정책·교육학의 여러 모습」한일역사공동연구위원회 교과서위원회편『제2기 한일역사공동연구보고서 제6권』한일역사공동연구위원회
- 「"담화 환영, 일본은 모든 국가 모델" 미국 수상하다」『국민일보』(2015.8.15.)
- 「일 왜곡 교과서와 3차 대전 중…채택률 0% 목표로 싸우겠다 : 일 시민단체 다와라극장 "실제 채택률 1.7%에 불과"」『조선일보』(2011.6.10.)
- 安倍晋三(2006)『美しい国へ : 自信と誇りのもてる日本へ』文藝春秋
- _____(2013)『新しい国へ : 美しい国へ完全版―「強い日本」を取り戻すために』文藝春秋
- 内田樹(2010)『武道的思考』筑摩書房
- 内田樹·白井聡(2015)『日本戦後史論』徳間書店
- 大阪歴史科學協議會(2011)「『新しい歴史教科書』を引きぐ自由社版·育鵬社版歴史教科書の採擇に反對する聲明」『日本史研究』588
- 大森直樹(2003)「東アジア教育·文化研究交流の課題 : 国際シンポジウム·フィールドワーク『東アジアにおける植民地主義の現在と過去』をふまえて」『季刊教育法』137
- _____(2009)「『愛国心教育』と侵略戦争 : 東アジア教育文化学会第5回国際学術フィールドワークから」『季刊教育法』161
- 清水馨八郎(2000)『「教育勅語」のすすめ : 教育荒廃を救う道』日新報道
- 子供と教科書全国ネット21(2012)『育鵬社教科書をどう読むか』高文研

- 高橋哲哉(2003)『「心」と戦争』晶文社
- 高橋哲哉・俵義文・石山久男・村田智子(2005) 『とめよう!戦争への教育：教育基本法「改正」と教科書問題』学習の友社
- 鈴木貞美(2009)『戦後思想は日本を讀みそこねてきた：近現代思想史再考』平凡社
- 竹島博之(2011)「新自由主義と愛國心教育：安部政權の教育改革を中心に」『東洋法學』55(2)
- 俵義文(2001) 『徹底検証あぶない教科書：「戦争ができる国」をめざす「づくる会」の実態』学習の友社
- 中曾根康弘(2000)『二十一世紀日本の國家戦略：歴史の分水嶺に立って』PHP研究所
- 中曾根康弘・竹村健一(2003)『命の限り蝉しぐれ：日本政治に戦略的展開を』德間書店
- 文部省(1947)『新しい憲法のはなし』文部省
- 藤田英典・尾木直樹・喜多明人・佐藤学・中川明・西原博史(2007) 『誰のための「教育再生」か』岩波書店
- 藤田英典(2014)『安倍「教育改革」はなぜ問題か』岩波書店
- 週刊金曜日編集部(2006)『日本はどうなる 2007：暴走する国家に抗うための論点』金曜日
- 歴史學研究會(2011)「緊急アピール：育鵬社版、自由社版教科書は子どもだちに渡せない」『日本史研究』588
- 朝日新聞(2003.9.10.)「集團的自衛權で内閣法制局解釋を批判、米國務副長官」『朝日新聞』
- 朝日新聞(2011.6.1.)「君が代判決：司法の務め盡くしたか」『朝日新聞』社説
- 朝日新聞(2014.8.15.)「戦後69年の言葉：祈りと誓いのその先へ」『朝日新聞』社説
- 讀賣新聞(2015.9.30.)「中韓國連演説「反日宣傳」利用を憂慮する」『讀賣新聞』社説
- ビジネスジャーナル(2014.9.11.)「安倍内閣と一体の右派組織「日本会議」究極の狙いは徴兵制だった!」『ビジネスジャーナル』
- ニュークラシック(2015.6.16.)「ナショナリズム団体「日本会議」の危険性：エコノミスト紙や仏誌が相次いで指摘」『ニュークラシック』
- TBSテレビ(2015.5.4.)「報道特集：戦後70年 歴史家ジョン・ダワーの警告」『TBSテレビ』
- 文部科學性(2008)「新学習指導要領(本文、解説、資料等)」http://www.mext.go.jp：トップ〉教育〉小学校、中学校、高等学校〉新学習指導要領・生きる力〉新学習指導要領(本文、解説、資料等),(2013.8.24 引出)

- Armitage, R. L. & Nye, J. S.(2012), The U.S.-Japan Alliance : Anchoring Stability in Asia, The Center for Strategic and International Studies
- Behr, E.(1989), Hirohito : Behind the Myth, 유경찬 역(2002) 『히로히토 : 신화의 뒤편』 을유문화사
- Clark, Jocelyn(2015), Who's Your Daddy? : The J Brand, the K Brand, and the West 『이화음악논집』19(3)
- Epstein, E.(2015.8.4.), Do They Really Feel Remorse?, The Weekly Standard
- Gale, A.(2015.4.27.), South Korea's Weak Hand in Pressing Japan on the War, The Wall Street Journal
- Kim, Sarah(2013.5.15.), Abe's pose resurrects horrors of Unit 731, Korea JoongAng Daily
- McCormack, G.(2007), Client State : Japan in the American Embrace, 이기호·황정아 역(2008) 『종속국가 일본 : 미국의 품에서 욕망하는 지역패권』 창비
- McGray, D.(2002), Japan's Gross National Cool, Foreign Policy 130
- Pilling, D. & Landingin, R. & Soble, J.(2012.12.9.), Philippines backs rearming of Japan, The Financia Times
- Renato Cruz De Castro(2014), The 21st Century Philippine—U.S. Enhanced Defense Cooperation Agreement(EDCA) : The Philippines' Policy in Facilitating the Obama Administration's Strategic Pivot to Asia, The Korean Journal of Defense Analysis 26(4)
- Sachs, J. D.(2015.7.20.), Saying no to the warmongers, The Korea Herald
- The Wall Street Journal(2015.8.16.), Abe's Mixed Apology : Why it still matters if Japan whitewashes its war crimes, The Wall Street Journal ASIA
- Takahara, Kanako(2004.2.3.), U.S. will assist SDF in Iraq, Armitage pledges to Ishiba, The Japan Times

〈BLOG〉
- Chronology, 1945-2014(PDF)-Reischauer Institute of Japanese Studies.
- http://rijs.fas.harvard.edu/crrp/papers/pdf/Chronology-Oct1945_Dec2014.pdf.

〈WEBSITE〉

- 文部科学省. http://www.mext.go.jp/
- 子どもと教科書全国ネット21. http://www.ne.jp/asahi/kyokasho/net21/
- 新しい歴史教科書をつくる会. http://www.tsukurukai.com/
- 日本教育再生機構. http://www.kyoiku-saisei.jp/
- 育鵬社. http://www.ikuhosha.co.jp/
- 9條の會 https://www.9-jo.jp/

일본의 식민지 대만 역사교육 정책 – 김보림

- 고마고메 다케시, 오성철·이명실·권경희 역(2008)『식민지 제국 일본의 문화통합: 조선·대만·만주·중국 점령지에서의 식민지 교육』역사비평사
- E. Patricia Tsurumi 著·林正芳譯(1999)『日治時期臺灣教育史』宜蘭：仰山文教基金會
- 김보림(2006)『日帝下 國民學校 國民科의 導入과 ‘國史’(日本史) 敎育』서울대학교대학원 박사학위논문
- 김상(2014)「신정백석(新井白石)의 의례개정과 조선 정부의 대응」『영주어문학회지』27
- 김영신(2001)『대만의 역사』지영사
- 김은경(2010)「일제식민지시기 대만의 교육정책과 미술교육–공학교(公學校)도화교육(圖畵敎育)을 중심으로–」『미술교육논총』제24권 3호
- 백수경(2007)『한국과 대만의 중학교 역사교과서 비교 연구 : “일제강점기” 서술내용을 중심으로』이화여자대학교 교육대학원 석사학위논문
- 손준식(2002)「일본의 대만식민지 지배 : 통치정책의 변화를 중심으로」『아시아문화』18
- 손준식·이옥순·김권정(2007)『식민주의와 언어』도서출판 아름나무

- 안지영(2011)「일본침략 및 강점기에 대한 주변국들의 역사인식 : 한국, 중국, 대만 고등학교 역사교과서를 중심으로」『역사교육논집』제13호
- 오성철(2005)「식민지 조선과 대만의 교육 확대에 관한 시론적 비교」『韓國 初等教育』제4권2호
- 정준영(2011)「식민지 교육정책의 원점 : 이자와 슈지의 동화주의와 청각적 근대성」『정신문화연구』제34권2호
- 澤井啓一, 황현우(2010)「후기 미토학(水戶學)의 상제례」『한국국학진흥원국학연구』제16집
- 臺灣總督府(1910)『臺灣總督府學事第一年報』
- _____(1920)『公學校高等科教授要目』
- _____(1922)『公學校初等科教授要目』
- _____(1922)『教科用圖書編纂教授要目』
- _____(1944)『國民學校制度實施二件ヲ關係法令』
- 臺灣總督府文敎局(1939)『臺灣の學校敎育』, 版安部洋 編(2007)『日本植民地敎育政策史料集成(臺灣篇)』第6卷, 龍溪書舍
- 臺南師範學校附屬公學校(1927)『公學校敎授の新研究(上)』, 安部洋 編(2008)『日本植民地敎育政策史料集成(臺灣篇)』第40卷, 龍溪書舍
- 臺灣省行政長官公署敎育處(1946)『臺灣省敎育概況』中華民國三十五年
- 臺灣第二師範 附屬國民學校 啓明會(1939)『臺灣子供世界史』,
- 安部洋 編(2007)『日本植民地敎育政策史料集成(臺灣篇)』第26卷, 龍溪書舍
- 枝萬榮(1937)『臺灣の敎育』(昭和新報社臺南支局, 安部洋 編(2010)『日本植民地敎育政策史料集成(臺灣篇)』第53卷, 龍溪書舍
- 久住榮一・藤本元次郎(1925)『公學校各科敎授法 全(大正13년)』, 安部洋 編(2008)『日本植民地敎育政策史料集成(臺灣篇)』第39卷, 龍溪書舍
- 吉野秀公(1927)『臺灣敎育史』, 安部洋編(2007)『日本植民地敎育政策史料集成(臺灣篇)』第31卷, 龍溪書舍
- 高雄第一公學校(1938)『公學校國史敎材困難点の研究』臺北帝國大學文政學部 南方文化研究室
- 彭煥勝主(2009)『台灣教育史』麗文文化事業
- 林玉体編(2003)『台灣教育史』文景書局

- 山口生(1879)『臺灣教育會, 臺灣教育會雜誌』第八十二號, 臺北通信, 安部洋 編(2007) 『日本植民地教育政策史料集成(臺灣篇)』第28卷, 龍溪書舍
- 又吉盛淸(1996)『臺灣教育會雜紙 別卷』ひるぎ社
- 蔡元隆·張淑嬅·黃雅芳(2013)『日治時期臺灣的初等教育：校園生活, 補習文化, 體罰, 校園欺凌及拒殖民形式』五南圖書出版扮有限公司

한국에서의 일본종교의 존재방식과 종교지형 - 남춘모

- 김동환(2014) 「일제의 종교정책과 대종교-탄압과 쇠망의 연관성을 중심으로-」『2014년 하계 학술대회발표집』원광대학교종교문제연구소
- 김순석(2001)『조선총독부의 불교정책과 불교계의 대』고려대학교 박사학위논문
- 김승태(2007) 「조선총독부의 종교정책과 신사(神社)」『한국기독교역사연구소소식』79호, 한국기독교역사연구소
- 남춘모(2012) 「일본 정신문화의 한국 유입과 정착：국내 일본계 종교의 탈-일본화와 친일 콤플렉스의 극복 과정을 중심으로」『아태연구』제19권 2호, 경희대 국제지역연구원
- 박승길(2008)『현대한국사회와 SGI-한국SGI와 대승불교운동의 사회학』태일사
- 원영상(2014) 「근대일본과 조선총독부의 종교정책에 관한 연구」『일본불교문화연구』11호, 한국일본불교문화학회
- 이원범·남춘모(2008)『한국속 일본종교의 현황』대왕사
- 이원범 외(2007)『한국내 일본종교운동의 현황』J&C
- 통계포털(http://kosis.kr/statHtml/) 행정구역 성 연령별 종교인구 1995
- 井上順孝他(1999)『新宗教事典』弘文堂
- 西山茂(1979) 「新宗教の現況」『歷史公』5(7)
- 工藤英勝(1998) 「曹洞宗の朝鮮布教槪」『宗敎硏究』第315号, 日本宗敎学会
- ＿＿＿＿(1998) 「日本仏教の朝鮮布教」『宗敎硏究』第315号, 日本宗敎学会

- _____(2000)「神道各教派の朝鮮布教」『宗教研究』第323号，日本宗教学会
- _____(2002)「日本キリスト教の朝鮮布教」『宗教研究』第327号，日本宗教学会
- 朝鮮總督府(1915.8.16.)『朝鮮總督府官報』
- _____(1915)『朝鮮總督府施政年報』
- 韓晳曦(1988)『日本の朝鮮支配と宗教政策』未来社
- 「종교통제계획」『매일신보』(1910.11.4.)
- 통계청 자료(2003)「통계포털」http://kosis.kr/statHtml/)
- Weber, M. (trans.&ed. by Gerth, H. H. & Martindale, D.), *The Religion of India : the sociology of Hinduism and Buddhism*, New York : The Free Press, 1967), p.276.
- Weber, M.(trans. by Fischoff, E.), The Sociology of Religion, (Boston : Beacon Press, 1964), Roger Finke & Rodney Stark(1992), The Churching of America 1776-1990 : Winners *and Losers in Our Religious Economy* (New Brunswick : Rutgers University Press)

일본의 「법적 쿠데타」와 동아시아의 평화 – 마키노 에이지

- 가야트리 스피박, 스즈키 히데아키 역(2011)『내셔널리즘과 상상력』세이도샤, Gayatri C. Spivak, Nationalism and the Imagination,Calcutta : Seagull Books, 2010
- 가와이 가츠요시·간노 미치오·이타우라 고오코 편저(2013)『사회적 고독문제에 대한 도전─분석의 시좌와 복지 실천』법률문화사
- 고바야시 세츠·사카타 마코토(2015)『아베「괴헌」을 쏘다』헤이본샤
- 기야스 아키라·나리타 류이치·이와사키 미노루(2012)『얽어붙은 역사 E. H. 카 『역사란 무엇인가』로부터 50년』세리카서방
- 마키노 에이지(2013)『「지속가능성의 철학」으로의 길─포스트콜로니얼 이성의

비판과 삶의 지평』 호세이대학출판
- _____(2014)『이와나미인문서셀렉션 : 칸트를 읽다ー포스트모더니즘 이후의 비판 철학』 이와나미서점
- _____(2015)「희망의 원리로서의 최고선」『일본칸트연구』16호, 일본칸트협회, 지센서관
- 모리스 스즈키, 텟사 편(2015)『사람들의 정신사ー조선 전쟁 1950년대』 이와나미서점
- 문경주(2015)『신·한국현대사』 이와나미서점
- 사토 고지(2015)『세계사 속의 일본국 헌법ー입헌주의의 사적 전개를 토대로』 사유사
- 오누마 야스아키(2015)『「역사인식」이란 무엇인가』 중앙공론신사
- 우치다 마사토시(2015)『화해는 가능한가ー일본정부의 역사인식을 묻다』 이와나미북클릿
- 이와나미서점편집부편(2015)『나의「전후 70년 담화」』
- 이와사키 미노루·천광싱·요시미 슌야 편저(2011)『문화연구로 해독하는 아시아』 세리카서방
- 히구치 요이치(2015)『「일본국헌법」 진정한 논의를 위해서[개정신판』 미스즈서방
- 호시노 도미이치·이와우치 히데노리 편(2015)『동아시아 공동체 구상과 한중일 관계의 재구축』 쇼와도
- J·왈드론, 야자와·가와기시 역(2015)『헤이트 스피치라는 위해』 미스즈서방
- E.H. 카, 시미즈 이쿠타로 역(1962)『역사란 무엇인가』 이와나미서점
- 『도쿄신문』「필세(筆洗)」(2011.11.4.)
- 『도쿄신문』(2015.8.2.)
- 『도쿄신문』(2015.12.29.)
- 『도쿄신문』(2016.1.1., 1.3)
- 『도쿄신문』(2016.1.14., 1.16)
- 『도쿄신문』(2016.1.20.)
- 『아사히신문 DEGITAL』(2015.7.28.)
- 『아사히신문』(2015.12.29.)

- 『아사히신문』(2016.1.1.)
- 『오키나와 타임즈』(2015.12.30.)
- 『요미우리신문』(2016.1.9.)
- 『일본경제신문』(2011.11.16.)
- 『세계』(이와나미서점, 특집 1 「위헌」안보법안을 폐안으로, 2015년 8월호)
- 『세계』(이와나미서점, 특집 정치붕괴─새로운 데모크라시는 작동할 것인가, 2015년 11월호)
- 『현대사상』(총특집 안보법안을 묻다, 10월 임시증간호, 2015년 9월)
- 『현대사상』(특집 대학의 종언─인문학의 소멸, 11월호, 2015년 10월)
- NHK NEWS web. 2015년 7월 28일.
- Report of the ICRC Expert Meeting on 'Autonomous weapon systems : technical, military, legal and humanitarian aspects', 26-28 March 2014, Geneva 9 May 2014
- The Wall Street Journal. 28.07.2015
- Aganben, Homo Sacer, Torino, 1995
- Arendt, Hannah, The Human Condition, Chicago/London 1958

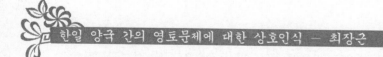

한일 양국 간의 영토문제에 대한 상호인식 ─ 최장근

- 나이토우 세이쮸우저·권오엽·권정역(2005)『獨島와 竹島』제이앤씨
- 독도연구보전협회편(2015.10.8.)『일본아베정권의 독도침탈정책 강화 추세와 한국의 독도영유권의 명증』독도학회 주관(역사박물관)
- 박병섭(2011.12.2.)「일본의 독도 영유권 주장에 대한 관점」,『한일 양국의 관점에서 본 울릉도, 독도 심포지움』대구한의대학교 안용복 연구소 주최
- 신용하(1996)「독도의 민족영토사연구」지식산업사
- ＿＿＿(2011)『독도영유권에 대한 일본주장 비판』서울대학교출판문화원

- 奥原碧雲(1906)『竹島及鬱陵島』報光社
- _____(1907)「竹島沿革考」『歴史地理』第8巻 第6号
- 川上健三(1966)『竹島の歴史地理学的研究』古今書院
- 外務省(2008)「竹島問題」「パンフレット竹島問題を理解するための10のポイント」
- 下条正男(2005)『「竹島」その歴史と領土問題』竹島・北方領土返還要求運動島根県民会議
- _____(2004)『竹島は日韓どちらのものか』文春親書 377
- 高野雄一(1964)『日本領土』東京大学出版会
- 田村清三郎(1954)『島根県竹島の研究』島根
- _____(1996)『島根県竹島の新研究』復刻板, 島根県総務部総務課
- 内藤正中・金柄烈(2007)『歴史的検証独島・竹島』岩波書店
- 内藤正中・朴炳渉(2007)『竹島=独島論争—歴史から考える—』新幹社
- 毎日新聞社編(1952)『対日平和条約』毎日新聞社刊
- 독도연구소, http://www.dokdohistory.com/
- 외교통상부, https://www.youtube.com/watch?v=muB4_LNZ2Rk&feature=youtu.be/
- 「竹島問題研究會(島根)」, http://www.pref.shimane.lg.jp/soumu/web-takeshima/
- 「竹島問題(일본외무성)」, http://www.mofa.go.jp/mofaj/area/takeshima/

한국 일간지가 바라보는 일본의 「혐한」 – 다와라기 하루미

- 다와라기 하루미(2015)「일본 신문에 나타난『혐한』언설의 의미 고찰—1992년부터 2015년까지의 아사히신문과 산케이신문을 중심으로」『일본근대학연구』제50집 일본근대학회
- 石田佐恵子(2007)「韓流ブームのさまざまな語り手たち」『ポスト韓流のメディア社会学』ミネルバ書房

- 武藤正敏(2015)「韓日対立の真相」悟空出版
- 師岡康子(2013)『ヘイト・スピーチとは何か』岩波新書
- 内閣府大臣官房政府広報室「外交に関する世論調査」(2014.10), 2014.12.22.(갱신)
- http://survey.gov-online.go.jp/h26gaiko/zh/zll.html(2015.6.30.검색)
- 「2015 일본개황」 한국 외교부 http://www.mofa.go.kr/main/index.jsp (2016.3.1. 검색)
- 프리백과사전 Wikipedia : https://ja.Wikipedia.org. (2015.10.27. 검색)
- 朝日新聞 및 産経新聞 검색 http://t21.nikkei.co.jp/g3/CMN0F14.do(2015.7.24 검색) 서울대학교 일본학연구소
- 『朝日新聞』:
   1992/8/12,   2007/5/30,   2011/10/5,
   2014/1/30, 6/3, 6/24, 8/7, 10/6, 10/12, 10/24, 12/6,
   2015/3/14, 6/9, 6/22,
- 『産経新聞』:
   1992/10/29,   1998/10/8, 10/9,
   2001/8/6,   2002/4/18,   2005/8/6,
   2013/9/9,   2014/1/11,   2015/4/12, 7/11,
- 『조선일보』, news.chosun.com(검색 2015.12.30.)
   1993/5/30, 11/7,
   2002/7/1,   2005/8/2,   2006/4/6, 5/2,
   2011/1/14, 7/13   2012/7/12,
   2013/2/27, 4/2, 4/25, 7/15, 7/28, 8/1, 8/7, 8/14, 8/29, 9/8, 9/22, 9/23, 10/7,
   10/8, 10/7, 10/21,11/29, 12/14,
   2014/1/6, 2/8, 2/20, 2/28, 3/1, 3/10, 3/21, 3/27, 4/8, 5/15, 6/9, 6/19, 7/31,
   10/3, 10/6, 10/30, 11/24, 11/28, 12/10,
   2015/2/7, 3/10, 3/23, 3/28, 4/20, 5/8, 6/17, 6/22, 6/30, 7/6, 7/9, 7/23, 9/7

찾아보기

〈동아시아연구총서 제3권〉

전후 70주년, 한일수교 50주년

초판인쇄 2016년 05월 19일
초판발행 2016년 05월 27일

편   자 동의대학교 동아시아연구소
발 행 인 윤석현
발 행 처 박문사
등록번호 제2009－11호
책임편집 최인노

우편주소 서울시 도봉구 우이천로 353 성주빌딩 3F
대표전화 (02) 992－3253(대)
전   송 (02) 991－1285
전자우편 bakmunsa@hanmail.net
홈페이지 www.jncbms.co.kr

ⓒ 동의대학교 동아시아연구소 2016 Printed in KOREA

ISBN 978－89－98468－98－9 93910   **정가** 31,000원